U0925417

中国特色高水平高职学校和专业建设计划项目成果

国家级职业教育教师教学创新团队建设项目成果

面向产业数字化转型的智慧旅游复合型人才培养体系研究与实践

赖斌　洪光英　黄晓菲　江舸　等◎著

中国旅游出版社

前言

随着旅游产业数字化转型，大数据、云计算和物联网在旅游产业中得以快速应用，为旅游产业提供了新动能，催生了新模式、新业态，并呈现出旅游服务智能化和智慧化、旅游场景多样化和互动化、旅游体验网络化和深度化，整个产业结构得到了优化升级。

同时，旅游产业的数字化转型发展急需大量既懂旅游，又有信息技术应用能力的复合型人才，这种人才的短缺对产业变革产生了一定的制约。为此，本书主要针对在旅游产业数字化转型背景下的人才培养新需求，基于成都职业技术学院旅游类专业的实践，开展了智慧旅游复合型人才培养体系的研究。

近七年来，成都职业技术学院智慧旅游专业群通过国家示范（骨干）高职院校、高职创新发展行动计划、国家优质高等职业院校建设、中国特色高水平高职学校和专业建设等一系列质量工程项目支持，立足国家级职业教育教师教学创新团队建设项目，通过职业教育集团搭台，形成了“校企地融合、中高职衔接、产学研协同”的育人特色。本书明确了智慧旅游人才培养的“校企协同、跨界融合、赋能增值”育人理念和复合型技术技能人才培养定位；构建了“三匹配、三融合”专业群教学体系；实施了“双驱动、双主线、三交替”人才培养模式；打造了“研、创、赛、训”资源建设四载体。本书还解决了产业数字化转型新需求，智慧旅游复合型人才培养教学内容不适应问题；解决了复合型人才培养涉及要素多，校企协同推进工学实践过程管理不紧密问题；解决了技术技能迭代速度快，优质教学资源动态更新和持续供给不满足问题。此外，还在智慧旅游专业群教学体系、智慧旅游复合型人才培养评价机制、资源建设路径方面进行了研究与实践。

本书由成都职业技术学院和相关行业企业的专家共同完成，思路和大纲由赖斌和洪光英负责。全书分上下两篇，上篇为理论篇，下篇为以成都职业技术学院智慧旅游专业群为案例的实践篇。第一章第一节由江舸承担，第二节由黄晓菲承担，第三节由江舸承担；第二章由黄晓菲承担；第三章第一节由江舸承担，第二节由黄晓菲、江舸承担，第三节由赖斌、洪光英承担；第四章由江舸、李炼、干曦礼、唐淑慧、吴雪、张芝敏、徐平乐承担；第五章由黄晓菲、李炼、干曦礼、唐淑慧、吴雪、张芝敏、江舸、徐平乐承担；第六章由赖斌承担。特别感谢四川省旅游协会、四川省旅游饭店行业协会、四川省旅行社协会、成都中科大旗软件股份有限公司、成都世纪城天堂洲际大饭店、成都蓝海文化旅游发展集团有限等单位，对本课题的研究和实践提供了大量的校企合作支持。本书还参考了国内外公开发表的专业书籍和论文，在此对相关作者表示衷心感谢！

由于高职智慧旅游复合型人才培养是个动态演进的过程，本书改革和实践研究成果难免存在一定程度的滞后，在内容上也会因为院校实际情况存在差异而在某种程度上影响了适用范围，敬请广大读者批评指正。

编　者

2021 年 8 月于成都

目录

上篇　理论篇

下篇　实践篇

上篇　理论篇

第一章　绪论

第一节　研究背景

一、新时代高等职业教育高质量发展要求

为适应经济社会发展及产业转型升级的要求，职业教育需要进行提档升级以适应当前发展的新需要。高等职业教育（简称“高职教育”）不仅要起到改善民生的基础性作用，也要符合国际产业演化新趋势下的国家发展战略。

在实际工作中，高职教育要将资源、政策完全彻底地投入到院校内涵建设上，以改革的思路和办法破解难题，把高质量发展作为优化高等教育结构的推手，以取得高职教育的高水平发展。在“双高”背景下，高职院校应从改革传统的教育教学方式和管理模式入手，探索科学合理有效的高职高质量发展之路。《国家职业教育改革实施方案》中指出：“要把发展高等职业教育作为优化高等教育结构和培养大国工匠、能工巧匠的重要方式，使城乡新增劳动力更多接受高等教育。”为此，要充分结合当地经济发展水平和区域差异性，以企业人才需求为根本出发点，培养符合新时期经济发展、产业转型、社会文明发展进步的专业高素质人才。

（一）高等职业教育的地方性特征

高等职业教育显著的地方性特征主要表现在四个方面，一是办学主体主要是地方政府和社会力量；二是学校驻地主要在地方，贴近社区，贴近生产；三是学校主要为地方经济社会培养人才和提供服务；四是生源主要来自学校所在的区域。高职教育的地方性特点影响和改变着教育

教学模式，如服务社区消费需求进行高职教学场景构建是智慧旅游人才培养模式改革的一个方面。

从宏观角度分析，高职教育必须依靠地方并服务于地方经济社会发展，满足地方经济社会发展的变化要求。由于我国产业结构的调整，科学技术的突飞猛进，地方经济的快速发展，高新技术产业、高效益产业、轻型产业、清洁型产业所占的比重越来越大，大量的新技术、新工艺、新规范运用到各产业领域，对一线管理者、生产者、建设者、服务者的知识结构、技术层次、素质水平都提出了更高、更新的要求，因此对高职教育的改革发展也提出了迫切要求。高职教育是为地方经济发展服务的区域性教育，它的根本出路就是为地方经济社会发展服务。

从微观角度来看，高职教育的地方性特点更具象地体现在社区服务能力上。美国的社区学院是按人口密度分布设立，学生就近入学、就近入职，90% 的学生可以在离家 25 英里（40 公里）的范围内进入社区学院学习，并进入本社区企业实习就业。日本的短期大学本地区学生占到 60%，也表现出地区性强的特点。所以在探讨高职教育特性问题上，一定要立足本地经济社会发展趋势，分析产业结构新变化，才能真正实现人才培养定位准确。

（二）高等职业教育的社会性特征

黄炎培在《职业教育机关惟一的生命是什么》一文中指出，职业教育“从本质说来，就是社会性；从其作用说来，就是社会化”。职业教育的社会性就是办学的社会性，职业教育需要吸纳全社会的力量，依靠政府、行业、企事业单位和社会各方面多元主体合作办学。职业教育的发展速度与规模要与社会经济、技术的发展相匹配，并且在专业设置、培养目标定位以及教学内容的选择上都要体现时代的新要求。职业教育紧密联系着整个社会，并通过具体产业及岗位直接服务于整个社会，服务社会需要是职业教育的宗旨。

职业教育是全民教育中重要的一环，承担着不可或缺的重要职责。职业教育是“面向全社会的教育”，职业教育的对象是全体社会成员，面向全社会并涵盖全部民众，体现了职业教育的全员性和全纳性，而且职业教育是面向广大平民，其中包括各类边缘群体和弱势群体，可以算得上为社会“兜底”的这部分教育，因此职业教育的“门槛”相对较低，在年龄、职业、能力等方面具有无差异化接受职业学历教育或职业培训的机会。汪治、刘红艳（2021）提到，职业学校的所有教学活动都要从学习者的实际情况出发，必须承认学习者的个性差异，尊重学习者的个性特点，珍视并保护好每个学习者的个人理想志趣，坚持专业、课程的选择出于个人的个性特长、爱好、兴趣、家庭需要，要满足学习者的学习与就业意愿。通过职业教育或职业培训，促进个性形成与发展，指引生活目标；传递社会文化，培养价值观念；传授生活和工作技能，增强生存能力；教导社会规范，培养社会角色；培养出符合社会要求的社会成员，使其在社会生活，面向某个特定职业就业，承担起特定的责任、权利和义务，最终实现人的社会化。

（三）高等职业教育的职业性特征

职业性是指经过系统专门的培训，培养出具有某一行业从业资格的职业人。高等职业教育面向大众，培训过程体现了实践性和大众性，具有显著的职业性特征。在把握高职教育职业性的问题上，首先应坚持以就业为导向，这是职业导向性的最重要标准。《国家职业教育改革实施方案》中明确提出在产业转型背景下高职教育的重要任务是促进学生高质量就业。因此就业的职业导向是高职职业性的最突出体现。其次是高职教育的职业性理论指导，建立完善的高等职业教育理论体系，促进高职教育持续科学地迅速发展。再者就是对职业性内涵的把握，黄蕾（2010）提到，职业教育是一种类型教育，改变职业教育在人们心目中的地位，去掉职业教育是“末流”教育的社会阴影，树立起职业教育是“分流”教育的观念，建立起“分流”教育的体制，不仅是高等教育的职业性内涵建设的观点突破口，而且是职业教育健康发展的必然路径。

在“职业性”理念的指导下，职业教育的人才培养方向应该具有哪些特点呢？孙立会、刘思远（2019）谈道：第一，职业院校培养出来的学生应该具有“高”“精”“专”的职业技术，具有较强的实践操作能力和动手能力；第二，做中学。学生在具备技术水平的同时，要不断地发掘和感悟隐性知识，并能在理解和掌握显性理论知识的前提下进行操作；第三，学生要具备一定的职业发展和职业创新意识，在具体的实践中要有较强的研究能力和创新意识；第四，任何一个职业人，都要具备一定的职业道德和职业素养，尤其是在技术培养过程中渗透职业道德教育，这是职业教育的前提和目标之一。

（四）高等职业教育的应用性特征

职业导向的高等教育通过培养工程型、技术型和技能型等各种各样的人才，来承担社会责任，服务经济社会。工程型人才（engineering talent）是 2013 年公布的教育学名词，是指掌握精深的科学原理，并能将其转化为指导生产实践的工程原理或工作原理的人才；技术型人才（technical manpower）是指掌握和应用技术手段为社会谋取直接利益的人才，一般处于工作现场或生产一线工作；技能型人才是指在生产和服务等领域岗位一线，掌握专门知识和技术，具备一定的操作技能，并在工作实践中能够运用自己的技术和能力进行实际操作的人员。技术型人才是介于工程型人才和技能型人才之间，所以又称中间人才。

俞涛、邹龙飞、曾令奇（2014）表示，作为工具性的应用性高等职业教育，其基本元素是人之外的原理和方法等，并以此培养学生的认知能力和专业技能，解决“如何做”的问题，体现了人类对客观世界的驾驭。教育的最终目标是实现人人具有个体的和社会的生活能力。高等职业教育的最终目标是让每一个学生都成为能用、有用之才，拥有职业适应和职业发展的能力，并关注生存意义和生命质量，真正让教育回归本质。应用性更加强调重知识与技能的教育。

在现代社会高速发展的进程中，随着社会分工不断细化，各种岗位对人才也提出了更高的需求，职业院校也就具有了更大的发展空间，但是人才培养任务也较之以前更加繁重。职业院校需要拓展思路，明确职业教育作为类型教育的具体地位和作用，整合政、行、企、校各方资源，建立健全各项激励机制，构建科学持续的人才培养体系，使职业教育打开新局面。在新发展阶段，高等职业教育需要走技术与技能相结合的复合型人才培养道路，同时需要将研究性渗透到技术技能人才培养中，以此适用未来更加纷繁复杂的市场需求变化。

二、数字化转型背景下智慧旅游产业发展趋势

数字经济的高速发展，为旅游产业的转型升级带来新的契机。同时，产业数字化率的提高也会增强旅游产业的全球竞争力。习近平总书记在全国网络安全和信息化工作会议上指出，“要推动产业数字化，利用互联网新技术新应用对传统产业进行全方位、全角度、全链条的改造，提高全要素生产率，释放数字对经济发展的放大、叠加、倍增作用”。因此，传统产业的数字化转型，是我国经济转向高质量发展的重要任务之一。2020 年 11 月，国务院总理李克强主持召开国务院常务会议，会议确定了适应消费升级需求，支持“互联网 + 旅游”发展的措施。旅游产业的快速转型升级离不开“互联网 +”的加持，“互联网 +”是旅游业数字化转型发展的重要驱动力。魏琼（2021）提出，智慧旅游的发展主要靠数字化、网络化和智能化的不断推进，要发展智慧旅游，旅游行业就必须使得新型化的智慧城市和数字化的乡村不断整合、不断融合、不断升级，打通它们之间的数据孤岛、数据壁垒，不要使数据资源浪费；只有打破数据孤岛才能提升和改善游客的体验度，以便利的体验度为导向，引领旅游行业的公共服务进入创新模式，使得游客通过线上线下的体验活动，不断地让当地文化和旅游资源使用恰当的数字技术生龙活虎起来。“互联网 +”为旅游产业管理及营销带来了新的机遇，“互联网 +”不仅为旅游产业提供更多可引起旅游者兴趣的场景，也是发展智慧旅游的新动能，数字时代的物联网更是创新了旅游行业的生态融合方式。近年来，以互联网为代表的现代信息技术作为旅游行业发展的引擎，为其发展提供了强大动力。李志刚、靳畅、吴健芳、郃子君（2021）提到，疫情防控常态化下，我国围绕“推进数字技术助力旅游复苏”开展了一系列探索实践，使数字技术和数字经济成为旅游经济复苏和未来高质量发展的强大引擎，为全球旅游经济复苏发展提供了有益经验。

（一）智慧旅游产业现状

现今中国的旅游产业主要依靠线上线下相互融合的方式来运营，其

主要分为旅游资源、OTA 平台和游客三大部分。旅游资源方首先不断设计新的旅游产品，然后投放到线上平台，如携程、飞猪等 OTA 平台。OTA 是在线旅游服务商，它将原来传统的旅行社销售模式放到网络平台上，更广泛地传递了线路信息，互动式的交流更方便了客人的咨询和订购。

一是在这一过程中，旅游资源方已经不断向挖掘旅游产品的角色转变，这期间旅游资源方会加大宣传其自身的优势以吸引游客。比如，敦煌等传统的旅游景区就采用了在线直播的方式来吸引客流量，此举可以吸引更多的线下游客，也可带动其地理周边的消费。以上环节只是完成了线上宣传的任务，接下来旅游资源方还会与 OTA 平台等住宿连锁机构达成并销直连的协议，继续深入向线下发展，游客会通过数字化手段预订线路、门票和吃住等一切后续体验项目。整个流程通过数字化科技的手段实现了精准管理，实现了降本增效。

二是 OTA 平台通过自身的优势，转型线上，引流线下，不断地使下游扩张，使游客在体验的同时不断消费产品。OTA 平台的综合类代表有携程、同程、途牛和去哪儿；机票酒店类代表有美团和飞猪等创新类的 OTA 平台；景区门票类代表有驴妈妈；个人攻略类代表有马蜂窝、穷游等。OTA 平台主要起到中介的作用，连接着旅游资源方和游客。上游旅游资源方不断地宣传扩张，与此同时，交通、住宿等旅游设施也在不断地完善。

三是游客会通过 OTA 平台不断地浏览带货直播，也会通过科技来一次虚拟旅游体验。魏琼（2021）强调，每个人根据自身的需求浏览其所需要的信息，而大数据会根据用户浏览的数据绘画出形象的脸谱，虽未见其人，但是根据数据会描绘出此用户的喜好，于是用户通过数字化科技手段完成了与线上配套的一系列线下体验。

（二）智慧旅游产业的数字化转型目标

1. 打破信息不对称，实现“全域共享”

谢芳亭（2017）认为，数字化转型是一种以信息技术作为支撑，对传统产业进行全面升级的模式。其最大的特点，在于将传统旅游产业依托于物联网技术、云计算和大数据平台，实现各个企业、事业单位之间的数据共享。过去，旅游产业中信息的不对称问题，给整个行业的发展造成了很大的阻碍。供需关系不清晰的情况使得旅游产业的生产结构和生产效率都受到了影响。以云计算、大数据和 5 G 等新兴技术为依托进行数字化转型，改善了过去旅游产业信息相对闭塞的情况。游客也能够在更短的时间内和更透明的平台上，掌握相关的旅游资讯，选择所需的旅游服务。

2. 有效促进旅游产业融合发展

互联网技术让各个产业的融合更加容易，同时也模糊了各个传统行业之间的边界。旅游属于跨界融合度非常高的产业，涉及社会经济生活的各行各业，关联了食、住、行、游、购、娱等所涉及的各种产业。云计算和大数据技术凭借着强大的整合能力，推动着旅游管理、旅游营销和旅游产品设计等各个方面的深度融合。钱坤、杨莉萍、吴云鹏、胡宗华（2020）指出，数字化转型能够有效打破传统旅游产业之间的边界，依托互联网技术，对游客的行为、习惯、偏好进行全面掌控。旅游产业的上游企业和下游企业之间形成了对接。这种对接使得产业之间在融合的过程中不断地发展。

3. 强力助推旅游产业转型升级

传统旅游产业结构可以在数字化转型下得到优化。旅游产业的商业模式也会随之发生变化，以产品为基础、以市场需求为导向为游客提供更加便捷精准的服务。旅游产业在数字化转型之后，在资源匹配、信息整合以及消费引导三大能力方面都有着显著提高。在互联网时代的产业变革中，数字化转型的措施发挥着重要的作用，影响着经济发展的战略全局。刘毅（2006）提出，传统的旅游产业在接入大数据、云计算和物联网等新兴技术之后，行业模式发生变化，产业结构得到了优化升级。这使得旅游产业在经济新常态的背景下，通过数字化的加持成了新的增长点。

4. 加速创新旅游产业管理体系构建

数字化转型为旅游产业的管理模式提供了更多的可能性，也创新了旅游产业的组织形式。在传统的旅游产业中，由于信息流通渠道受到限制，工作效率相对低下。政府工作人员在服务监督方面，也面临信息不共享、沟通渠道单一等困难和阻碍。这对旅游产业的健康发展形成了障碍因素。而进行数字化转型之后，企业方管理者能够依托数据处理技术提高工作效率，通过数据分析技术制定更加贴合市场需求的战略目标。旅游产业的工作人员接收游客对于产品和服务的反馈信息渠道更便捷，调整弥补不足之处更快捷。所以，数字化转型的措施，有效地创新了传统旅游行业的管理体系。

5. 提高旅游产品核心竞争力

数字化转型能够使旅游行业从业者精确把握游客的需求。这是提高产品性价比的重要方式。旅游行业从业者通过大数据处理技术，对游客信息、评价进行整理和分析，不断追寻游客需求热点，从而设计出能够提高游客满意度的产品，提供符合游客意愿的服务。数字化的应用将会引导管理者制定合适的营销主题，优化营销方式，在自身经营方式的升级以及管理方式的改善中，提高产品和服务的性价比，增强整体的竞争力。

（三）智慧旅游产业数字化转型困境

当前，我国旅游产业数字化转型发展之路还面临许多困难，大部分地区存在旅游从业人员素质参差不齐、管理水平相对较低、数字化技术供给不足、旅游服务相对滞后等诸多问题。旅游产业的数字化转型存在许多制约因素，主要包括观念、组织管理、政策、人才、资金、信息化基础、协作机制等多个方面。

1. 局限性观念对旅游产业数字化转型的制约

在旅游产业的数字化转型过程中，观念起了很大的制约作用，过去传统、保守的发展观念根深蒂固，在短时间内很难扭转。旅游产业的数字化发展进程并不长，其推广和实践也处在相对初期的阶段，因此，“数字化转型”对旅游行业来说，还处在认知相对朦胧的阶段，对数字化转型的价值与意义的理解缺乏深度了解。就目前的情况来看，旅游行业内只有一些大型企业和少数精英在开展数字化转型后业务，且受信息技术掌握情况制约，相关业务和效率皆有待提升。而其他大部分旅游从业者及管理者对旅游产业数字化转型的认知相对滞后，对其内涵、外延及发展价值等都缺乏认识。而在一些地方，虽然大张旗鼓地宣扬着发展数字化的旅游产业，但其实质只是简单的旅游产品电子化，并不是真正意义上的数字化转型。由于数字化发展需要大量的资金投入，投入所带来的回报尚具有未知性的特点，对于资金投入相对比较少的旅游企业来说，更愿意暂时停留在过去的状态，所以产业数字化转型的推进并不如想象的那样顺畅。

2. 数字化人才短缺对旅游产业数字化转型的制约

人才是产业发展的核心，旅游产业的数字化转型发展需要大量的掌握旅游专业及信息技术的综合性精英人才，但目前数字化人才极度缺少，而且在数字化人才的培养上也相对滞后。以目前旅游行业的各级资格和等级考试来说，其中涉及数字化、信息化旅游知识的考点屈指可数，对于考生数字化实际操作的考察选拔几乎是空白状态。职业院校对于数字化旅游人才的培养也相当不足，开设相关课程非常少，实践应用培养基本为零。旅游产业数字化专业人才短缺是数字化转型过程中的严重问题，甚至出现无人可用的窘境。数字化人才短缺直接影响了旅游产业向更高层次的跨越。目前，很多旅游企业都没有配备专业的旅游数字化技术人才，而专门的数字化技术岗位更是相对空缺。旅游数字化人才不是普通的 IT 人才，而是需要将旅游产业专业技术与信息化技术相结合的专门人才。在这种人才缺失的背景下，就会出现即便拥有了实施数字化转型的设施设备，搭起了旅游网站、开设了旅游公众号等营销框架，但是结果却因数字化人才短缺而导致设施设备的近似瘫痪，起不到应该起的作用。并且，数字化设施设备随着科技的进步，其更新换代的速度本来就很快，同时游客需求的变化还会不断更新产业服务的内容，如果原本搭建起来的数字化旅游设施设备没有专业维护与更新，就会导致数据滞后、技术陈旧等问题。整个社会经济生活围绕的中心仍然是“以人为本”，旅游产业的数字化转型目标也是“服务人”，而前提是“需要人”，需要的就是一大批专业性的旅游数字化人才。

3. 核心数字技术及第三方服务供给不足的制约

制约因素之一是数字化基础薄弱且水平较低，缺乏个性化旅游线上服务。数字化旅游是社会经济生活发展到一定阶段的产物，旅游数字化转型建设需要应用如云计算、智慧终端、物联网、基于 IPv6 的地理信息系统和全球定位系统、VR、5G 等前端的信息技术，这些技术的应用对网络基础环境的要求相对较高。但是目前我国在对数字化产业匹配的硬件设施建设上相对滞后，同时也缺乏有能力承担关键任务的第三方服务商，在战略咨询、旅游营销、组织设计和数据运营等任务的执行上能力普遍欠缺。

制约因素之二是旅游产业数字化技术水平的区域差异。地区和城市经济发展水平制约着旅游产业数字化转型的程度，因为数字技术水平高低直接受经济发展水平影响，从而影响旅游产业的数字化进程。我国旅游产业数字化转型发展较好且具未来发展潜力的地区，大都集中在东部经济发达区域，如江苏、上海、浙江、广东等省市，这些地区的旅游数字化网络覆盖率、移动通信普及率、地区发展要素等总体情况较好。而中部地区、西部地区的旅游产业数字化转型则显得任重而道远。

制约因素之三是旅游产业中数字化技术应用率存在不足的情况。作为新旧高度结合的数字化旅游，是过去与现在、保守与创新、老旧与时尚的一种深刻互动与融合，从技术层面来说，尽管在我国的旅游产业数字化转型过程中存在着区域发展差异，但是总体来看，基本上不存在过多的制约数字化旅游发展的技术难点。而如何有效地、全面地将数字化技术应用到旅游景区、旅游酒店、旅行社等单位才是当下亟待解决的问题。

4. 旅游产业数字资源碎片化、孤立化现象的制约

旅游产业数字化转型面临着十分显著的“数字鸿沟”现象，不同类型产业之间协同、共享水平较为滞后。钱坤、杨莉萍、吴云鹏、胡宗华（2020）提到，旅游产业数字化发展不平衡不充分现象相当突出，绝大多数区域数字化质量低，智能化、信息化基础单薄，加之人力、资本等的制约，更造成了我国各地区旅游产业数字化发展的“数字鸿沟”的进一步扩大。另外，“数字孤岛”现象也较为显著。数字旅游是一个复杂的多元综合体，这个综合体涉及食、住、行、游、购、娱等多方面，然而在现实的产业发展实践中，各产业链间业务协同并不理想，大量的数字化资源缺乏互通共享，酒店、旅行社、景区等之间缺少相互联系的数字化信息数据库，致使每个服务点都成了一个数字孤岛，甚至在产业链的同一层级间，也存在数据资源无共享和利用率低下的现象。且对于大多数个体从业者以及小型旅游单位而言，即便参与数字化协作，在数据安全方面也保留着诸多顾虑，这在某种程度上限制了数据共享、业务协作的效率和质量。

三、产业数字化转型对高职智慧旅游复合型技术技能人才培养提出的新需求

（一）建立健全"旅游＋数字化"型智慧旅游人才培育机制

从提升现代服务业服务质量的角度来看，智慧旅游立足于现代信息技术为游客提供个性化优质服务，在实现社会旅游资源综合管理创新上体现了科学化和系统化的特点，并将现代智能技术全面融入旅游行业中，是全球智能化和智慧城市发展的重要组成部分。智慧旅游是全域旅游发展的中长期战略，在我国是以政府为主导的行业发展中远期目标，是加快旅游业发展的系列战略部署之一，也是旅游业在新的发展周期中的重要举措。目前，国内大部分省市的智慧旅游已经发展起来了，整个旅游行业的企业经营模式也在进行信息化、智能化演变，在线旅游市场在旅游产业经济总量中的比重明显提升。特别是后疫情时代来临，旅游市场也在进行一场数字化产业革命，出现了一大批引领作用强的智慧旅游城市，其智慧旅游行业市场管理机制日益完善，旅游公共服务信息化水平明显提高，形成了有效的示范带动作用，突出了智慧旅游行业市场的良好发展前景。

人力资源是行业发展的基础。一个行业的进步，离不开创新的管理理念、高端的科学技术以及人才的培育运用。当产业将这些要素进行整合之后，能够形成新的行业制高点。就旅游产业的数字化转型而言，需要的不仅仅是人工智能领域、信息技术领域的参与者，更需要具有旅游理论知识与数据分析能力的复合型人才。很多高校已经开设了人工智能专业、信息技术专业，市场并不缺少这些领域的人才。但是，市场中并

没有足够的具备旅游知识的数字化型人才。这些人需要学习旅游基础知识、通信技术方面的知识，并在长期的旅游行业的实践中，对这些知识进行整合和调整。面对旅游产业数字化转型的需求，高职院校需要将理论型的人才升级，转变为培养能够符合旅游产业在数字化后实际要求的功能性人才。因此，相关院校应提前制订好人才养成方案，因材施教。从传统的理论学习方式，转变为一体式的复合结构发展类型。同时，对于学生的学习能力也应当改变评价要求。

（二）智慧旅游产业发展对高职旅游专业类人才的岗位职业能力要求

高职智慧旅游复合型人才培养为旅游产业适应数字化转型提供了有力的人力资源支撑，是服务旅游产业转型升级和落实数字强国国家战略的具体要求，当前，智慧旅游新技术、新业态、新模式的快速发展对高职旅游类专业的岗位职业能力提出了新要求。

1. 需要懂信息技术并有创意的智慧旅游人才

王红艳（2020）说到，随着互联网、物联网、云计算对旅游行业和市场的影响，旅游行业和市场的基础、产业链和生态圈都发生了巨大变化，整个产业形态在不断创新升级，线上综合平台、专业服务机构、旅游搜索服务平台等创新型概念企业发展迅猛。旅游新业态及新变革，为高职旅游专业学生提供了新的就业机会，也提供了新的创业平台。同时，智慧旅游背景下，整个行业和市场更需要懂网络、会技术、有创意的智慧旅游人才。

2. 需要专业技能好的实用复合型人才

目前，在国内外智慧旅游产业发展的大背景下，旅游行业市场对人才的要求越来越高，无论是旅行社、旅游酒店还是旅游景区等旅游企业和单位，都较多缺乏掌握了专业知识和技能并能够踏踏实实从事一线工作的实用复合型人才。智慧旅游人才需要同时掌握现代信息技术和旅游专业技术，并具备服务意识和管理能力，这才是集技术与技能于一体的复合型人才。这种人才的知识结构覆盖旅游行业各个环节，能够熟练地掌握旅行社、旅游酒店和旅游景区业务流程等所有涉及旅游行业的基本知识和信息，而且善于协调和综合利用各种旅游资源；这种人才能够胜任旅行社、旅游酒店和旅游景区等旅游行业的各种岗位和角色的经营与管理工作。智慧旅游产业在大部分省市已经发展起来了，信息化、智能化的旅游企业经营模式正在普及，对高职院校旅游专业的实用复合型人才的需求量非常大。

3. 需要服务意识强、综合素养高的人才

市场需求对智慧旅游人才的能力要求表现在营销组织能力、协调应变能力、人际交往能力、语言表达能力、持续学习能力和良好的核心素养等方面，才能适应行业不断发展变化的需要。旅游业作为现代服务业，紧紧围绕“食、住、行、游、购、娱”这六项内容，应该用互联网思维为游客提供优质服务和旅游体验。做好这项工作的前提就是要有良好的心理素质，能够以服务他人为荣，受得了委屈，吃得了苦，担得起责任，为每一位有需要的游客提供优质高效的服务。这样的人才是当前旅游行业市场的紧缺资源，同时，对于高职院校旅游专业而言，培养这样的人才是当前面临的挑战，能有效地解决好人才培养问题，智慧旅游专业人才的行业就业率就会提高，行业就业流失率高的问题就会得到改善。

（三）智慧旅游产业发展背景下高职旅游人才培养现状

随着智慧旅游产业发展对人才需求的新变化，高职院校旅游类专业正在加速推进数字化转型，以不断增强职业教育对地方产业经济的适应性，但现实的困难也客观存在。

1. 旅游专业师资力量不足

旅游产业传统人才培养无法适应新的产业转型，与之匹配的旅游师资明显不足。另外，我国高职旅游管理专业群建设起步晚，发展时间短，专业建设经验积累不够厚重。同时，我国智慧旅游产业是近年来才发展起来的新业态，而且市场增速快，专业技术人才需求量大，从而导致高职院校旅游专业师资力量空缺严重，当前从教的教师很大一部分是从其他学科转到旅游专业任教的，专业知识和素养都需要补习，缺乏实践指导能力，造成学生掌握知识能力不扎实，核心素养不高，实践流于形式，毕业后就业难的结果。

2. 旅游类基础课程薄弱

高职院校旅游专业课程教学不平衡，专业设置中的管理和经济类课程教学相对成熟，教育效果较好。但是，专业核心课程不够完善，与智慧旅游人才需求还存在一定的差距，而且教育目标不清晰，实习实践教学也比较匮乏。各高校的旅游核心课程差异性较大，同一行业市场缺乏教育目标的共识度与统一性，导致同等学力的毕业生知识能力和学科素养相差悬殊。

3. 课程设置创新度不够

与智慧旅游产业发展的速度相比，高职院校的课程设置、教学内容还跟不上产业数字化变革，当前的课程依然以传统课程为主，创新力不足，与行业和市场发展不同步，现代信息技术课程目前还处于基础知识范围，智慧旅游还没融入学科核心素养内，还不能满足旅游行业和市场对高素质、多样化旅游人才的需求。

（四）智慧旅游产业发展背景下高职旅游类专业人才培养的路径创新

1. 以智慧旅游为依托，科学配置专业课程

高职院校要紧紧依托智慧旅游产业发展大背景，改进传统培养模式，创新专业课程设置，增加信息技术与互联网课程，跟上时代发展的步伐。要探索增设电子商务领域课程，让旅游专业具有时代感和实用性，拓宽教学视野，丰富专业课程体系。通过电子商务类课程，培养学生掌握现代信息技术知识和实践应用能力，深化学生对旅游信息化发展的认识，加强对智慧旅游新业态的感知，提高他们的综合技术能力和现代旅游专业素养，帮助学生更好地提升自身能力，为未来的智慧旅游行业和市场提供优质服务。

2. 以智慧旅游为核心

高职院校旅游类专业教学要抓住智慧旅游产业发展趋势和岗位职业能力要求，创新和丰富教学内容，实现课堂理论与实践应用相结合，培养实用性复合型人才。旅游行业和市场的发展速度快，教学内容要与时俱进，关注行业发展，把握市场脉搏，跟上发展节奏，保证教学内容的及时性、前瞻性与应用性。教师要善于将理论知识和实际应用价值相结

合，创设适宜的教学情境，激发学生学习的兴趣，促进学生更深刻地理解和掌握教学内容。

3. 以智慧旅游为契机，打造专业师资队伍

高职院校要借助智慧旅游产教融合、校企合作，发展多元化师资队伍，提升旅游专业师资力量水平，打造优势互补团队。智慧旅游大背景下，旅游行业和市场的知识面宽，不同领域知识交叉融合，还有跨产业发展的趋势。因此，高职院校旅游专业应积极搭建教师职业发展平台，广泛吸纳不同知识背景的高素质人才，丰富专业师资队伍；要聘请经验丰富的旅游行业和产业专家来校交流，多管齐下，精准发力，全面提升旅游专业从教人员的知识、能力和核心素养，推进学科交叉融合教学，打造优势互补团队，不断提高和优化旅游专业教学水平和教育质量，为智慧旅游大背景下的行业和市场培养更具竞争力的优秀的智慧旅游人才。

4. 以智慧旅游为基础，推动专业融合发展

高职院校要引入智慧旅游产业集群化发展逻辑，探索“互联网 + 旅游”课程设置，实现旅游专业教学的创新升级。伴随着信息全球化和大数据时代的到来，旅游行业和市场“互联网 + 旅游”已经是旅游发展新常态。旅游行业和市场用“互联网 +”思维推动智慧旅游快速发展，实现“互联网 + 旅游”的新时期旅游业态繁荣。高职院校可以参照和借鉴，探索旅游专业“互联网 + 旅游”的教育培养新模式，将院校教育与行业和市场需求深度融合，实现更加精准的人才培养新路径。围绕智慧旅游服务、管理、营销构建专业课程教学和技能实践平台，以岗位能力为核心突出职业素养培育的课程体系，强化学生对旅游行业和市场总体发展意识的培养，促进学生旅游职业服务理念和创新实践思维能力的提升，增强学生的外语和计算机应用能力，使学生成长为素质高、技术全面的实用复合型人才。

5. 以智慧旅游为纽带，深入开展校企合作

培养符合需求的人才，就要加强实践性教学，让学生学以致用，变知识为能力。要以智慧旅游为纽带，探索深化校企合作模式。高职院校与旅游企业建立合作模式，通过“引进来”“走出去”以及“双师”融合教学等模式，拓展职业教育发展路径，提高教育质量。注重教育培养质量，强化在校理论学习与企业技能实践，充分利用学校与企业的教育资源，实现信息及时沟通，共享“双赢”模式。通过开展校企合作教学，有针对性地为企业实际需求培养专业人才，有效提高人才教育培养的实用性与实效性。通过开展校企合作，实现高职院校旅游专业人才培养应社会所需，与市场接轨，与企业合作，促进人才快速成长。校企合作教学，不仅有效提高了高职院校旅游专业教育培养人才的质量，也有利于旅游企业服务质量和核心竞争力的提升，推动企业经营发展。习近平总书记在中国共产党第十九次代表大会报告中指出：“优先发展教育事业”。因此，高职院校要积极探索旅游专业教育新路径，完善旅游专业职业教育和培训体系，不断创新拓展和深化产教融合、校企合作的模式方法，为旅游专业学生创造实践实习的良好条件，将理论和应用深度融合。学生学到理论知识能够及时实践应用、吸收和理解，促进技能养成，真正掌握知识、练就技术，走出校门就能走上理想的就业岗位，实现人才的社会价值。同时，要积极开展国际教育交流，探索国际教育合作路径，构建友好协作关系，引进优质教学资源，探讨共同办学之路，开发国际先进标准的旅游专业课程，为智慧旅游国际化发展培养知识技能过硬、服务意识好的高素质旅游专业人才。

综上所述，智慧旅游产业发展将越来越需要大量精通现代信息技术、具备良好专业技能和德智体美劳综合素养的复合型技术技能人才，高职院校依托自身良好的教育资源，通过深化校企合作、产教融合，搭乘产业数字化转型的新机遇，带动技术技能人才培养和创新高地的建设。

第二节　核心概念界定

一、产业数字化转型

产业数字化是指在新一代数字科技支撑和引领下，以数据为关键要素，以价值释放为核心，以数据赋能为主线，对产业链上下游的全要素数字化升级、转型和再造的过程。其内涵包括：以数字科技变革生产工具，以数据资源为关键生产要素，以数字内容重构产品结构，以信息网络为市场配置纽带，以服务平台为产业生态载体，以数字善治为发展机制条件六个方面。数字化在产业发展中具有极其重要的意义：从微观上来看，传统企业迫切需要新的增长机制与发展模式，快速迭代及进阶的数字科技将为传统企业转型升级带来新希望，助力传统企业蝶变，再造企业质量效率新优势。从中观上来看，数字化提升产品生产制造过程的自动化和智能化水平，实现了降低产品研发和制造成本、重塑产业流程和决策机制、精准化营销、个性化服务等目标，形成产业分工协作新格局，促进产业提质增效。从宏观上来看，数字科技广泛应用和消费需求变革催生出共享经济、平台经济等新业态新模式，促进形成新一代信息技术、高端装备、机器人等新兴产业，加速数字产业化形成，孕育新业态新模式，加速新旧动能转换新引擎。

数字化转型是指建立在数字化转换（Digitization）、数字化升级（Digitalization）基础上，进一步触及公司核心业务，以新建的商业模式为目标的高层次转型。其本质是开发数字化技术及支持能力，用以建立一个富有活力的数字化商业模式。数字化转型表明，只有企业对其组织活动、流程、业务模式和员工能力等多方面业务进行系统、彻底的重新定义时，转型才会得以实现。

数字化企业既是国家经济的最基本组成单位，也是数字经济的基础设施。因此，“数字经济”的建设核心是“数字化企业”。数字化企业的由三大部分组成：其一，企业管理人员形成“数字化”思维意识，具体涉及管理人员要具有“数字经济”知识和技能学习系统；其二，企业“数字化”改造关联的规章制度和奖惩机制；其三，管理人员“数字化”思维落地的监督和考核系统项。

二、智慧旅游

“智慧旅游”是一个全新的命题，百度百科对其概念的解读为：是一种以物联网、云计算、下一代通信网络、高性能信息处理、智能数据挖掘等技术在旅游体验、产业发展、行政管理等方面的应用，使旅游物理资源和信息资源得到高度系统化整合和深度开发激活，并服务于公众、企业、政府等的面向未来的全新的旅游形态。它以融合的通信与信息技术为基础，以游客互动体验为中心，以一体化的行业信息管理为保障，以激励产业创新、促进产业结构升级为特色。智慧旅游，就是利用移动云计算、互联网等新技术，借助便携的终端上网设备，主动感知旅游相关信息，并及时安排和调整旅游计划。简单地说，就是游客与网络实时互动，让游程安排进入触摸时代。

其特征是以云计算为基础，以移动终端应用为核心，以感知互动等高效信息服务为特征的旅游信息化发展新模式，其核心是以游客为本的高效旅游信息化服务。智慧旅游的建设与发展最终将体现在旅游管理、旅游服务和旅游营销三个层面。

三、复合型技术技能人才

复合型人才是指在知识、能力、思维等多方面具备复合功能的人才。其特征是学科交叉、知识融合、技术集成，复合型人才的塑造需要提高个人综合素质。

复合型技术技能人才是指具备多种技术技能的人才，主要由应用型高职院校、中职学校培养，一般通过设立复合型专业、构建复合型课程体系及评价体制等实现此类人才的培养。

复合型技术技能人才培养是目前职业教育充分适应产业集群化发展的新趋势，也是国家培养高技术人才战略的新需求。国务院在《国家职业教育改革实施方案》（国发〔2019〕4 号）中提出：“深化复合型技术技能人才培养培训模式改革，借鉴国际职业教育培训普遍做法，制订工作方案和具体管理办法，启动 1+X 证书制度试点工作。”教育部、国家发展改革委、财政部、市场监管总局四部门印发《关于在院校实施“学历证书 + 若干职业技能等级证书”制度试点方案》（教职成〔2019〕6 号）中要求，“深化复合型技术技能人才培养培训模式和评价模式改革，提高人才培养质量，畅通技术技能人才成长通道，拓展就业创业本领。

四、人才培养体系

对于高等学校而言，人才培养体系的构建应该包括两个方面：其一是遵循教育外部关系规律，以社会需要为参照基准，调整学校的专业设置以及专业的培养目标、培养规格，使人才培养更好地适应经济与社会发展的需要；其二是遵循教育内部关系规律，以专业的培养目标、培养规格为参照基准，调整专业的培养方案、培养途径，使人才培养模式中的诸要素更加协调，提高人才培养质量与人才培养目标的符合程度。

人才培养是指培养具有良好人文素质、科学素质和社会责任感，学科基础扎实，具有自我学习能力、创新精神和创新能力的人才。其培养目标具体包含得到基础研究和应用研究的训练，具有扎实的基础理论知识和实验技能，动手能力强、综合素质好；掌握科学的思维方法，具备较强的获取知识能力，具有探索精神、创新能力和优秀的科学品质。

人才培养体系是指在一定的现代教育理论、教育思想指导下，按照特定的培养目标和人才规格，以相对稳定的人才培养模式，建立教学内容和课程体系、管理制度体系和评估方式体系，实施人才教育的过程的总架构。其核心内容体现在人才培养模式的构建（图 1-1）。

图 1-1 人才培养体系

第三节 研究意义与技术路线

一、研究意义

本课题在旅游产业数字化转型背景下，高职院校为适应旅游业转型升级、高质量发展的需求，适应数字化、网络化、智能化为特征的旅游产业发展需求，就“智慧旅游”新兴产业对旅游专业人才培养的影响和作用、“智慧旅游”时代下旅游人才培养质量如何提升做了研究，对智慧旅游复合型技术技能人才（简称智慧旅游复合型人才）培养体系的构建进行了探索性研究和实践，丰富了高职教育旅游人才培养的路径。本研究发展了面向产业数字化转型的“校企协同、跨界融合、赋能增值”育人理念，明确了智慧旅游复合型技术技能人才培养定位，构建了“三匹配、三融合”专业群教学体系，设计了“双驱动、双主线、三交替”人才培养模式，打造了“研、创、赛、训”资源建设四载体。

本研究解决了产业数字化转型催生的岗位新，教学内容与职业能力需求不适应问题；解决了复合型人才培养涉及要素多，校企协同推进工学实践的过程管理不紧密问题；解决了技术技能迭代速度快，优质教学资源动态更新和持续供给不满足问题。为学生就业打下了坚实基础，为四川乃至全国涉旅人才培养提出了特色方案。

二、研究方法

（一）文献资料调查与分析

利用省市图书馆及其数据库，进行文献资料检索，获得与本研究相关的专业书籍和论文资料。同时利用知网、万方、维普等中文数据库，EbscoHost、Haworth Press Journals、Elsevier Science Direct、Ingentaconnect、ProQuest和Sage Premier等外文数据库，百度和Google等中英文搜索引擎，搜集国内外有关智慧旅游人才培养研究的文献，对其他论文引用过的文献资料，逐一查找到原文，进行研究分析。参阅文献资料中，有专业书籍百余本，相关论文的报刊和电子文献近 1000 份。文献资料年限主要集中在 2000 年至 2021 年 6 月期间，部分资料涉及年限要早一些。直接引用内容的参考文献有 55 份。

在诸多的文献资料中，根据论文的总体结构和框架思路需要，进行归类梳理，就同一类型的研究成果进行归类和对比分析，研究其主要成果和不足。比较充足的文献资料和前沿的研究成果，为研究论点的提出和论据的佐证打下了基础。在对参考文献的归纳和总结的基础上，确立研究主题并提出理论框架。

（二）数据基础与分析方法

采用的主要数据来自公开发表或发布的专业书籍、科研论文、年鉴信息、规划文本及网站信息。例如，国内旅游相关专业的发展情况及产业数字化转型的基础数据，通过在网络上实名搜索获得具体数据，进行整理分析。部分旅游和经济等相关数据，来自《中国统计年鉴》《中国旅游年鉴》《甘肃统计年鉴》等已公布的权威资料。资料年限截至 2020 年年底。

研究采用定性描述与定量分析相结合。主要采用 Excel 软件对数据进行统计和分析。运用统计分析软件 SPSS19.0，对数据进行回归分析和相关分析，对每一结果进行显著性检验，利用 Excel2010 程序进行有关统计排序的相关分析，对定量计算的结果再进行定性分析。柱状图、切块图以 Excel 软件绘制，其他图件应用 python 软件制作。

（三）案例分析法

本书以成都职业技术学院智慧旅游专业群为案例进行研究，自 2014 年该专业成为四川省高职院校省级重点专业建设项目以来，以成都旅游职业教育集团为平台，该专业群整合区域文化和旅游教育资源，面向产业数字化转型，已经初步形成了复合型智慧旅游的人才培养特色。经过国家示范（骨干）高职院校和四川省优质高等职业院校建设，6 个专业获得联合国世界旅游组织教育质量认证。因此，本案例具有较为充分的说服力和示范性，为推进智慧旅游人才培养体系研究提供了实证材料。

三、研究内容

智慧旅游复合型人才培养是产业数字化转型背景下旅游人才培养的新方向，是国家高等职业教育发展到今天的新目标。随着全球化经济发展和全球智能化转变，在新的社会经济环境和旅游发展态势下，智慧旅游也将迎来新的常态化的良性发展阶段。智慧旅游技术技能复合型人才的培养体系研究应以高职院校相关专业的实际发展为案例进行剖析研究。

本书分为理论和实践两篇，理论篇包括第一、二、三章，实践篇为第四、五章和结论及展望。其中理论篇主要基于专业群发展基本理论进行介绍，对新概念、新观点的提出进行阐述和分析，以成都职业技术学院智慧旅游专业群为案例进行人才培养体系构建的路径分析；实践篇主要以成都职业技术学院智慧旅游专业群近几年发展的作为案例研究（图1-2）。

第一章，绪论。主要从高等职业教育发展及特征、趋势，旅游产业数字化转型背景，当前智慧旅游人才培养新需求方面进行基础理论分析，并对产业数字化转型、智慧旅游、人才培养体系等概念做了界定。

第二章，高等职业教育智慧旅游复合型人才培养体系理论研究。本章从高职智慧旅游复合型人才培养体系构建的理念、原则、要素、流程与实施五大方面进行分析，对高职旅游类复合型人才培养体系的基础理论进行了说明。

第三章，高等职业教育智慧旅游复合型人才培养体系构建。本章以成都职业技术学院为例，对高职智慧旅游复合型人才体系构建的基础进行了介绍，并提出建设的机遇和挑战。

第四章，智慧旅游专业群复合型人才培养市场调研。该部分列举了成都职业技术学院旅游管理、文化创意与策划、酒店管理与数字化运营、智慧景区开发与管理、会展策划与管理、导游、空中乘务共七个专业的人才培养市场调研报告，该部分是基于广泛的市场调研数据分析基础得出的结论，对专业建设方向具有指导性作用。

第五章，基于智慧旅游复合型人才培养体系构建的专业群教学标准，列举了成都职业技术学院智慧旅游专业群内的旅游管理、文化创意与策划、酒店管理与数字化运营、智慧景区开发与管理、会展策划与管理、导游、空中乘务七个专业教学标准，具有一定的借鉴及示范作用。

第六章，成果总结与实践成效。对成都职业技术学院智慧旅游专业群复合型人才培养体系构建的成果进行了阐述，从成果研究与实践内容、解决的教学问题与方法、创新之处和推广应用成效进行了结论描述，并在下一步工作思路中对研究进行了展望。

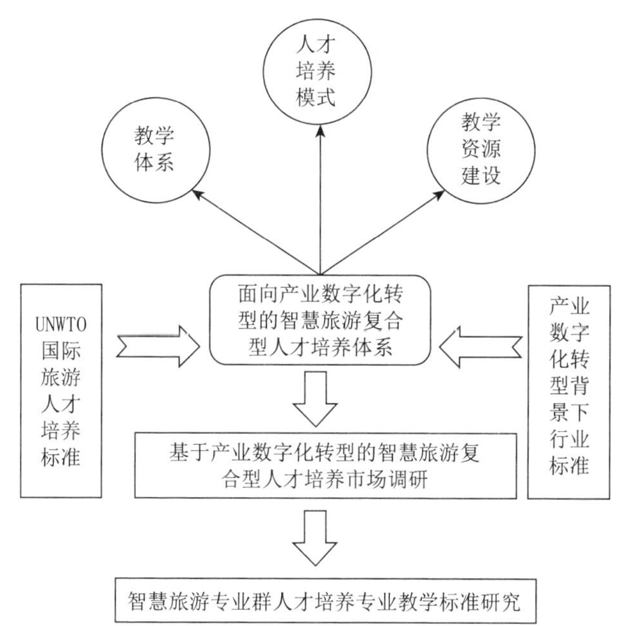

图 1-2　本研究内容结构

第二章　高等职业教育智慧旅游复合型人才培养体系理论研究

第一节　高等职业教育智慧旅游复合型人才培养体系构建理念与原则

一、高等职业教育智慧旅游复合型人才培养体系构建的理念

习近平总书记强调“人才培养体系涉及学科体系、教学体系、教材体系、管理体系等，而贯通其中的是思想政治工作体系。”在加快推进教育现代化、开启建设教育强国的新征程中，重构人才培养体系，不断提升人才培养能力，不仅关系到“双高计划”建设的深入推进，更是新时代赋予高职院校的历史使命，是我们必须破解的时代命题。

复合型人才的突出表现是其综合能力，院校在人才体系构建中应坚持立德树人，促进学生“德智体美劳”五育并举、全面发展的指导思想。强调以学生为中心，以目标为导向，创新培养模式，创新课堂教学，创新实践育人；深化学分制改革，强化“因材施教、分类培养”；构建专业群内各专业融合培养、相互促进的多元化、个性化职业教育人才培养体系。在其构建过程中应从以下几个方面进行思考。

（一）成果导向的设计理念

高等职业教育智慧旅游复合型人才培养新体系的建立应树立成果导向理念。由于成果是由需求决定的，故也称需求导向的培养理念。此理念包括以学生为中心、反向设计和持续改进三个方面。

以学生为中心是指教学设计、实施和评价必须遵循并体现人才培养理念的核心价值，要实现传统教学以教师为中心向以学生为中心的转变。将教学内容由“教什么”转变为“学什么”、教学方法由“怎么教”转变为“怎么学”、教学评价由“教得怎么样”转变为“学得怎么样”。

反向设计是从需求开始，由需求决定培养目标，再由培养目标决定毕业要求，最后由毕业要求决定课程体系。这样，需求既是教学设计的起点，又是教学实施的终点，从而保证了人才培养供需之间的契合度。

持续改进指要建立具有“评价—反馈—改进”反复循环特征的持续改进机制，持续地改进培养目标，以保障其始终与内外部需求相符合；持续地改进毕业要求，以保障其始终与培养目标相符合；持续地改进教学活动，以保障其始终与毕业要求相符合。

（二）过程导向培养理念

高等职业教育智慧旅游复合型人才教育不能脱离行业企业岗位实际需求，应关注学用结合、学以致用。过程导向是指人才培养模式应遵循“构思—设计—实现—运行”过程来设计并实施。在过程实施中需关注三个要素：其一，结合区域、行业、专业实际需求，设置培养目标；其二，根据目标设计大纲，大纲包含系列知识、能力和态度等具体子目标，为实现人才培养目标提供了科学系统的路径，也是构建高等职业教育智慧旅游复合型人才培养方案和综合评估系统的基础；其三，根据大纲制定标准，标准包含专业培养理念、课程计划制订、设计、实现经验和实践场所、教与学的新方法、教师能力提升等内容，给出了教学者及学习者掌握相关知识和能力的方法等一系列问题，并对人才培养模式的实施和评价做了系统的、全面的引导和规范，使得智慧旅游复合型人才培养的“三教改革”能具体化、可操作、可评价。

（三）“三全育人”教育理念

“三全育人”即全员育人、全程育人、全方位育人，是中共中央、国务院《关于加强和改进新形势下高校思想政治工作的意见》提出的坚持全员全过程全方位育人（简称“三全育人”）的要求。其核心思想是紧紧围绕立德树人根本任务，充分发挥中国特色社会主义教育的育人优势，以理想信念教育为核心，以社会主义核心价值观为引领，以全面提高人才培养能力为关键，切实提高工作亲和力和针对性，强化基础、突出重点、建立规范、落实责任，一体化构建内容完善、标准健全、运行科学、保障有力、成效显著的高校思想政治工作体系，使思想政治工作体系贯通学科体系、教学体系、教材体系、管理体系，形成全员全过程全方位育人格局。

旅游高等职业教育复合型人才的"三全"育人理念便是要把立德树人作为根本任务，融入思想道德教育、文化知识教育、社会实践教育各环节，把思想政治工作贯穿教育教学全过程，把思想价值引领贯穿教育教学全过程和各环节，形成教书育人、科研育人、实践育人、管理育人、服务育人、文化育人、组织育人长效机制。

如果说成果导向理念告诉我们做什么，过程导向理念告诉我们怎么做，那么"三全"育人理念则告诉我们的是谁来做。这涉及学校、专业和老师三个层面。

学校层面要推进校企协同化育人，由学校与企业按照需求侧要求，共同制定人才培养目标，完善人才培养方案，构建课程体系，开发教材和更新教学内容，共建实习实训基地和生产性实训基地。聘请企业技术骨干参与人才培养过程和质量评价，广泛协同实施校企双元主体育人。专业层面要推进校家庭化培养，专业负责人是大家长，每位专业老师是小家长，每个专业就成为一个大家庭。这个大家庭不仅要管生源从何处来，还要管毕业生到何处去；不仅要管老师教什么、怎么教、教得怎么样，还要管学生学什么、怎么学、学得怎么样。老师层面要推进学校个性化指导，每位专业老师作为小家长"承包"几个学生作为自己的"孩子"，组成一个小家庭。在每一个小家庭里，家长老师不仅要指导自己"孩子"的学习，还要负责他们的一切，包括品德教育、日常行为、毕业分配等，让他们感到家的温暖。高等职业教育智慧旅游复合型人才培养新体系的构建，是设计理念、培养理念、思政理念集成创新的结果，必将有力地推进人才培养供给侧结构性改革。

二、高等职业教育智慧旅游复合型人才培养体系构建的原则

复合型人才培养是一个内涵丰富的范畴，其体系的构建应是多方面且全方位的。因此，在构建高等职业教育智慧旅游复合型人才培养体系时应遵循以下原则。

（一）分类设计，因材施教的原则

复合型人才培养体系的构建应从学生的实际出发，充分尊重个体的差异性，按照学科专业的新发展和社会发展的新需要不断改革学科专业和课程设计，增强课程体系的弹性，为学生自主学习、自我管理、自由发展提供必备条件。其课程体系设计需考虑职业教育复合性、创造性人才培养需求，按照分级设置的思路将课程分为基础平台、专业必修、能力拓展三个层级。第一级为基础平台课程，即通过分析专业群内各专业岗位通用能力需求，在文化基础课、专业基础课中挑出一两门作为重点，进行基础研究性学习；第二级为本专业必修课程，其主要是针对专业知识内容及专业技能的需求开设；第三级为能力拓展课程，提倡跨专业选修，并在选修过程中一定要充分尊重学生个人意愿，让学生自由选择感兴趣的课程，以扩大知识面，提高人文、科技等相关素养。同时，还应根据不同专业特点，成立满足不同类型学生的学习兴趣小组，使兴趣与专业发展更好地结合起来。

（二）加强实践，理实融通的原则

复合型人才培养的关键是有效的实践，实践是创新的源泉，也是人才成长的必由之路。一般说来，创新只有通过学生积极且多方面的探索，才能逐渐成为其自身品质的一部分。所以，复合型人才的培养必须加强实践环节，通过实践和训练，加深对理论的理解和对实践对象的认识，并在实践中坚持遵循规律，激发探索激情，磨炼意志品质，提高承受挫折的能力与团队合作精神，体现培养特色。

任何实践的实施一定是以理论知识为基础，遵循职业教育、技术技能人才成长和学生身心发展规律，处理好理论基础课程与专业课程、理

论教学与实践教学、学历证书与各类职业培训证书之间的关系，整体设计教学活动。要充分利用好课堂、实验中心、技能实训基地、社会实践基地、创业基地、社团协会等实践载体，积极探索复合型人才培养的教改模式、课外学术科研模式、社团文化模式、学科竞赛模式、专业实习模式、社会实践模式、创业模式等创新实践模式，并不断优化。全面实现基础教育和专才教育的融通与互补。

（三）完善机制，持续改进的原则

复合型人才培养体系的建构要面向现代化紧跟产业发展趋势和行业人才需求，建立健全行业企业、第三方评价机构等多方参与的专业人才培养方案动态调整机制，强化教师参与教学和课程改革的效果评价与激励，做好人才培养质量评价与反馈。在持续推动复合型人才培养体系持续改进过程中应关注：其一，树立现代化办学理念，构建与时俱进的复合型人才培养体系，培养全面发展的复合型人才。其二，面向世界，用国际化视野面对行业及职业发展的机遇与挑战，在竞争激烈的职业教育国际化进程中占据优势，吸收并借鉴发达国家人才培养的经验，取长补短，顺应国际职业教育的变革趋势，探索适合我国特色的复合型人才培养模式。其三，面向未来并有适度的超前意识，立足现实，着眼长远，充分考虑到未来经济社会发展对人才的需求。实现复合型人才培养的可持续发展。

第二节　高等职业教育智慧旅游复合型人才培养体系构建的要素

对于复合型人才，我们可以将其理解为知识、能力、素质全面提高、协调发展的人才。知识是基础，能力是核心，素质是保障，三者之间相辅相成。故复合型人才培养体系则是由传递知识的课程体系、形成能力的实践教学体系和素质养成体系构成，各体系既独立又相互关联，其核心构成要素基本一致。

一、高等职业教育智慧旅游复合型人才培养体系构建思路

（一）构建高质量的旅游复合型人才贯通培养体系

贯通培养体系包括校校贯通和校企贯通两个方面。

其一，校校贯通中职教育、高职教育与应用本科及硕博贯通培养。其培养方式为以高等职业院校和中等职业学校为主体，与优质高中、本科高校、研究机构、国内外企业共同协作落实智慧旅游复合型技术技能人才的培养目标，推进中专本一体化设计和贯通性培养，避免高职与本科培养断裂。建立高职生纵向跨层次选课制度，鼓励学有余力的高职生同时研学本科课程，落实长周期个性化培养；建立高职生学业导师制度，将校企培养中的“师徒制”培养模式延伸到校内教育阶段，推进数字化技能型高端人才培养阶段前移；建立高职生创新创业兴趣培养制度，把高职生的创新思维、创业能力培养纳入日常教学体系和培养方案中，鼓励高职生参与创新创业活动。

其二，校企深度合作人才培养项目。支持专业群与国内知名企业开展深度合作，本科阶段对接省内本科高校，三方合作培养契合区域经济定位和紧缺人才需求的高端技术技能人才。并以“新文科”建设为契机，推进专业优化、课程提质、模式创新。积极探索跨学科、跨专业人才培养模式，深度融合旅游大类各专业、融会贯通人文科学、社会科学与现代信息技术；积极推动文化与技术交叉融通，用人文社会科学回应新技术出现的新问题，用新技术推进人文社会科学发展，培养知中国、爱中国、堪当民族复兴大任新时代旅游复合型人才。

（二）构建高质量的旅游复合型人才全面培养体系

一是科教融合。把科教深度融合作为立德树人工作的基本依托，人才队伍建设的基本举措，学科专业发展的基本路径和旅游复合型人才培养改革创新的有力抓手。以教材、课程、教学的改革为重点，科教融合、教研一体，努力推进科研与教学互动、科研与人才培养结合，着力提升学生的学术逻辑思维能力、学术分析思考能力和学术语言表达能力，实

现高水平科学研究与高质量人才培养相互支撑、相互促进、共同发展。二是协同育人。把立德树人作为高校办学治校的立身之本和人才培养的核心内容，融入思想道德教育、文化知识教育、社会实践教育各环节。形成第一课堂与第二课堂、理论教学与实践教学相互支撑的旅游复合型人才培养教学体系，协同推进德育、智育、体育、美育以及劳动教育全方位育人，在实践中历练学生艰苦奋斗精神和防范化解重大风险能力，构建德智体美劳全面培养的教育体系；加强学科、教学、教材和管理建设，形成更高水平的人才培养体系，实现各项育人工作的协同协作、同向同行、互联互通，实现“品德、素质、能力”协同提升，着力培养具有忧患意识、健康身心，敢于在斗争中推动发展的时代新人。

（三）构建高质量的旅游复合型人才培养支持体系

一是构建旅游复合型人才培养的学科支持体系。旅游学科的研究成果和历程说明，旅游是一个具有广泛社会应用背景的研究领域，而旅游学是一门富有生命力和发展前途的新兴学科。在旅游学科下，可分设旅游管理学（含旅游企业管理、旅游人力资源管理、旅游饭店经营管理、旅行社经营管理、旅游景区经营管理、游船经营管理等）、旅游开发学（含旅游规划）、旅游资源学、旅游地理学、旅游法学、旅游心理学、旅游经济学、旅游市场学、旅游哲学、旅游文化学、旅游美学、旅游伦理学、旅游社会学、旅游人类学、导游学等。旅游学科需打破学科界限，调动各相关学科的理论知识来致力于复合型人才培养。二是构建旅游复合型人才培养的科研支持体系。推进应用型技术高水平科研服务及职业教育教学改革，把支撑教学作为教师科研评价的重要指标，杜绝科研活动与教学活动两张皮，引导教师把教学中的重点、难点、焦点作为科研的对象与内容，及时将研究成果转化为课程教材、教学内容及新技术、新技能。三是构建旅游复合型人才培养的评价支持体系。认真落实中共中央、国务院《深化新时代教育评价改革总体方案》的文件精神，扭转不科学的教育评价导向，坚决克服“五唯”顽瘴痼疾，重点评价技术贡献、社会贡献以及支撑人才培养情况。坚持把立德树人成效作为根本标准，将教学作为重要评价内容，鼓励教师把更多精力放在研究教学内容、创新教学方法、提高教学实效上，切实提升人才培养质量，切实增强师生的获得感与幸福感。

二、高等职业教育智慧旅游复合型人才培养体系构成要素

（一）人才培养模式

近年来，关于人才培养模式的研究引起了高等教育界的广泛重视，但仍处于理论探讨的初级阶段。学者们从不同的层面、视角出发，形成了不同的认识和观点。通过文献检索发现，关于人才培养模式概念的表述甚多，可谓仁者见仁，智者见智。

1. 概念界定

一是“人才培养规范”说，认为“人才培养模式是一定教育机构或教育工作者群体普遍认同和遵从的关于人才培养活动的实践规范和操作样式，是直接作用于受教育者身心的教育活动全要素的总和和全过程的总和”。二是“人才培养系统”说，认为人才培养模式是一个系统，至少应包括创新人才的培养模式和人才成长环境两大部分。创新人才培养模式是创新人才培养的核心，是在一定的教学组织管理下实施的，包括培养目标、专业结构、课程体系、教学制度、教学模式和日常教学管理；创新人才成长的环境是创新人才的保证，包括师资队伍、教学硬件和校园文化氛围。高素质的创新人才培养应该是从教师到学生、从观念到制度、从软件环境到硬件环境进行全方位、多角度的综合建设。三是“教育过程总和”说，认为人才培养模式是在一定的教育理念、教育思想指导下，按照特定的培养目标和人才规格，以相对稳定的教学内容和课程体系、管理制度和评估方式实施人才教育的过程的总和，由培养目标、培养制度、培养过程、培养评价四个方面组成。

从上述资料引证中可以看出，有关“人才培养模式”的界定甚多。为了更客观、更全面地界定人才培养模式，有必要从分析“模式”和“人才培养”的内涵以及“人才培养模式的特点”入手，把握这一概念。

首先，从词义学上讲，“模式”即解决问题的范式、范例，是指在一定的思想指导下建立起来的由若干要素构成的，具有形态构造和实践指

导功能及可仿效性等特征的某种活动的理论模型与操作式样。模式既不属于内容范畴与形式范畴，也不属于目的范畴与结果范畴，而是属于一种过程范畴。因此，人才培养模式“是一种对于培养过程的设计，一种对于培养过程的建构，一种对于培养过程的管理，它是关于人才培养过程质态的总体性表述”。

其次，何为“人才培养”？培养人才是高等教育的首要任务。人才培养必须解决七个问题：一是教育理念的提出，二是人才培养目标的确定，三是人才培养对象的选择，四是人才培养主体的开发，五是人才培养途径的利用，六是人才培养过程的优化，七是人才培养的制度保障。因此，培养人才是一个系统工程，它包括人才培养的理念、主体、客体、目标、途径、模式与制度七大要素。

综上所述，“人才培养模式”是指培养主体为了实现特定的人才培养目标，在一定的教育理念指导和一定的培养制度保障下设计的，由若干要素构成的具有系统性、目的性、中介性、开放性、多样性与可仿效性等特征的有关人才培养过程的理论模型与操作形式。

2. 要素解析

人才培养模式是“人才培养”系统中最富于变化、最具活力、构成要素最复杂的子系统。要构建人才培养模式，必须认真解析人才培养模式的构成要素。人才培养理念是培养主体关于人才培养的本质特征、目标价值、职能任务和活动原则等的理性认识以及对人才培养的理想追求及其所形成的各种具体的教育观念，如质量观、师生观、教学观、科研观、活动观与评价观等。人才培养理念旨在回答“高职人才应该是怎样的”“人才应该如何培养”等问题。

专业设置模式是人才培养模式的重要组成部分。专业设置一般可在设置口径、设置方向、设置时间、设置空间等方面进行形态变化设计。专业口径是指划分专业时所规定的主干学科或主要学科基础及业务范围的覆盖面；专业方向是指在专业口径之内是否分化专攻方向以及分化多少；设置时间是指专业设置的时间早晚，是一进校就定专业，还是学习到一定阶段之后再确定专业培养；设置空间是指学生的专业确定之后，有没有游移的空间和更改的可能，是否允许学生转专业、转系、转院或跨专业、跨系、跨院学习等。

课程设置方式是指一定学校所选定的课程类型和课程门类在各年级的安排顺序和学时分配，以及对各类各科课程的学习目标、学习内容和学习要求的简要规定。课程设置必须符合培养目标的要求，它是学校的培养目标在课程计划中的集中表现。评价课程设置主要考虑两个方面：合理的课程结构和课程内容，其包括各门课程之间的结构合理、开设的课程合理、课程开设的先后顺序合理、各课程之间衔接有序；合理的课程内容指课程的内容安排符合知识论的规律，课程的内容能够反映学科的主要知识、主要的方法论及时代发展的要求与前沿。由于传统知识观的影响，我国高校课程设置具有过于专门化、重理论轻实践、重必修轻选修、课程传授模式单一等问题，不利于创新型人才的培养。因此，旅游复合型人才培养必须改变传统的课程观，跨越专业、校企及空间界限，在夯实专业课程的基础上增加综合课程。

教学制度体系是指与人才培养过程紧密相关的各种规章制度及其实施的体系。其核心内容有学分制、学位制、导师制、实习制、分流制度、日常教学管理制度等。这些制度自成一定的体系，如学分制就经历了从“自由学分制”向“限制学分制”的演进，现代学分制具体包括选课制度、课程体系、学分管理、弹性学制、导师制度、绩点制度等内容。在学位制中又包括双学位制、主辅修制、本加专制、“本硕连读”制等，可为不同状态的学生提供多条学习跑道供其选择。教学制度体系在培养模式各要素中是最为活跃的一个变量。

教学组织形式是教学活动过程中教师和学生的组织方式及教学时间和空间的安排方式。不同的教学组织形式对学生知识的获得、智力的形成与人格的提升产生不同的影响。教学组织形式应重视教师启发式教育，教学过程中应体现以学生探讨为主的双向、多向的交流过程，充分体现学生主体地位，以培养学生独立思考和创新能力。旅游复合型人才培养可采用以学生“自由选题、自主探究和自由创造”为宗旨的“研究型”教学形式，突出学生在学习、研究和探索中的主体地位，旨在培养学生的学习、实践和创新等复合能力。

教学管理模式是指在一定的教学思想、教学理论、学习理论、管理理论指导下对教学过程进行组织管理的手段与方法。目前，大多职业院校按照行政法规和既定的规范程序实行教学管理，具有集中统一、有章可循、易于操作的特点，也可以避免政出多门、任意行事。但随着时代的发展，在确立师生的教学主体地位、推进教学的民主化进程、培养复合型、创新型有个性的现代高素质技术技能人才的新需求下，为了提高教学管理水平，提升人才培养质量，促进复合型人才的培养，创新教学管理模式已势在必行。

课程是学生在学校所习得的一切文化的总和。课程可分为显性与隐性两类：显性课程是指有一定的教学计划、教学大纲、教学目标，有一定教材为依托的课程；隐性课程是指在学校中除正规课程外所学习的一切东西，是学校经验中隐蔽的、无意识的或未被完全认可的那部分经验。大学隐性课程具有普遍性、隐蔽性、暗示性、非计划性、无意识性、不确定性、感染性、长效性等特点。隐性课程在很大程度上决定着学习者的价值感和尊严感，并具有兴趣上的激发功能、认知上的导向功能、情感上的陶冶功能、意志上的磨炼功能与行为上的规范功能。学校之间的隐性课程形式的差别很大，是否形成独特的高质量的隐性课程将是职业院校间差距所在。隐性课程是内隐的，但并非是盲目的，它可以由教育主体站在教学与非教学的维度上、从规划性和自发性两方面去着意构建和营造。

教学评价是依据一定的标准对人才培养过程及其质量与效益做出客观的判断与评价。教学评价是人才培养过程的重要一环，也是检验人才培养效果的有效形式和对师生进行激励的重要手段。教学评价涉及对办学的评价和对教学中教与学的评价两个层面。无论是在中观层次上的办学还是在微观层次上的教学，目前在教学评价上存在的问题表现在：一是在评价的范围上，重结果评价，轻过程评价；二是在评价的目的上，重鉴别、选拔与淘汰，轻反馈、矫正与调控；三是在评价的依据上，重考试的分数，轻创造性思维与实践能力；四是在评价的方法与手段上，重考试，轻其他的方法与手段。这种评价方式限制了师生的教与学的自主选择权，束缚了人的个性自由发展，更不能很好地适应培养创新型人才的要求。因此，树立科学的、先进的职业教育质量评价理念，注重职业教育质量评价主体的多元性，实施以职业技能为基础的全面素质考核，强调评价方法的多样化，是培养复合型技术技能人才对评价方式创新的必然要求。

（二）人才培养方案

《教育部关于职业院校专业人才培养方案制订与实施工作的指导意见》（教职成〔2019〕13号）文件中明确指出：专业人才培养方案应当体现专业教学标准规定的各要素和人才培养的主要环节要求，包括专业名称及代码、入学要求、修业年限、职业面向、培养目标与培养规格、课程设置、学时安排、教学进程总体安排、实施保障、毕业要求等内容，并附教学进程安排表等。学校可根据区域经济社会发展需求、办学特色和专业实际制订专业人才培养方案，须满足以下基本要求。

1. 明确培养目标

依据国家有关规定及公共基础课程标准、专业教学标准要求，结合学校办学层次和办学定位，科学合理地确定专业培养目标，明确学生的知识、能力和素质要求，保证培养规格。培养目标的制定要注重把立德树人融入思想道德教育、文化知识教育、技术技能培养、社会实践教育各环节，学用相长、知行合一，着力培养学生的创新精神和实践能力，增强学生的职业适应能力和可持续发展能力。

2. 规范课程设置

课程设置分为公共基础课程和专业（技能）课程两类。首先，要严格按照国家有关规定开齐、开足公共基础课程。高等职业学校应当将思想政治理论课、体育、军事课、心理健康教育等课程列为公共基础必修课程，并将马克思主义理论类课程、党史国史、中华优秀传统文化、职业发展与就业指导、创新创业教育、信息技术、语文、数学、外语、健康教育、美育课程、职业素养等列为必修课或限定选修课。其次，要全面推动习近平新时代中国特色社会主义思想进课程，高等职业学校要按规定统一使用马克思主义理论研究和建设旅游复合型人才思政课、专业课教材。结合实习实训强化劳动教育，明确劳动教育时间，弘扬劳动精神、劳模精神，教育引导学生崇尚劳动、尊重劳动。推动中华优秀传统文化融入教育教学，加强革命文化和社会主义先进文化教育。深化体育、美育教学改革，促进学生身心健康，提高学生审美和人文素养。再次，要根据有关文件规定开设关于国家安全教育、节能减排、绿色环保、金融知识、社会责任、人口资源、文化艺术等人文素养、科学素养方面的选修课程、拓展课程或专题讲座（活动），并将有关知识融入专业教学和社会实践中。并组织开展劳动实践、创新创业实践、志愿服务及其他社会公益活动。

3. **科学设置专业（技能）课程**

专业（技能）课程设置要与培养目标相适应，课程内容要紧密联系生产劳动实际和社会实践，突出应用性和实践性，注重学生职业能力和职业精神的培养。一般按照相应职业岗位（群）的能力要求，确定 6~8 门专业核心课程和若干门专业课程。

4. **合理安排学时**

三年制中职、高职每学年安排 40 周教学活动。三年制中职总学时数不低于 3000，公共基础课程学时一般占总学时的 1/3；三年制高职总学时数不低于 2500，鼓励学生自主学习，公共基础课程学时应当不少于总学时的 1/4。中、高职选修课教学时数占总学时的比例均应当不少于 10%。一般以 16~18 学时计为 1 个学分。鼓励将学生取得的行业企业认可度高的有关职业技能等级证书或已掌握的有关技术技能，按一定规则折算为学历教育相应学分。

5. **强化实践环节**

加强实践性教学，实践性教学学时原则上占总学时数的 50% 以上。要积极推行认知实习、跟岗实习、顶岗实习等多种实习方式，强化以育人为目标的实习实训考核评价。学生顶岗实习时间一般为 6 个月，可根据专业实际，集中或分阶段安排。推动职业院校建好、用好各类实训基地，强化学生实习实训。统筹推进文化育人、实践育人、活动育人，广泛开展各类社会实践活动。

6. **严格毕业要求**

根据国家有关规定、专业培养目标和培养规格，结合学校办学实际，进一步细化、明确学生毕业要求。严把毕业出口关，确保学生毕业时完成规定的学时、学分和教学环节，结合专业实际组织毕业考试（考核），保证毕业要求的达成度。

7. 促进书证融通

鼓励学校积极参与实施 1+X 证书制度试点，将职业技能等级标准有关内容及要求有机融入专业课程教学，优化专业人才培养方案。同步参与职业教育国家“学分银行”试点，探索建立有关工作机制，对学历证书和职业技能等级证书所体现的学习成果进行登记和存储，计入个人学习账号，尝试学习成果的认定、积累与转换。

8. 加强分类指导

鼓励学校结合实际，制订体现不同学校和不同专业类别特点的专业人才培养方案。对退役军人、下岗职工、农民工和新型职业农民等群体单独编班，在标准不降的前提下，单独编制专业人才培养方案，实行弹性学习时间和多元教学模式。实行中高职贯通培养的专业，结合实际情况灵活制订相应的人才培养方案。

（三）师资建设

在人才体系构建过程中，教师既是每个环节的参与者又是所有构想的执行者。因此，高职院校的师资队伍建设是一个全面且系统的工程，其建设讲究协调，讲究关联和联动。面对智慧旅游复合型人才培养的新需求，旅游专业师资队伍建设应从以下几个方面考虑。

1. 整体规划师资队伍建设

其一，制定师资队伍建设规划要充分考虑整体效应，服务于学校发展的总体规划，统筹兼顾，突出重点。既要努力提高教师的个体素质，还要注意群体结构和团队的优化组合，要重点研究师资队伍建设中的一些比较突出的和带有共性的问题。其二，师资队伍建设规划必须建立在对师资队伍现状和发展趋势的分析研究的基础上，明确目标，适度超前。除提出明确的长、中、近期的整体与局部的数量、结构、质量等建设目标外，还要考虑教育的先导性和人才培养周期较长的特殊性。其三，无论是教师队伍的数量，还是教师队伍的质量，都要均衡发展，稳步推进，避免大起大落。通过反复调研论证的师资队伍建设规划一经批准，就应保持它的相对稳定性和严肃性。但我们不可能十分准确地预测未来各种情况，故各项规划措施要保留一定的弹性，动态控制。其四，制定师资队伍建设规划需要客观地分析学院所处的环境以及学校的优势与不足，实事求是，切实可行，保证建设目标的客观现实性。

2. 科学合理引进专兼职教师

其一，引进教师不能只注意局部和当前的需要，应考虑均衡补充、整体优化的原则，结合学校办学规模、专业发展及教师队伍整体结构优化等多方面考虑，形成有利于梯队建设和整体团队优势发挥，保证可持续发展的教师团队。防止同期招录相同年龄段的教师数量过多，注意改善教师队伍的结构，拓宽教师来源渠道等问题。其二，制定人才聘用与管理办法，面向社会公开招聘专职、兼职教师，严格按照有关程序选拔与引进人才。为加强“双师型”教师队伍建设，各院校在加大对高学历、高职称人员引进力度的同时，要重视引进既有实际工作经验又有较扎实理论基础并具有中高级职称的专业技术人员和高层管理人员充实到专业教师队伍，聘请高技术能手、“能工巧匠”和行业专家充实到实践指导教师队伍，打造一支“双师结构”优良的教学团队。以职能部门、业内人士、行业专家参与共同甄选进行优秀人才选拔。

3. 持续有效建设“双师型”团队

高职教育强调理论与实践并重，突出以能力培养为核心的性质决定了高职教师是集理论教学、实践教学和技术推广于一体的通才。针对教师队伍的学历层次总体偏低、专业技术实践性不强的特点，院校须通过师资培训开展在职教师的学历补偿和提高教育，建立教师定期进修的制度和相应的措施，把在职进修、提高学历、取得学位与考核、职务聘任、提高待遇联系起来，激励教师努力进修提高。并鼓励专业教师到相关专业的企事业单位熟悉技术的应用，要求专业课教师到相关专业的企事业单位承接课题，进行科研和技术开发。做出计划选派教师去相关专业的企事业（包括外企）兼职或带职进修，学习最新的技术管理规范，把行业和技术领域中的最新成果不断引入课堂。吸引社会上各行各业的优秀人才取得教师资格，到高职任教。要注重从企业、产业部门引进一些有实践经验的技术骨干来校任教。

高等职业教育智慧旅游复合型人才培养体系建设中，师资队伍建设是加强人才培养工作的关键环节，只有切实重视师资队伍建设工作，并在制度实施过程中常抓不懈，才能确保师资队伍建设工作得以顺利开展，并取得丰硕的成果。

（四）实践教学

实践教学，是巩固理论知识、加深理论认识的有效途径，是培养具有创新意识的高素质技术技能人才的重要环节。实践教学体系构建应遵循特色性、实用型、混合型的基本原则实现体系建设中的三大目标。

1. 以竞赛带动实践教学

在高职教育中，培养学生主动探索、主动学习的能力尤为重要。专业竞赛则给学生提供了较大的自主学习的时间和空间，易于调动学生学习的主观能动性，培养学生的学习兴趣和创造性思维能力。为使学生熟练掌握实验、实训技能，达到竞赛所要求的技能，高职院校可设立专业性工作室、打造虚拟仿真实训中心等项目，形成专业群信息化实训资源及场景，为学生搭建课外实训平台，吸引学生能主动地在各个开放性实验室进行实验、实训操作、技能训练等。

2. 以岗位技能培训带动实践教学

职业院校应以岗位技能要求来指导实践教学。可结合社会培训机构成功的经验，推进“三个相结合”，即课堂、实验实训场所、企业环境相结合，学生、教师、工程技术人员相结合，教学、科研、工程项目相结合实现其目标。

3. 以产学研合作带动实践教学

针对职业院校以教学为主、科研力量薄弱的现状，学校可大力引进企业项目，以项目引导和推动科研发展。通过承接企业的项目，让部分师生参与项目活动，使学生在学习期间就能接触到旅游行业的新技术、新技能、锻炼其处理生产现场实际问题的能力，增强质量意识和品质意识，培养学生的综合应用能力。对教师而言，通过项目的开发，实践技能得到了极大的提高，对理论教学和实践教学有很好的促进作用。

（五）教学评价

教学评价是依据教学目标对教学过程及结果进行价值判断并为教学决策服务的活动，是对教学活动现实的或潜在的价值做出判断的过程。教学评价一般包括对教学过程中教师、学生、教学内容、教学方法手段、教学环境、教学管理诸因素的评价。主要包括两个核心环节：一是对教师教学工作（教学设计、组织、实施等）的评价，二是对学生学习效果的评价，评价的方法主要有量化评价和质性评价。评价体系的构建需遵循以下原则。

1. 客观性原则

客观性原则是指在进行教学评价时，从测量的标准和方法到评价者所持有的态度，特别是最终的评价结果，都应该符合客观实际，不能主观臆断或掺入个人情感。因为教学评价的目的在于给学生的学和教师的教以客观的价值判断，如果缺乏客观性就失去了意义，因此而导致教学决策的错误。

2. 整体性原则

整体性原则是指在进行教学评价时，要对组成教学活动的各方面做多角度、全方位的评价，而不能以点代面、一概而论。由于教学系统的复杂性和教学任务的多样化，使得教学质量往往从不同的侧面反映出来，表现为一个由多因素组成的综合体。因此，为了反映真实的教学效果，必须把定性评价和定量评价综合起来，使其相互参照，以求全面准确地判断评价客体的实际效果，但同时要把握主次，区分轻重，抓住主要矛盾，再决定教学质量的主导因素。

3. 指导性原则

指导性原则是指在进行教学评价时，不能就事论事，而是要把评价和指导结合起来，要对评价的结果进行认真分析，从不同的角度找出因果关系，确认产生的原因，并通过及时、具体的启发性的信息反馈，使被评价者明确今后的努力方向。

4. 科学性原则

这条原则是指在进行教学评价时，要从教与学相统一的角度出发，以教学目标体系为依据，确定合理、统一的评价标准，认真编制、预试、修订评价工具；在此基础上，使用先进的测量手段和统计方法，依据科学的评价程序和方法，对获得的各种数据进行严格的处理，而不是依靠经验和直觉进行主观判断。

5. 发展性原则

教学评价是鼓励师生、促进教学的手段，因此教学评价应着眼于学生的学习进步和动态发展，着眼于教师的教学改进和能力提高，以调动师生的积极性，提高教学质量。

对教学效果进行评价，可以了解教学各方面的情况，从而判断它的质量和水平、成效和缺陷。全面客观的评价工作不仅能估计学生的成绩在多大程度上实现了教学目标，而且能解释成绩不良的原因，并找出主要原因。根据评价在教学活动中发挥作用的不同，可把教学评价分为三种类型：其一，诊断性评价，即在教学活动开始前，对评价对象的学习准备程度做出鉴定，以便采取相应措施使教学计划顺利、有效实施而进行的测定性评价。诊断性评价的实施时间，一般在课程、学期、学年开始或教学过程中需要的时候。其作用主要有二：一是确定学生的学习准备程度；二是适当安置学生。其二，形成性评价，即在教学过程中，为调节和完善教学活动，保证教学目标得以实现而进行的确定学生学习成果的评价。形成性评价的主要目的是改进、完善教学过程。第一步应确定形成性学习单元的目标和内容，分析其包含要点和各要点的层次关系。第二步应实施形成性测试。测试包括所测单元的所有重点，测试进行后教师要及时分析结果，同学生一起改进、巩固教学。第三步应实施平行性测试。其目的是对学生所学知识加以复习巩固，确保掌握并为后期学习奠定基础。其三，总结性评价，即以预先设定的教学目标为基准，对评价对象达成目标的程度即教学效果做出评价。总结性评价注重考查学生掌握某门学科的整体程度，概括水平较高，测验内容范围较广，常在学期中或学期末进行，次数较少。

第三节 高等职业教育智慧旅游复合型人才培养体系构建流程与实施

一、高等职业教育智慧旅游复合型人才培养体系构建流程

（一）规划与设计

学校应当统筹规划，提前制订专业人才培养方案制（修）订的具体工作方案。并成立由行业企业专家、教科研人员、一线教师和学生（毕业生）代表组成的专业建设委员会，共同做好专业人才培养方案制修订工作。

（二）调研与分析

各专业建设委员会要做好行业企业调研、毕业生跟踪调研和在校生学情调研，分析产业发展趋势和行业企业人才需求，明确本专业面向的职业岗位（群）所需要的知识、能力、素质，形成专业人才培养调研报告。

（三）起草与审定

结合实际落实专业教学标准，准确定位专业人才培养目标与培养规格，合理构建课程体系、安排教学进程，明确教学内容、教学方法、教学资源、教学条件保障等要求。学校组织由行业企业、教研机构、校内外一线教师和学生代表等参加的论证会，对专业人才培养方案进行论证后，提交校级党组织会议审定。

（四）发布与更新

审定通过的专业人才培养方案，学校按程序发布执行，报上级教育行政部门备案，并通过学校网站等主动向社会公开，接受全社会监督。

学校应建立健全专业人才培养方案实施情况的评价、反馈与改进机制，根据经济社会发展需求、技术发展趋势和教育教学改革实际，及时优化调整。

二、高等职业教育智慧旅游复合型人才培养体系运行与实施

（一）加强统一领导

加强统一领导是做好职业院校专业人才培养方案制订与实施工作的根本保证。职业院校应坚持以习近平新时代中国特色社会主义思想为指导，切实加强对专业人才培养方案制订与实施工作的领导。应组织校级党组织会议和校长办公会定期研究，书记、校长及分管负责人要经常性研究专业人才培养方案制订与实施。

（二）强化课程思政

积极构建“思政课程 + 课程思政”大格局，推进全员全过程全方位“三全育人”，实现思想政治教育与技术技能培养的有机统一。结合职业院校学生特点，创新思政课程教学模式。强化专业课教师立德树人意识，结合不同专业人才培养特点和专业能力素质要求，梳理每一门课程蕴含的思想政治教育元素，发挥专业课程承载的思想政治教育功能，推动专业课教学与思想政治理论课教学紧密结合、同向同行。

（三）组织开发专业课程标准和教案

要根据专业人才培养方案总体要求，制（修）订专业课程标准，明确课程目标，优化课程内容，规范教学过程，及时将新技术、新工艺、新规范纳入课程标准和教学内容。要指导教师准确把握课程教学要求，规范编写、严格执行教案，做好课程总体设计，按程序选用教材，合理运用各类教学资源，做好教学组织实施。

（四）深化教师、教材、教法改革

建设符合项目式、模块化教学需要的教学创新团队，不断优化教师

能力结构。健全教材选用制度，选用体现新技术、新工艺、新规范等的高质量教材，引入典型生产案例。总结推广现代学徒制试点经验，普及项目教学、案例教学、情境教学、模块化教学等教学方式，广泛运用启发式、探究式、讨论式、参与式等教学方法，推广翻转课堂、混合式教学、理实一体教学等新型教学模式，推动课堂教学革命。加强课堂教学管理，规范教学秩序，打造优质课堂。

（五）推进信息技术与教学有机融合

适应“互联网＋职业教育”新要求，全面提升教师信息技术应用能力，推动大数据、人工智能、虚拟现实等现代信息技术在教育教学中的广泛应用，积极推动教师角色的转变和教育理念、教学观念、教学内容、教学方法以及教学评价等方面的改革。加快建设智能化教学支持环境，建设能够满足多样化需求的课程资源，创新服务供给模式，服务学生终身学习。

（六）改进学习过程管理与评价

严格落实培养目标和培养规格要求，加大过程考核、实践技能考核成绩在课程总成绩中的比重。严格考试纪律，健全多元化考核评价体系，完善学生学习过程监测、评价与反馈机制，引导学生自我管理、主动学习，提高学习效率。强化实习、实训、毕业设计（论文）等实践性教学环节的全过程管理与考核评价。

第三章　高等职业教育智慧旅游复合型人才培养体系构建

第一节　智慧旅游专业群的现状分析

一、专业群所依托的院校背景

（一）成都职业技术学院概述

成都职业技术学院是成都市人民政府举办的全日制普通高等学校，是中国特色高水平专业群建设单位、教育部高职高专人才培养工作水平评估优秀级院校、国家（示范）骨干高职院校、全国深化创新创业教育改革示范校、国家优质专科高等职业院校。

多校并一铸黉门，一校四区美名扬。学院办学历史最早可追溯到1911年同盟会四川支部创办的私立益州女子中学校。2003年，学院由成都市新华职业中学和成都旅游职业学校合并升格组建，2006年，原成都市房地产中等专业学校并入学院。学院位于素有天府之国美名的成都市，现有高新、花源、青羊、锦江四个校区，占地面积528.6亩，建筑面积26.9万平方米，拥有巴蜀文化特色馆、棋艺文化体验馆、天府文化数字艺术馆。

学校教职工近700人，具有博士、硕士学位的教师300余人，拥有国务院政府特殊津贴获得者1人，国家高层次人才项目获得者1人，全国职业教育先进个人1人，四川省教学名师2人。拥有1个国家级创新教学团队、2个省级教学团队、1个省级名师工作室。现设10个教学机构：软件学院、财经学院、文化旅游学院、国际商贸学院、城市建设学院、医护学院、国际教育学院、通识教育学院、马克思主义学院、成都创业学院，开设有软件技术、动漫制作技术、旅游管理、酒店管理、互联网金融、会计、护理、眼视光技术、电子商务、物流管理、商务英语、休闲体育（棋艺）等 39 个专业，全日制在校生 12040 人。

突出特色促发展，服务成都为己任。学院秉承“成都服务、服务成都”的办学定位，坚持“德行天下、技走人生”的校训精神，践行“知行合一、守正创新、爱国荣校、敬业自强”的办学理念，突出“产教融合、双创贯通”特色，着力培养现代服务业创新型复合型技术技能型人才。学院对接成都现代产业体系，建有 9 个国家级骨干（示范 / 重点 / 央财）专业、2 个国家级现代学徒制试点专业、1 个国家级职业教育示范专业点、省应用型本科示范专业、省教育综合改革试点依托专业、1 个省级职教集团、4 个省级现代学徒制试点专业、3 个省级重点专业、5 个校企共建共享教学资源库。建成 44 门省级精品课程；建有 20 余个校内实训基地、1 个国家级校企合作实训基地、3 个国家级生产性实训基地、4 个省级生产性实训基地、1 个市级重点实训室。

教学教改结硕果，人才培养质量升。学院全面实施教育教学改革，专业建设水平不断提升。荣获国家级教学成果二等奖 3 项，在高职教育国家三大核心奖项上全国排名第 46 位（四川省第一），成为教育部首批 1+X 证书制度试点院校，2019 年全国职业院校技能大赛教学能力比赛获奖数排名居全国第 3 位、全省第一，2019 年全国职业院校技能大赛学生获奖数排名居全国第 28 位、全省第一。毕业生就业率多年保持在 98% 以上。

产教融合搭平台，校企协同育人才。学院与高新区共建软件教育园，构建集人才培养、技术服务、企业生产等五大功能于一体的园区化办学模式，先后入驻企业近百家；与新津县建立校地联席会议制度，在科技服务、技能培训和职业教育等方面开展广泛合作；与成都文旅集团共建成都旅游职教集团，建成省级骨干职教集团，被教育部职业教育与成人教育司评为第一批示范性职业教育集团（联盟）培育单位；与成都国际商贸城共建“城中校”，建成国家级生产性实训基地；与台湾晶华宝岛眼镜公司共建眼视光学院，眼视光专业成为教育部第二批现代学徒制试点项目；与成都棋院联合成立成都棋艺学院，共同举办全国高职高专唯一的休闲体育（棋艺）专业，通过教育部第二批现代学徒制试点验收。学院积极推进中高职衔接，与近40所优质中职学校签订合作协议，引领中高职教育贯通发展。

创新创业有特色，双创成才典型多。由成都市教育局、人社局、团市委联合成立成都创业学院，推动创新创业管理创新、协同创新、区域创新，被科技部认定为国家级众创空间，入选全国100家特色众创空间，被教育部评为全国深化创新创业教育改革示范高校；牵头成立四川省高职院校创新创业教育联盟和成都市创新创业教育联盟，深入开展创新创业师资培训、创新创业大赛培训等社会服务项目；构建全覆盖、分层次、菜单式创新创业教育体系，7门课程立项为省级创新创业示范课，7门专创融合课程通过国际认证，教学团队在全国职业院校教师能力大赛中获银奖，选派教师四次获四川省“导航名师”创新创业教学设计比赛第一名；组织参加各类双创大赛共获奖项140项，其中第三届中华职教社创新创业大赛荣获全国金奖，互联网+大学生创新创业大赛共荣获全国银奖2项、铜奖7项、省级金奖15项、省级银奖6项、省级铜奖20项，金奖总数和获奖总数均位列全省高职第一；涌现出一批学生创业成才典型。

交流合作国际范，一带一路最成都。学院与英国、德国、新加坡、泰国等20多个国家和地区的40余所院校建立友好合作关系，与新加坡南洋理工学院共建学生海外研习中心，开展短期交流和课程研习，与英国林肯学院合作举办会计专业，与法国萨瓦大学合作，举办中法乡村旅游国际论坛，与英国国家创新创业教育中心共建中英创新创业教育示范基地；组建丝路学院，举办丝路文化交流周，选派教师赴10余个丝路沿线国家开展培训，依托熊猫学堂开展“一带一路”沿线国家和院校交流，招收来华留学生。

学院先后成为教育部第一批教育信息化试点单位、全国首批职业院校数字校园建设实验校、全国职业院校数字校园建设样板校、教育部第二批现代学徒制专业试点单位，是全国棋牌文化教育基地、国家级科技企业孵化器、国家级计算机及软件技术实训基地、国家旅游职业教育校企合作示范基地、四川省文明校园，入选 2014 全国职业院校就业竞争力示范校 30 强、2016 全国高职院校双创 50 强示范校、2017 全国高职院校思想政治工作示范案例 50 强、2018 亚太职业院校影响力 50 强、2019 高职院校网络思政创新示范案例 50 强、2019 高职院校融媒体影响力 50 强、2019 全国职业院校学生管理 50 强、2019 全国职业院校“育人成效”50 强，荣获 2020 四川省教育政务新媒体高校微信影响力奖、四川省高等院校 2020 年度“平安校园”建设先进单位称号、2019—2020 年度四川省高校学生公寓工作先进集体。

（二）成都职业技术学院文化旅游学院基本情况

成都职业技术学院文化旅游学院前身是成都市旅游职业中学，2003 年合校后升格为成都职业技术学院旅游管理系，2008 年 8 月成立成都职业技术学院旅游分院，2021 年 3 月更名为文化旅游学院（以下简称文旅学院）。文旅学院现设有两个专业群，9 个专业。智慧旅游专业群包括酒店管理、旅游管理、空中乘务、导游、景区开发与管理共 5 个专业。文化创意专业群包括文化创意与策划、会展策划与管理、艺术设计、人物形象设计共 4 个专业。目前约有在校学生 2000 余名，教职工 61 人，其中专业教师 37 名，高级职称者近 50%，博士（后）4 名、90% 以上专任教师具有硕士以上学历学位，全部为具有行业企业工作经历的“双师型”教师，其中原国家旅游局“旅游业青年专家”和“万名旅游英才计划”入选对象 7 名。

文旅学院是中国旅游协会教育分会常务理事单位、四川省旅游协会副会长单位、全省旅游工作先进集体、“十一五”期间支持旅游产业发展先进单位、四川省旅游标准化建设示范试点单位、四川省乡村旅游实用人才开发示范试点单位、PATA 会员单位、IATA 会员单位、成都旅游职教集团牵头单位。

30 年的旅游职业教育办学沉淀，文旅学院以专业设置齐全、师资力量强、设施设备先进、学生就业质量高享誉业内，成为西南地区最具实力的高职旅游类专业学院之一。文旅学院秉承学院“服务成都、成都服务”的办学宗旨，始终坚持走“四化一引领”的内涵建设路径，即集团化、国际化、信息化、标准化和创新创业。建成联合国世界旅游组织教育质量认证专业 6 个、国家级重点专业 2 个、省级重点专业 1 个、省级骨干职教集团 1 个、市级重点专业 3 个、国家“十二五”规划教材 12 部、省市级精品资源共享课程 7 门。获得国家社科基金及省部级科研课题 10 余项，国家级教学成果二等奖 2 项、省部级教学成果奖 3 项和社科优秀成果奖（科技进步奖）10 项，国家专利授权 3 项，计算机软件著作权 8 项，编制四川省地方标准 5 部，出版专著 11 部。学生就业率常年保持在 98% 以上，并在近年教育部和省市旅游、人社部门主办的技能大赛中 100% 获奖，其中获一、二、三等奖近百人次。

二、智慧旅游专业群的建设基础

智慧旅游专业群立足于成都践行新发展理念的公园城市示范区建设，主动融入文化旅游类产业生态圈和产业功能区，以成都旅游职业教育集团为平台，与成都文化旅游发展集团、洲际酒店集团、华住集团等企业深度合作，共育人才。专业群服务成渝地区双城经济圈国家战略、四川省“4+6”现代服务业体系和成都市“5+5+1”文旅产业重点领域，主动对接巴蜀文化旅游走廊建设、国家数字经济创新发展试验区（四川）建设和成都新经济应用场景培育，大力拓展产教融合资源空间，提升专业建设和社会服务能级。适应智慧营销、智慧管理和智慧服务等岗位群需求，初步形成了具有数字创意设计能力的智慧旅游复合型技术技能人才培养模式。

（一）智慧旅游专业群发展优势

项目引领专业发展，专业群囊括高职国家级三大奖。通过国家示范（骨干）高职院校、高职创新发展行动计划、国家优质高等职业院校建设等一系列质量工程项目引领专业发展，专业群支撑学校建成四川省普通高校对口高职招生考试旅游服务一类技能测试唯一主考院校、四川省教育厅高职院校学生技能大赛导游服务 2 个赛项承办单位、中华人民共和国第一届职业技能竞赛四川省集训基地（餐厅服务赛项）、成都市职业技能竞赛集训基地（商品展示技术）。近3年，专业群在国家级教学成果奖、全国职业院校学生技能大赛和教师教学能力大赛等国家级三大奖的获奖成绩全国领先。一是获国家级教学成果奖2项；二是指导学生参加教育部、四川省高职院校专业技能大赛获国家级奖项5项，省级奖项42项，位列全省高职旅游类专业第一；三是参加教育部、四川省高职院校教师教学能力大赛获国家级三等奖4项，省级一等奖7项、二等奖2项、三等奖3项。

标准引领专业建设，专业群囊括联合国世界旅游组织教育质量认证和2个国家级专业。对标世界技能大赛标准、国家职业能力标准和专业教学标准构建人才培养能力体系，探索“1+X”职业技能等级证书试点，成为“研学旅行与策划”职业技能等级证书首批考核站点，一次性考核通过率100%。毕业生就业率保持在98%以上，其中初次就业率93%、本省市就业率近80%，用人单位满意度96%，学生就业满意度90%，处于全国高职院校同类专业前列。人才培养质量受地方政府和行业企业高度好评，两次获得四川省旅游产业领导小组表彰，分别被中共成都市委、市政府授予“成都市模范集体”，被洲际酒店集团大中华区授予“校企合作冠军团队”，被原国家旅游局专函认定为“西部旅游人才培养重要基地之一”。对标联合国世界旅游组织（UNWTO）教育质量认证标准构建专业建设评价体系，建成国家级专业2个（国家骨干高职院校建设中央财政支持重点专业和全国示范专业点1个、教育部高职创新发展行动计划国家级骨干专业1个）、市级重点专业和现代学徒制专业2个，建成四川省高等职业教育创新行动计划唯一的旅游类“骨干职教集团”和“高职旅游类虚拟仿真实训中心”，旅游管理等4个专业通过UNWTO教育质量认证。

名师引领队伍建设，专业群囊括国家、省级重点人才工程教学名师、省级教师教学创新团队、省级“双师型”名师工作室、省级技能大师工作室等称号。团队成员热爱教育事业，具有强烈的事业心和责任感，师德师风优秀。专业群带头人先后荣获国家重点人才工程教学名师等省部级及以上荣誉5项、省部级科技奖10项、国家级教学成果奖3项。领衔国家级职业教育教师教学创新团队、四川省首批省级职业教育教师教学创新团队、四川省职业院校“双师型”名师工作室。带头人引领团队建设，开拓创新，成绩突出。建成专兼结合的教师教学团队，其中，专职教师 36 人，企业兼职教师 45 人，能力结构互补、年龄梯度合理、教学经验丰富、专业技术精湛。团队成员涉及旅游管理、区域经济、思政教育、教育学、计算机应用等多个领域；年龄结构以中青年为主；高级专业技术职称人员占比 42%；双师型教师占比 100%；专职教师拥有高级职业资格证书 29 人，占比 81%。团队成员荣获四川省教书育人名师、中国旅游协会“旅游教育人物旅游教育名师”等荣誉称号 16 人次，建成省级精品在线开放课程、“课程思政”课程和 NCEE（China）认证专创融合课程 5 门，出版“十二五”“十三五”国家级规划教材 3 本，立项省部级科研课题 13 项，申请专利 19 项，出版专著 4 本，发表论文 91 篇（其中核心期刊 21 篇），立项省级“课程思政”教学示范团队 1 个、省市技能大师工作室共 3 个。教学团队成为全国高校党建工作“样板支部”建设单位和全省首批“三全育人”综合改革试点院（系）建设单位。

（二）智慧旅游专业群发展特色

职业教育集团搭台，形成了“校企地融合、中高职衔接、产学研协同”的育人特色。创新成都旅游职业教育集团“政府统筹、龙头引领、利益共享”的双主体校企合作育人平台，成功立项全国首批示范性职教集团培育项目。示范辐射中高职院校 58 所、知名旅游企业 22 家、行业组织 2 家。校企地融合，共建“信息共享、资源共享、成果共享”机制。立足成都市新津区梨花沟文化旅游产业功能区，共建成都非物质文化遗产学院；融入天府牧山数字新城产业功能区，将地方招商引资和学校引企入校有机结合，共建数字文旅产业学院。实现了人才链与产业链、创新链的深度对接，拓展了“三全育人”办学格局。中高职衔接，深化“三统三带”的专业领办机制。“三统”即统一标准、统一课程、统一评价，“三带”即管理带、师资带、实训带。成都旅游职业教育集团建成共享型实训基地 3 个，在成都文化旅游发展集团、洲际酒店集团等企业建成校外实习实训基地 41 个，指导建设省市级重点（示范）专业 5 个，开展文旅类骨干师资培训近3000人次，校企合作建设课程19门。通过示范带动，提升中职学校人才培养水平，助力类型教育发展，为专业群可持续发展提供了优质生源保障。产学研协同，实现专业群社会服务能力的拓展。与四川省旅游学会、成都市机关事务管理局等机构共建“劳动教育与研学旅行学院”“成都银杏文化学院”和“四川省旅游饭店行业协会再教育学院”，共同开展各类专题培训共计5000余人次，研发省级地方标准6项。近5年承担科技服务和社会培训进账资金300余万元。面向“一带一路”沿线国家输出旅游标准和中国服务，培养尼泊尔等旅游从业人员200余人次。担任四川省科技扶贫服务团首席专家单位，教师获得中共四川省委、省政府授予的“四川省脱贫攻坚奖”。

信息技术赋能，形成了凸显数字创意能力的智慧旅游实训特色。专业群对接数字文旅岗位需求，创新信息化教学和技术服务手段，研发虚拟仿真实训教学系统，全面表达和实现学生的创意设计。建成四川省高职旅游类虚拟仿真实训中心1个，内设文创旅游创意项目工作室5间，在线旅游类、酒店类、景区类、会展类、数字设计类等虚拟仿真实训室25间，建立相关制度11个。校企地三方对实训室的利用率达95%以上。一是服务文化创意沉浸式体验需求，基于VR、多通道环幕立体投影、虚拟现实头盔、体感交互显示等现代信息技术，校企合作研发了酒店星球虚拟仿真教学系统、国际品牌酒店虚拟漫游系统等12个，实现对文创旅游虚拟场景多角度视角模拟体验，可通过手势、体态等多种方式进行人机交互。二是服务文化创意设计与策划需求，引入AR、顶部投影与动作捕捉机、图形工作站、三维数据采集仪等信息技术装备，校企合作研发了主题客房虚拟设计系统、中西餐宴会虚拟设计系统等13个。打造统一的信息平台，实现资源互联互访、开放共享。集成整合校园管理系统、虚拟仿真实训系统、社区公共服务系统、园区企业网站等，可满足多人、多角色、多任务的在线教学、在线项目对接、实时教学过程评价与考核。

三、智慧旅游专业群面临机遇与挑战

（一）机遇

城市产业发展布局优化，为人才培养提供了新资源、新场景。2018年以来，成都启动“三城三都”（世界文创名城、旅游名城、赛事名城，国际美食之都、音乐之都、会展之都）城市品牌建设，分“三步走”建设世界文化名城。近年，在全国首创以产业生态圈引领产业功能区的营城模式，正在建设15个文旅产业功能区，投资9000亿元以上，吸引了携程网西南总部、华侨城等大批国内外优质企业资源集聚。当前，正在推进乡村振兴与精准扶贫的有效衔接，必将形成城市、乡村的资源叠加；文化和旅游消费示范城市建设，必将催生消费场景和生产场景的多元呈现。成渝地区双城经济圈建设的国家战略明确将巴蜀文化旅游走廊建成世界知名旅游目的地，推进文旅产业要素优化组合，催化出更多的校企合作新资源。城市发展机遇为专业群适应区域产业发展，有效整合校企地资源提供了新机遇，为育人场景的多元转化提供了新机遇。

数字经济赋能智慧文旅，为专业群发展提供新业态、新岗位。当前，数字经济引领文旅产业高质量发展，信息技术与文旅产业的融合催生智慧旅游、数字文创等新技术，数字平台与云端的共享共有为文旅产业发展开辟了新路径。新冠肺炎疫情发生以来，以虚拟旅游、无接触式旅游为代表的文旅服务新模式、新经济迅速培育壮大，职业岗位从“一技之长”向“一岗多职”和“一职多岗”的复合型岗位转移，数字文体旅游、康养体育旅游、生态和谐旅游、城市购物旅游、工业遗产旅游、红色旅游等新业态不断在“互联网+”的背景下实现产业迭代，为复合型技术技能人才培养提供了对接产业中高端的新岗位。

（二）挑战

整合新资源、新场景的产教融合机制有难度。产业生态圈和产业功能区带动产业结构优化与资源要素集聚，人才链与产业链、技术链深度对接，将以往一个专业对应一个企业的“点对点”的校企合作，转变为产业功能区对专业群的“面对面”的产教融合。巴蜀文化旅游走廊建设，将专业群主要依托成都和重庆两端的国家中心城市，转变为依托沿线统筹城乡的产教资源带。如何发挥成都旅游职业教育集团体制机制平台优势，有效对接产业功能区更加复杂的资源共享需求，突破成渝地区双城经济圈优质产教融合资源的空间障碍，对专业群创新产教融合机制提出新挑战。

适应新业态、新岗位的“三教”改革能力有差距。5G、大数据等现代信息技术与文旅产业融合发展，数字文体旅游等智慧旅游新业态、新岗位要求的工作任务更趋项目化、交叉融合化，对复合型技术技能人才培养提出了新需求，“互联网 +”职业教育引领教与学的理念、模式、形态和方法不断创新，倒逼课程体系向模块化方向转变，教学方法向任务式、情景式等转变，教学资源向新形态教材与数字资源结合转变。如何打造专兼结合的高水平结构化的教师教学创新团队，构建与“1+X”证书制度衔接的书证融通教学体系，引入新标准、新工艺、新技术优化教学标准，实现教学内容和教学资源的动态更新，对专业群的“三教”改革能力建设带来了新挑战。

第二节　智慧旅游专业群的组群逻辑与人才培养定位

一、专业群组群逻辑分析

2006 年，教育部 16 号文件《关于全面提高高等职业教育教学质量的若干意见》颁布，尤其是国家示范校建设以来，职教界对专业群的实践探索和理论研究越来越多，在一系列探索与研究中，都涉及了专业群的组群逻辑问题。进一步厘清组群逻辑的结构与机理等问题，对树立高职院校教师的“专业群”意识，减少专业群建设中的理论困惑，完善专业群的评价体系，提高专业群的建设质量具有重大现实意义，尤其对已立项的 253 个国家“双高计划”专业群建设更是如此。

（一）组群逻辑与职业岗位群

1. 专业群的外部逻辑和内部逻辑

按照一般的理解，专业群的组群逻辑就是专业群的构建规律，即专业群应按何种思路或原则构建，这是专业群建设的基本问题。在教育部颁发的《中国特色高水平高职学校和专业群建设计划申报书》（教职成厅函〔2019〕9号文附件）中专门有一栏“组群逻辑”，要求用800字以内的篇幅叙述专业群与产业的对应关系、群内各专业的逻辑关系和专业群的人才培养定位等。

在理解文件精神之后我们可以发现，专业群组建逻辑至少要解决三个问题：一是专业群与产业的对应关系，即专业群的服务面向问题；二是群内各专业的相互关系；三是专业群的人才培养定位问题。在高职人才培养方案中，职业岗位群要根据专业群的服务面向和各专业的关系来确定，职业岗位群能比较直接地反映专业人才培养定位。如果将专业群视为一个系统，那么专业群与产业的对应关系是专业群的外部逻辑；群内各专业之间的关系属于专业群的内部逻辑。职业岗位群一头连着产业链，一头连着课程体系，建立起系统外部和系统内部的联系通道，所以职业岗位群是专业群内部和外部之间进行能量和信息交换的载体。目前，许多研究文章或实践案例中论及的组群逻辑，基本上是指外部逻辑，即专业群和产业（链）的逻辑关系，内部逻辑则较少涉及。这应该是当前关于专业群组群逻辑研究中的一种不足，这与人们对专业群及组群逻辑的认识水平有关。为加深对专业群组群逻辑的理解，我们可以认为，外部逻辑建立起专业群与产业链的关系，要解决的是专业群的“职业联系”问题；内部逻辑要厘清群内各专业的关系，要解决的是专业群的“知识联系”问题。然而这两者只是相对独立，并不是互不相关的。换言之，在职业联系里包含知识联系，在知识联系里也包含有职业联系，这种理解是符合唯物辩证法的。

2. 内部逻辑和外部逻辑之间的连接

将相关文献中提及的专业群组群逻辑归纳起来，主要有以下三种代表性观点：一是以产业链的若干环链为组群逻辑（简称产业链组群逻辑）；二是以相同的学科基础为组群逻辑（简称学科基础组群逻辑）；三是以相同的技术基础为组群逻辑（简称技术基础组群逻辑）。还有其他一些原则或观点，但是基本是上述观点的扩展与延伸，在实际案例的具体操作中也有对上述观点的变通处理或综合应用。需要着重强调的是：职业岗位群作为外部逻辑和内部逻辑的联系桥梁，本身并不是"组群逻辑"，但目前在绝大多数文章和案例中，都将专业群对应的职业岗位群作为组群逻辑，这是认识上的偏差。

毫无疑问，高职教育都要面向职业岗位群来培养人才，无论是单个专业还是专业群都应如此，只是专业群包含了多个专业的职业岗位，可能形成了岗位集群。也就是说确定与专业群对应的职业岗位群，是所有高职专业群建设必须要做且必须做好的事，用职业岗位群作为专业群组群逻辑的实际结果是，根本不需要什么组群逻辑了。以产业链中的若干环节、以相同的学科基础或以相同的技术基础组建专业群，都需要设定职业岗位群作为开发课程、设计各教学环节的基本依据。在专业群组群逻辑的特定语境下，产业链的具体环节、相同学科基础、相同的技术基础都是等级相同的概念，而职业岗位群则是这三个概念的下一级概念，因此，哪怕是从逻辑学角度，职业岗位群也是包含在上述三个概念之中的，显然不能作为单一的组群逻辑存在。张新民、杨文涛（2021）提到，将职业岗位群作为组群逻辑是用小概念屏蔽或替代了大概念，结果是局限了视野，使专业群组建逻辑被拦腰切断，模糊了人们的思路，更模糊了专业群与产业发展的关系，造成专业群与产业的正确对接产生困难。在专业群的发展初期出现这种情况，也许是探索研究过程难免的弯路，但当高职院校的高水平专业群建设已经成为国家目标时，及时提高认识、纠正偏差就显得十分必要了。

（二）专业群建设常用组群逻辑

1. 依据产业群发展的组群逻辑

杨灿、郑正喜（2014）提到，该类专业群要与区域中的产业集群以及和产业集群后形成的技术创新链进行对接。产业有着不同的划分办法，通常按联合国十大类产业的划分理解，产业由若干个行业聚集而成。这种专业群的构建要求建设学校有着充裕的资金支持，同时有着深厚的专业底蕴，实现链条上各环节的有机整合。该专业群建设的难度在于课程的设置并不是依据岗位知识特征对原先课程内容进行逐一修改，而是要根据所对接产业群特征，将相关课程知识进行解构，并依据产业群的群内关系进行重构，使专业群内各个课程实现横向与纵向的多维度衔接，真正实现人才培养路径个性化。

该类专业群建设的关键有三个方面。一是专业群与区域经济内重点产业群对接。以“中国制造”向“中国创造”的转变为建群依据，加强对相关专业群的建设，在满足企业发展需要的同时，建立相应的运行机制，使专业群与区域产业群有效对接，增强人才培养和技能形成的针对性和有效性。这些专业群一般按照“对接国家战略”的思路，以专业实力突出的国家示范重点专业作为引领并形成专业群的核心，融合相关的周边专业构建群组。以专业群与产业群相结合的方式，实现职业教育与区域经济有效联动，以产业发展引领高水平专业群建设。二是依据产业群结构实现群内专业的多元组合。尝试由多个任务对象相同、技术开发相近的相关专业构成。以核心专业或特色专业为核心，进行群内外的资源整合，实现相近专业的融合搭配与资源共享。通过专业与产业的对照，分析并总结出各专业的人才培养规格，并在此基础上形成“核心专业牵头，相关专业协同”的专业组合关系，发挥强势专业在群内的核心引领作用，带动复合型技术技能人才的培养。三是将集团化办学作为专业群发展的重要基石。集团化办学能够有效聚集来自行业、政府、社会等各方的信息资源，能够有效提高专业群对于市场需求变化、产业发展方向的敏感度。同时能够摆脱传统校企合作所形成的一对一专业建设格局，与集团中各成员间形成多层次多类型的合作模式，快速积累相关技术技能经验，使专业群成为技术的集汇中心，提高专业群面向产业群的整体服务力。

2. 依据岗位群发展的组群逻辑

该类专业群以职业岗位为依据，在充分体现职业分工关系的基础上，针对各岗位群人才需求将相关专业进行组合。这类专业群指向一些所处产业链条较短、行业界限清晰但工艺流程衔接紧密的岗位群。这种类型的专业群要满足行业内企业岗位群的实际需要，尽可能覆盖整个行业的职业岗位群，为企业提供“一站式”人才服务。这种专业群的建设需要高职学校拥有与相关岗位群匹配的重点专业，以重点专业作为专业群核心进行辐射，且专业内部需要有良好的经验积累，能够对产业技术、生产工艺进行一定的突破。

该类专业群的建设关键有以下两个方面：一是要精准对接区域岗位需求，提升人才培养支撑。结合当地企业的人才需求，设计出复合型技术技能人才的具体指标，从而指导人才培养工作，其中涉及“单一岗位能力”“行业通用能力”及“职业通用能力”三方面内容。二是以市场规格为指针，调整专业群课程内容与结构。群内课程体系的开发作为人才培养方案的统一指导，最能体现不同岗位的人才需求。例如，珠宝首饰类专业，一方面需要根据消费市场需求特征将主流的珠宝设计款式和珠宝种类鉴定方式及时更新到课程内容中；另一方面需要根据就业市场的人才聘用要求，及时调整专业平台课、专业方向课、专业技能实训项目和顶岗实习之间的比重。

该类专业群建设的难点在于要深化校企合作的内涵，与区域龙头企业形成发展命运共同体。一个区域龙头企业基本涵盖了专业群所需要的岗位群，与该类企业进行合作有利于系统全面地推动专业群与岗位群对接。该类专业群在建设过程中，容易陷入服务就业、针对具体岗位的传统人才培养方式中。因此，该类专业群需要进一步注意到企业对于校企合作的期望已不单单是满足人才供给，而是要让企业在管理、运行、生产等各方面得到相应的发展。在进行校企合作的同时，除育人方面要与企业形成对接外，在企业的管理、技术、生产等各个方面都要形成紧密互助的关系，不断推动企业管理方式、技术革新、人员培训、产品创新等各个方面的发展，并以此辐射带动区域相关中小企业的共同发展。

3. 依据群内部发展的组群逻辑

该类群是围绕某一或相近学科领域，且具有强学科知识支撑的一类专业集合，如机电类专业、医药类专业等。该类专业可对接产业链中知识结构相近的一段链条或者岗位群。其建设需要职业学校所处地区以资本密集型、技术密集型、知识密集型产业为主，同时具有良好的生源渠道，保障学生的学力能够紧跟专业群的教学工作。

袁洪志（2007）说，该类专业群的建设关键在于以下两个方面。一是以专业群课程为核心，打造共享资源库平台。资源库平台涉及课程、实训、企业案例、行业标准、政策法规等内容，它既是高水平专业群建设的基础，也为教师、学生以及社会学习者自主学习提供帮助。该类专业群的优势在于强学科背景下能够有效满足学生对于专业知识纵向深化与横向扩展的多重需求。对此，专业群要打造学科知识体系与产业技术体系相完备的资源共享平台，学生能够根据自己的需求灵活选择学习内容，形成多路径成长。资源库平台的建设将有助于引领高职教育实现信息的共建共享，在一定程度上提升高职学校专业群的建设水平。二是构建多元跨界的师资团队，实施团队管理模式。多路径的人才培养方式决定了该类专业群不仅可以与相关企业、行业形成合作关系，同时也可以与普通高校形成合作，以此贯通人才技能提升与学历提高的双重通道。通过形成来自不同主体的教师团队，能够从多角度深化专业群课程设置、教学方式以及进一步开发符合人才成长路径的教材、信息化学习资源包等教学资源，加强人才培养过程中各个环节的衔接紧密性，有效保证人才培养质量。同时，来自不同领域、专业的多元教师团队能够有效分担群内各方向各类型的教学任务，使得教师能够更加聚焦提升自己本专业的专业化水平。

但是需要注意的是，在构建这类专业群的过程中容易陷入学科知识教学的逻辑陷阱，失去职业教育应有的类型特色。刘晓（2020）提到，在进行该类专业群建设过程中，仍要把握以推动应用性为导向的建设目标，主要包含两个内涵：一是应用技能的培养，无论是理论深化还是操作扩展，都要紧紧围绕着现实产业、岗位中的问题进行，以达到相关应用技能的培养；二是应用研究的推动，借助强学科背景的优势，以学科动向把握产业发展的方向，及时转化最新研究成果。

（三）内部逻辑

群内各专业的关系以上论及的学科基础、技术基础或产业链基础都是专业群作为一个整体与外部的逻辑关系，然而，作为“组群逻辑”的关键还要关注群内各专业的关系，这就是内部逻辑问题。群内各专业之间的关系具有丰富的内涵，主要包括核心专业的作用、职业岗位群的分配、课程体系和平台课程、共享资源、人才培养模式等。

1. 核心专业的引领性

核心专业是否具有引领性以及其引领作用的发挥，对专业群的建设显得尤为重要，因此要求核心专业是"办学理念先进、产学结合紧密、特色鲜明"的重点专业。核心专业可以是一个也可以是两个。如果是一个核心专业，要求该专业有较长的办学历史、较丰富的教学积累，成熟稳定，对其他专业具有较强的辐射能力，在自身不断发展的同时能有效推进其他专业的发展。有的学校用两个实力雄厚的专业构建"双核心"专业群，群内其他专业则在这两个专业的带领下，按产业发展需求培养人才，虽然也能促进各专业进步，但是群内资源较难整合，影响资源共享性，因此一般情况下还是用一个核心专业为宜。

2. 群内各专业的职业岗位（群）

专业群各专业能组建成群，其专业之间必须要具备若干共性要素，如人们常说的"技术领域相近、职业岗位相关、技术基础相通、专业资源高度共享"。其中技术领域相近是外部逻辑应该解决的问题。关于职业岗位相关，实际上在满足外部组群逻辑的前提下，职业岗位必然具有一定的相关性。在处理内部逻辑时，更要关注各专业的职业岗位群如何分工，一般来说应该是相互补充的，但又具有自身的相对独立性。比如说某专业群由五个专业组成，对应的职业岗位群共有 50 个主要岗位，核心专业对应的岗位可能会多一些（也可能少一些），假定为 14 个；还有 36 个岗位也并非平均分配，而是要根据专业与岗位的匹配度来设置，有的多有的少，这是正常现象。专业与专业之间的职业岗位难免有重叠，但是要尽可能减少重叠，以保持专业之间的相对独立。如果专业之间的职业岗位重叠较多，那专业的意义也就模糊了。专业群与产业的职业岗位群对应，专业与职业岗位群中的部分岗位对应，这应该是专业群建设的意蕴之一，这可避免专业的同质化现象。

3. 专业群的课程结构和体系

罗三桂（2018）提出观点，"底层共用、中层分立、高层互选"是专业群课程框架的基本型态。

“底层共用”指为专业群构建一个供各专业共享使用的基础性共同课程平台。平台中包括两类课程：其一，基础课程团队依据群内各个专业之间共用或互用的基础理论知识和基础性实训资源，开发的若干门基础性共用或互用课程；其二，少量由群外不同学科的专业提供的，以现代信息技术、新技术等为代表的基础性课程。

“中层分立”指群内各个专业通过将专业基础课程的开发和实施的权责让渡给专业群和基础课程团队，使本专业集中更多的力量，开发若干门专业课程，实现在本专业适切的重点领域中与领域中最具活力、最具潜力、最为适切的职业岗位群对接。

“高层互选”指为群内其他专业开发的创新创业能力训练课程、职业技能培训课程等，这部分课程目标是实现专业群复合型人才培养的高质量发展目标。

张铮、刘法虎、陈慧（2021）指出，专业群内跨专业开展基础性共用课程和拓展性互选课程的协同开发活动，需要建立课程协作开发和教学资源共享使用的机制，这个机制实现了专业群课程方案的整体优化，形成了专业群课程教学资源共享使用的协同纽带。

4. 各专业教学资源的共享性

专业群各专业教学资源高度共享，这是专业群建设的基本要求，也是设置专业群的最早初衷。2006 年，教育部、财政部《关于实施国家示范性高等职业院校建设计划，加快高等职业教育改革与发展的意见》中提出，要在示范院校中建设 500 个重点建设专业群，就是要通过专业群建设提高教学资源的共享度，提高高职院校的办学效益。群内可供共享资源是比较多的，在教育部高水平专业群建设的申报表中，列出的共享项目有：合作企业、用人单位、专业课程、校内实训基地、校外实习实训基地、专任专业教师、校外兼职教师等。在课程教学资源方面，除了专业群平台课程之外，还要开发出足够的线上教学资源，以供专业群师生共享。目前，有些地方或学校在开发“专业群教学资源库”或许是一种积极的尝试。关于师资共享，有的专业群还规定了共享的最低比例。校内外实习实训基地，也是专业群必须共享的资源，在专业群建设过程中，统筹群内各专业的实践教学资源建设，以提高使用效益，往往是非常重要的工作内容。

5. 专业群的人才培养模式

在共享资源建设中，有两项是需要事先设计好的内容。一是专业群的人才培养模式，知识联系紧密的专业群共性特征较多，各专业可在一个人才培养模式下各显其能；如果做不到这一点，还是要尽可能形成一个能概括各专业人才培养模式的总体原则，在此原则之下，由群内各专业各自发挥特长，选择或开发适应专业特点的人才培养模式。二是要选择群内优秀的合作企业和相关行业协会，构建一个产学合作平台，以推进专业群的校企合作、产教融合，进而形成专业群的“校企命运共同体”。

专业群组群逻辑具有较强的理论性和丰富的实践性，还有许多值得探索研究的问题。即使是技术基础组群逻辑，也会表现出学科基础的一些特点，如机电技术专业群，除了需要机械基础技术、电工电子技术、制图、金属工艺等方面的技术基础知识之外，还需要一些工程数学、工程力学方面的学科基础知识。一般以技术基础为逻辑组建的专业群，大多需要一定的学科基础知识。此外，研究者还要注意一个现象，2019 年进入国家“双高计划”的高水平建设专业群，有的学校为了凑齐教育部规定的九个申报条件中的五个，在组建过程中并未遵循严格的组群逻辑，因此有些专业群的专业结构较难经得起推敲。不过相信立项学校一定会克服困难，将相关专业群建成世界水平、中国特色的标杆。

（四）成都职业技术学院智慧旅游专业群的组群

成都职业技术学院智慧旅游专业群紧密对接四川省国民经济战略性支柱产业文化旅游业，紧跟新发展格局下数字化生产要素和现代化信息网络载体等新技术要求，由旅游管理、酒店管理与数字化运营、智慧景区开发与管理、会展策划与管理、文化创意与策划、导游、空中乘务等专业组成。

1. 专业群与产业群（链）的对应性

从专业分布和业态分布的对应性看，服务于巴蜀文化旅游走廊和成都世界旅游名城、文创名城建设，对应成都重点打造的遗产观光、蓉城休闲、时尚购物、美食体验、商务会展、文化创意、养生度假七大世界级旅游产品体系，围绕文旅产品和服务的供应、开发、生产等环节，形成覆盖文旅产业链项目招商、市场调研等资源整合领域，数字酒店、智慧景区、智慧展示展览等核心业态领域，数字文创、文创产品设计与生产等数字创意领域的岗位群，专业群内各专业分别与之衔接对应、各有侧重又相互关联，形成优势互补、协同发展的建设机制，有效支撑成都文旅产业生态圈和产业功能区的人才供给。

从人才培养和就业岗位的对应性看，基于旅游者需求出发，文旅产业正在从大众观光游等传统旅游迈向文化体验游、个人定制游等产业中高端，文化创意提升旅游产业能级；5G、大数据等现代信息技术为旅游产品和服务创新提供技术支撑，围绕智慧旅游、文创旅游、主题旅游、定制旅游等涌现大量的新职业、新岗位。专业群围绕产业领域主要岗位群布局，群内专业教学资源共享度、就业相关度较高，协力培养“文创赋值、技术赋能”的智慧旅游人才，有效匹配《成都人才开发指引（2020）》提出的智慧旅游资源整合、营销、设计策划、项目管理人才需求，助力数字经济与文旅融合的产业升级。

2. 群内专业的逻辑性

（1）群内专业服务产业链具有高度相关性。

旅游管理是整合智慧文旅资源的核心专业，主要对接基于大数据分析的项目招商、产品和服务需求分析、智慧营销与管理环节，文化创意与策划是产品创新的内容提供者，主要对接基于数字设计的产品创意策划、设计制作环节，其他五个专业负责数字化酒店、智慧景区、智慧展示展览、航空交通、智慧旅游服务的运营实施，主要对接不同业态产品和服务的生产、策划和运营管理。各环节之间相对独立且相互关联。

（2）群内专业对复合型人才培养的能力结构具有高度互补性。

旅游消费者的个性化需求、产业专业化分工发展趋势以及旅游产品的综合性特点要求团队合作完成项目，人才具有既精通本专业，又能沟通相关专业的复合型能力结构。旅游管理专业是面向消费侧需求，培养资源整合、智慧营销和服务管理能力的赋能专业，文化创意与策划专业是培养创意思维和数字设计能力的赋值专业，其他五个专业是按业态方向培养就业创业能力的支撑专业专业群学生分工协同、能力互补、线上线下共担项目，更能适应智慧旅游产业生态的生产组织模式变革。

（3）群内专业教学资源具有高度共享性。

群内各专业围绕智慧旅游产业涉及的产品创意设计、营销、航空、服务、生产、售后与客户管理等岗位任务开发实训项目，培养以大数据为基础的智慧运营能力，可以共享数据生产、采集、筛选和分析的便利，共享数字化教学资源。

群内各专业均是围绕旅游产品供给，分业态、活模块开展人才培养，具有共同的智慧旅游产业底座，可以共享校企合作、课程建设、实训基地等教学资源和专兼职教师团队。

二、人才培养定位及其依据

（一）智慧旅游专业群发展及建设目标

以习近平新时代中国特色社会主义思想为指导，贯彻落实全国职教大会精神，落实国家和四川省“职业教育改革实施方案”，立足成都建设践行新发展理念的公园城市示范区，融入国家数字经济创新发展试验区（四川）建设，助力数字中国和成渝地区双城经济圈国家战略，专业群坚持党建引领，以立德树人为根本，以培养具有旅游信息技术场景应用和数字创意设计能力的智慧旅游复合型技术技能人才为核心，以产教融合体制机制和课程体系建设为抓手，以队伍建设和资源建设为支撑，基于成都旅游职业教育集团整合区域产教资源构建育人共同体，紧密对接“1+X”证书进行课证融通人才培养培训，创新推进与智慧旅游产业发展相适应的“三教”改革，全面提升人才培养质量和专业群建设水平。

到 2025 年，群内骨干专业达到职业教育本科专业设置标准，专业群形成支撑文旅生态圈和功能园区高质量发展的人才供给能力，形成服务巴蜀文化旅游走廊的社会服务与国际化能力，形成智慧旅游专业群升级改造的四川典范等一批具有全国引领作用、助力成都世界文化名城建设的标志性成果，最终建成国内一流、国际知名的中国特色高水平专业群。

（二）智慧旅游复合型人才培养定位

随着数字经济创新发展的逐步落实和文旅产业转型升级的持续深入，旅游景区、酒店民宿等文旅企业的管理模式、营销手段和服务方式发生变化，数字化、智能化是传统岗位提档升级的必然趋势。在线咨询与评价、网络直播营销、旅游大数据分析等新岗位不断涌现，智慧旅游技术技能人才需求巨大。与相关“1+X”职业技能等级证书标准相对应，专业群培养的人才应具备的主要职业能力包括：以文化传承与职业精神养成、人际沟通与团队协作为核心的职业通用能力；以市场调研与数据分析、旅游信息技术应用、双语应用为核心的专业基础能力；以数字创意、酒店数字化运营、智慧景区管理等为核心的专业方向能力；以天府非遗与数字化设计、世界技能大赛模拟实训等为特色的专业拓展能力。

基于就业岗位及岗位职业能力需求分析，坚持立德树人，旅游管理专业群的人才培养定位是：适应数字经济对文旅产业提档升级的发展需要，服务成渝地区双城经济圈建设，立足成都公园城市示范区建设背景下文旅产业人才需求，面向智慧旅游的资源整合、营销咨询、策划设计、产品开发、项目运营等岗位群和技术领域，培养具有强烈的家国意识和人文情怀，较强的国际化和创新创业意识，具备旅游信息技术场景应用和数字创意设计能力，德智体美劳全面发展的智慧旅游复合型技术技能人才。

第三节 “双高”背景下智慧旅游复合型人才培养的体系构建

一、课程体系

（一）优化“数字创意赋值、信息技术赋能”的模块化课程体系

对接智慧旅游产业的在线咨询与评价、网络直播营销、旅游大数据

分析等职业岗位的能力需求，参照相关“1+X”职业技能等级证书标准遴选教学内容，将文旅行业企业的优质资源转化成教育资源，根据高职学生认知规律和心理特点将所选内容科学序化，再按照“基础 + 平台 + 模块 + 方向”模式形成专业群课程体系。深入推进“课程思政”和“思政课程”同向同行，培养学生职业通用能力和专业基础能力，开设“天府文化”“信息技术”等公共基础类课程，开设“当今旅游业”“旅游大数据分析与应用”“旅游创新创业实务”等平台类课程。依据各专业对应业态岗位群的专业能力要求和职业迁移能力要求，开设智慧旅游营销与管理、数字化酒店、智慧景区、智慧展示展览、数字文创等模块类课程，开设“非遗与数字化设计”等方向类课程（图 3-1）。

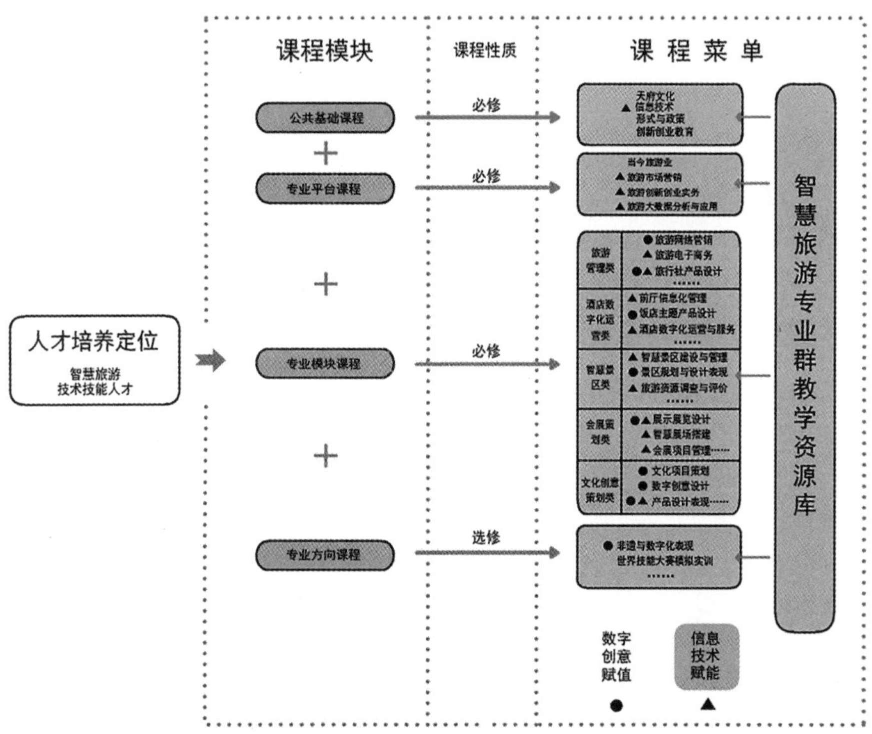

图 3-1 “数字创意赋值、信息技术赋能”的模块化课程体系

按照 1 个专业群建设 1 个资源库和 N 门不同类别课程的“1+1+N”建设思路，引入新标准、新工艺、新技术，优化专业平台课程、专业模

块课程、专业方向课程教学资源，构建动态更新的项目化资源，建成智慧旅游特色的专业群教学资源库，扩大开放共享，实现共享达 20000 人次。建成 3~5 门省级及以上课程（含在线开放、课程思政、专创融通等）或“1+X”证书培训课程。适应职教本科专业建设，试点建成旅游资源开发、旅游项目规划等 3~5 门核心课程。新增“1+X”证书考试站点 2~3 个，建设省级职业技能等级证书联盟牵头单位（旅游类）。

（二）分类建设新形态教材与实施教法改革

针对酒店数字化运营与服务、智慧景区建设与管理等模块课程，与洲际酒店集团、成都文化旅游集团等企业开展项目管理、策划设计类案例式活页教材。针对数字创意设计、展示展览设计等模块课程，与四川国际会展有限公司等企业合作开发工作手册式活页教材。对接旅游大数据分析等“1+X”职业技能等级证书，建设云教材等数字化教材。引进国、境外行业（协会）核心职业能力教材，加强教材引进、自主开发和使用管理制度建设，规范教材选用管理制度。推进案例式、小组讨论式、沉浸式和任务驱动式等教法改革，推进混合式课堂、翻转课堂等教学模式改革，引导学生从形成创意方案、作品呈现到创新创业的知行合一。推进学分积累、课程置换，实施教考分离，探索学生学业多元评价机制改革（图 3-2）。

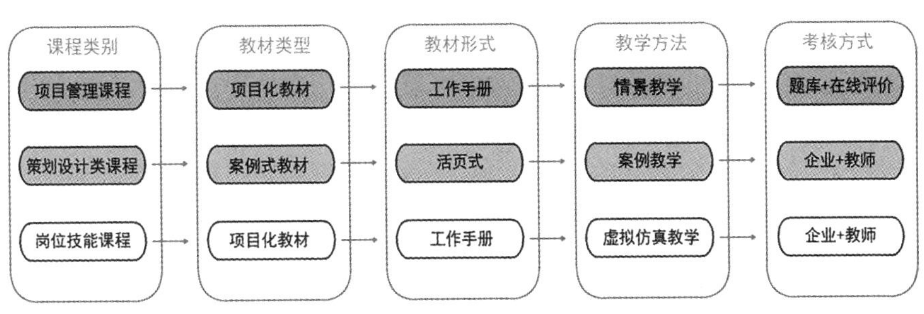

图 3-2　教材建设和教法改革路径

“双高”建设期内，分类建成教材 5~10 本，其中，力争入选国家规划教材 2~3 本或申报国家级教材奖 1 项。建成在线考核系统 1 个。培养教师在省级及以上教学能力竞赛中获奖 5 人次及以上，学生在省级及以上技能竞赛中获奖 10 人次及以上。

二、实践教学体系

（一）建设“三区融合、一核多点”的“智慧 +”实践教学基地

融入产业生态圈引领的文旅产业功能区、社区，把生产场景、消费场景、生活场景转化为育人场景，校企地共育智慧旅游复合型人才，建设校区、社区和产业功能区“三区融合”的校内外实践教学基地，满足教学实训、生产实习、社会培训、技术创新等需求。依托天府牧山数字新城及成都非物质文化遗产学院，将校内省级高职旅游类虚拟仿真实训中心打造为“一核”，引入人工智能、云计算应用、大数据分析应用、移动互联网等技术，建设智慧旅游虚拟仿真实训中心。依托成都文化旅游类产业功能区、巴蜀文化旅游走廊建设校外实践基地，形成“多点”格局，实现课程教学、实训项目、实践实习有机融入功能园区和在地社区（图 3-3）。

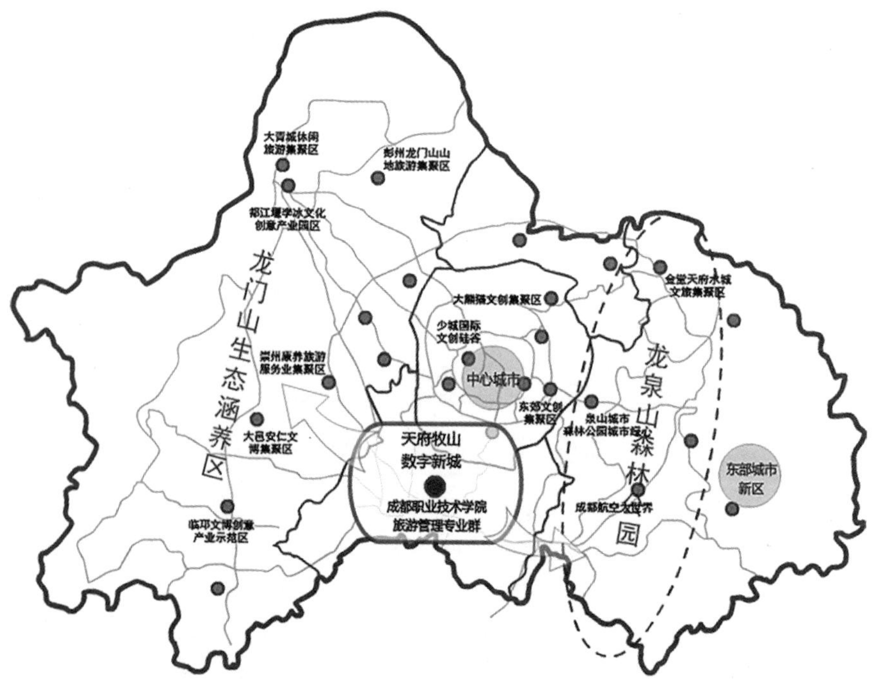

图 3-3 “三区融合、一核多点”实践教学基地空间布局示意图

"双高"建设期内，新建虚拟仿真旅游线路讲解、酒店数字化运营等实训系统8个及以上，改造数字创意类实训室5~7个。与新津梨花溪文化旅游产业功能区等共建校外实践基地5~10个；沿巴蜀文化旅游走廊，新增校外实践教学基地3~5个。基于"智慧+"实践基地的改造和升级，优化实践教学体系，优化实训教学评价。

（二）构建"校企互嵌、工学结合、旺进淡出"的实践教学模式

1. 创新"校企互嵌、工学结合、旺进淡出"的专业群人才培养体制

进一步探索以旅游管理专业群专业建设指导委员会为载体，主动争取旅游行政主管部门的支持，联动一批地方旅游行业、企业力量，推进校企合作机制的不断深化。吸引旅游行政主管部门、旅游行业协会、旅游企业等全程参与工学结合人才培养，建立"双师双向兼职、双栖双向服务"的教学团队，实现校企合作办学、合作育人、合作就业、合作发展。加力推进校企合作教学改革，构建"校企互嵌、工学结合、旺进淡出"人才培养体制，进行平台加模块的教学环节设计和实施，使学生在专业学习中不断提高职业技能，使工学结合的人才培养特色得到进一步彰显。

2. 深化校企合作，构建"旺进淡出"的实训体系

根据人才培养方案中专业课程"一平台三模块"的结构和旅游行业旺、淡季明显的特点，重点建构"行业通用能力模块、专业核心能力模块、专业拓展能力模块"为主、辅以顶岗实习训练模块、毕业设计（论文）模块和技能训练内容，形成"行业通用能力→专业专项能力→素质综合能力"的递进式专业能力培养方式。同时，依据这些模块化的能力要求，设置相应的项目化实训内容，用校内实训基地训练、校外实训基地行业体验和顶岗实习、参与社会技能比赛等方式实施，加强管理与引导，配备实训指导教师，协同管理，强化学生的实践动手能力，充分体现其实践性、开放性和职业性，提高实习实训效果。

三、素质养成体系

（一）提升三个站位，构建“三全育人”体系

1. 提升政治站位

切实增强做好新时代“三全育人”工作的责任感和使命感。

文化旅游学院各级党组织和全体教职员工要切实提高政治站位，牢固树立“四个意识”，坚定“四个自信”，充分认识“三全育人”工作的重要性和紧迫性，把育人工作作为人才培养的第一要务和根本任务来抓，构建一体化育人体系，打通育人工作“最后一公里”。

2. 提升工作站位

着力构建新时代“三全育人”工作的新格局。要培养德智体美劳全面发展的社会主义建设者和接班人，落实“四个服务”的战略高度，推动“三全育人”工作，牢固树立“大思政”的工作理念，按照教育部《思想政治工作质量提升工程实施纲要》的部署，抓住人才培养体系建设这个关键，把思想政治工作贯穿在立德树人的全过程和教育教学各方面、学生成长成才各环节。

3. 提升项目品位

深入实施思想政治工作质量提升工程，大力推动“三全育人”综合改革，形成一套可以确保新时代“三全育人”工作取得实效，以品牌活动、品牌项目引领发展，形成可复制、推广的典型做法和案例。

（二）积极创建全国党建工作样板支部

坚持政治引领、立德树人，助力文化自信和创新驱动国家战略服务。建成具有世界影响力的文创赋能、技术赋值的复合型旅游人才培养高地；创新办学体制机制，创新产教融合模式，形成合作育人综合体；深入文化育人，培养国际化的“文创赋能、技术赋值”的跨界复合型旅游技术技能人才；技术技能创新服务和高水平双师有突破，造就一批深度参与成都融入全球旅游价值链高端的双师型师资团队。

（三）深入推进"三全育人"四项计划

一是师德师风强能计划。围绕习近平总书记提出的"四有好老师"建设，引导文化旅游学院教师向"有理想信念、有道德情操、有扎实学识、有仁爱之心"的目标迈进。大力弘扬黄大年精神，并使之转化为武装头脑、坚定意志，指导实践、攻坚破难，推动工作、加快发展的强大力量。培养具有行业影响力的专业群带头人，依托产教融合平台构建打造一支结构合理、数量充足、高水平、专兼结合的国际化"双师型"教师队伍。

二是天府文化弘扬计划。依托历史文化街区、历史建筑和工业遗产富集的核心功能区打造天府文化非遗营地和多核文化活动实习场地。实践教学基地在功能上和师资队伍建设相挂钩，激发教师的积极性，将实训、实验室变成教师的工作室或研发室，提升利用率，形成紧密和生产实践相结合的多功能人才培养载体。利用学生社团"无限 C"第二课堂，开展丰富多彩的传承传统文化的主题活动，增强学生的文化自信，培养学生的家国情怀。

三是劳动教育提能计划。依托文化旅游学院环境美化中心平台，大力推进劳动教育，使广大青年学生可以更加深刻地理解劳动的本质、价值和方式，认清劳动与社会发展的关系，以科学理性的态度对待劳动、劳动者、劳动方式。通过劳动教育，可以让青年学生在了解自然、认识世界的同时，也了解人民的疾苦及劳动在社会发展进程中的重大作用，加深广大青年学生对社会历史发展的理解，最终形成正确的新时代劳动价值观。劳动观决定劳动态度，劳动态度影响劳动者的精神面貌。通过劳动教育，促使大学生养成踏实、勤奋、严谨的劳动品质，使其在劳动实践中成长、成才。

四是校企合作精技计划。坚持立德树人，服务成都建设世界文化名城对旅游产业转型升级的发展需求，聚焦天府文化创造性转化对旅游产业融合创新的提质赋能关键作用，与国际顶尖文旅企业合作共建产教融合育人综合体，对接旅游与美食、体育、会展、养生等融合发展的产业链高端，面向文化旅游产品供应链上设计研发、营销策划、项目运营和小微企业管理等高端岗位，培养国际化的"文创赋能、技术赋值"的跨界复合型旅游技术技能人才。

四、质量评价体系

（一）教学质量评价体系的构建

职业院校教学质量评价体系是关系复杂的系统工程，具有明显的层次性及综合性。教师教与学生学的情况反映的是一门课程的质量，多门课程的质量反映了一个学科专业或一个专业的教学质量，各个学科专业或专业的教学质量又反映了学校的整体教学质量。因此，我们把这种逐级集成的结构构建称为由教师教学质量→课程教学质量→专业教学质量→学校教学质量的四层次自我评价体系。

（二）教学质量评价标准的建立与实施

1. 教师教学质量评价

课堂教学质量评价内容是教师教学质量的关键作用点。对教师课堂教学质量可以采用多元化评价，即评价主体有学生、专家、领导以及授课教师自己。学生评价包括学生对每学期任课教师课堂教学质量的评价和应届毕业生的问卷调查，主要侧重对授课教师的工作态度和讲课效果进行评价。针对课程性质和授课特点，又分为理论课、实验课和体育课等类型，其单项指标有所不同，以使评价指标的可测性更好，更为真实地反映教师的课堂教学情况。

专家与同行评价主要是从加强与改进管理工作的角度，对教与学两个方面进行综合评价；专家从内行的角度出发，以自身的教学经验及对本学科知识的掌握程度，在对所评课程充分听课的基础上，侧重于对教师教学内容的科学性与先进性、教学方法和手段的科学运用、教学能力与学术水平进行评价。

教师自评则是授课教师在课程结束时必须完成的对自己的教学活动、教学效果所进行的客观和全面的评价。

2. 课程质量评价

对课程质量的评价，笔者突破传统的定性评比和单纯的量化计算，采取将量化评价和质性评价有机结合的综合评价方法，从教学队伍、教材建设、教学内容、教学方法与手段、教学实施、教学效果等方面，构建了性质优良、可行的评价模型，从多角度对课程质量进行评价，以获得全面、准确的课程评价信息和结果，使定性描述定量化，评价结论更符合实际。按照所建立的评价标准和方法，学院开展自评－抽样评价－督导专家评价，组织教师说课程、专业主任说专业、专业群主任说专业群等总结活动，并按照《课程质量评价指标》对每门课程进行了逐项打分和质量诊断，确定课程质量等级。

3. 专业教学质量的评价

专业是学校的一个缩影，抓好专业教学工作，制定合理的质量标准，建立定期的评价制度，是提高学校教学质量的有效途径。我们认真分析影响专业教学质量的各种因素，分别建立了适合学校教学工作实际情况的专业教学工作质量综合评价指标体系和简便易行、便于操作的定量排序指标体系。专业教学工作综合评价采取定性与定量相结合的评价方式。首先，由专业按照指标体系逐项进行自评，写出自评报告；然后，由教学方面的资深教授组成的专家组成员在认真阅读各专业提交的自评报告，了解并分析各专业教学工作基本情况的基础上，深入各专业听取主要领导所做的院（系）工作汇报；实地考察实验室、教研室，认真查阅相关附件资料，检查毕业设计（论文）、考卷等教学资料，并与有关负责人进行交流与探讨；最后，专家组针对各专业实际情况，以认真负责的态度，实事求是地逐项打分，讨论诊断的结果、评价的意见，形成专家组对专业教学工作评价汇总材料，并将评价意见和进一步整改建议反馈给各专业。

《专业教学工作质量定量评价指标体系》主要包括反映教学工作质量与水平，且简单易行、便于量化统计的评价要素，如优秀课程门数、教师承担校级以上教改立项项目数、获教学成果奖、教学质量优秀奖数，45 岁以下教师中博士的比例数，教授为本科生上课、开讲座数，采取双语教学、多媒体教学课程门数，学生科技获奖数，试卷、毕业设计（论文）检查情况排序以及发生的教学事故数等。制定了毕业设计（论文）评价标准，每年进行随机抽查；制定了试卷评价标准，每学期进行随机抽查，并公布抽查结果，记入专业教学工作得分之中；研究实验室评估标准，对实验室工作进行评估。教务处根据日常掌握的诸如此类数据每年进行专业教学工作排序，已开展了四年，有效地推动了专业教学工作。

（三）运用现代科学技术，全面提高教学质量评价水平和效率

评价手段在教学评价中起着非常重要的作用。评价手段科学与否，不仅仅影响评价的效率，更主要的是影响评价结果的科学性、客观性和可靠性。随着信息技术和计算机网络化的发展，必然要求改革传统的评价方法，利用现代科学技术进行科学评价。

五、资源保障体系

（一）建设“产学研”结合的智慧旅游科技创新基地

依托天府新区、东部新城的技术创新资源，与成都中科大旗软件股份有限公司等企业共建科技创新平台或智库，为联合研发和政府决策提供技术支撑。一是校企合作孵化科技项目，编制产业标准；二是对接智慧旅游小微企业的技术难题，校企合作响应需求，共同研发解决方案并转化形成市场效益；三是聚焦新标准、新工艺、新技术，及时将科技成果转化为教学内容（图 3-4）。

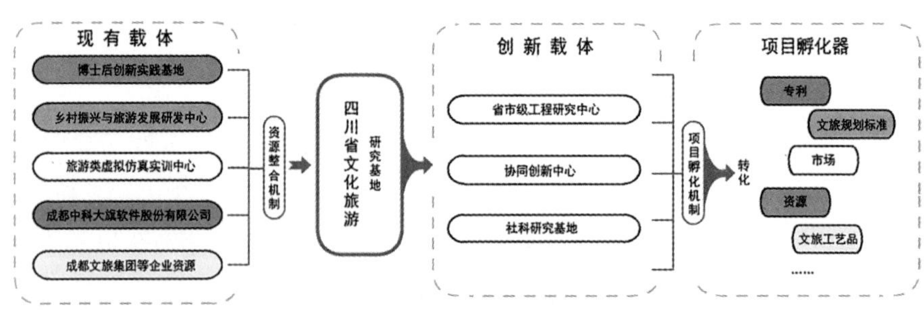

图 3-4　智慧旅游科技创新基地组织结构

“双高”建设期内，校企联合建成省级工程研究中心（协同创新中心、社科研究基地、技能大师工作室等）1 个及以上或承担横纵向科技项目不少于 10 项，转化国家专利、软件著作权等知识产权不少于 10 件

或编制省级地方标准不少于2个，技术服务到账经费50万元，技术解决方案被相关行业企业采纳应用10次及以上，申报省级科技（社科）奖励2项及以上。

（二）建设引领产业发展的结构化教师教学创新团队

强化师德师风建设，打造适应智慧旅游发展的数智化“双师型”教师队伍。持续推进“双进”工程和能力提升培养，探索实施教师分类评价机制，激发教师做事创业内生动力。围绕模块化课程教学需求，对标国内一流专业群和职教本科专业设置需求，优化专兼结合的教师教学创新团队结构。在学院“金字塔型”高层次人才队伍建设政策支持下，探索“3+1”首席教授负责制，柔性引进文化领域、旅游行业高级专门人才和海外知名专家，与专业群带头人共同组建首席教授团队，引领专业群建设发展。组建由行业大师、技术能手、技能大师等专家组成的兼职教师资源库。依托省级职业院校“双师型”名师工作室和职业教育教师教学创新团队建设，完善“传帮带”的梯队培养机制，提升国际化的“双师型”教师素质。

建设期内，申报国家级职业教育教师教学创新团队或全国黄大年式教学团队1个。引培博士学位或高级职称人才3~5名，教学团队中博士学位研究生比例达到15%以上，高级职称比例稳定在40%以上，团队结构和水平达到职教本科专业设置要求。具有技师或国际职业资格证书的专任教师比例达到90%；新增省部级人才称号或荣誉表彰1~2项；鼓励教师带领学生开展创业实践，培育创新创业教育专业团队3个及以上，孵化学生创业团队2个及以上。

（三）构建可持续发展保障机制

依托成都旅游职业教育集团融入产业功能区，建设实体化运行机制，加强成渝地区双城经济圈人才培养、师资建设、社会服务等方面的互动合作，促进旅游教育资源共享、优势互补、共同发展；与智慧文旅产业头部企业合作，共建省市行业职业教育教学指导委员会，加强专业评估指标动态监测，形成可持续发展的专业群动态调整机制；依托学校诊改平台，与联合国世界旅游组织教育质量认证标准有效衔接，优化质量标准体系，建设衔接联合国世界旅游组织教育质量认证标准的质量诊改机制。

建设期内，制定成都旅游职业教育集团实体化运行制度 1 套，牵头建设行业职业教育教学指导委员会 1 个，新增联合国世界旅游组织教育质量认证专业 1 个，4 个专业申请质量认证复核。

六、创新服务体系

（一）建设技术技能联培联训的社会服务机制

依托成渝地区文化旅游职教集团产教联盟，联合相关院校、行业企业，联动“1+X”职业技能等级证书试点机构，建设技术技能联培联训的社会服务机制（图 3-5）。面向乡村振兴、创意设计、旅游大数据分析、旅游商品研发、研学旅行策划、红色文化传承等高技能人才需求，开展技术交流、智力咨询职业培训和双师型教师培训。面向退伍军人等四类特殊人群的就业创业需求，开展培训或学历教育。面向研学旅行、智慧营销、数字文创等新兴职业培训需求，校企地合作开发与巴蜀文化旅游走廊资源相关的培训项目。

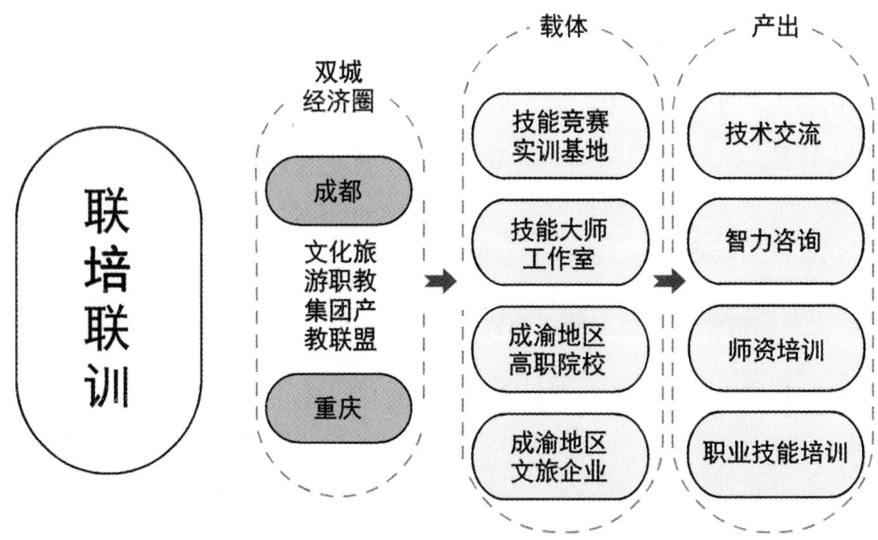

图 3-5 技术技能联培联训社会服务机制

“双高”建设期内，争创省级以上职业教育师资培训基地或技能大赛集训基地、技能大师工作室等载体至少 1 个，培养市级及以上技术能手不少于 3 名，开展技术交流、智力咨询不少于 15 项，培训鉴定总计不少于 10000 人次，其中中高职骨干师资等专项培训不少于 1000 人次，各类培训到账经费不少于 1000 万元，企业投入不低于 100 万元。

（二）建设传播巴蜀优秀文化的国际交流与合作机制

加强与“一带一路”国家和地区的文化交流与职业教育合作，引入国际优质职教资源，与意大利库内奥美术学院共建中外合作办学机构，群内 3 个专业探索专本硕连读的国际合作育人机制，开发天府非遗与时尚产品相结合的数字文创课程。依托成都非物质文化遗产学院，建设茶艺等体现巴蜀传统文化特色的双语教学资源，推动巴蜀文化在海外传播。拓展与泰国乌隆他尼大学等院校的国际合作，开展留学生互换、师资培训等“一带一路”研学、留学项目，为“走出去”的中国旅游企业培养熟悉中国文化及行业标准的当地从业人员。

“双高”建设期内，建成中外合作办学机构“成都职业技术学院库内奥艺术设计学院”，引入国际师资承担三分之一的专业课程，在校学生规模不低于 300 人。专业群吸引国（境）外院校师生来蓉研修、培训或留学年均 1000 人次。与“走出去”的中国文化旅游企业或国际企业合作共建海外实习实训基地 2~3 个，基于岗位服务规范等，开发适用于培训旅游从业人员和海外学生的双语教材 2~3 本。

下篇　实践篇

第四章　智慧旅游专业群复合型人才培养市场调研

第一节　旅游管理专业人才培养市场调研

一、调查基本情况说明

（一）调查组织实施

1. 调查时间

2020 年 5 月～2021 年 4 月。

2. 调研对象

四川省旅游主管部门数据、在线数据（《成都市人才开发指引（2020）》（人才白皮书）、相关职业技能等级标准）、用人单位、毕业生。

3. 调研目的

结合行业发展，培养符合当前旅游管理专业人才需求和岗位（群）职责任务分析。

4. 调研方法

问卷调查、行业专家拜访。

5. 调查人员

旅游管理专业全体教师。

（二）调查基本情况说明

本次调查始于 2020 年 5 月，国民经济经历新冠肺炎疫情的冲击，文旅产业强势转型，在线旅游服务、大数据支撑文旅产品开发和营销等系列工作。毕业生初始岗位和行业企业专业需求岗位、未来新兴岗位之间出现较大差异。产业转型下，智慧旅游营销和服务管理人才新型岗位需求主要集中在旅拍师、旅游主播、旅游顾问、旅游大数据分析、在线旅游营销、旅游网络营销。

二、社会对旅游管理专业人才需求情况分析

（一）旅游管理从业人员需求量分析

从国内旅游发展大环境看，旅游业作为国民经济战略性支柱产业，地位牢固树立，大众旅游时代已经来临。国家已明确将旅游业定位为现代服务业的重要组成部分，首先提出树立科学旅游观，为旅游业发展方式从数量规模型到质量效益型转变指明了方向。在旅游消费日趋散客化、移动互联网与信息技术日益创新的背景下，互联网＋旅游革新浪潮助推旅游产业融合与业态创新不断深化，我国旅游业正在从传统服务业向战略性支柱产业和现代服务业升级。

从四川省旅游发展大环境看，省委、省政府明确提出，旅游是四川最大最突出的优势，也是四川省供给侧结构性改革的重要组成部分。在"十四五"四川旅游发展的黄金时期，把握国家"一带一路"、长江经济带战略、成渝地区双城经济圈斩获的巨大机遇，依托四川省立体旅游交通格局和多点多极旅游基础，凭借天府新区和成都自贸区创建等创新引擎，依托大众创业、万众创新动力，四川旅游业将在五大理念引领下，建成旅游经济强省和世界重要旅游目的地。

（二）旅游管理从业人员需要层次分析

根据《成都市人才开发指引（2020）》（人才白皮书）数据显示，对智慧旅游营销、服务和管理人员的资历要求以本科及以上学历为主，要求1年以上相关工作经历居多。但紧缺人才中，短视频运营专员、直播经纪人等岗位的资质要求学历大专及以上。

（三）旅游管理从业人员职业素质分析

（1）坚定拥护中国共产党领导和我国社会主义制度，在习近平新时代中国特色社会主义思想指引下，践行社会主义核心价值观，具有深厚的爱国情感和中华民族自豪感。

（2）崇尚宪法、遵法守纪、崇德向善、诚实守信、尊重生命、热爱劳动，履行道德准则和行为规范，具有社会责任感和社会参与意识。

（3）具有质量意识、环保意识、安全意识、信息素养、工匠精神、创新思维、全球视野和市场洞察力。

（4）热爱旅游事业，勇于奋斗、乐观向上，具有自我管理能力、职业生涯规划的意识，有较强的集体意识和团队合作精神。

（5）具有健康的体魄、心理和健全的人格，掌握基本运动知识和1~2项运动技能，养成良好的健身与卫生习惯以及良好的行为习惯。

（6）具有一定的审美和人文素养，能够形成1~2项艺术特长或爱好。

（四）旅游管理从业人员专业知识分析

（1）大学专科层次应具备的文化基础知识：体育、法律、职业道德、计算机应用、大学英语、国学、现代服务业概论等。

（2）专业基础平台课程知识：当今旅游业、旅游市场营销、旅游创新创业实务、职业礼仪。

（3）专业方向课程知识。

①旅游产品研发知识：旅游大数据分析、中国旅游地理、世界旅游地理、旅行社产品设计等。

②旅游产品营销知识：旅游电子商务、旅游大数据分析、界面设计、旅游新媒体应用、旅游文案策划等。

③旅游企业与项目管理知识：旅游项目运营管理、旅游电子商务、旅游大数据分析等。

（4）专业拓展模块知识：在文化旅游限选课中进行选择，包括讲解技巧、工艺制作等。

（五）旅游管理从业人员岗位能力分析

1. 基础能力

（1）语言能力：普通话表达准确、流利；能在各种场合大方、准确、流利地表达观点；具有初步的英语会话交流能力，能进行日常对话，并能较熟练地处理英语商务函件；具有与从事的职业工作相适应的较好的书面表达能力。

（2）团队能力：熟悉职业礼仪，熟悉对客服务的原则与方法以及解决问题的技巧，具有良好的人际关系处理和应变处理能力，有集体主义观念、大局意识和团队精神，能与客户、企业上下级和同级之间进行良好的沟通、交流与合作。

（3）应变能力：心理素质良好，具有较强的心理承受能力和处理突发事件时的应变能力，具备良好的社会、自然适应能力。

（4）信息处理能力：能正确使用办公软件进行文件编辑排版；掌握文献检索、资料查询的基本方法。

（5）学习能力：具有较强的自我学习能力，能根据工作需要及时更新知识、改进工作方法、提高工作效率和效益。

2. 专业能力

专业能力是指从事智慧旅游营销和管理工作应具备的职业能力，具体如下。

（1）旅游类企业市场营销（重点突破网络营销）：能够分析产品特性；了解网络营销的基本原理和方法；能够合理运用微信、微博等网络媒体平台进行营销。

（2）旅游策划及旅行社产品设计：能够进行旅游资源和要素分析；能够组织设计旅游线路。

（3）数据采集、处理和数据分析：能够运用软件进行数据采集和处理；能够通过数据分析解决旅游服务、营销和管理中存在的问题。

（六）旅游管理从业人员典型工作任务及工作过程分析（表 4–1、表 4–2）

表 4–1 旅游管理相关从业人员典型工作任务及工作分析过程

序号	典型工作任务	工作过程
1	旅游产品研发（以线路设计为主）	主要进行旅游市场调查、旅游产品挖掘和组织，形成基础产品体系和定制服务产品池
2	旅游网络营销	主要进行旅游产品网络营销战略的制定，线上营销渠道的选择，营销内容的编排，营销反馈，保证旅游产品影响范围的扩大，促进销售
3	旅游大数据分析	运用软件工具进行旅游市场和产品的数据分析，支撑产品研发、营销和服务改进等
4	旅游企业基层管理	运用管理原理和信息化系统进行客户沟通管理、旅游企业项目管理

表 4–2 旅游管理专业工作岗位描述及职业能力体系分析

序号	岗位名称	岗位类别		岗位描述	岗位能力及要求
		初始岗位	发展岗位		
1	旅游市场营销专员	☑	☐	旅游类企业市场营销（重点突破网络营销）	能够分析产品特性 了解网络营销的基本原理和方法 能够合理运用微信、微博等网络媒体平台进行营销
2	旅游产品开发助理	☑	☐	在线旅游代理商及旅行社产品设计	能够进行旅游资源和要素分析 能够组织设计旅游线路
3	旅游数据分析专员	☑	☐	数据技术服务、数据咨询和数据分析	能够运用软件进行数据分析 能够进行数据咨询管理
4	旅游企业基层管理	☑	☐	客户沟通、员工职业礼仪等培训	能够有效进行客户沟通 能够组织新进员工职业礼仪等培训
5	营销部主管/经理	☐	☑	旅游类企业营销战略规划和营销活动管理	负责企业营销战略的制定 负责部门员工日常管理工作 负责各项营销活动策划和管理
6	产品开发中心主管/经理	☐	☑	在线旅游代理商及旅行社产品设计管理	负责旅游市场分析 负责旅行社线路设计总管 负责部门的员工日常管理工作
7	旅游数据分析师	☐	☑	数据质量监控、数据分析报告撰写	能够进行数据质量监控 能够撰写数据分析报告
8	综合业务部经理	☐	☑	综合业务管理	负责接待、合同、档案等业务员的总体管理 负责部门员工日常管理工作

三、优化旅游管理专业教学标准的建议

根据行业调研显示，目前旅游管理专业毕业生就业的主要困难和主要矛盾冲突点在于岗位职能不熟悉。企业需要花费大量精力对毕业生进行岗前再培训，以便能够达到工作要求。而学校所学知识由于更新速度慢、行业联系不紧密等原因，造成学生无法学以致用也是一个重要的因素。

毕业生就业时通常会面对竞争激烈、行业经验要求高的基础性职位。对于此类职位，由于人员流动性高、盈利作用不明显等原因，企业通常不愿意花费大量精力重新进行培养。企业期望通过学校培养，为企业输送合格的、能够立即投入工作岗位的熟手。

针对职业岗位的主要能力表现在：以门市接待、旅游市场开发维护、旅游售后服务为主的门市接待岗位能力；以供应商采购、行程安排、成本控制、行程中问题处理、证照等资料办理为主的计调岗位能力；以旅游产品开发、考察和选择国内外客户并进行业务洽谈及签订业务合同、产品成本核算与定价、旅游产品促销、维护好与客户合作关系、网络营销技能为主的营销岗位能力；以组织接待各旅游团体和零星散客、组织本地区各旅游团体和零星散客外出观光旅游、组织为来往旅游团体或个人提供旅游线路咨询、代购机车船票、广泛收集信息、努力开发旅游资源、完成旅行社下达的各项经济指标和工作任务为主的综合业务部经理岗位能力；以旅游大数据采集与处理、旅游大数据管理与治理、旅游大数据分析为主的旅游大数据分析专员岗位能力。

第二节　文化创意与策划专业人才培养市场调研

一、调查基本情况说明

（一）调查组织实施

1. 调查时间

2021 年 5~6 月。

2. 调研对象

2021 届文创毕业生、网络数据。

3. 调研目的

2021 年度文化创意与策划专业人才社会需求调研。

4. 调研方法

当面及电话询问、行业调研探访、网络大数据分析等。

5. 调查人员

×××、×××、×××、×××、×××。

（二）调查基本情况说明

1. 2018—2021 年中国文化创意产业现状及发展趋势分析报告

党的十八大以来，中国文创产业发展态势良好，得到国家政策、经济、社会、科技等条件的支持，随着消费升级以及全民文化意识的提升，文化创意产业总体营收规模不断扩大，供给呈现缺口。当下中国文化创意产业具有游戏动漫、音乐音频等行业共同发展的特点。数据显示，2018 年中国手机游戏用户规模达到 5.65 亿人、音乐客户端用户规模达到 5.43 亿人、动漫用户规模达到 2.76 亿人。本报告分别从游戏、动漫、电影、线下迷你 KTV、音乐、音频、短视频和知识付费八大细分领域具体分析中国文化创意产业的特点，并提出存在的五大行业问题。艾媒咨询分析师认为中国文化创意产业的发展具有传统文化通过科技呈现更高级的文明、5G 发展为文创产业带来更多机会、基于大数据的文化创作正在普及、区块链文化版权保护发展等八大趋势。

2017 年，文化及相关产业增加值 34722 亿元，占 GDP 的比重为 4.2%，继续向国民经济支柱性产业迈进。文化产业总体融资规模不断扩大。

2. 文化产业总体营收规模不断扩大

2017 年，全国 5.5 万家规模以上文化及相关产业企业实现营业收入 91950 亿元，比上年增长 10.8%，增速提高 3.3 个百分点，持续保持较快增长。旅游、文化艺术、新闻出版、电影等产业共同发展。

3. 未来新文创场域必须做到的五个层面

（1）孵化新兴文创事业，培养工作者的商业知识与能力，令其至少能在事业经营上自给自足，进而外销。

（2）发展产业时要有一定的社会性，即文创事业不仅要顾及商业发展，而且要能与社会需求接轨，并担负起一定的社会责任和任务。

（3）期许公共部门有相应的管理能力，将来的文创场域必须针对政策决策者或管理阶层，提供一定的培训或工作营。

（4）针对当前产业的碎片化，未来文创场域要能提供空间给民间或官方组织，成立产业联盟、举办沙龙等，强化文创产业的组织和网络。

（5）文创场域不是封闭的空间，必须跟当地城市或社区接轨、紧密结合，让它真正成为城市的一部分。

4. 文创设计师岗位大学专业分布

文创设计师岗位大学专业主要分布在艺术设计、工业设计、旅游工艺品设计与制作、建筑学、艺术设计学、环境艺术设计和电子信息科学与技术等相关专业。

5. 文创设计师相关岗位职责推荐

文创设计师相关岗位职责主要有印刷客户经理岗位职责、雕塑设计师岗位职责、竞价工程师岗位职责、按揭主管岗位职责、软件维护经理岗位职责、规划设计总经理岗位职责、高级规划设计经理岗位职责、规划设计副总经理岗位职责、精装修设计经理岗位职责、社交平台运营岗位职责、城市规划与设计岗位职责、关务客服岗位职责、销售双休岗位职责、诚聘文案岗位职责、招商加盟专员岗位职责、渠道招商销售岗位职责。

（1）文创设计师岗位职责（抽样调查）。

根据中国传统文化进行文化产品开发；负责准确解读客户需求，参与文创产品设计研究工作，把握设计方向和设计风格；根据客户需求进行文创产品设计及独立提案；配合产品经理进行团队设计培训，能够完成创意产品开发设计或设计阶段性工作；完成上级领导交代的其他工作。

任职要求：热情、执着、思维敏锐、思想活跃、洞察力强、有较强的动手能力；大专以上学历，产品设计及相关专业；具有独到的设计理念、思维活跃、敢于创新、有团队协作精神；熟练使用 AI、Photoshop、coreldraw、Illustrator 等设计软件；有创意礼品类设计经验者优先考虑。

（2）文创中心—文创产业研究员岗位职责（抽样调查）。

跟踪国内外文化创意产业和文化事业发展动态，把握行业领域的发展；参与完成文化创意产业研究与规划类咨询项目；参与项目调研，协助撰写项目建议书及研究报告；负责咨询项目的调研资料收集、整理、分析，起草项目调研分析报告；制订咨询项目工作方案，协助项目经理完成项目的整体控制；积极参与团队学习、培训和讨论；参与公司内部其他研究课题的讨论，完成公司临时安排的其他任务。

任职要求：具有文化创意研究、产业经济、工商管理、区域经济等专业本科以上学位；具有良好的团队意识和沟通、协调能力；理论功底扎实，知识结构合理，逻辑思维、分析理解能力较强；学习和写作能力强，工作效率高；身体健康，积极、乐观、责任心强；能熟练使用Word、Excel、Powerpoint 等办公软件；参与过文化创意产业研究或规划项目或具有咨询公司工作经历者优先（表 4-3）。

表 4-3　文创专业岗位能力及要求

序号	岗位名称	岗位类别		岗位描述	岗位能力及要求
		初始岗位	发展岗位		
1	文化服务专业人员	☑ 讲解员 ☑ 客服员 ☐ 文化培训指导员 ☐ 文化经纪人 ☐ 文化产业管理员 ☐ 公共艺术管理开发	☑ 讲解员 ☑ 客服员 ☑ 文化培训指导员 ☑ 文化经纪人 ☐ 文化产业管理员 ☑ 公共艺术管理开发	1. 客户咨询受理 2. 项目指导示范讲解 3. 旅游商品销售 管理协调	1. 具有较强的语言、文字表达能力，能熟练运用 office 办公软件，能综合运用旅游管理相关知识 2. 懂得各种工艺流程制作方法，并能实际操作示范 3. 掌握一定的政务、商务接待礼仪及规范
2	文化专业人员	☑ 文秘、办公室文员 ☑ 文字编辑 ☑ 商务助理、公关礼仪 ☑ 摄影记者 ☑ 美术编辑 ☑ 网络与新媒体编辑	☑ 文秘、办公室文员 ☑ 文字编辑 ☑ 商务助理、公关礼仪 ☑ 摄影记者 ☑ 美术编辑 ☑ 网络与新媒体编辑	1. 项目策划统筹 2. 项目开发 3. 旅游产品设计	1. 掌握文旅行业策划规范和标准，掌握市场营销、旅游项目策划的方法及技巧 2. 能熟练开展文旅资源、文旅市场的调查与分析 3. 掌握市场调查的工作流程及方法 4. 具有一定的创意能力，策划统筹能力、创作能力 5. 具有较强的语言、文字表达能力，能熟练运用 office 办公软件，能综合运用旅游管理相关知识 6. 掌握一定的政务、商务接待礼仪及规范

续表

序号	岗位名称	岗位类别		岗位描述	岗位能力及要求
		初始岗位	发展岗位		
3	美术专业人员	☑ 插画师 ☑ 平面设计师 ☑ 摄影师	☑ 插画师 ☑ 平面设计师 ☑ 摄影师	1. 旅游产品创作设计 2. 平面设计 3. 手绘 4. 手工制作 5. 品牌推广营销	1. 熟练掌握：绘图、3D建模等软件，运用于产品设计绘图、效果图制作、推广物料制作等 2. 具有一定的创意能力、良好的绘画功底、手工制作能力、品牌推广策划能力
4	工艺美术与创意设计专业人员	☑ 视觉传达设计师 ☐ 动画师 ☐ 服装设计师 ☑ 工艺美术专业人员 ☑ 商品展示陈列师	☑ 视觉传达设计师 ☑ 动画师 ☑ 服装设计师 ☑ 工艺美术专业人员 ☑ 商品展示陈列师	1. 旅游产品创作设计 2. 平面设计 3. 手绘 4. 手工制作 5. 品牌推广营销	1. 熟练掌握：陶艺、布艺、茶艺、竹木工艺、花艺等工艺制作技术 2. 具有一定的创意能力、良好的绘画功底、手工制作能力、品牌推广策划能力
5	专业设计服务人员	☑ 工艺美术品设计师 ☑ 广告设计师 ☑ 产品设计师	☑ 工艺美术品设计师 ☑ 广告设计师 ☑ 产品设计师	1. 旅游产品创作设计 2. 平面设计 3. 手绘 4. 手工制作 5. 品牌推广营销 6. 旅游产品创作设计 7. 平面设计 8. 手绘 9. 手工制作 10. 品牌推广营销	1. 熟练掌握：绘图、3D建模等软件，运用于产品设计绘图、效果图制作、推广物料制作等 2. 具有一定的创意能力、良好的绘画功底、手工制作能力 3. 熟练掌握：陶艺、布艺、茶艺、竹木工艺、花艺等工艺制作技术 4. 具有一定的创意能力、良好的绘画功底、手工制作能力、品牌推广策划能力
6	人力资源服务人员	☑ 社区文化服务店运营经理 ☑ 创业经理 ☐ 创业指导师	☐ 社区文化服务店运营经理 ☑ 创业经理 ☑ 创业指导师	1. 客户咨询受理 2. 旅游商品销售 3. 管理组织协调	1. 具有较强的语言、文字表达能力，能熟练运用office办公软件，能综合运用旅游管理相关知识 2. 懂得各种工艺流程制作方法，并能实际操作示范 3. 掌握一定的政务、商务接待礼仪及规范

二、社会对文化创意与策划专业人才需求情况分析

（一）文化创意与策划从业人员需求量分析

从文化创意与策划从业人员需求量来看，主要岗位涉及策划师、工艺美术创意设计师、工艺技师、商务专业人员、创业经理，如表 4–4 所示。

表 4–4　文化创意与策划从业人员需求量分析

序号	岗位名称	从业人员需求量分析
1	策划师	生产线、策划设计部门核心岗位，用人需求较少
2	工艺美术创意设计师	生产线、策划设计部门核心岗位，用人需求较少
3	工艺技师	制作生产线一线岗位，用人需求较高
4	商务专业人员	营销推广一线岗位，用人需求高
5	创业经理	市场空间大，自主创业需求量高

（二）文化创意与策划从业人员需要层次分析

从文化创意与策划从业人员需要层次来看，主要涉及商业策划能力、艺术设计能力、工艺制作能力、天府文化传承与创新创意意识，如表 4–5 所示。

表 4–5　文化创意与策划从业人员需要层次分析

序号	岗位名称	从业人员需要层次分析
1	策划师	具备较高商业策划能力的高素质技术技能人才
2	工艺美术创意设计师	具备较高艺术设计能力和工艺制作能力的高素质技术技能人才
3	工艺技师	具备一定艺术设计能力和工艺制作能力的高素质技术技能人才
4	商务专业人员	具备一定商业策划能力的高素质技术技能人才
5	创业经理	有较强天府文化传承和创新创业意识，有较高专业综合素质技术技能人才

（三）文化创意与策划从业人员职业素质分析

从文化创意与策划从业人员职业素质来看，主要涉及生产线、策划设计部门核心岗位，如表 4-6 所示。

表 4-6 文化创意与策划从业人员职业素质分析

序号	岗位名称	从业人员职业素质分析
1	策划师	生产线、策划设计部门核心岗位，要求商业策划等综合能力较强
2	工艺美术创意设计师	生产线、策划设计部门核心岗位，要求艺术设计、工艺制作综合能力较强
3	工艺技师	制作生产线一线岗位，要求工艺制作能力较强
4	商务专业人员	营销推广一线岗位，要求商业策划能力较强
5	创业经理	有较强天府文化传承和创新创业意识，综合能力和素质要求较高

（四）文化创意与策划从业人员专业知识分析

文化创意与策划从业人员专业知识如表 4-7 所示。

表 4-7 文化创意与策划从业人员专业知识分析

序号	岗位名称	从业人员专业知识分析
1	策划师	1. 项目策划统筹知识技能 2. 项目开发知识技能 3. 旅游产品创作设计知识技能
2	工艺美术创意设计师	1. 旅游产品创作设计知识技能 2. 平面设计知识技能 3. 手绘知识技能 4. 手工制作知识技能 5. 品牌推广营销知识技能
3	工艺技师	1. 旅游产品创作设计知识技能 2. 平面设计知识技能 3. 手绘知识技能 4. 手工制作知识技能 5. 品牌推广营销知识技能

续表

序号	岗位名称	从业人员专业知识分析
4	商务专业人员	1. 客户咨询受理知识技能 2. 项目指导示范讲解知识技能 3. 旅游商品销售知识技能 4. 管理协调知识技能
5	创业经理	1. 个人接单知识技能 2. 创新创业知识技能

（五）文化创意与策划从业人员岗位能力分析

文化创意与策划从业人员岗位能力如表 4-8 所示。

表 4-8　文化创意与策划从业人员岗位能力分析

序号	岗位名称	从业人员岗位能力分析
1	策划师	1. 项目策划统筹能力 2. 项目开发能力 3. 旅游产品创作设计能力
2	工艺美术创意设计师	1. 旅游产品创作设计能力 2. 平面设计能力 3. 手绘能力 4. 手工制作能力 5. 品牌推广营销能力
3	工艺技师	1. 旅游产品创作设计能力 2. 平面设计能力 3. 手绘能力 4. 手工制作能力 5. 品牌推广营销能力
4	商务专业人员	1. 客户咨询受理能力 2. 项目指导示范讲解能力 3. 旅游商品销售能力 4. 管理协调能力
5	创业经理	1. 个人接单能力 2. 创新创业能力

（六）文化创意与策划从业人员典型工作任务及工作过程分析

文化创意与策划从业人员典型工作任务及工作过程如表 4-9 所示。

表 4-9　文化创意与策划从业人员典型工作任务及工作过程分析

序号	岗位名称	从业人员典型工作任务及工作过程分析
1	策划师	独立完成相关项目、参与团队协助共同完成相关项目 1. 与甲方接触、了解甲方需求 2. 接单、签订合同 3. 市场调研分析 4. 头脑风暴 5. 策划、设计、陈述汇报设计方案 6. 宣传推广营销
2	工艺美术创意设计师	独立完成相关项目、参与团队协助共同完成相关项目 1. 与甲方接触、了解甲方需求 2. 接单、签订合同 3. 市场调研分析 4. 头脑风暴 5. 策划、设计、陈述汇报设计方案 6. 宣传推广营销
3	工艺技师	独立完成相关项目、参与团队协助共同完成相关项目 1. 与甲方接触、了解甲方需求 2. 接单、签订合同 3. 市场调研分析 4. 头脑风暴 5. 策划、设计制作、陈述汇报设计方案 6. 宣传推广营销
4	商务专业人员	独立完成相关项目、参与团队协助共同完成相关项目 1. 接待洽谈 2. 服务、指导、教学 3. 组织运营管理
5	创业经理	以上均有包含

三、优化文化创意与策划专业教学标准的建议

建议在制订专业教学标准时，依据社会、区域产业发展对人才的需求和学生职业发展需求，与企业共同开展职业岗位调研。加强学生初始就业岗位、职业迁移岗位和职业发展岗位的变动因素，在专业教学标准

优化设置中制定灵活的动态调整机制。强化文化策划管理类课程，多参与校企合作项目，掌握项目策划运营模式，积累更多的行业经验。

依据调研资料，准确确定文化创意与策划专业人才培养目标、人才培养模式及目标岗位群。依据文化创意与策划专业的人才培养目标、企业需求、目标岗位标准及典型工作任务，确立以“学生为中心”的教育理念，全面优化专业课程体系。课程内容的优化要贯彻职业性、实践性和开放性的原则，按照专业理论和专业实践两条线并重的理念设计课程内容，全面推行项目教学法、模块教学法、任务驱动法等先进的教学方法，改革课程考核模式，专业课程实现理实一体化，突出学生实战能力的培养。依据用人单位要求，将职业资格证书课程与专业课程体系对接，使学生能够较早、较快地明确职业方向，在校期间即可取得相应的职业资格证书或者完成证书升级。强化创业教育，结合实际情况开展创业实践，做好创业准备，形成创业积累。加强校内外实训基地建设，实施实践教学的科学化管理。根据专业人才能力需求来选择相应的实训基地、设置实训项目：集中与分散、校内与校外、实习与教学等多种组织形式相结合；同时考虑为企业服务，可以采取如安排教师为文化创意策划员工业务培训、指导设计策划、工艺制作、活动策划、市场推广宣传等服务，义务与有偿服务相结合，从而实现双赢局面。加强专业教学资源、信息资源库的建设与共享平台维护管理，以满足学校正常教学的需要，同时满足在校学生和毕业生自主学习的需要。加强专任教师的培养，有组织地进行专业理论培训及深入文化创意策划和相关企业挂职锻炼；鼓励教师积极申报教师系列外的行业岗位专业技术职称，以提高专业水平和实践操作能力；有重点地鼓励教师积极参与科研活动，进行在职深造、进修，帮助教师全面更新知识，提高学术水平。引进高质量的高级职称人才、一线工作技能型人才，形成稳定的高质量的兼职教师队伍；同时对兼职教师实施助教制度，帮助他们熟悉学院教学规定及教育教学规律，以提高专业教育教学水平。

第三节　酒店管理与数字化运营专业人才培养市场调研

一、调查基本情况说明

（一）调查组织实施

1. 调查时间

2021 年 3~5 月。

2. 调研对象（表 4–10）

表 4–10　酒店管理与数字化运营专业调研对象

序号	调研单位	调研单位性质
1	华住酒店集团	中高档酒店
2	洲际酒店	国际酒店集团
3	金华职业技术学院	高等院校
4	成都纺织高等专科学校	高等院校
5	杭州绿云软件有限公司	技术供应商
6	四川华迪信息技术有限公司	大数据挖掘

3. 调研目的

认真落实“依托行业、对接产业、锁定职业、服务就业”的专业建设思路，及时了解酒店管理与数字化运营专业更名后的新发展前景、酒店行业发展动态，掌握市场对酒店人才的需求状况，酒店各个岗位对人才能力、知识、素质的要求，主要就业岗位的典型工作任务等，构建与岗位对接的专业课程体系，实现就业导向型人才培养目标与专业建设目标。

4. 调研方法

面对不同调研对象，采用不同调研方式，具体有访谈、座谈、问卷、实地观察、文献检索、网站查阅、大数据分析等。

5. 调查人员

专业教师。

（二）调查基本情况说明

调查基本层面包括技能点趋势分析、岗位素质要求分析、就业岗位学历占比统计、专业能力点分析、职位发布趋势、岗位招聘薪资趋势、课程知识—技能分析、人才培养方案技能覆盖率。

二、社会对酒店管理与数字化运营专业人才需求情况分析

（一）酒店管理与数字化运营从业人员需求量分析

酒店管理专业的学生，在毕业前的半年至一年通常在酒店或餐饮企业进行顶岗实习，学生在酒店或餐饮企业实习期间，通常会做企业最基层的实习生岗位工作，在实习到 4 个月时，学生已经基本能够达到企业正式员工的标准，表现优秀的实习生通常作为企业重点培养的员工，开始向基层管理人员培养。学生实习到 6 个月结束时，专业素质与能力已经能达到普通老员工的水平。如果学生继续在企业工作，通常在毕业前后一个月就能顺利晋升为领班（或高级服务员）。如果学生能坚持在酒店行业工作，通常在同一酒店集团或其他酒店中会不断晋升。

由于我国酒店行业近几年扩张很快，酒店管理人才奇缺，行业人员的流动比例非常高，从业人员晋升速度也比十几年前快了很多。

（二）酒店管理与数字化运营从业人员需要层次分析

根据近几年高职高专酒店管理或旅游管理专业毕业生在酒店行业工作的情况来看，初次就业在国际知名品牌工作的毕业生后期晋升潜力较大。在传统的国际品牌酒店集团里，酒店员工级别通常分为 10 级，从 10 级到 1 级分别是实习生、普通员工、高级员工或领班、主管、高级主管、副经理、经理、副总监、总监或副总经理、总经理，在总经理之上更高级别就是区域或集团总裁等。

结合高职高专酒店管理专业培养目标定位，培养的毕业生第一职业

阶段主要是从事 7、8、9 级岗位，因此酒店管理专业人才培养方案能够使学生通过三年的学习，达到相应的培养目标，并为学生向更高级别职业阶段晋升打下一定基础。

（三）酒店管理与数字化运营从业人员职业素质分析

酒店基层服务岗位工作任务要求的职业能力包括：能按照酒店仪容仪表要求上岗；熟悉岗位业务的工作内容和各项工作的标准操作流程；能够灵活利用各类文化知识向客人提供规范化与个性化的服务；有较强的普通话（和英文）语言表达能力，能顺利友好地与客人、同事交流；能熟悉酒店产品，有较强的酒店产品促销意识；有较强的团队协作意识，共同解决疑难问题；有乐于助人、坚持不懈、吃苦耐劳的酒店敬业精神。

（四）酒店管理与数字化运营从业人员专业知识分析

从业人员专业知识关键点包括：酒店专业基础知识，包括涉外及社交礼仪知识，客源国国情和文化，前厅、客房、餐饮等酒店服务与经营管理的基本原理、知识，茶艺、花艺、咖啡、酒水等知识；酒店主题宴会、主题客房、会议策划等产品设计方法和流程；厨政管理；酒店信息化应用；酒店服务质量控制；酒店常见一线设施设备使用方法；酒店财务、成本控制，拥有较好的市场营销和收益管理知识。

（五）酒店管理与数字化运营从业人员岗位能力分析

从业人员岗位能力关键点包括：良好的语言、文字表达能力和沟通能力，能熟练与宾客进行中文沟通，较熟练进行英文沟通；带领组织团队成员完成酒店前厅、客房、餐饮等一线部门对口接待及督导管理能力；解决酒店服务、运营与管理中常见问题的能力，能处理宾客投诉及酒店一般安全事故；具备创新意识，能创造性地开展工作，满足宾客个性化要求；把握饭店业发展趋势，能适应企业文化，具备一定的酒店品牌与文化建设、酒店经营管理标准与质量控制、酒店业宏观发展动态与趋势判断等酒店高级管理能力。

（六）酒店管理与数字化运营从业人员典型工作任务及工作过程分析

在酒店或餐饮企业，酒店管理专业学生最为典型的工作是基层服务岗位工作，酒店不同岗位的服务工作过程包含：各对客服务岗位，上岗前的准备工作；交班工作；各种服务岗位具体业务工作；同时，团队协作共同解决各种疑难问题，提供让客人满意的个性化的对客服务，并尽可能提高酒店销售业绩；服务结束时的各种整理工作和交接工作。

三、优化酒店管理与数字化运营专业教学标准的建议

明确专业培养目标作为高职酒店管理专业，在培养目标的定位上除了要符合高职教育自身的规律和要求之外，最为关键的就是要以服务社会为宗旨、以学生就业为导向。加强学生的职业道德教育，培养学生正确的择业观念、吃苦耐劳的工作作风和良好的敬业精神。根据酒店（或餐饮）企业岗位能力与素质要求优化课程体系。加强学生职业技能考证工作，以考证来促进学生能力的提高。加强英语教学，提高学生专业英语应用能力。改善课堂教学中的实践环节，培养学生的动手能力与自主创新能力。加强校企合作，增加学生的各类实践教学的质量。高职酒店管理专业应加强与酒店（餐饮）企业的合作，注重校内外各实践教学环节，校企共同培养符合行业需要的高素质酒店管理人才，并能降低专业学生在酒店行业的流失率。

第四节　智慧景区开发与管理专业人才培养市场调研

一、调查基本情况说明

（一）调查组织实施

1. 调查时间

2020 年 12 月 ~ 2021 年 6 月。

2. 调研对象

招聘网站岗位需求数据、毕业生、在校生、企业代表、国内、省内相关院校及相关专业。

3. 调研形式

招聘网站岗位需求分析（数据爬取）、抽样问卷调查、深度访谈、文案调查等。学生采用问卷形式：2016—2020 届毕业生，发放问卷 100 份；2019、2020 级在校生，发放问卷 80 份。深度访谈、电话访谈的企业涉及旅游智慧景区投资、规划、建设、运营的企业 30 余家，包括蜗牛智慧景区管理集团、成都乐新投资有限公司（国色天乡乐园）、成都文旅集团、成都意道旅游规划策划公司、成都天源旅游策划有限公司等 30 余家。同时涉及国内开设智慧景区专业的高职院校 16 所，如浙江旅游职业学院、云南旅游职业学院、郑州旅游职业学院等，川内主要是四川文化产业职业学院等。

4. 调研目的

掌握社会对智慧景区开发与管理专业人才的需求状况及区域经济发展对本专业的影响；明确高职智慧景区专业毕业生面向的就业单位及就业岗位（群）；明确岗位工作对专业知识和职业证书的要求；明确用人单位对学生的“基本职业素质”“主要社会能力”“主要专业能力”的要求；培养学生的专业能力、方法能力和社会能力；恰当地做出职业规划；制订科学合理的人才培养方案，推动专业建设和课程改革，提高教育教学质量。

5. 调查人员

智慧景区专业全体教师、第三方公司。

（二）调查基本情况说明

1. 招聘网站岗位需求数据

（1）专业核心能力包含绘图能力、新媒体运营、Office 办公软件运用能力。

（2）素质能力包含责任心、沟通能力、团队协作、学习能力。

（3）岗位需求主要体现在学历占比专科优势明显。

2. 毕业生调查

发放问卷 100 份，回收有效问卷 60 份，深度访谈 10 人。通过调查数据显示，毕业生认为应该加强的素养按重要性程度递减排序依次为吃苦、严谨、责任、敬业、仪表礼仪、职业道德、诚实这几方面。

3. 在校生调查

发放问卷 80 份，回收有效问卷 60 份，深度访谈 10 人。在校生期望的未来就业岗位按重要性程度递减排序依次为规划设计类、景区管理类、讲解类、其他。希望未来第一份工作的月薪 6000 元及以上的占 16.67%，4000~6000元的占23.33%，2000~4000元的占60%，2000元以下的占0%。

在校生认为未来就业，自身最应该提高的能力按重要性程度递减排序依次为：英语水平、人际交往能力、协调沟通能力、规划设计能力、团队合作能力、分析处理问题能力、组织管理能力、学习提高能力、识图制图能力、营销策划能力、讲解能力、手绘能力、资料搜集能力和其他。

4. 企业需求调查

综合选用问卷调查、深度访谈、电话访谈的形式，其中深度访谈了 15 家企业，电话访谈加问卷调查了 18 家企业。

5. 国内同行分析

主要针对开设有智慧景区专业的比较知名院校，共分析同行院校 16 所。

依据《四川省 2021 年具有中等职业学历教育招生资格学校及专业》，川内 145 所中职学校中，无开设智慧景区服务与管理专业的，115 所开设旅游服务与管理，12 所开设康养休闲旅游服务，54 所开设高星级饭店运营与管理，2 个或 3 个专业同时开办的有 27 所。

国内高职院校智慧景区专业从 2016 年开始新设“智慧景区规划设计方向”，并与园林专业的中职院校合作，除了 3 年制高职以外，还进行“智慧景区规划设计方向”“3+2”五年一贯制的培养。举办智慧景区专业的院校数量减少，年招生规模缩小，但是有些院校由于大量组织单招，所以学生规模稳中有升。未来 2~3 年，生源的保障还是会依靠中职，智慧景区专业人才培养逐步向规划设计、专业化管理方向转变是发展趋势。

二、社会对智慧景区开发与管理专业人才需求情况分析

（一）智慧景区开发与管理从业人员需求量分析

2019 年，成都旅游业对 GDP 的直接贡献率为 13% 以上，成都在旅游总收入、接待人数等重要指标上稳居全国副省级城市第二位。“十三五”期间，成都要建设成世界级的旅游中心。

按照《成都市旅游业发展 2025 规划纲要》的要求，成都要打造世界级文化创意旅游目的地，实现旅游智慧景区等要素的提档升级。

在供给侧结构性改革背景下，智慧景区作为旅游产业的龙头，其增长方式正在实现从“数量规模型”到“质量效益型”的转变。在智慧景区投资领域，大量的民营资本（如万达、恒大）涌入智慧景区投资，以华侨城、中青旅、港中旅等为代表的以重资产投资起家的企业已经拓展管理输出的业务，以规划起家的杨振之来也、巅峰智业为代表的旅游规划设计公司，在延长企业“规划 + 设计 + 运营”的服务链条，输出智慧景区投资与管理，进行多元化的智慧景区业务探索。专业化的智慧景区管理公司作为一种新业态正大量涌现和被政府积极培育。

一个智慧景区或者一个旅游综合体的开发建设需要经历创意策划、规划设计、资本运作、工程建设、营销包装、运营管理等阶段。需要指出的是，我们专科层次的学生，在校内学习的时间，只有 2 年多一点，是非常有限的，而且从生源的结构、学生个人素养能力来看，也有局限性，国企、大公司进入门槛很高，我们的专业培养的落脚地在哪里，这就需要我们去聚焦企业岗位，了解毕业生职业成长轨迹和反馈。在过去一年的时间，我们专业团队通过电话、面谈、培训、评审、会议的很多机会，调研了四川将近 30 家甲级、乙级、丙级的旅游规划公司，调查了包括海螺沟这种 5A 级智慧景区在内的 20 多家国有的、民营的智慧景区，还有华侨城、成都巅峰智业、川旅、成都文旅等智慧景区管理公司，并与目前成为规划设计公司、智慧景区管理骨干的毕业生进行了访谈。从企业对人才的要求来讲，需要熟悉客户沟通、智慧景区评定标准、规划原理，具备一定计算机设计表现能力的综合型的人才。从企业类型上来

讲，着眼于乙、丙级的中、小型旅游规划公司，从民营企业的制图员、设计师助理、旅游智慧景区对客服务人员做起，进而成长为旅游规划师、景观设计师、智慧景区的管理人员。

（二）智慧景区开发与管理从业人员需要层次分析（表 4-11）

表 4-11　从业人员需要层次分析

类别	初级层次	中级层级	高级层次
规划设计类	绘图员 设计师助理	智慧景区项目经理 标准化建设专员	旅游规划总监 景观设计总监
智慧景区运营类	对客服务人员	营销专员 招商专员 行政人员 标准化建设专员	智慧景区运营经理 智慧景区运营总监

（三）从业人员职业素质分析

从业人员职业素质关键点包括：热爱旅游行业，身心健康；工作踏实细致，积极主动；善于沟通，对工作积极热情，能适应出差工作；对旅游具有独特的认识，创新能力强，热爱思考，思维活跃；独立工作能力强，有进取心，热爱学习新的知识，责任心强。

（四）智慧景区开发与管理从业人员专业知识分析

从业人员专业知识关键点包括：负责按照各项目合同要求，完成 A 级智慧景区评审材料：编制《评定报告书》《审核报告》《景观质量台账》《服务质量与环境质量台账》《创建实施方案》《创建整改计划书》《旅游设施与服务质量整改方案》《暗访报告》等汇报 PPT 及文稿、协助完成景观资源片拍摄；负责智慧景区周报、月报的编写；负责智慧景区资料及成果的整合归档工作。

（五）智慧景区开发与管理从业人员岗位能力分析

从业人员岗位能力关键点包括：具有较强的沟通、组织、协调能力及敏锐的洞察力，有较好的判断力与决策能力；有较强的分析和沟通能力，较强的口头表达能力，根据项目所需甲方或公司领导进行项目或商务方面的沟通对接，文字撰写能力；熟练运用 office 软件；具有一定的有绘图能力，能使用 AI、PS、CAD 等平面软件、犀牛、SU、Lumion 等建模软件。

（六）智慧景区开发与管理从业人员典型工作任务及工作过程分析

典型工作任务包括旅游智慧景区对客服务、旅游智慧景区项目营销与策划、旅游智慧景区标准化建设、旅游资源调查与评价、旅游智慧景区的规划设计、旅游区的景区设计、植物配置与造景设计（表 4-12）。

表 4-12　典型工作任务及工作分析过程

序号	典型工作任务	工作过程
1	旅游智慧景区对客服务	掌握智慧景区服务各环节的工作流程及规范，能熟练进行智慧景区讲解、票务、商品等的销售、能熟练进行游客投诉等突发事件的处理
2	旅游智慧景区项目营销与策划	能在旅游智慧景区岗位实操中，综合运用管理学、市场营销学的知识，解决对客服务、市场调研、活动策划与执行等工作任务
3	旅游智慧景区标准化建设	能在旅游智慧景区岗位实操中，完成旅游资源与环境管理、安全服务与管理、运营与危机管理、智慧化服务与管理等工作任务
4	旅游资源调查与评价	熟悉并掌握《旅游资源分类、调查与评价》（GB/T 18972—2003），掌握旅游资源踏勘的方法与技能，正确开展旅游资源调查与评价工作
5	旅游智慧景区的规划设计	能够熟练掌握旅游政策法规、旅游行业标准规范以及国际标准，掌握 A 级智慧景区、度假区等创建与评定标准，完成智慧景区规划设计文本的撰写 掌握制图规范，能够熟练使用平面设计、景观设计常用的 CAD、Photoshop、Sketchup、Lumion 软件绘制智慧景区规划设计方案（现状分析图、功能布局图、建设意向图、总体平面图、节点效果图等）
6	旅游区的景观设计、植物配置与造景设计	掌握旅游景观设计的程序与方法、植物配置与造景的基本原则、生态学原理、配置与造景的艺术原理等基础知识与方法；能通过手绘制图、计算机辅助制图的方式，画出平面图、节点图等

三、优化智慧景区开发与管理专业教学标准的建议

依据调研资料，准确确定智慧景区开发与管理专业人才培养目标、人才培养模式及目标岗位群。

依据智慧景区与开发管理专业的人才培养目标、企业需求、目标岗位标准及典型工作任务，确立以“学生为中心”的教育理念，全面优化专业课程体系。课程内容的优化要贯彻职业性、实践性和开放性的原则，按照专业理论和专业实践两条线并重的理念设计课程内容，全面推行项目教学法、模块教学法、任务驱动法等先进的教学方法，改革课程考核模式，专业课程实现理实一体化，突出学生实战能力的培养。

依据用人单位要求，将职业资格证书课程与专业课程体系对接，使学生能够较早、较快的明确职业方向，在校期间即可取得相应的职业资格证书或者完成证书升级。

强化创业教育，结合实际情况开展创业实践，做好创业准备，形成创业积累。加强校内外实训基地建设，实施实践教学的科学化管理。根据专业人才能力需求来选择相应的实训基地、设置实训项目；集中与分散、校内与校外、实习与教学等多种组织形式相结合。

加强专任教师的培养，有组织地进行专业理论培训及深入智慧景区和相关企业挂职锻炼；鼓励教师积极申报教师系列外的行业岗位专业技术职称，以提高专业水平和实践操作能力；有重点地鼓励教师积极参与科研活动，进行在职深造、进修，帮助教师全面更新知识，提高学术水平。引进高质量的高级职称人才、一线工作技能型人才，形成稳定的高质量的兼职教师队伍；同时对兼职教师实施助教制度，帮助他们熟悉学院教学规定及教育教学规律，以提高专业教育教学水平。

第五节 会展策划与管理人才培养市场调研

一、调查基本情况说明

（一）调查组织实施

1. 调查时间

2020 年 12 月～2021 年 6 月。

2. 调研对象

招聘网站岗位需求数据、毕业生、在校生、企业代表、国内和省内相关院校及相关专业。

3. 调研目的

掌握社会对会展人才的需求状况及区域经济发展对本专业的影响；明确高职会展策划与管理专业毕业生面向的就业单位及就业岗位（群）；明确各单位的岗位设置、工作内容及对专业知识和职业证书的要求；明确用人单位对学生的“基本职业素质”“主要社会能力”“主要专业能力”的要求。明确毕业后面向的单位和工作岗位；恰当地做出职业规划。制订科学合理的人才培养方案，推动专业建设和课程改革，提高教育教学质量。

4. 调研方法

抽样问卷调查、行业专家座谈、文案调查、电话咨询。

学生采用问卷形式：2016—2020 届毕业生，发放问卷 100 份；2019、2020 级在校生，发放问卷 120 份。

通过深度访谈、电话访谈的企业涉及会展的投资、规划、建设、运营的企业 20 余家。同时，涉及国内开设会展策划与管理专业的高职院校 10 所。

深化会展教育的功能是将会展从业人员个体发展功能与社会发展功能相结合，提高受教育者的潜在劳动能力；形成适应现代经济生活的观念态度和行为方式。这意味着会展教育的概念应该延伸为对会展活动行为主体即主办方和参展商在专业知识和理念方面的引导和培训。

5. **调查人员**

会展企业人事部经理、人事招聘专员、在校学生、学生家长。

（二）调查基本情况说明

据《成都市建设国际会展之都三年行动计划（2018—2010年）》，截至2020年，成都实现举办重大展会活动1000场，展出面积1100万平方米；在蓉注册UFI认证展会项目100个，在蓉举办符合ICCA标准认证展会项目10个，会展业总收入达1530亿元，国际会展之都维形初现，力争到2030年建成“一带一路”会展门户城市以及具有全球影响力的国家会展之都。

通过调研成都本地有代表性的国营、民营会展企业，与相关企业人力资源管理部门及员工访谈，了解企业人才现状及需求。在充分的文献资料基础上进行探讨。立足实际的调查结果，研究相关数据，结合研究实际情况对会展策划与管理专业人才的培养模式优化进行研究以及在实际教学实施中的可行性研究分析。

二、社会对会展策划与管理专业人才需求情况分析

（一）会展策划与管理从业人员需求量分析

据《会展人才需求分析》显示，在现有的百万从业人员中，从事经营、策划、设计、管理的人员约有15万人以上；会展设计人员不足1%，核心人才和辅助性专业人才的缺乏已成为制约我国展览业健康发展的一大瓶颈。据中国贸促会研究报告，在未来5~15年，中国会展业年均增长速度将达到15%~20%，预计2020年总收入将超过1000亿元，会展专业人才将会日益紧缺。

（二）会展策划与管理从业人员需要层次分析

会展人才包括会展核心人才、会展业辅助性人才以及会展业支持型

人才。会展核心人才包括会展策划和会展高级运营管理等人才，他们在行业中层次最高，专业性最强，要求应具有高等学历和良好的外语沟通谈判能力；会展业辅助性人才包括设计、搭建、运输、器材生产销售等人才；会展业支持型人才则包括高级翻译、住宿及旅游接待等人才。目前招聘需求最大的五种人才是会展设计师、会展项目策划人员、会展销售人员、项目经理、现场执行人员。

（三）会展策划与管理从业人员职业素质分析（表 4–13）

表 4–13 会展策划与管理从业人员职业素质分析

序号	职业素质
1	能完成会展项目现场执行，能应变处理现场突发事件
2	能进行会展项目调研、项目宣传推广、项目赞助的运作
3	能准确判断目标群体的需求，包括内外消费者；能与目标群体建立保持信任，包括内外消费者
4	能熟练运用 CAD、PS、AI、3D 的相关软件，制订设计方案、物料准备、模型搭建
5	能进行团队协作会展项目管理、项目运营、项目策划
6	能满足消费者的视觉需求，从而达到视觉营销的目的

（四）会展策划与管理从业人员专业知识分析（表 4–14）

表 4–14 会展策划与管理从业人员专业知识分析

序号	课程名称（学习领域）	对应的典型工作任务
1	会展现场服务与管理、会展英语	会展项目执行：展会项目现场执行、实施
2	会展市场调研、设计基础（素描、色彩构成、表现技法）、展示展览设计（CAD、PS、AI、3D）、展场设计与搭建、多媒体制作、会展文案	会展项目设计：展会项目、商品陈列项目市场调研数据处理、设计方案、物料准备、模型搭建
3	会展项目策划、微型会展企业初创管理	会展项目运营：展会项目运营管理、项目策划

（五）会展策划与管理从业人员岗位能力分析（表 4–15）

表 4–15　会展策划与管理从业人员岗位能力分析

序号	岗位名称	岗位类别		岗位描述	岗位能力及要求
		初始岗位	发展岗位		
1	会展运营人员	会展销售（招展招商）、展览服务、会场和展场设计与布置	项目主管、项目策划、项目经理、会展设计主管	熟悉会展及相关活动的策划与组织管理流程；了解会展相关语言、文字表达、人际沟通技巧及运用计算机信息处理数据等相关知识	能够进行会展、展品营销；能够进行会展调研、信息处理；能够对会展、展台进行设计展示
2	会展管理人员	场馆服务、展览服务、会展设计	场馆管理、场馆经理人、会展设计主管	熟悉会展及相关活动的策划与组织管理流程；了解会展相关语言、文字表达、人际沟通技巧及运用计算机信息处理数据等相关知识	能够具备会展前期有效开展宣传推广的能力；具备招商能力；具备同搭建、广告、物流等展会第三方进行合理协调的能力；展示展览设计能力
3	陈列展示师	陈列展示设计、橱窗视觉营销	商品展示陈列师	可以解决视觉营销、陈列展示的问题，注重创新性和实用性。必须具备理论知识，设计手段，技术实施的手段	能够拥有设计专业的基础、较强的组织和管理能力、有效的沟通能力和良好的人际交往能力

（六）会展策划与管理从业人员典型工作任务及工作过程分析（表 4–16）

表 4–16　会展策划与管理从业人员典型工作任务及工作过程分析

序号	典型工作任务	工作过程
1	会展项目调研	数据分析，得出结论，制订宣传、招展、招商的计划，对客服务
2	会展现场服务	现场服务流程和现场服务标准、突发事件处理
3	会展项目策划	可行性研究、主题定位、项目策划、特色亮点提炼、财务预算、应急预案
4	展场模型制作	CAD 底图、主体色确定、原材料选择、模型搭建、内饰完善

续表

序号	典型工作任务	工作过程
5	商品展示陈列	可以根据市场、产品的销售需求，用不同的形式把商品展示出不同的形态；展示设计师也可以根据卖场里空间区域的不同，用不同策略的展示组合形态来展示商品，使顾客在经过商场的不同区域时，对商品有不同视觉感受和联想
6	会展企业运营	会展公司架构、部门运营、对外宣传、项目接洽、项目执行、后期评估、人力资源管理

三、优化会展策划与管理专业教学标准的建议

全面优化实践教学专业课程体系，加强会展专业校内外实训基地建设。会展专业通过糖酒会、西博会、车展等成都大型展会为实训项目，构建了基本稳定的实训模式。下一步在专业人才培养方案中应该加强会展专业校内外实训基地建设，优化实践教学专业课程体系，实现三教改革的育人机制。

会展行业的设计、策划等缺口较大，依托“穗港澳蓉青年技能大赛——商品展示技术”和“世界技能大赛——商品展示技术”的技术文件，制订会展策划与管理2021级教学计划。突出学生的设计、制作能力。

第六节　导游专业人才培养市场调研

一、调查基本情况说明

（一）调查组织实施

1. 调查时间

2021年3月1日～5月30日

2. 调研对象

（1）调查单位。

对全国50个左右的旅游企业和研究机构进行市场调查，以确定导游

专业在全国旅游行业的定位。就业企业调查，对毕业生主要就业企业进行调查，根据调查结果完善课程结构和教学体系。

（2）被调查人。

专业建设指导委员会成员；业内人士对学校、导游专业以及本专业毕业生的不同看法和评价；毕业生跟踪调查，建立毕业生跟踪调查制度，对毕业生的发展进行跟踪，并建立数据库。根据对历届导游专业毕业生学习经历的调查分析，确立了一系列指标，以指引未来导游专业的管理方向；成都职业技术学院导游专业 2014—2018 年毕业生；全国旅行社业中联系最紧密的企业的（或人力资源部门）管理人员；精选的学校有关部门的专家（教务处、教育督导部门等）；旅游业专家；学生家长。

3. 调研目的

成都职业技术学院培养的人才是职业人才，这就决定着教育内容应是市场导向的、应用性和实践性的，只有准确了解市场需求才可能培养出精技致用的旅游业精英，才能得到学生家长和学生的认可，才能得到社会的认可。

把握 2020 年度导游专业人才社会需求，可以为本专业的专业建设，特别是专业方向和素质能力等方面的需求变化提供借鉴。了解用人单位基本情况、用人单位人才需求情况、用人单位招聘标准、对学校教育教学和人才培养等环节的评价、毕业生的充足情况和毕业生水平、旅游业新趋势等，才能紧密联系职业岗位背景及其发展趋势，灵活把握专业的培养方向、培养目标和培养模式，有针对性地培养人才，才能跟上社会对人才的需求，为实现学校和社会的双赢，适应社会对人才的多样化、多层次化需求趋势奠定基础。

4. 调研方法

问卷调查法：本次调查针对成都市专职导游人员、成都市导游协会的社会兼职导游人员设计了问卷，问题包括导游培训、薪酬、绩效考评、工作环境、发展前景等公共问题及少量针对导游人员的个性化问题。通过网络调查、问卷调查的形式获得反馈信息。

观察法：本次调查在一定范围内，特别是在感性认知方面的调研采用了观察法，通过用师生座谈会的途径获得学生的反馈与建议。每一次会谈都有明确的倾向性，主要包括就业岗位、主要负责的工作、学生对于工作的认同度、工作的劳动强度等。在科学实验和调查研究中，观察法使笔者感性地了解了用人企业的真实需求，对今后专业建设提供了思路，并对后期核心课程的调整提供了依据。

文献研究法：本调研报告为保证科学性和实用性，在基础调研中采取了文献研究法，通过调查文献来获得资料，从而全面地、正确地了解并掌握当前旅游行业的历史和现状，特别是导游业的现状及相关数据，形成了关于导游专业市场需求的一般印象，有助于了解社会需求的全貌。

行业公开信息：业内企业及上、下游企业的季报、年报和其他公开信息；各类中英文期刊数据库、图书馆、科研院所、高等院校的文献资料；数据部分来自国家统计数据、四川省旅游局、问卷调查数据、商务部采集数据等数据库。其中宏观经济数据主要来自国家统计局，部分行业统计数据主要来自国家统计局及市场调研数据，企业数据主要来自国家统计局规模企业统计数据库等。

5. 调查人员

成都职业技术学院导游专业全体专业教师。

（二）调查基本情况说明

毕业学生工作岗位调查投放样本 38 个，有效样本 34 个；初始岗位地陪导游 12 个、全陪导游 10 个、景区讲解员 3 个；发展岗位出境领队 3 个、旅行社计调人员 2 个。

学生对未来导游相关职业的期望根据重要性程度递减排序为全陪导游、地陪导游、研学旅行指导师、景区讲解员、出境领队、旅行社计调人员、其他。

行业岗位需求调查根据重要性程度递减排序为地陪导游、销售人员、旅行社计调人员。

通过对企业专家和前沿学者深度访谈，查阅文献资料等途径，调查到新型工作岗位主要有旅游体验师和精品线路策划师。

二、社会对导游专业人才需求情况分析

（一）导游从业人员需求量分析

1. 旅游行业发展状况、现状

2020 年，新冠肺炎疫情得到控制后，四川省旅游经济运行总体稳中有进，呈现稳步发展和结构调整并存、三大市场维持“两高一降”格局的特征。2020 年全省共实现旅游收入 6500 亿元，接待国内游客 4.3 亿人次。疫情防控压力下，文旅产业有序回暖。

2020 年，全省文旅系统一手抓疫情防控，一手抓复工复产，出台文旅企业复工复产“十条措施”，发布旅游景区、公共文化机构开放指南，推出线上艺术战“疫”、云展览、云演出等活动，实施恢复发展计划，复工、复产、复业有序推进。

此外，川渝合作、产业发展、文艺创作、公共服务等各项工作也有序推动，亮点纷呈。

2020 年，四川全面启动巴蜀文化旅游走廊建设，圆满召开 2020 年全省文化和旅游发展大会等文旅盛会，定点帮扶 5 县 17 乡 24 村全部脱贫摘帽。

2020 年，四川文旅深化改革创新，不少领域工作取得新的突破。完成文化和旅游资源大普查。创新举办首届四川省文创大会、全省旅游景区发展大会。《努力餐》获中国舞蹈“荷花奖”，《草鞋县令》入选国家舞台艺术重点创作剧目名录，“智游天府”公共服务平台正式上线，成功举办四川国际文化旅游节、第六届旅投会和第七届旅博会、四川省第十一届乡村文化旅游节（四季版）、首届四川非遗购物节等重点节会，创新宣传推广渠道和方式，首次推出四川文化旅游吉祥物“安逸”“美丽四川 · 熊猫家园”“云游四川”“中国（四川）云端大熊猫文化旅游周”系列主题推广走进全球 30 多个国家和地区，极大提升了四川文旅形象。

在文化和旅游产业发展方面，健全推进文旅重点项目“六大机制”，全年在建文旅重点项目 414 个，完成投资 1564.8 亿元，发行文旅地方政府专项债券 116.1 亿元，新创国家级公共文化服务体系示范区 1 个、示

范项目 2 个，新建、改建旅游厕所 525 座，三星堆列入国家文物保护利用示范区首批创建名单，全年新增国家 5A 级旅游景区 2 家、4A 级旅游景区 15 家，国家全域旅游示范区 5 家、国家级旅游度假区 1 家、全国乡村旅游重点村 23 个，国家一级博物馆 4 家，天府旅游名县 10 个。

面对复杂多变的国内外形势，全省旅游行业将按照省委、省政府关于科学发展、加快发展的一系列指示精神，大力开展旅游改革，认真贯彻《四川省人民政府关于加快建设旅游经济强省的意见》，提振信心，沉着应对，丰富供给，扩大居民旅游消费。

2. 导游行业的现状

旅游业是四川的支柱产业之一，到 2020 年年初，全省共有导游人员 32143 名。其中，特级导游 1 名，高级导游 74 名，中级导游 1023 名，初级导游 31045 名。

从导游等级结构来看，导游队伍以持导游资格证书和初级导游员证书者占绝大多数，占比为 96.58%；中级、高级、特级导游员所占比例极低，仅占 3.42%。等级结构不合理的问题非常突出。

尽管报考导游的人数每年递增，但优秀人才和小语种导游仍然缺乏。从四川省旅游局了解到，虽然每年报考导游资格证的人数都在增长，但优秀人才依旧缺乏，其中小语种导游报考人数虽较往年增加，但市场缺口依然较大。

四川省每年的导游资格考试在 11 月举行，主要分为笔试和口试两个环节。据了解，四川省每年报考导游资格证书的人数在全国名列前茅，但在上万的导游报考人员中，报考小语种导游资格考试的人数仅有数百人，通过率也不足六成。目前小语种导游资格考试主要分日语、德语、法语、泰语、韩语 5 种。“由于小语种导游少，目前市场上需要小语种导游的话，有时还需到外省借调！”据本地大型旅游地接社负责人透露，如需要会俄语的导游，会借助东北地区的导游，需要会泰国语的导游，可能会借助云南地区的导游。

全省旅游行业职工培训量为 18.79 万人次；设有旅游专业的院校、旅游职高及旅游职业培训机构 283 所，旅游类专业在校学生 12.37 万人。

（二）导游从业人员需要层次分析

我国旅游业的前景看好，导游就业前景形势良好。旅游业在我国成为一个巨大的朝阳产业。

旅游业的发展越来越快，所需要的导游人员将会大大增加。因此导游就业的前景及形势是非常乐观的。

（三）导游从业人员职业素质分析

在大众旅游迅猛发展的时代，导游作为城市名片和旅游行业的形象代言人，扮演着不可替代的重要角色。旅游大戏好不好看，能不能给游客留下深刻印象，很大程度上取决于导游的“功夫”与素质。近年来，导游的名声非但没有随着旅游业的火爆而响亮，反而日渐灰暗。媒体对导游的报道以负面居多，人们心目中也往往把导游与宰客、坑骗、不讲诚信等贬义词联在一起。当前导游队伍中存在的职业素养问题，实际上也暴露了学校在导游人才培养上存在的很多不足。推进旅游专业学生的职业素养培养，满足行业的需求，满足广大游客的期待，是当前职业教育的重点。

1. 导游岗位职业素养的内容

职业素养是从业者在职业活动中表现出来的综合品质，是从业者按照专业岗位内在规范和要求，可训练的作风和行为习惯。我们从职业化的工作技能（vocationalskill）、职业化的工作形象（vocationalimage）、职业化的工作态度（vocationalattitude）、职业化的工作道德（vocationalmoral）这四个维度来研究导游岗位的职业素养。

职业化的工作技能是企业员工对工作的一种胜任能力，通俗地讲就是你有没有这个能力来担当这个工作任务，导游的工作技能主要体现在带团的能力与讲解的能力。职业化的工作形象，就是让人一看就觉得你“像这一行的人”，一个职业化程度高的导游，应该仪表优雅大方、行为举止规范、谈吐健康得体，能清晰地展现导游职业身份。职业化工作态度，就是要“用心把事做好”，主要表现为敬业、执行力、追求卓越、团队意识等。职业化的工作道德，就是同人们的职业活动紧密联系的符合职业特点所要求的道德准则、道德情操与道德品质的总和，最基本的职业化的工作道德包括忠诚、诚信、规则等。

2. 导游人员岗位职业素养分析

根据调查、访谈与讨论，笔者又把整理出来的各要素与导游实践结合起来，得出各要素之间的关联。

（1）热爱，主要内涵包括热爱导游这一职业，热爱国家，热爱家乡。热爱导游工作带来的价值体现，不仅体现在因导游工作而使导游个人得到提升，也体现在因为给旅游者带来了满足而感到满足。只有热爱，才能把它当作自己的追求。所以我们认为“热爱”应该是导游岗位职业素养当中占第一位的，是其他一切素养的起点和基础。由“热爱”衍生的次一级要素是“爱国”“爱家乡”和“爱岗”，而与它相关联的要素是“诚信”“责任”“敬业”“热情”。

（2）诚信，主要内涵包括对企业的忠诚度、对旅游者的诚实和信用、对旅游地的诚实和信用。

（3）责任，主要内涵包括对企业的责任、对旅游者的责任、对旅游地的责任、对合作人和合作企业的责任。

（4）敬业，主要内涵包括对导游职业的热爱与执着，对导游工作和旅行社布置任务，认真完成，追求卓越。

（5）安全，主要内涵包括对旅游者的安全责任、安全意识以及预见危险、规避危险的能力，处理安全事故的能力，安全习惯。

（6）知识、见识，主要内涵包括知识渊博，对所讲解的景点景区十分熟悉，并且热爱它；见多识广，了解旅游业相关知识；能够通过讲解和交流让旅游者受教育。

（7）热情，主要内涵包括对讲解内容（对象，包括旅游地）的热情和激情，对旅游者的热情和友情。

（8）敏感，主要内涵包括尊重他人、关心他人；善于观察，对别人的需要很敏感，并理解他人的看法，及时做出回应。

（9）规则、纪律，主要内涵包括看重并熟悉行业规则，遵守纪律和法律。

（10）学习，主要内涵包括善于学习，善于积累，终身学习，虚心向合作者和旅游者学习。

（11）自信，主要内涵包括有把握，果断行事，敢于担当，使人感到自在和安全。

（12）职业礼仪，主要内涵包括得体，端庄、悦目，礼节礼貌。

（13）亲和力，主要内涵包括真诚，亲切，值得亲近和信赖。

（14）语言，主要内涵包括标准的普通话和外语水平，高超的语言表达能力，娴熟的讲解技巧，高超的讲解水平，眼神、手势等体态语言的熟练运用。

（15）沟通，主要内涵包括喜爱交际，主动交流，善于体察对方的思想与感情，善于沟通，善于处理人际矛盾。

（16）灵活，主要内涵包括灵活处理事情、矛盾的能力，灵活应对应急事件的能力，说服他人灵活应对的能力。

（17）身体，主要内涵包括足以应付导游艰辛工作和精神压力的好身体，旺盛的精力，很强的适应能力。

（18）组织，主要内涵包括时间的安排，旅游线路的组织和安排，人际关系的组织与协调能力。

（19）抗挫折，主要内涵包括正确面对困难和挫折，不抛弃，不放弃，始终保持阳光心态，保持乐观、积极向上的精神状态。

（20）吸引力、号召力，主要内涵包括唤起大众（旅游者）热情的领导力和魅力。

综合以上分析，理想的导游员应该能抓住旅游者的思想和情感，是有学问、说话流利、处事恰当、很有魅力、值得信赖的人，一个导游员的个性魅力应该足以让旅游者说“正是我想接近的那个人”——这就是一个优秀导游的魅力，就是一个优秀导游应该具备的职业素养。职业素养是可训练的作风和行为习惯，我们应该在分析导游岗位职业素养的基础上，制定职业院校导游专业的训导方案和评价方案，为我国蓬勃发展的旅游业培养更多的优秀导游。

（四）导游从业人员专业知识分析

导游服务质量对旅游目的地产品的声誉影响极大，直接关系到旅游者的“重游意向”和“商品信誉”。导游服务的好坏关系到整个旅游产业的兴衰存亡，其中导游的专业能力提高是关键因素。导游专业能力是指导游员必备的能力和素质，也就是说导游员成功地从事导游服务活动所必备的一系列稳定的能力特征和素质总和。

导游的本职工作主要包括做好向导和翻译讲解工作、做好照顾和代办工作、做好旅游商品推销工作、做好旅游者的安全工作等。这就决定了导游职业能力结构的复杂性和特殊性，它要求一个导游员既要有广博的知识层面，又要有良好的品质和技能。因此，导游专业能力是一个由若干能力要素构成的复杂的综合体，它包括完成导游服务活动所需要的职业道德、身心素质、人文地理知识、组织沟通协调能力、语言技能、观察能力、判断能力等能力要素。

根据当前我国旅游业发展的实际情况，导游人员的专业能力可以概括如下。

第一，根据旅行社与游客签订的合同或约定，按照接待计划安排和组织游客参观、游览。

第二，负责向游客导游、讲解，介绍中国（地方）文化和旅游资源。

第三，配合和督促有关单位安排游客的交通、食宿等，保护游客的人身和财物安全。

第四，耐心解答游客的询问，协助处理旅途中遇到的问题。

第五，反映游客的意见和要求，协助安排游客会见、座谈等活动。

导游的工作职责要求导游必须具备较强的带团技能、讲解技能、组织能力、沟通协调能力等职业能力。

（五）导游从业人员岗位能力分析

大多数人脑子里都有一个非常明确的理想的导游员的形象，外向、亲和、见多识广、热情。当然，最好的导游员应该是这些个性特征的综合。游客心目中的优秀导游员都会在某种程度上扮演五种角色：领导者、教育者、公关代表、主人、信息员。这五种角色都可视为导游员的不同职能，而每一个角色扮演都需要一定的技能、知识和品质。

领导者。领导者的角色无疑位居导游员职能的第一位。人际交往能力和领导能力强的导游往往更能赢得游客的欢心。什么是领导者？导游员怎样当好一个领导者？根据第三版《韦氏新国际词典》的定义，领导者是“领导他人”或是“排在第一位”的人，或是“凭着榜样的力量、天赋、领导的素质扮演着指导角色的人、运用影响力支配他人的人或是在任何活动或思想范围内都有追随者的人。”在实践中，导游员的领导层面工作主要包括：首先是帮助部分，其中的工作有指路、进入特别的地方、带领团队和控制团队；其次是社交部分，包括缓解压力、团结成员、保持幽默和带动气氛。导游员要做好领导层面的工作就必须掌握许多技能和知识，诸如决策能力、组织协调能力、公关能力、解决问题能力、应变能力。

教育者。导游人员在进行导游活动时，向游客讲解旅游地的人文和自然情况，介绍风土人情和习俗，解答游客提出的问题。因此，在游客心目中，导游人员不仅是他们进行旅游活动的组织者、协调人，更是通晓旅游目的地各方面情况的先生，可以从其身上学到很多知识，获取很多教益。丰富的人文地理历史知识、旅行知识、景点知识等职业知识，语言表达能力、观察力、学习能力等职业技能，诚实、亲和、令人信赖等职业品质是成功扮演教育者角色所不可或缺的职业能力。

公关代表。公共关系角色是导游工作中最重要的方面，也是最难说明、争议最多的方面。导游人员虽然受旅行社所委派，代表旅行社来安排和接待游客，但是在外国、外地游客的心目中，导游人员不管代表哪个旅行社，都是国家和地方的代表，代表国家和地方形象。这一职责对导游员的职业品质有所要求，如爱国心、职业道德、健康的心态等。

主人。旅游在很大程度上是社交，主人是导游员扮演的角色中包括最多社交因素的角色。它本身又包含很多角色，如同伴、调解者、倡导者、召集者、款待者、讲故事的人等。一个成功的导游员往往很乐于扮演主人的角色，并且肯定是受“客人”喜欢的主人。成功的主人所具备的素质和能力很容易列举和描述。一位好的主人似乎有一种天生的能力，能够制造出让人舒适、愉快的氛围。一位好的主人知道如何使人表现出他的最佳，并在需要的时候伸出友谊之手，自然地促进客人之间的联系。一位好的主人能敏感地觉察到他人的需要，如果感到客人不自在，他知道应该在什么时候，如何转变话题或换一个活动。同时一个好的主人和客人在一起时会感到轻松、充满活力。导游员扮演好主人的角色最重要的是让游客感觉到导游员不仅是为他们提供服务的人员，更是既懂礼貌、讲礼节，又尊重人、理解人、热心帮助人的朋友，是可信赖、能与之交流思想感情、共同审美赏景的伙伴。

信息员。在旅游的过程中，人们对当地文化、民俗风情、景点知识、旅游注意事项等诸方面信息的获得总是通过导游员来实现。导游员在其中充当了一个重要的角色，就是为人们提供各种信息的媒介，我们称之为信息员。这个角色是在旅途当中持续时间最长也是非常重要的一个角色，并与导游员的其他角色是密切相关的，是导游员职能中的一部分。导游员只有在具备广博的知识和良好的讲解能力的基础上才能完美地扮演好这一角色。

（六）导游从业人员典型工作任务及工作过程分析（表 4–17）

表 4–17　导游从业人员典型工作任务及工作过程分析

序号	典型工作任务	工作过程
1	服务准备	熟悉接团计划 落实接待事宜 物质准备 知识准备 形象准备 心理准备 出境文件准备 召开行前说明会
2	首站工作	迎接准备 提前到达接站地点 核实团队信息 清点人数集合登车 致欢迎辞 介绍行程 首次讲解

续表

序号	典型工作任务	工作过程
3	接站工作	接站准备 提前到达接站点 迎候客人 核实团队 清点行李集合登车 致欢迎辞 介绍本地概况
4	入住酒店	办理住店手续 介绍酒店设施 引导游客入住 照顾行李进房 带领团队用好第一餐 安排叫早服务
5	参观游览	出发前准备 途中导游 抵达景点后的导游服务 返程途中导游服务
6	餐饮、购物和其他活动	订餐前准备服务 不同用餐类型的导游服务 购物环节服务 文娱活动中的导游服务 户外活动中的导游服务 出入境导游服务
7	送团服务	送团前准备工作 离店服务 送行服务 后续工作

三、优化导游专业教学标准的建议

尚未充分利用成都旅游职业教育集团的体制机制平台，中高职衔接的工作亟待完善；目前本专业生源不稳定，生源不足的现象亟待改善。尚未形成导游专业基于跨界融通国际导游人才培养的长效机制，现有人才培养模式已经不适应成都"世界旅游目的地"旅游业新增长极和旅游客源结构变化，在其指导下的课程体系、教学模式、教学资源已经与新的变化不适应，与中高职衔接的需求不适应，与学生综合素质养成和拓展国际化能力不适应。尚未形成国际化、专业性师资队伍的长效培训机制。"双进工程"的长效机制还需完善，教师队伍行业影响力不高，国际化程度较低，"双师"素质有待提高，专兼职教师紧密合作育人的运行机制尚未健全。尚未具备小语种导游培养的师资队伍。目前的师资队伍中都以普通话为主，所以本校老师中还没有能胜任小语种导游人才培养的师资队伍。这是针对培养双语导游而言在软件中存在的亟待解决的问题。

第七节　空中乘务专业人才培养市场调研

通过优化成都职业技术学院空中乘务专业人才培养方案来提高大学生就业率是本院专业建设与发展的核心主题。通过实证研究和问卷调查等方法，对空乘专业大学生在校成绩、面试成绩、就业后发展状况等数据、资料进行深入分析，深入研究人才培养方案对大学生岗位胜任力的影响。不同类型航空公司对大学生岗位胜任力的要求存在差异，因此，空乘人才培养应在专业技能基础上，以企业需求为导向，结合高校自身特色，加大外语、艺术素养、拓展技能、心理素质、社交技巧等综合素质提升，针对性设计培养方案，专业人才社会需求调研工作就显得尤为重要，现将空中乘务专业 2021 年空中乘务专业人才社会需求调研工作总结如下。

一、调查基本情况说明

（一）调查组织实施

1. 调查时间

2021 年 3~4 月。

2. 调研对象

调查单位涉及国内航空公司、双流机场安检站、成都铁路局、海外机场免税店等。

被调查人包括航空公司部门经理、双流机场安检站大队长、机场免税店经理、其他航空相关岗位工作人员、空中乘务专业毕业（实习）学生和在校学生。

3. 调研目的

掌握企业对空中乘务专业人才的需求状况及航空区域经济发展对专业的影响；明确高职空中乘务专业毕业生面向的职业领域及就业岗位（群）；明确各航空公司以及机场的岗位设置、工作内容及对专业知识和职业证书的要求；明确用人单位对学生职业能力的要求；明确民航新兴工作岗位的人才需求，为修订课程设置提供依据；制订科学合理的人才培养方案，推动专业建设和课程改革，提高教育教学质量。

4. 调研方法

采用专门组织的随机抽样调查方式，属于非全面、一次性不定期调查，调查方法主要有电话调查、口头询问法、问卷调查法等。主要方式为线上调查和线下调研两种方式。

5. 调查人员

空中乘务专业教研室全体教师。

（二）调查基本情况说明

本次调研通过问卷星对毕业生和在校生进行电子问卷调查以及对行业专家和企业人员发放纸质访谈问卷，共计获取有效问卷 488 份。其中毕业生 78 份，在校学生 410 份。

本次毕业生的调研是针对 2013 级到 2017 级的学生，从调研结果来看，毕业生对口就业率情况较好，薪资水平较高。

但同时也反映出一些问题，如学生工作稳定性和满意度有待提高，在工作中反映出大家对自身能力素质方面有了更高的要求和认知，我们在今后的人才培养方案和专业教学标准的制定中更多地开设提升自身能力的课程，如团队拓展课程等培养学生的合作和协作能力。

企业调研中反映学生综合素质非常重要，我们专业学生的英语水平有待提高，对于国际化免税店如卡塔尔机场免税店，首先需要销售人员有良好的英语口语交流能力，能够听、说、读、写；其次要有良好的职业素养，从外形上需要做到干净整洁，与客人交流保持微笑和良好的服务态度。要有一定的耐心，特别是在工作中遇到一些客人提出的问题或者突发情况时要有一定的应对能力和解决措施，要有学习的精神，不断地了解与商品有关的产品信息，还要学习销售中的销售技巧。学生在工作中吃苦耐劳的精神还不够，需要我们在人才培养方案上做出一定的调整和完善。

二、社会对空中乘务专业人才需求情况分析

（一）从业人员需求量分析

近五年全国每年平均新增飞机约 350 架，按照 1∶150 的人机比计算，每年新增空中乘务相关从业人员约为 3 万人。国内外民航业迅速发展，对高校空乘专业学生需求迫切。

同时，我们地处民航业快速发展的成都。成都是国内第四个拥有双机场的城市，截至 2021 年 2 月，四川省内通航的民用机场有 15 个。2018 年 12 月 11 日，双流机场年旅客吞吐量突破 5000 万人次，未来新机场旅客吞吐量预计更是高达 9000 万人次。2020 年 1~9 月机场吞吐量量排名全国第二，仅次于广州白云机场。9 家公司在双流设立了基地，其中仅川航就拥有 170 架飞机。川渝区域内民航业发展迅速，区域内民航服务人员需求旺盛。国内通用航空市场发展潜力巨大，未来将进一步释放人才需求。

（二）从业人员需求层次分析

经过调研，专业职业面向中，民航乘务员、高铁乘务员、地勤服务人员、安检员、机场免税店销售等岗位，对从业人员的需求主要集中在全日制专科学历，在学历证书的基础上，对英语水平的要求逐渐提高。

（三）从业人员职业素质分析

经过调研，市场对从业人员提出了以下素质要求：坚定拥护中国共产党领导和我国社会主义制度，在习近平新时代中国特色社会主义思想指引下，践行社会主义核心价值观，具有深厚的爱国情感和中华民族自豪感；崇尚宪法、遵法守纪、崇德向善、诚实守信、尊重生命、热爱劳动，履行道德准则和行为规范，具有社会责任感和社会参与意识；具有质量意识、环保意识、安全意识、信息素养、工匠精神、创新思维、全球视野和市场洞察力；热爱民航事业，践行“忠诚担当的政治品格，严谨科学的专业精神，团结协作的工作作风，敬业奉献的职业操守”的当代民航精神；具备较强的安全意识和良好的服务意识；勇于奋斗、乐观向上，具有自我管理能力、职业生涯规划的意识，有较强的集体意识和团队合作精神；能适应飞行压力环境；具有健康的体魄、心理和健全的人格，掌握基本运动知识和 1~2 项运动技能，养成良好的健身与卫生习惯，确保个人身体素质符合飞行运行要求；具有一定的审美和人文素养，能够形成 1~2 项艺术特长和爱好。

（四）从业人员专业知识分析

经过调研，市场对从业人员提出了以下知识要求：熟悉《中华人民共和国民用航空法》《国际民用航空公约》《大型飞机公共航空运输承运人运行合格审定规则》等与本专业相关的法律法规知识；掌握航空安全知识、客舱安全管理、紧急事件处理 SOP（标准操作程序）；掌握民航客舱急救基础知识，了解常见急症救护知识，能按照规范进行急救处理；掌握客舱服务规范、乘务工作流程和客舱设备的使用方法；掌握民航危险品运输规则，掌握民航安全检查岗位任务和操作规范；掌握民航相关词汇、设备中英文名称、中英文广播词以及乘务工作用语、服务流程用语，熟悉口语交际技巧和旅客沟通技巧；熟悉除英语外的另一门外语的基本日常交往词汇；掌握航线及地理知识，熟悉航空运输常识和旅客运输常识，了解国内外民航行业发展新动态、新技术、新趋势；掌握旅客服务心理知识和乘务员个人情绪管理方法；熟悉野外生存基本知识、环境保护、安全消防等知识；熟悉客源国概况及风俗、服务礼仪等知识。

（五）从业人员岗位能力分析

经过调研，市场对从业人员提出了以下知识要求：具备探究学习、终生学习、分析问题和解决问题的能力；具有良好的语言、文字表达能力和沟通能力，具备独立客舱播音能力、语言形象经营能力和特殊情况下客舱控制能力；具备英语三级或者乘务员英语中级相应水平，综合运用民航常用词汇、规范用语及涉外交际技巧，能识别客舱设备英文名称，能进行简单的客舱英语对话；具备除英语外的另一门外语的基本沟通能力；具备较强的国际化服务意识和能力；掌握民航业基本信息化操作系统，具备信息技术应用能力。掌握基本的办公软件；具备客舱服务能力，能操作舱门、客用设备设施和服务设备设施等，能根据乘务飞行知识和乘务岗位技能标准，完成一次模拟飞行服务任务，具备团队协作能力。具备特殊旅客服务能力；具备处置客舱紧急状况的能力，能够引导旅客进行陆地和水上紧急撤离；具备管理客舱安全的能力；具备客舱常见急症处理、外伤处理、心肺复苏和气道堵塞处理等应急救护的能力，能以第一救护人的身份在客舱环境下实施规范的急救处理；具备危险品、违禁品识别和处置能力以及在安全技术检查中的应急情况处置能力；具备运用化妆技巧和仪态塑造方法打造符合民航职业标准的专业化形象的能力，具有创新创意能力；具备运用民航相关法律法规的知识，分析和解决问题的能力。

（六）从业人员典型工作任务及工作过程分析

经过调研，本专业从业人员典型工作任务和工作过程参考《客舱乘务员的资格和训练》（AC-121-FS-2019-27R2），同时结合国内主要航司乘务员手册进行描述，如表 4-18 所示。

表 4–18　客舱乘务员典型工作任务表

序号	典型工作任务	工作过程分析
1	航前预先准备	1.1 预先准备 1.1.1 预先准备应在航班起飞前 48 小时至起飞前 12 小时完成 1.1.2 接受任务，明确任务性质、直接准备时间和起飞时间，通过公司运行手册管理网对执飞飞机应急设备进行了解，掌握公司要求的通知通告，完成公司要求的报告 1.1.3 检查飞行包、必须携带的证件、业务资料等，确保齐全有效 1.1.4 准备好个人携带用品（走时准确的手表、围裙、笔、针线包、化妆品、丝袜等） 1.2 直接准备 1.2.1 确认身体状况符合所持体检合格证的相应医学标准，因身体发生变化可能不符合所持体检合格证的相应医学标准时，应向所在单位报告停止履行职责 1.2.2 签到前应携带齐全必需的证件、资料和个人用品。如需要佩戴矫正视力眼镜才飞行合格的乘务员，应佩戴矫正视力眼镜，并携带备份镜 1.2.3 着装、仪容仪表符合公司要求 1.2.4 准时签到，参加直接准备会 1.2.5 表示愿意听从客舱经理 / 乘务长的指令，按程序工作 1.2.6 明白工作位置和安全责任
2	航前直接准备	2.1 上机后 2.1.1 在可封闭空间内，存放好乘务员行李、工作包 2.1.2 按规定完成设备检查，一旦发现设备有故障或短缺，及时通报客舱经理、乘务长和地面机务处理（检查设备的有效性，可操作性并易于取用） 2.1.3 确认厨房用具及供品充足，所有餐车、用具箱等均能够固定 2.1.4 清点餐食，并通知客舱经理、乘务长，签食品单 2.1.5 确认客舱，厕所整洁情况 2.1.6 参加机组协同准备会，向飞行机组介绍自已，并了解相关信息 2.1.7 全部准备工作需在旅客登机前完成 2.2 旅客登机前 2.2.1 为方便旅客，在登机前，可打开行李架 2.2.2 确认飞机廊桥、客梯车处于安全状态（客梯车扶手拉到位，廊桥、客梯车的高度适当，冬季没有覆盖冰雪霜，必要时要求地面人员进行处理） 2.2.3 对各自区域进行清舱检查，清舱工作完成后报告客舱经理、乘务长

续表

序号	典型工作任务	工作过程分析
3	飞行实施工作	3.1 旅客登机时 3.1.1 确认旅客登机时的乘务员站位 3.1.2 适时为登机旅客提供帮助 3.1.3 帮助并向需特殊照顾的旅客做个别安全简介 3.1.4 确认出口座位旅客，根据要求向旅客介绍出口操作方法及操作前后注意事项，提醒旅客阅读应急出口座位乘客须知和安全须知卡，并报告客舱经理、乘务长 3.1.5 注意旅客登机情况，非托运行李按要求摆放，符合载重限制 3.1.6 检查非托运行李确保恰当存放好，关上行李架舱门，并锁定 3.1.7 如非托运行李过大过重，通知地面工作人员进行处理 3.1.8 确认客舱中带婴儿旅客座位上方有充足的氧气面罩分布 3.1.9 为头等舱、公务舱旅客提供饮料、毛巾、挂衣服等服务 3.1.10 如时间允许，对所有舱位的旅客提供杂志、枕头、毛毯服务 3.2 关闭舱门前 3.2.1 确认所有非托运行李合理存放，行李架关好，确认出口畅通，并报告客舱经理、乘务长 3.2.2 安排、确认应急出口座位旅客，完成应急出口旅客评估并报告客舱经理、乘务长 3.2.3 数客的乘务员将数得的旅客人数报告客舱经理、乘务长 3.2.4 完成禁用电子设备、锂电池及锂电池移动设备（充电宝）的广播 3.2.5 关门前收藏好门上的安全保护带（如有），确认舱门地板及四周没有杂物（如小毛巾、果壳等），确认廊桥、客梯车等地面勤务车辆处于安全位置，确保不会擦碰机门后方可关闭机门 3.2.6 关闭机门后，如需重新开启舱门，确认滑梯解除待命后，在重新停靠廊桥或客梯车的情况下，责任乘务员在得到外部人员给出可以开门的提示后，按“两人制”的要求开启舱门；在不需要重新停靠廊桥或客梯车的情况下，责任乘务员需通过观察窗，看到地面机务给出机外已安全的提示后，按“两人制”的要求开启机门；如舱门需由机务人员从外部打开，客舱乘务员应给出“大拇指向上”的手势，表明所有舱门已解除待命，可以打开舱门 3.3 飞机滑出、推出前 3.3.1 关门后确认机门已在锁定位，根据指令按“两人制”要求操作滑梯待命，并和客舱经理、乘务长进行确认 3.3.2 确认旅客均按规定坐好，空座位上的安全带已扣上 3.3.3 飞机滑、推出前，存放好所有服务用具、供餐物品，包括所有的餐车、用具箱等均在位并固定，扣好所有固定搭扣 3.3.4 对旅客做安全简介 3.3.5 将空座位上的肩带、安全带固定好，使其不妨碍机组成员执行任务或应急情况下人员的迅速撤离

续表

序号	典型工作任务	工作过程分析
3	飞行实施工作	3.4 飞机滑行 3.4.1 进入飞行关键阶段，避免打扰飞行机组，但如发生危及机上人员和飞机安全的情况，仍需及时通报机长 3.4.2 每个航段须及时做好安全简介或播放安全简介录像，如需要，对旅客做个别简介，包括视野受限制座位上的旅客 3.4.3 尽快完成客舱安全检查 3.4.4 及时收回旅客座椅周围的塑料包装纸 3.4.5 再次确认固定好厨房用品，检查锁定装置和刹车装置，并固定乘务员座位附近的装置 3.4.6 关闭除照明以外的所有厨房电源 3.4.7 此阶段停止一切与安全无关的客舱服务 3.4.8 除执行有关的安全工作外，坐在指定的位置，系紧安全带、肩带 3.5 起飞前 3.5.1 换上机上用鞋 3.5.2 调节客舱灯光（关闭侧灯） 3.5.3 在滑行、起飞阶段，保持坐姿，做静默 30 秒复查 3.6 飞行中 3.6.1 起飞 20 分钟或平飞后，按规定的服务程序，以合适的方式，提供航班餐食、饮料服务 3.6.2 提供机上录像、娱乐、免税品出售服务 3.6.3 遇飞机颠簸，当安全带信号灯亮后，广播通知旅客系紧安全带或进行客舱安全检查，严格执行颠簸时的指导方针 3.6.4 定时检查客舱，包括出口、厨房及厕所的安全状况 3.6.5 始终保持对客舱的监控，适时巡视客舱，提醒在座的旅客系好安全带，全程禁止使用锂电池（充电宝）给电子设备充电，锂电池（充电宝）始终处于关闭状态 3.6.6 为驾驶舱机组供餐饮时，应绕过中央操作台，从两侧提送，避免餐饮的溢出和倾翻 3.6.7 服务中乘务组协调配合 3.6.8 确保合适的客舱灯光和舒适的客舱温度 3.6.9 在每次检查厕所卫生，补充厕所用品的同时，检查烟雾探测器的完好状况及废物箱的安全状况 3.6.10 餐车在客舱内应始终有人看管 3.6.11 做好出口座位的动态评估 3.7 着陆前 3.7.1 预计着陆前 30 分钟完成所有旅客服务程序 3.7.2 当下降的“系好安全带”信号灯亮出，接到飞行组 PA:“客舱请完成下降准备；Cabin be ready for descent”指令后，应及时进行客舱下降广播，停止为旅客提供餐食服务，尽快完成客舱安全检查，并及时入座

续表

序号	典型工作任务	工作过程分析
3	飞行实施工作	3.7.3 完成要填写的表格，及时上交 3.7.4 为特殊旅客提供帮助，归还为旅客保管的衣物（禁运物品除外） 3.7.5 再次确认出口座位的符合性 3.7.6 固定好厨房设备，关闭厨房电源检查锁定装置和刹车装置，合理处理好废弃物，固定乘务员座椅周围的装置 3.7.7 着陆前、到达前，如有旅客未按规定坐好，乘务员应及时提醒，按要求入座并系好安全带，对乘务员的提醒不予理睬的应及时通知机长 3.7.8 当飞机下降到低于 10，000 英尺（3000 米），遵守“飞行关键阶段”的原则，但如发生应急情况，仍需及时通报机长 3.7.9 调节客舱灯光（关闭侧窗灯光） 3.7.10 除执行有关的安全工作外，坐在指定的位置，系紧安全带、肩带，在整个下降、滑行阶段，保持坐姿，做静默 30 秒复查 3.8 着陆后 3.8.1 坐在乘务员座位上并系紧安全带（执行安全检查任务的乘务员除外） 3.8.2 在“系好安全带”灯熄灭前，旅客不得离开座位 3.8.3 根据指令按“两人制”要求解除滑梯待命，并报告客舱经理、乘务长“OK” 3.8.4 如需开启机门，必须得到“所有机门已解除待命，可以开门”指令后，请示客舱经理、乘务长，并得到允许后方可开门 3.8.5 开门前，责任乘务员必须待廊桥或客梯车（包括所有地面勤务车辆）完全停靠后，且得到机外人员给出可以开门的指令后，按“两人制”要求开启机门 3.8.6 按要求进行清舱检查，清舱工作完成后报告客舱经理、乘务长 3.9 经停、到达离机前 3.9.1 经停时如需交接，与接班的乘务组做好交接，互通信息；如有旅客在机上交接，乘务员必须面对面交代清楚 3.9.2 离机前按需关闭除客舱照明外的其他电源 3.9.3 换回高跟鞋
4	航后讲评工作	4.1 参加航后讲评会 4.2 对航班中的问题进行讲评总结

三、优化空中乘务专业教学标准的建议

（一）坚持育人为本，加强空中乘务专业学生的职业道德教育

从本次调研中，企业对学生职业道德和岗位责任心提出了更高的要

求和期望。由于民航企业的特殊性和垄断性，在校学习期间的空乘专业学生没有机会进入航空公司和机场实习，这使得企业人士反映我们新入职的学生对职业概念模糊、认识不清，对这份职业抱有不切实际的幻想，上岗之后产生巨大的心理落差，对于高强度的工作不能很好地适应。所以在专业教学中应体现以学生为中心，遵循职业教育规律和学生身心发展规律，落实立德树人根本任务，坚持将思想政治教育、职业道德和工匠精神培育融入教育教学全过程，处理好公共基础课程教学与专业课程教学、理论与实践的关系，注重实践教学，促进学生德技并修、全面发展。在教学中渗透职业道德体验实践课程，对学生的职业道德进行平时的量化打分，空乘专业学生的言谈举止、日常行为、课堂和课外活动表现、实践能力都作为衡量学生道德标准的重要指标。

（二）行业资格标准与专业教学标准相融合

从本次问卷调研的结果分析，企业人员反映在专业教学方面还存在人才培养与社会需求的系统化偏差，在空中乘务专业教学标准制定中应该结合行业资格标准，并引入专业教学标准的设计与开发中。高等职业教育的专业人才培养方案建设核心是建立现代职业教育的教学体系，必须以实践教学为中心，以能力培养为主线，以全面素质教育为目标，建立符合现代职业教育特征的教学体系。在教学体系建设中，必须以校企合作为平台，建立体现职业教育的专业人才培养方案；以工学结合为特征，设计贯穿能力培养的教学体系；以企业资源为补充，建设满足职业教育特征的教学资源，以实现专业与企业岗位对接。厘清课程目标与课堂教学目标的对应关系，突出职业能力培养，空中乘务专业应紧密依托行业企业，打破原有学期的限制，与企业联手设计多学期、分段式等教学组织模式，使之既符合教学规律，又符合行业企业实际工作的特点。只有行业标准与专业教学标准相融合，专业与企业岗位才能很好地衔接。

（三）进行教学计划内容的适度调整

航空是技术密集型行业，大力发展新技术是促进航空发展的重要手段和环节。随着以数据为核心的第四次工业革命到来，以大数据、云计算、人工智能、区块链等为代表的新兴技术已在民航领域逐步兴起，科技创新成为民航产业新旧动能转换的核心。未来的航空新兴岗位也必然应运而生，未来的空中乘务员不仅仅是客舱的服务员，更是客舱的安全员和航空公司的销售人员。未来的机场更先进、更信息化，未来的机场工作人员更懂得如何运用信息化的方式进行各岗位的工作。从调研结果来看，应继续加大对民航安全类课程的开发力度，增加市场营销类课程、民航日常交流英语和电脑信息技术运用方面课程的开设。

（四）以“课证融通”为抓手，加强学生职业技能培养

围绕强化学生职业技能的培养，将行业标准、职业规范有机地融入专业教学标准中，将资格证书考试的内容和要求融入教学内容中，实现课证融通。从本次调研结果来看，毕业生对职业资格证书的重要性有了更深的认知，都意识到考取职业资格证的重要性，所以对于空中乘务专业在校学生应鼓励学生考取《民航乘务英语中级证书》和《机场安检员初级证书》。

紧密切合成都“交通先行”“全域开放”等五大兴市战略，依托校企行合作平台，与双流国际航空港经济圈联动发展，实现服务成都区域地方经济，有效促进成都航空服务业人才跨国输出，行业影响力明显提高。

以构建“工学交替，双证融通（IATA 标准证书 + 学历证书）”的人才培养模式为核心，建设与之相适应的课程体系、教学资源平台及校内外生产性实训基地，使其在区域内具有一定的领先性和示范性。

依托民航信息操作平台，联动企业、行业信息一体化资源，建设“双师双语”型教师队伍，打造集教学、实训、社会服务等功能为一体的模拟民航信息操作平台。在教学环节中，应更多地引入企业教师，特别是航空公司和机场等方面的相关专家，开展教学、实训实践指导和专题讲座。

第五章　智慧旅游专业群复合型人才培养教学标准

第一节　旅游管理专业教学标准

一、专业名称及代码

专业名称：旅游管理。
专业代码：540101。

二、入学要求及修业年限

入学要求：普通高中毕业生、中职毕业生或同等学力人员。
学历：大学专科。
学制：三年。

三、所属专业群

智慧旅游专业群。

四、职业面向及职业能力要求

（一）职业面向

就业面向的行业：文旅产业（表 5-1）。

主要就业单位类型：在线旅游代理商、旅行社、酒店、景区、涉旅科技企业等。

主要就业部门：文旅企业策划、营销及管理部门。

可从事的岗位：策划、营销及管理岗位（表 5-2）。

表 5-1 旅游管理专业职业面向

所属专业大类（代码）	所属专业类（代码）	对应行业（代码）	主要职业类别（代码）	主要岗位群或技术领域举例	职业资格证书和职业技能等级证书举例
旅游大类（54）	旅游类（5401）	商业服务业（72）	旅行社及相关服务（7291）、其他组织管理服务（7219）	旅行社计调、门市、网络营销、会议接待、产品策划、客户关系管理等岗位	旅行策划（“1+X”职业技能等级证书）
		互联网和相关服务（64）	互联网生活服务平台（6432）、互联网数据服务（6450）	互联网旅游出行服务、以互联网技术为基础的大数据处理等服务	网络营销师（行业证书）、旅游大数据分析（“1+X”职业技能等级证书）
		批发业（51）零售业（52）	互联网批发（5193）、其他未列明批发业（5199）、互联网零售（5292）、其他未列明零售业（5299）	文旅电商平台引流、电商平台运营、数据分析、多平台发展	电子商务师（行业证书）、旅游大数据分析（“1+X”职业技能等级证书）

表 5-2 岗位能力分析

序号	岗位名称	岗位类别		岗位描述	岗位能力及要求
		初始岗位	发展岗位		
1	旅游市场营销专员	☑	☐	旅游类企业市场营销（重点突破网络营销）	能够分析产品特性 了解网络营销的基本原理和方法 能够合理运用微信、微博等网络媒体平台进行营销
2	旅游产品开发助理	☑	☐	在线旅游代理商及旅行社产品设计	能够进行旅游资源和要素分析 能够组织设计旅游线路

续表

序号	岗位名称	岗位类别		岗位描述	岗位能力及要求
		初始岗位	发展岗位		
3	旅游数据分析专员	☑	☐	数据技术服务、数据咨询和数据分析	能够运用软件进行数据分析 能够进行数据咨询管理
4	旅游企业基层管理	☑	☐	客户沟通、员工职业礼仪等培训	能够有效进行客户沟通 能够组织新进员工职业礼仪等培训
5	营销部主管、经理	☐	☑	旅游类企业营销战略规划和营销活动管理	负责企业营销战略的制定 负责部门员工日常管理工作 负责各项营销活动策划和管理
6	产品开发中心主管、经理	☐	☑	在线旅游代理商及旅行社产品设计管理	负责旅游市场分析 负责旅行社线路设计总管 负责部门的员工日常管理工作
7	旅游数据分析师	☐	☑	数据质量监控、数据分析报告撰写	能够进行数据质量监控 能够撰写数据分析报告
8	综合业务部经理	☐	☑	综合业务管理	负责接待、合同、档案等业务员的总体管理 负责部门员工日常管理工作

（二）典型工作任务及其工作过程（表 5–3）

表 5–3　典型工作任务及工作分析过程

序号	典型工作任务	工作过程
1	旅游产品研发（以线路设计为主）	主要进行旅游市场调查、旅游产品挖掘和组织，形成基础产品体系和定制服务产品池
2	旅游网络营销	主要进行旅游产品网络营销战略的制定，线上营销渠道的选择，营销内容的编排，营销反馈，保证旅游产品影响范围的扩大，促进销售
3	旅游大数据分析	运用软件工具进行旅游市场和产品的数据分析，支撑产品研发、营销和服务改进等
4	旅游企业基层管理	运用管理原理和信息化系统进行客户沟通管理、旅游企业项目管理

五、培养目标

（一）总体目标

本专业培养理想信念坚定，德、智、体、美、劳全面发展，具有一定的科学文化水平，良好的人文素养、职业道德和创新意识，精益求精的工匠精神，较强的就业能力和可持续发展能力；适应世界旅游目的地中心城市、世界文化名城旅游产业发展需求，具有“旅游＋互联网”创新创业思维，熟练掌握一门工作外语，具备较强的旅游信息化应用能力，面向智慧旅游营销和管理的高素质技术技能型人才。

1. 思政目标

坚定拥护中国共产党领导和我国社会主义制度，在习近平新时代中国特色社会主义思想指引下，践行社会主义核心价值观，具有深厚的爱国情感和中华民族自豪感；崇尚宪法、遵法守纪、崇德向善、诚实守信、尊重生命、热爱劳动，履行道德准则和行为规范，具有社会责任感和社会参与意识；具有质量意识、环保意识、安全意识、信息素养、工匠精神、创新思维、全球视野和市场洞察力。

2. 知识目标

大学专科层次应具备的文化基础知识：体育、法律、职业道德、计算机应用、大学英语、国学、现代服务业概论等；专业基础平台课程知识：当今旅游业、旅游市场营销、旅游创新创业实务、职业礼仪；专业方向课程知识和旅游产品研发知识：旅游大数据分析、中国旅游地理、世界旅游地理、旅行社产品设计等；旅游产品营销知识：旅游电子商务、旅游大数据分析、界面设计、旅游网络营销、旅游文案创作等；旅游企业与项目管理知识：文旅项目运营管理、旅游电子商务、旅游大数据分析等；专业拓展模块知识：在文化旅游限选课中进行选择，包括讲解技巧、工艺制作等。

3. 能力目标

语言能力：普通话表达准确、流利；能在各种场合大方、准确、流利地表达观点；具有初步的英语会话交流能力，能进行日常对话，并能较熟练地处理英语商务函件；具有与从事的职业工作相适应的较好的书面表达能力；团队能力：熟悉职业礼仪，熟悉对客服务的原则与方法以及解决问题的技巧，具有良好的人际关系处理和应变处理能力，有集体主义观念、大局意识和团队精神，能与客户、企业上下级和同级之间进行良好的沟通、交流与合作；应变能力：心理素质良好，具有较强的心理承受能力和面对突发事件时的应变能力，具备良好的社会、自然适应能力；信息处理能力：能正确使用办公软件进行文件编辑排版；掌握文献检索、资料查询的基本方法；学习能力：具有较强的自我学习能力，能根据工作需要及时更新知识，改进工作方法，提高工作效率和效益。旅游类企业市场营销（重点突破网络营销）：能够分析产品特性；了解网络营销的基本原理和方法；能够合理运用微信、微博等网络媒体平台进行营销；旅游策划及旅行社产品设计：能够进行旅游资源和要素分析；能够组织设计旅游线路；数据采集、处理和数据分析：能够运用软件进行数据采集和处理；能够通过数据分析解决旅游服务、营销和管理中存在的问题。

4. 素质目标

热爱旅游事业，勇于奋斗、乐观向上，具有自我管理能力、职业生涯规划的意识，有较强的集体意识和团队合作精神；具有健康的体魄、心理和健全的人格，掌握基本运动知识和 1~2 项运动技能，养成良好的健身与卫生习惯以及良好的行为习惯；具有一定的审美和人文素养，能够形成 1~2 项艺术特长或爱好。

5. 创新创业能力目标

创新能力：具有较强的开拓发展和创新能力，与时俱进，能结合实际不断改进学习和工作方法，打开工作局面并提高实战水平；创业能力：具有创业意识，创业激情，能结合实际情况开展创业实践，做好创业准备，形成创业积累。

（二）具体目标（表 5–4）

表 5–4 旅游管理专业培养目标

序号	具体内容
1	思想政治坚定、德技并修、全面发展
2	具有“旅游 + 互联网”创新创业思维
3	具有一定的旅游大数据分析与应用能力，具有旅游营销和管理的高素质技术技能
4	有集体主义观念、大局意识和团队精神，能与客户、企业上下级和同级之间进行良好的沟通、交流与合作
5	养成终身学习能力
6	为区域经济和社会发展做出贡献

六、毕业能力要求

根据人才培养目标细分毕业能力要求和毕业要求指标点，如表 5–5、表 5–6 所示。

表 5–5 旅游管理专业毕业要求

序号	毕业能力要求	对应的培养目标	对应的思政目标
1	完成旅游分院综合素质道德养成 CRP 积分要求；在校期间无违法、重大违纪行为	思想政治坚定、德技并修、全面发展	培育和践行社会主义核心价值观 深入开展宪法法治教育
2	参加并通过学校“旅游创新创业实务”课程 积极参加或了解创业团队任务	具有“旅游 + 互联网”创新创业思维	深化职业理想和职业道德教育
3	能够进行旅游产品研发和旅游策划 能够基于互联网进行旅游产品营销 能够进行旅游大数据分析与应用	具有较强的旅游数据分析与应用能力，具有旅游产品研发（以线路为主）、旅游策划、旅游营销和管理的高素质技术技能	推进习近平新时代中国特色社会主义思想进教材、进课堂、进头脑 培育和践行社会主义核心价值观 加强中华优秀传统文化教育 深化职业理想和职业道德教育

续表

序号	毕业能力要求	对应的培养目标	对应的思政目标
4	在校期间，在各团队活动中，能够有效参与并形成良好的效果 具有与客户、上下级和同级之间进行良好沟通、交流与合作的能力	有集体主义观念、大局意识和团队精神，能与客户、企业上下级和同级之间进行良好的沟通、交流与合作	加强中华优秀传统文化教育
5	具有持续学习的意识和能力	终身学习能力的养成	培育和践行社会主义核心价值观
6	积极择业、就业，为区域经济和社会发展做贡献	为区域经济和社会发展做出贡献	推进习近平新时代中国特色社会主义思想进教材进课堂、进头脑

表 5-6　旅游管理专业毕业要求指标点

序号	毕业能力要求	能力要求指标点序号	对应的毕业要求指标点	思政要求指标点
1	完成旅游分院综合素质道德养成 CRP 积分要求 在校期间无违法、重大违纪行为	1.1	每学期按照旅游分院要求，完成综合素质道德养成 CRP 相应积分要求	培育和践行社会主义核心价值观
		1.2	在校期间无违法行为，无重大违纪行为	深入开展宪法法治教育
2	参加并通过学校“旅游创新创业实务”课程 积极参加或了解创业团队任务	2.1	通过“旅游创新创业实务”课程考核	深化职业理想和职业道德教育
		2.2	积极参与或了解创业团队任务	深化职业理想和职业道德教育

续表

序号	毕业能力要求	能力要求指标点序号	对应的毕业要求指标点	思政要求指标点
3	能够进行旅游产品研发 能够基于互联网进行旅游产品营销 能够进行旅游大数据分析与应用	3.1	能够进行旅游产品研发（以线路为主）	推进习近平新时代中国特色社会主义思想进教材、进课堂、进头脑 培育和践行社会主义核心价值观 加强中华优秀传统文化教育 深化职业理想和职业道德教育
		3.2	能够基于互联网运用微信公众号及其他媒体平台进行旅游产品营销	推进习近平新时代中国特色社会主义思想进教材、进课堂、进头脑 培育和践行社会主义核心价值观 加强中华优秀传统文化教育 深化职业理想和职业道德教育
		3.3	能够运用软件进行数据分析；能够进行数据监控和咨询管理	推进习近平新时代中国特色社会主义思想进教材、进课堂、进头脑 培育和践行社会主义核心价值观 加强中华优秀传统文化教育 深化职业理想和职业道德教育
4	在校期间，在各团队活动中，能够有效参与并形成良好的效果 具有与客户、上下级和同级之间进行良好沟通、交流与合作的能力	4.1	在校期间，在各团队活动中，能够有效参与并形成良好的效果	加强中华优秀传统文化教育
		4.2	具有与客户、上下级和同级之间进行良好沟通、交流与合作的能力	培育和践行社会主义核心价值观 加强中华优秀传统文化教育
5	具有持续学习的意识和能力	5.1	具有持续学习的意识和能力	培育和践行社会主义核心价值观
6	积极择业、就业，为区域经济和社会发展做贡献	6.1	积极择业、就业，为区域经济和社会发展做贡献	推进习近平新时代中国特色社会主义思想进教材进课堂、进头脑

七、专业证书与国家标准

结合人才培养目标和毕业能力要求，遴选适合本专业的“1+X”职业技能等级证书（试点）。并将技能证书有机融入专业人才培养方案，即将职业技能等级标准与专业人才培养方案的课程内容相互融合，将职业技能等级考核与相关专业课程考核统筹安排。

（一）专业目前可考证书（表5–7）

表5–7 专业目前可考证书

序号	证书
1	普通话等级证书
2	大学英语等级证书
3	旅游大数据分析
4	旅行策划
5	研学旅行策划与管理
6	互联网营销师
7	电子商务书

（二）专业遴选推荐证书（表5–8）

表5–8 专业遴选推荐证书

序号	证书	等级	类别	考期	发证机构	考试要求（鼓励选考/必考必过）
1	普通话等级证书	二乙	省考	大一、大二	省语委	鼓励选考
2	大学英语等级证书	4/6级	国家统考	大二、大三	教育部考试中心	鼓励选考
3	旅游大数据分析“1+X”职业技能等级证书	中级	“1+X”	大二	上海棕榈电脑系统有限公司	鼓励选考（“1+X”试点）

（三）课证融通方式（表 5–9）

表 5–9 专业课证融通方式

序号	证书	融入课程	融通方式
1	旅游大数据分析“1+X”职业技能等级证书	旅游大数据分析	开设课程
2	旅游大数据分析“1+X”职业技能等级证书	旅游网络营销	基于大数据分析开展部分教学活动
3	大学英语等级证书	大学英语	开设课程
4	普通话等级证书	绝大部分课程	以普通话授课

八、专业课程体系

（一）专业群课程构建

本专业属于智慧旅游专业群，专业群课程体系按照群内专业底层共享、中层分立、高层互选的原则进行构建（图 5–1）。底层为公共课程、专业基础课程，本专业群公共基础课程平台包括思想道德修养与法律基础等 12 门课程，公共选修课程包括 4 门课程，专业基础模块课程包括当今旅游业、旅游市场营销、旅游创新创业实务、职业礼仪 4 门课程；中层为专业方向模块课程，共有旅行社产品设计、旅游电子商务、旅游大

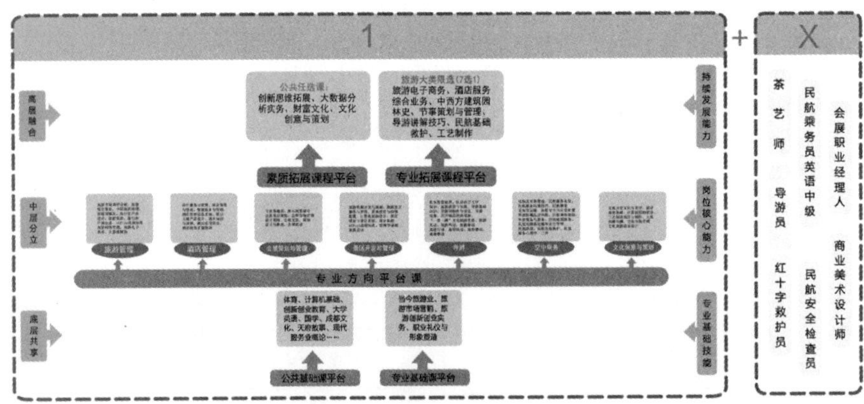

图 5–1 旅游管理专业群课程体系

数据分析等 11 门课程；高层为专业拓展模块课程，扩展和提升职业能力，拓宽学生职业能力范围，本专业设置专业拓展限选课程 2 门。

（二）专业课程与典型工作任务的对应关系

本专业设置专业课程 17 门，其中专业基础模块课程 4 门、专业方向模块课程 11 门、专业拓展模块课程 2 门。专业课程与典型工作任务对应关系如表 5-10 所示。

表 5-10 旅游管理专业课程体系

序号	课程名称（学习领域）	对应的典型工作任务
1	当今旅游业	专业基本素养养成
2	旅游市场营销	专业基本素养养成
3	旅游创新创业实务	专业基本素养养成
4	职业礼仪	专业基本素养养成
5	旅游大数据分析	旅游大数据分析
6	中国旅游地理	旅游产品研发（以线路为主）
7	客源国和目的地国概况	目的地国分析
8	旅游文案创作	旅游网络营销
9	客情生态运营管理	客户沟通、旅游网络营销
10	旅游策划实务	旅游企业商务策划与管理
11	旅行社产品设计	旅游产品研发（以线路为主）
12	旅游电子商务	电商平台运营
13	旅游网络营销	搜索引擎营销、信息流广告
14	界面设计	旅游网络营销
15	文旅项目运营管理	旅游企业与项目管理
16	文化旅游学院限选课（9 选 1）	讲解技巧
17	文化旅游学院限选课（9 选 1）	工艺制作

（三）专业课程设置

专业课程设置按照成果导向（OBE）理念，将人才培养目标贯穿每门课程，确保课程开设的有效性，不断优化课程设置，通过课程目标的实现反向促进人才培养目标的实现。旅游管理专业课程矩阵图如表 5-11 所示。

表 5-11 旅游管理专业课程矩阵图

毕业要求	毕业要求指标点	当今旅游业	旅游市场营销	职业礼仪	旅游创新创业实务	旅游大数据分析	中国旅游地理	客源国和目的地国概况	旅游文案创作	客情生态运营管理	旅游策划实务	旅行社产品设计	旅游电子商务	旅游网络营销	文旅项目运营管理	界面设计	讲解技巧	工艺制作
完成旅游分院综合素质道德养成 CRP 积分要求 在校期间无违法、重大违纪行为	每学期按照旅游分院要求，完成综合素质道德养成 CRP 相应积分要求	√	√	√	√	√	√	√	√	√	√	√	√	√	√	√	√	√
	在校期间无违法行为，无重大违纪行为	√	√	√	√	√	√	√	√	√	√	√	√	√	√	√	√	√
参加并通过学校“旅游创新创业实务”课程 积极参加或了解创业团队任务	通过“旅游创新创业实务”课程考核				√													
	积极参与或了解创业团队任务				√	√				√	√		√	√	√			
能够进行旅游产品研发和旅游策划 能够基于互联网进行旅游产品营销 能够进行旅游大数据分析	能够进行旅游产品研发（以线路为主）和旅游策划					√	√	√	√	√	√	√			√			√
	能够基于互联网运用微信公众号及其他新媒体平台进行旅游产品营销		√			√			√	√			√	√		√		
	能够进行旅游大数据分析	√	√			√							√	√				

续表

毕业要求	毕业要求指标点	当今旅游业	旅游市场营销	职业礼仪	旅游创新创业实务	旅游大数据分析	中国旅游地理	客源国和目的地国概况	旅游文案创作	客情生态运营管理	旅游策划实务	旅行社产品设计	旅游电子商务	旅游网络营销	文旅项目运营管理	界面设计	讲解技巧	工艺制作
在校期间，在各团队活动中，能够有效参与并形成良好的效果	在校期间，在各团队活动中，能够有效参与并形成良好的效果	√	√	√	√	√	√	√	√	√	√	√	√	√	√	√	√	√
具有与客户、上下级和同级之间进行良好沟通、交流与合作的能力	具有与客户、上下级和同级之间进行良好沟通、交流与合作的能力		√	√	√	√								√			√	
具有持续学习的意识和能力	具有持续学习的意识和能力	√	√	√	√	√	√	√	√	√	√	√	√	√	√	√	√	√
积极择业、就业，为区域经济和社会发展做贡献	积极择业、就业，为区域经济和社会发展做贡献	√	√	√	√	√	√	√	√	√	√	√	√	√	√	√	√	√
思政要求	**思政要求指标点**	**当今旅游业**	**旅游市场营销**	**职业礼仪**	**旅游创新创业实务**	**旅游大数据分析**	**中国旅游地理**	**客源国和目的地国概况**	**旅游文案创作**	**客情生态运营管理**	**旅游策划实务**	**旅行社产品设计**	**旅游电子商务**	**旅游网络营销**	**文旅项目运营管理**	**界面设计**	**讲解技巧**	**工艺制作**
推进习近平新时代中国特色社会主义思想进教材进课堂、进头脑	课堂学习课程思政目标达标情况	√	√	√	√	√	√	√	√	√	√	√	√	√	√	√	√	√

续表

思政要求	思政要求指标点	当今旅游业	旅游市场营销	职业礼仪	旅游创新创业实务	旅游大数据分析	中国旅游地理	客源国和目的地国概况	旅游文案创作	客情生态运营管理	旅游策划实务	旅行社产品设计	旅游电子商务	旅游网络营销	文旅项目运营管理	界面设计	讲解技巧	工艺制作
培育和践行社会主义核心价值观	学习和践行社会主义核心价值观	√	√	√	√	√	√	√	√	√	√	√	√	√	√	√	√	√
加强中华优秀传统文化教育	习得中华优秀传统文化	√	√	√	√	√	√	√	√	√	√	√	√	√	√	√	√	√
深入开展宪法法治教育	掌握宪法法治相关内容	√	√	√	√	√	√	√	√	√	√	√	√	√	√	√	√	√
深化职业理想和职业道德教育	树立职业理想，增强职业道德	√	√	√	√	√	√	√	√	√	√	√	√	√	√	√	√	√

（四）课程内容及要求

1. 劳动与素质教育活动课程

劳动和素质教育活动由劳动教育和素质教育活动培养体系共同构成，总计 4 学分，由学生处具体实施、考评。

活动课程共包含四个模块，注重人文素质教育与职业道德教育的培养，坚持课内外教学活动和校外教育活动相结合，正确处理好德育与智育、理论与实践的关系，正确处理好传授基础知识、培养职业能力、提高综合素质三者之间的关系（表 5-12）。

表 5-12　劳动与素质教育活动课程

模块	培养目标	培养内容
职业道德规范	爱国明礼	主题教育活动、党团培养
	遵纪守法	遵守国家法律法规、校纪校规
	诚实守信	诚实守信，无考试作弊、虚假申报、欺诈行为
	爱岗敬业	课堂与集会全勤
	奉献社会	志愿者活动、义工活动、义务劳动、见义勇为、好人好事
职业核心能力	自我能力提高	专业讲座，职业资格技能证书，专业、公共技能大赛，技能培训，学历提升，自主学习，学习效果
	与人合作能力	加入专业协会、社团，担任学生干部
	解决问题能力	参与专业实践活动
	信息处理能力	获得计算机等级证书，担任公共网络平台管理员
	外语应用能力	获得英语等级证书，参加各类英语竞赛，交换生项目，海外研习、交流项目
	沟通表达能力	大学生辩论大赛，各类交流座谈活动主持人、讲述人、发言人
	数字运用能力	数学建模大赛
	革新创新能力	大学生创新服务开发项目，创新创业大赛，发明与专利
职业素质养成	人文素质	人文素质讲座，服务型学习，写作能力，社会实践
	科学素质	科技讲座，科技展览，科技活动
	文体素质	校园活动，文体社团，集体生活，礼仪规范，礼仪服务
	心理素质	心理健康讲座学习，心理健康教育活动
职业发展规划	明确职业定位	职业生涯规划电子书，职业生涯规划大赛
	提升职业能力	创业实践活动，创业就业培训学习，校内外勤工助学，行业调研
	完成职业准备	模拟招聘，企业宣讲会，校园招聘会

2. 公共基础模块（表 5–13）

表 5–13　公共课程教学内容及要求

序号	课程名称	主要教学内容	主要教学方法与手段	建议学时
1	思想道德修养与法律基础	坚定理想信念，弘扬中国精神，践行社会主义核心价值观，明大德、守公德、严私德，尊法、学法、守法、用法	专题讲授法、案例教学法互动教学法、启发教学法	48
2	毛泽东思想和中国特色社会主义理论体系概论	毛泽东思想，邓小平理论，“三个代表”重要思想，科学发展观，习近平新时代中国特色社会主义思想	专题讲授法、案例教学法互动教学法、启发教学法	64
3	形势与政策	党和国家最新的时事与政策	专题讲授法、案例教学法、互动教学法、启发教学法	48
4	军事理论	普及国防知识，增强国防意识，提高学生政治觉悟，激发爱国热情	讲授法、案例法、互动教学法、启发教学法等	36
5	就业指导	就业政策、就业信息、简历制作、求职技巧、模拟面试等方面的指导，帮助学生顺利就业、创业	翻转教学法、案例教学法、互动教学法、启发教学法等	16
6	创新创业教育	从思维创新到项目产生教学内容：创新技法、希望点与缺点列举法、奥斯本检核表法、信息交合法、六合分析法、头脑风暴法	讲授法、案例法、头脑风暴、在线卡牌模拟、角色扮演、小组讨论等	36
7	大学英语	第一学期：涉外日常活动情景（听、说），涉外业务活动情景（读、写、译）	输出驱动教学法、情景教学法、交际教学法、线上线下混合式教学等	130
8	体育	第三套大众健美操锻炼标准 2 级，简化 24 式太极拳，职业体能和素质拓展，分项开展各展球类、舞蹈、体操类课程	讲授法、游戏练习法、分享讨论法、分组练习法、比赛练习法等	138
9	国学	先秦主要哲学思想传统艺术赏析，传统节日与习俗，传统礼仪与习俗，传统科技与发明创造，汉字与传统文学，宗教常识	任务驱动、小组合作、头脑风暴、翻转课堂、混合式教学法等，云班课	30

续表

序号	课程名称	主要教学内容	主要教学方法与手段	建议学时
10	天府文化	天府品格，天府历史，天府之最，天府遗存，天府名人，天府艺术，天府民俗	任务驱动、小组合作、头脑风暴、翻转课堂、混合式教学法等，云班课	18
11	成都故事	古蜀文明惊天下，秦汉成都，三国风云南朝烟雨，唐宋成都，明清成都	任务驱动、小组合作、头脑风暴、翻转课堂、混合式教学法等，云班课	18
12	大学生心理健康教育	大学生心理健康教育基础理论（健康教育），自我认知与个性完善（意识教育），亲子关系辅导（意识教育），情绪管理与压力应对（挫折教育），人际交往（社会适应性教育），恋爱与性心理（成人教育），生命的意义（生命教育）	专题讲授法、案例教学法、体验式互动教学法、角色扮演法、行为强化法、团体辅导法	36

3. 专业课程

（1）专业基础模块。

本专业共有专业（技能）课程 17 门，其中专业基础平台课程 4 门，其主要教学内容、教学方法和手段、建议学时如表 5-14 所示。

表 5-14　主要专业基础模块课程教学内容及要求

序号	课程名称	主要教学内容	主要教学方法与手段	建议学时
1	旅游市场营销	旅游市场营销基本理论，旅游市场调查与预测，旅游市场营销组合策略等	任务驱动、小组合作、头脑风暴、翻转课堂、混合式教学法等，网络学习平台等	72
2	旅游创新创业实务	旅游创新创业准备和素质提升，机会挖掘与捕捉，创业计划，团队组建，筹措创业资金，企业运营管理等	专题讲授法、案例教学法、互动教学法、启发教学法等	28
3	职业礼仪	日常生活中的礼仪规范，商务礼仪基本原则，常见商务活动礼仪规范等	讲授法、分享讨论法、分组练习法、比赛练习法等	36
4	当今旅游业	旅游业发展历史脉络与当今旅游业发展现状，旅游者、旅游资源认知，旅游业的可持续发展等	任务驱动、小组合作、头脑风暴、翻转课堂、混合式教学法等，网络学习平台等	60

（2）专业方向模块。

本专业设置有旅行社产品设计、旅游电子商务、旅游大数据分析与应用等 11 门专业方向课程，其教学内容及要求如表 5-15 ~ 表 5-25 所示。

表 5-15 旅游大数据分析课程教学内容及要求

<table>
<tr><td colspan="2">课程名称</td><td colspan="6">旅游大数据分析</td></tr>
<tr><td colspan="2">学期</td><td>1</td><td>学时</td><td>60</td><td>授课方式</td><td colspan="2">讲授法、演示法和练习法结合</td></tr>
<tr><td colspan="2">学分</td><td>4</td><td>考核方式</td><td>平时 + 期末考试</td><td>考试类型</td><td colspan="2">闭卷考试</td></tr>
<tr><td rowspan="4">课程目标</td><td>思政目标</td><td colspan="6">1. 推进习近平新时代中国特色社会主义思想进头脑
2. 践行社会主义核心价值观
3. 深化职业理想和职业道德教育</td></tr>
<tr><td>知识目标</td><td colspan="6">1. 了解大数据相关法律法规和标准
2. 熟知旅游大数据常用指标
3. 掌握旅游数据采集规划</td></tr>
<tr><td>能力目标</td><td colspan="6">1. 能够合理选择数据分析指标
2. 能够运用网络工具进行游客评论、旅游攻略、旅游产品等信息采集
3. 能够将收集到的数据进行可视化展示，并进行数据分析</td></tr>
<tr><td>素质目标</td><td colspan="6">1. 具备信息素养、创新创业环境素养
2. 具备批判性思维，从多角度、多维度思考问题并解决问题的能力
3. 具备一定的领导力和决策力，具备首创、冒险精神和独立能力</td></tr>
<tr><td colspan="2">教学内容</td><td colspan="6">主题学习单元 1　旅游大数据分析概述
任务 1　旅游大数据分析的认知
任务 2　旅游大数据相关法律法规和标准概览
任务 3　旅游大数据分析指标制定与思维导图
主题学习单元 2　旅游大数据采集与处理方案
任务 1　旅游数据采集规划
任务 2　常见涉旅数据采集
任务 3　互联网数据智能采集
主题学习单元 3　旅游大数据管理与治理
任务 1　大数据编目管理
任务 2　数据安全管理
主题学习单元 4　旅游大数据分析与赋能
任务 1　旅游大数据统计与挖掘
任务 2　旅游大数据的应用与赋能
任务 3　旅游大数据可视化</td></tr>
<tr><td colspan="2">教学建议（教学方法、教学组织、评价方式等）</td><td colspan="6">理实一体，过程评价和期末考核相结合。</td></tr>
</table>

表 5–16　中国旅游地理课程教学内容及要求

<table>
<tr><td colspan="2">课程名称</td><td colspan="6">中国旅游地理</td></tr>
<tr><td colspan="2">学期</td><td>1</td><td>学时</td><td>72</td><td>授课方式</td><td colspan="2">面授</td></tr>
<tr><td colspan="2">学分</td><td>4</td><td>考核方式</td><td>平时＋期末考试</td><td>考试类型</td><td colspan="2">闭卷</td></tr>
<tr><td rowspan="4">课程目标</td><td>思政目标</td><td colspan="6">1. 激发学生的爱国主义热情
2. 建立起要保护和保卫祖国每一寸土地的意识
3. 树立起学生的民族自豪感、民族自信心和文化自信心</td></tr>
<tr><td>知识目标</td><td colspan="6">1. 掌握旅游地理的研究对象和影响旅游者产生的四大地理背景
2. 掌握地貌景观类、水景、气景、生物景观旅游资源的成因和特点
3. 掌握自然保护区的类型及数量
4. 掌握世界遗产的出现及类型数量
5. 掌握城市旅游资源及宫殿建筑布局特点以及其所蕴含的旅游价值
6. 掌握古代水利工程结构特点及旅游价值
7. 掌握古代军事工程设施及意义以及所蕴含的旅游价值
8. 掌握中国古典园林组成要素及构景手法，熟悉园林类型及特点
9. 掌握古代陵墓封土沿革和布局结构，熟悉著名帝王陵寝特点</td></tr>
<tr><td>能力目标</td><td colspan="6">1. 能灵活运用旅游地理基本知识为游客提供讲解、生活和其他服务
2. 能运用旅游地理的基本知识分析团队游客背景，提供个性化服务
3. 能在旅游资源规划与开发领域运用本学科知识解决实际问题
4. 在旅游资源开发保护中运用可持续发展理念对资源进行合理保护
5. 能运用本学科知识进行导游词创作
6. 能在旅游线路产品开发设计中合理运用旅游资源分析</td></tr>
<tr><td>素质目标</td><td colspan="6">1. 培养学生具有立体化知识结构的职业素养
2. 培养学生具有独立、坚强、冷静的心理素质
3. 培养学生具有耐心、细心、热心、真心的服务意识
4. 培养学生具有吃苦耐劳的精神和环境保护与安全的意识
5. 培养学生具有良好的职业道德和职业品性</td></tr>
<tr><td colspan="2">教学内容</td><td colspan="6">1. 旅游地理认知
2. 自然旅游资源概况分析
3. 人文旅游资源概况分析
4. 城市及宫殿旅游资源分析
5. 古代水利工程旅游资源分析
6. 古代军事防御工程旅游资源分析
7. 古代墓葬旅游资源分析
8. 古代园林旅游资源分析</td></tr>
<tr><td colspan="2">教学建议（教学方法、教学组织、评价方式等）</td><td colspan="6">充分利用网络资源，结合云班课 App，设计多种教学活动，调动学生的学习积极性。通过实时的课堂活动和云班课设计的活动，考查学生的学习效果。用云班课活动经验值和期末闭卷考试综合评定学生的学习成绩</td></tr>
</table>

表 5–17 客源国和目的地国概况课程教学内容及要求

<table>
<tr><td colspan="2">课程名称</td><td colspan="5">客源国和目地国概况</td></tr>
<tr><td colspan="2">学期</td><td>2</td><td>学时</td><td>72</td><td>授课方式</td><td>讲授法，启发法和课堂讨论法相结合</td></tr>
<tr><td colspan="2">学分</td><td>4</td><td>考核方式</td><td>平时 + 期末考试</td><td>考试类型</td><td>闭卷</td></tr>
<tr><td rowspan="4">课程目标</td><td>思政目标</td><td colspan="5">本课程以四史教育和核心价值观为原则，通过对主要客源国和目的地国家等各个方面的学习和研究，熟悉、掌握相关内容，学习旅游业发达国家的经验，尊重游客的风俗习惯，以有效地指导旅游实际工作，更好地服务游客，培养学生的家国情怀和爱国热情，以此促进我国旅游业的持续发展</td></tr>
<tr><td>知识目标</td><td colspan="5">让学生学会系统学习和分析世界旅游资源、世界旅游客流、中国海外客源市场及不断增长的目的地国市场以及世界旅游宏观管理等内容</td></tr>
<tr><td>能力目标</td><td colspan="5">培养学生的自学能力、资料收集能力、团队合作能力、自我展现能力，并进一步加强知识拓展能力、深入思考能力、批判性思维能力及创新能力</td></tr>
<tr><td>素质目标</td><td colspan="5">课程定位于培养学生用旅游从业人员的思维，来深入思考中国主要的出入境旅游市场，训练学生的理论思维和创新能力，树立良好的职业道德和敬业精神，培养团队合作意识及职业操守</td></tr>
<tr><td colspan="2">教学内容</td><td colspan="5">1. 分析世界旅游客源市场、中国海外旅游客源市场基本情况，了解世界旅游市场的新格局及其发展前景
2. 掌握亚太地区、欧洲地区、美洲地区、中东和非洲地区，主要客源国旅游业的资源情况、社会风土人情及主要客源国客人的服务需求
3. 结合当年权威旅游信息，针对中国最热门的海外旅游目的地，深入分析其资源情况、社会风土人情，及时满足客人的旅游需求</td></tr>
<tr><td colspan="2">教学建议
（教学方法、教学组织、评价方式等）</td><td colspan="5">1. 针对本课程特点和课程的目标要求，在教学中，应结合教学内容，通过项目导向和任务驱动，采用讲授法、问答法、讨论法、情景模拟法、演示法、设计法、练习法、案例分析法等多种教学方法，运用多媒体教学手段来实现优良的教学效果
2. 在教学中，注意培养学生主动学习的能力，应适当地让学生收集一些相关资料，并指导他们分析资料、理解资料内容、利用资料和所学完成相关方案的撰写等能力提升的作业
3. 建立课程教学全过程的跟踪考核评价体系，在教学评价中注重知识、能力、素质并重，强化过程考核评价。将定量评价与定性评价相结合，理论评价和实践评价相结合，平时学习过程评价与期末综合考核相结合</td></tr>
</table>

表 5-18 旅游文案创作课程教学内容及要求

课程名称		旅游文案创作				
学期		2	学时	72	授课方式	讲授、训练
学分		4	考核方式	平时 + 期末方案	考试类型	方案
课程目标	思政目标	1. 深入了解旅游行业领域的国家战略、法律法规和相关政策 2. 深入社会实践、关注现实问题，切实提高旅游文案创意化创作水平 3. 培养经世济民、诚信服务、德法兼修的职业素养				
	知识目标	1. 了解旅游文案的概念和特点 2. 掌握旅游文案策划与撰写的基础知识 3. 领会学习旅游文案创作的方法及创作旅游文案的要求				
	能力目标	1. 能够熟练掌握每种旅游文案的格式和应用范围 2. 能在工作环境中熟练策划与撰写各种旅游文案 3. 适应旅游企业对员工的需要				
	素质目标	1. 具备适应旅游业态变革形势下岗位需求的旅游文案创作应用能力与写作水平 2. 在规范化操作的基础之上，具有应用创意思维解决实际工作问题的综合素养				
教学内容		项目 1 旅游文案认知 项目 2 旅游行政公文写作 项目 3 旅游事务文书撰写 项目 4 旅游商务文案撰写 项目 5 旅游宣传文案策划 项目 6 旅游新媒体文案策划				
教学建议（教学方法、教学组织、评价方式等）		项目化教学，过程评价、成果评价和期末评价相结合				

表 5-19 客户信息分析与管理课程教学内容及要求

课程名称		客户信息分析与管理				
学期		3	学时	72	授课方式	讲授、训练
学分		4	考核方式	平时 + 期末方案	考试类型	小组方案
课程目标	思政目标	1. 通过讲授我国商业智能的成就激发学生的爱国热情 2. 培养学生保护客户信息安全的素养，遵法守法、诚实守信 3. 培养学生创新精神，创新开发客户体验活动				

续表

<table>
<tr><td rowspan="3">课程目标</td><td>知识目标</td><td>1. 了解 CRM 基础知识技能
2. 掌握用户心理和行为分析方法
3. 掌握用户动态关怀的实施方法
4. 掌握用户评价的方法</td></tr>
<tr><td>能力目标</td><td>1. 能够通过动态数据分析、掌握用户信息和需求信息
2. 能合理有效进行用户心理和行为评估，结合内外部环境和自身，制定提升用户忠诚度和活跃度的生态运营策略
3. 能根据企业现状，快速获客并能够有效运行与维护
4. 能使用所学的工具与方法，对客情进行有效管理，并提出相应的解决措施</td></tr>
<tr><td>素质目标</td><td>1. 具备吃苦耐劳、诚实守信、爱岗敬业等良好的职业道德
2. 具有团队协作意识和较强的领导能力
3. 具有良好的业务素质和共情沟通能力
4. 具有旅游企业管理所需的分析判断能力和管理决策能力</td></tr>
<tr><td colspan="2">教学内容</td><td>项目 1　客户情报管理分析
项目 2　用户心理分析与应用
项目 3　用户行为分析与应用
项目 4　用户需求分析与挖掘
项目 5　客户动态关怀与场景化应用</td></tr>
<tr><td colspan="2">教学建议
（教学方法、教学组织、评价方式等）</td><td>项目化教学，过程评价、成果评价和期末评价相结合</td></tr>
</table>

表 5–20　旅游策划实务课程教学内容及要求

<table>
<tr><td colspan="2">课程名称</td><td colspan="5">旅游策划实务</td></tr>
<tr><td colspan="2">学期</td><td>3</td><td>学时</td><td>72</td><td>授课方式</td><td>讲授、训练</td></tr>
<tr><td colspan="2">学分</td><td>4</td><td>考核方式</td><td>平时 + 期末方案</td><td>考试类型</td><td>方案</td></tr>
<tr><td rowspan="4">课程目标</td><td>思政目标</td><td colspan="5">以项目实训为基础推进劳动教育实践，以案例解惑为基础强化职业道德养成，以课程实践强化意志品质锤炼，通过学思结合、知行合一，培养具有爱国、敬业、诚信、守法品质的新时代文旅专业人才</td></tr>
<tr><td>知识目标</td><td colspan="5">熟悉旅游策划的主要方法和使用技巧，掌握旅游策划中的政策背景、开发条件分析、战略方法分析、项目定位、产品体系策划、项目品牌策划、节庆活动策划、旅游商品策划等工作内容的基本要求和操作流程</td></tr>
<tr><td>能力目标</td><td colspan="5">市场调研及分析能力、旅游资源分析与整合能力、市场洞察和问题预见能力、思维创新和产品创意能力、工作流程设计及项目推进的执行能力</td></tr>
<tr><td>素质目标</td><td colspan="5">认真负责的工作态度、吃苦耐劳的意志品质、团结协作的合作意识、健全的法律法规意识和正确的职业道德素养</td></tr>
</table>

续表

教学内容	课程共设置3个主题学习单元，包括旅游策划基础知识、旅游策划实操技巧和旅游项目策划实践，每个主题学习单元对应不同的学习任务，根据知识、能力、素质及思政目标设定，有针对性地采取讲授法、案例演示法、任务驱动法等完成总计12个学习任务，遵循观察—认知—理解—领悟—实践—反馈的学习规律，实现知识传递、能力锻炼、素质养成和思政理念的全面提升 学习单元1：旅游策划基础知识 任务1.1　策划的概念与本质（4课时） 任务1.2　策划的方法与特点（8课时） 学习单元2：旅游策划实操技巧 任务2.1　策划项目准备（8课时） 任务2.2　项目条件分析（8课时） 任务2.3　战略选择方法（4课时） 任务2.4　项目定位分析（4课时） 任务2.5　功能分区与布局（4课时） 任务2.6　产品体系策划（8课时） 任务2.7　效益分析（4课时） 学习单元3：旅游策划实践 任务3.1　节庆活动策划（4课时） 任务3.2　旅游商品策划（4课时） 任务3.3　商业业态策划（4课时） 期末复习：总结和知识回顾（4课时） 期末考核：策划方案及汇报（4课时）
教学建议（教学方法、教学组织、评价方式等）	教学方法采用任务驱动与讲练结合法，以经典案例为引导，以任务为导向，以项目小组为单元，将知识、技能、方法、经验融入教学环节，进行教学实施 任务驱动法：课前发布学习任务，创设情境，导入问题，引发思考；课中发布小组任务，组织讨论，拓展思维；课后发布评测任务，相互点评与模拟实测相结合，强化技能知识，引发深入思考。通过多轮任务层层递进，引导学生积极思考，激发学习兴趣 讲练结合法：采用问题导向的方式，让学生通过任务练习，发现并提出问题，教师引导小组积极讨论，鼓励新想法和新思维，先练后讲，学生成为课堂的主体，教师发挥引导职责 教学组织采取小组形式，完成任务目标，伴随着任务目标达成，理论知识、方法技巧和实践技能得以融会贯通。学生的逻辑思维能力、分析和解决问题、语言表达、文案创作能力、项目执行能力、沟通交流能力、团队协作能力等均得到明显提升 通过团队合作方式，通过项目PK，引入项目策划的竞争机制，学生在优胜劣汰的模拟体验中，不断突破自我，逐渐养成认真负责的工作态度、吃苦耐劳的意志品质、团结协作的合作意识、健全的法律法规意识和正确的职业道德素养 评价方式采用平时成绩和期末考核相结合。平时成绩占60%，期末考试成绩占40%

表 5–21　旅行社产品设计课程教学内容及要求

<table>
<tr><td colspan="2">课程名称</td><td colspan="5">旅行社产品设计</td></tr>
<tr><td colspan="2">学期</td><td>3</td><td>学时</td><td>72</td><td>授课方式</td><td>讲授、训练</td></tr>
<tr><td colspan="2">学分</td><td>4</td><td>考核方式</td><td>平时 + 期末方案</td><td>考试类型</td><td>方案</td></tr>
<tr><td rowspan="4">课程目标</td><td>思政目标</td><td colspan="5">1. 帮助学生正确理解旅游业在国民经济中地重要地位，引导学生树立正确的职业观
2. 剖析旅游产品成功和失败案例，引导学生树立正确的旅游线路产品开发理念</td></tr>
<tr><td>知识目标</td><td colspan="5">1. 了解旅行社产品的定义
2. 掌握旅行社产品的分类及开发原则
3. 掌握旅行社产品的构成要素和市场定位
4. 掌握旅行社产品策划业务流程及方法
5. 掌握“吃、住、行、游、娱”相关服务产品采购的程序、策略及要求
6. 掌握旅游产品价格确定的依据、方法
7. 掌握旅游产品推广策划的要求与方法
8. 掌握定制化旅行社产品设计的技巧和方法</td></tr>
<tr><td>能力目标</td><td colspan="5">1. 能够依据旅游线路策划的原则为目标顾客进行旅游线路的调整、优化及新产品开发
2. 能够策划旅游产品、安排落实旅游行程、按照行程计划为游客提供服务
3. 能够依据采购程序及要求进行“吃、住、行、游、娱”相关旅游服务产品的采购业务
4. 能够顺利开展与旅游供应商的谈判，进行旅游基础要素采购和管理
5. 能够依据产品价格确定方法进行旅游线路价格确定
6. 能够根据产品的内容和特点，选择适当的推广策略、方法，制订推广方案
7. 会设计旅游产品的宣传海报，设计旅游宣传单
8. 能够进行定制化旅行社产品的策划与制作</td></tr>
<tr><td>素质目标</td><td colspan="5">1. 具有热爱旅游事业的敬业乐业精神，诚实守信，履行职业道德准则和行业规范
2. 有较强的集体意识和团队合作精神
3. 具有工匠精神
4. 在创新创业实践过程中弘扬中国传统文化</td></tr>
<tr><td colspan="2">教学内容</td><td colspan="5">项目 1　旅游线路产品认知
项目 2　旅游消费市场分析
项目 3　主题旅游线路产品设计
项目 4　单项旅游服务采购与整合
项目 5　旅游线路成本核算与定价
项目 6　旅游线路产品营销推广
项目 7　特殊旅游线路产品设计</td></tr>
<tr><td colspan="2">教学建议（教学方法、教学组织、评价方式等）</td><td colspan="5">项目化教学，过程评价、成果评价和期末评价相结合</td></tr>
</table>

表 5-22 旅游电子商务课程教学内容及要求

<table>
<tr><td colspan="2">课程名称</td><td colspan="6">旅游电子商务</td></tr>
<tr><td colspan="2">学期</td><td>4</td><td>学时</td><td>72</td><td>授课方式</td><td colspan="2">讲授、训练</td></tr>
<tr><td colspan="2">学分</td><td>4</td><td>考核方式</td><td>平时 + 期末方案</td><td>考试类型</td><td colspan="2">小组方案</td></tr>
<tr><td rowspan="4">课程目标</td><td>思政目标</td><td colspan="6">1. 提高个人的爱国、敬业、诚信、友善修养，自觉把小我融入大我，不断追求国家的富强、民主、文明、和谐，将社会主义核心价值观内化为精神追求、外化为自觉行动
2. 了解电子商务行业领域的国家战略、法律法规和相关政策，深入社会实践、关注现实问题，具备经世济民、诚信服务的职业素养</td></tr>
<tr><td>知识目标</td><td colspan="6">1. 了解电子商务理论与基础知识技能
2. 掌握电子商务的实施策略、原则和步骤
3. 掌握电子商务的实施方法
4. 熟知电子商务运营管理的内外部环境
5. 掌握电商绩效评价的方法</td></tr>
<tr><td>能力目标</td><td colspan="6">1. 能够获取现代旅游企业经营发展所需的市场信息，并对其进行统计分析，为企业战略的制定提供相关支持
2. 能合理有效地认识本企业的资源、能力等状况，能从企业自身出发，结合外部环境制定企业电子商务发展战略
3. 能根据企业现状合理选择信息系统，并能够有效运行与维护
4. 能使用所学的工具与方法，对企业系统实施的效果进行评价，并提出相应的解决措施</td></tr>
<tr><td>素质目标</td><td colspan="6">1. 具备吃苦耐劳、诚实守信、爱岗敬业等良好的职业道德
2. 具有团队协作意识和较强的领导能力
3. 具有胜任旅游企业信息管理工作的良好的业务素质和身心素质
4. 具有旅游企业管理所需的分析判断能力和管理决策能力</td></tr>
<tr><td colspan="2">教学内容</td><td colspan="6">项目 1　电子商务大环境与基本知识技巧
项目 2　数据的价值与应用
项目 3　商业模式
项目 4　直销与分销体系
项目 5　电子商务案例解析
项目 6　渠道
项目 7　策划运营方案</td></tr>
<tr><td colspan="2">教学建议
（教学方法、教学组织、评价方式等）</td><td colspan="6">项目化教学，过程评价、成果评价和期末评价相结合</td></tr>
</table>

表 5-23　旅游网络营销课程教学内容及要求

<table>
<tr><td colspan="2">课程名称</td><td colspan="6">旅游网络营销</td></tr>
<tr><td colspan="2">学期</td><td>4</td><td>学时</td><td>72</td><td>授课方式</td><td colspan="2">讲授法、演示法和练习法结合</td></tr>
<tr><td colspan="2">学分</td><td>4</td><td>考核方式</td><td>平时＋期末考试</td><td>考试类型</td><td colspan="2">闭卷考试</td></tr>
<tr><td rowspan="4">课程目标</td><td>思政目标</td><td colspan="6">1. 推进习近平新时代中国特色社会主义思想进头脑
2. 培育和践行社会主义核心价值观
3. 深化职业理想和职业道德教育</td></tr>
<tr><td>知识目标</td><td colspan="6">1. 了解有关网络营销环境，熟悉网络营销流程，掌握网络营销基本实质
2. 掌握网络用户洞察的内容与主要方法以及商情分析等方面的知识
3. 掌握旅游网络营销不同类型应用的基础知识</td></tr>
<tr><td>能力目标</td><td colspan="6">1. 具有利用网络工具开展市场调研的能力
2. 具有运用网络工具开展营销活动的能力
3. 具有网络营销策略综合运用的能力</td></tr>
<tr><td>素质目标</td><td colspan="6">1. 具备信息素养、创新创业环境素养
2. 具备批判性思维，从多角度、多维度思考问题并解决问题的能力
3. 具备一定的领导力和决策力，具备首创、冒险精神和独立能力</td></tr>
<tr><td colspan="2">教学内容</td><td colspan="6">主题学习单元 1　旅游新媒体应用基础
任务 1　旅游网络营销认知
任务 2　网络营销的技术、社会和政治法律环境
任务 3　消费者行为分析
主题学习单元 2　旅游网络营销具体应用
任务 1　搜索引擎优化（SEO）
任务 2　搜索引擎营销（SEM）
任务 3　信息流广告
任务 4　ASO 优化
任务 5　新媒体运营（微信营销、微博营销、短视频营销、直播营销）
主题学习单元 3　旅游网络营销综合训练</td></tr>
<tr><td colspan="2">教学建议（教学方法、教学组织、评价方式等）</td><td colspan="6">理实一体，过程评价和期末考核相结合</td></tr>
</table>

表 5-24　文旅项目运营管理课程教学内容及要求

课程名称	文旅项目运营管理				
学期	4	学时	72	授课方式	讲授、训练
学分	4	考核方式	平时＋期末考试	考试类型	考试

续表

课程目标	思政目标	1. 注重爱岗敬业的职业品格教育，着力培养知行合一的职业道德素养，引导学生在学习中树立和践行社会主义核心价值观 2. 认真履行国家相关法律法规和政策要求 3. 熟悉文旅企业的标准化、规范化项目管理和商业运营业务流程 4. 弘扬企业文化，尊重游客需求，提升服务质量，教育引导学生通过文旅项目营造，实现弘扬传统文化的目标愿景和激发建设美丽家乡的使命担当
	知识目标	1. 了解文旅项目投资开发及运营管理相关法律法规、行业标准的使用场景和使用规范 2. 熟悉文旅项目运营管理系统，包括项目选址、投资、开发、设计、筹建、招商、试运行、正式营业、日常维护、整改提升等工作流程 3. 熟悉文旅项目可行性研究的基本流程和方法要点，能完成文旅项目的资源分类调查与评价、游客满意度调研、游客容量测算等工作 4. 熟悉文旅项目等级评定和服务质量提升的标准和工作流程
	能力目标	1. 标准化、规范化完成工作流程的执行能力 2. 按要求整合资源、制订计划和组织协作能力 3. 面对突发、应急事宜的危机公关和应对决策能力
	素质目标	1. 认真负责的工作态度 2. 吃苦耐劳的意志品质 3. 团结协作的合作意识 4. 健全的法律法规意识 5. 正确的职业道德素养
教学内容		学习单元 1：文旅项目运营管理基本理念 任务 1.1 文旅项目的类型及特征（4 课时） 任务 1.2 文旅项目的运营模式（4 课时） 任务 1.3 文旅项目的运营管理发展历程（4 课时） 学习单元 2：文旅项目运营管理体系 任务 2.1 相关政策法规（4 课时） 任务 2.2 项目选址分析（4 课时） 任务 2.3 旅游资源分类调查与评价（8 课时） 任务 2.4 项目开发筹建（4 课时） 任务 2.5 项目施工管理（4 课时） 任务 2.6 项目招商运营（4 课时） 任务 2.7 游客满意度调研（4 课时） 任务 2.8 服务质量管理与等级评价（8 课时） 学习单元 3：文旅项目运营管理实践 任务 3.1 危机公关与应急处置（4 课时） 任务 3.2 门票销售与排队管理（4 课时） 任务 3.3 智慧文旅项目解决方案（4 课时） 期末复习：知识回顾与答疑（4 课时） 期末考试：考试（4 课时）

续表

教学建议（教学方法、教学组织、评价方式等）	教学方法：讲授法、案例法 教学组织：采取小组形式，延续前序课程《旅游策划实务》的旅游策划项目，虚实结合，开展文旅项目的运营管理学习，并以组建项目公司的形式，尝试策划项目的落地性实践。在小组完成项目选址、立项、筹建、施工、招商、运营等过程中，同时完成《文旅项目可行性研究报告》《旅游资源调研报告》《招商计划书》《游客满意度调研分析》《服务质量提升方案》等任务，并累积经验值，从而实现任务分解、沟通交流、组织协调、团队协作、抗压、危机处理等能力的锻炼和提升 评价方式：采用平时成绩和期末考试相结合。平时成绩占60%，期末考试成绩占40%

表 5–25　界面设计课程教学内容及要求

<table>
<tr><td colspan="2">课程名称</td><td colspan="6">界面设计</td></tr>
<tr><td colspan="2">学期</td><td>4</td><td>学时</td><td>72</td><td>授课方式</td><td colspan="2">讲授法、演示法和练习法结合</td></tr>
<tr><td colspan="2">学分</td><td>4</td><td>考核方式</td><td>平时＋期末机考</td><td>考试类型</td><td colspan="2">机考</td></tr>
<tr><td rowspan="4">课程目标</td><td>思政目标</td><td colspan="6">1. 以提高学生能力为核心，在教学中强化课程思政的意识和能力，提高立德树人意识
2. 使学生坚定理想信念，以爱党、爱国、爱社会主义、爱人民、爱集体为主线，围绕政治认同、家国情怀、文化素养、宪法法治意识、道德修养等重点思政目标开展教学思政</td></tr>
<tr><td>知识目标</td><td colspan="6">掌握 Photoshop 的基本操作，掌握用户界面设计（UI 设计）中常用的理论知识与设计技巧</td></tr>
<tr><td>能力目标</td><td colspan="6">掌握 Photoshop 常用工具及命令的使用方法，能够使用 Photoshop 进行一般的用户界面设计</td></tr>
<tr><td>素质目标</td><td colspan="6">1. 通过学习，学生能正确理解界面设计相关的基本概念，熟练掌握界面设计的基本操作方法和技巧，具有较强的综合设计能力，并初步形成设计意识和思维
2. 通过本课程的学习，还要培养学生的综合审美能力、踏实认真的学习态度以及理论与实践结合的学习方法等良好的职业素质</td></tr>
</table>

续表

教学内容	本课程是专门为需要学习用户界面设计（UI 设计）的学生量身打造的教学立足于实践，从实际工作需要出发，讲解 Photoshop 常用工具及命令的使用方法，帮助学生掌握 Photoshop 的基本操作，同时掌握 UI 设计中常用的理论知识与设计技巧 教学内容主要包括 Photoshop UI 设计快速入门、选区在 UI 设计中的应用、图层在 UI 设计中的应用、调整图层及混合模式在 UI 设计中的应用、绘图工具及文字工具在 UI 设计中的应用、蒙版与通道在 UI 设计中的应用、矢量工具在 UI 设计中的应用、滤镜在 UI 设计中的应用以及综合项目设计方法
教学建议（教学方法、教学组织、评价方式等）	本课程的教学建议采用讲授法、演示法和练习法等多种教学方法相结合的方式。教师在机房进行讲授和演示教学，然后学生进行上机实训，使理论和实践充分结合，最终实现教学目标 课程考核采用平时考核和期末综合考核相结合的方式。平时成绩由平时上课考勤、课堂表现以及平时上机作业共同组成，期末综合考核采用上机实战设计综合项目的方式。课程总成绩 = 平时成绩 ×40%+ 期末成绩 ×60%

（3）专业拓展模块。

本专业设置专业拓展课程 2 门（表 5–26）。

表 5–26　专业拓展模块内容及目标要求

序号	项目 / 课程名称	拓展内容	拓展目标	建议学时
1	讲解技巧	文化旅游资源、自然旅游资源等内容的讲解	增强学生的行业适应性和创新创业能力	36
2	工艺制作	文旅产品工艺设计原理和流程，文旅产品制作	增强学生的行业适应性和创新创业能力	28

4. 实践课程

本专业设置实践（实习）项目 5 项，包括入职入学教育、军事技能、SYB 创新创业实践、劳动与素质教育活动和顶岗实习（含毕业设计、报告），如表 5–27 所示。

表 5–27　实践课程内容及学时学分分配

实践（实习）项目	实践（实习）目标	实践学时
入学入职教育	帮助学生认识行业发展趋势，提升学生对专业的认识水平，了解专业课程设置；明确校规校纪，自觉遵守学校各种规章制度	26

续表

实践（实习）项目	实践（实习）目标	实践学时
军事技能	培养学生艰苦奋斗、吃苦耐劳的坚强毅力和集体主义精神，帮助学生增强组织纪律性，养成良好的学风和生活作风	112
SYB 创新创业实践	了解创办企业的流程和方法，模拟实践创办企业，增强创业实践指导性	40
劳动与素质教育活动	培养学生的人文素养、职业道德、社会适应能力和社会责任感，养成劳动意识、竞争意识和创新创业意识等	30
顶岗实习（含毕业设计、报告）	全面系统地将专业所学与实际工作结合起来，熟悉具体岗位的业务工作，提升综合分析和解决问题的能力，提升社会适应能力，实现顶岗实习和就业直通	450
合计		658

九、人才培养模式

本专业以智慧旅游营销和管理高素质技术技能型人才培养为目标，以岗位能力为导向，以任务为驱动，以企业需求和校内实训“一体化教学”运行为纽带，组织学生在校内专业实训室、旅游电商网络平台，校外品牌实习基地实训实习，由学习工作任务→虚拟工作任务→实体工作任务过渡，实践时间与旅游业淡旺季时间同步，实现“一平台、双主线、三阶段”人才培养模式（图 5-2）。

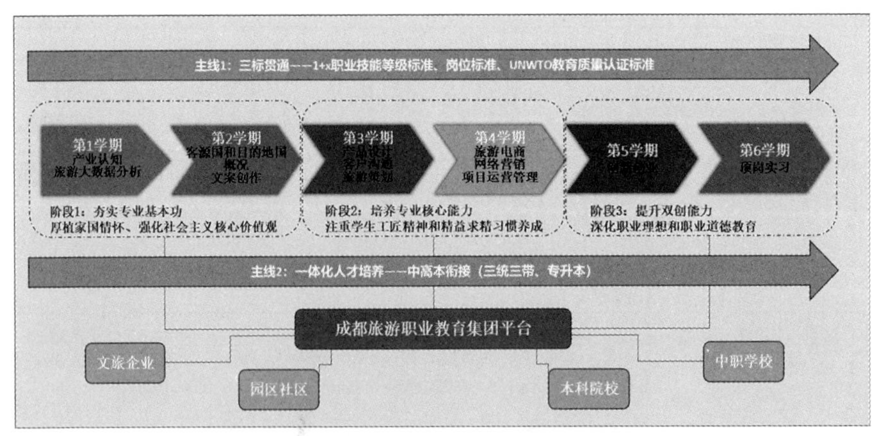

图 5-2　旅游管理专业人才培养模式运行图

十、教学进程总体安排

本专业课程共有 2641 学时、总计 132 学分。课程教学原则上 16~18 学时折算 1 学分，实践教学（校内实训、综合实践）每 20~28 学时计 1 学分。顶岗实习（含毕业设计、报告）每周 15 学时计 0.5 学分。

十一、教学实施保障（基本条件）

（一）师资队伍

为满足教学需要，确保教学质量，本专业生师比建议为 16∶1。教师团队由校内专任教师和企业兼职教师构成。

专任教师原则上需要具备本科以上学历，具备课程开发能力、指导学生实践的能力。教师每 5 年必须累计不少于 6 个月到企业或生产服务一线实践。专任教师中“双师”素质教师不低于 80%。

企业兼职教师原则上应为行业内从业多年的专业技术人员，具备较强的执教能力。专业上要为兼职教师提供教学培训机会。对技术革新较快、实践性较强的课程聘请企业兼职教师组成教学团队，共同完成课程教学和实践指导，及时将企业新标准、新技术、新工艺、新流程等融入教学（表 5-28、表 5-29）。

表 5-28　专职教师一览表

序号	姓名	职称	学历 / 学位	年龄	研究领域	是否双师型	骨干教师 / 专业带头人
1	×××	教授	博士研究生 / 博士	46	旅游管理	是	专业带头人
2	×××	副教授	硕士研究生 / 硕士	50	旅游管理	是	
3	×××	副教授	硕士研究生 / 硕士	39	旅游管理	是	分院骨干教师
4	×××	副教授	硕士研究生 / 硕士	38	旅游管理	是	院级骨干教师

续表

序号	姓名	职称	学历 / 学位	年龄	研究领域	是否双师型	骨干教师 / 专业带头人
5	×××	讲师	硕士研究生 / 硕士	49	旅游管理	是	分院骨干教师
6	×××	讲师	硕士研究生 / 硕士	37	旅游管理	是	
7	×××	讲师	硕士研究生 / 学士	45	旅游管理	是	
8	×××	讲师	硕士研究生 / 硕士	39	旅游管理	是	
9	×××	讲师	博士研究生 / 博士	38	旅游管理	是	

表 5–29　兼职教师一览表

序号	姓名	职务	工龄	工作单位	承担课程	课时量
1	×××	主任	21	大旗软件	顶岗实习指导	30
2	×××	教师	35	四川广播电视大学	界面设计	216

（二）实训条件

1. 校内实训室（表 5–30）

表 5–30　校内实训室

序号	场地名称	完成的实践教学内容	适用课程	专业群内共享（是 / 否）
1	旅游大数据实训室	旅游数据信息的获取、分析与运用等	旅游大数据分析、旅行社产品设计	是
2	旅行社计调实训室	旅行社产品采购、线路设计等	旅行社产品设计	是
3	旅游标准化研究工作室	承担博士后创新实践基地产学研合作项目	旅行社产品设计、市场调研与分析	是
4	虚拟现实实训室	虚拟景区展示、虚拟旅游线路策划等	中国旅游地理、旅行社产品设计	是

2. 校外实训条件

本专业拥有校外实训基地10家，校外实训基地主要为学生专周实训、毕业顶岗实习等提供实践场地、企业指导教师等资源（表5-31）。

表5-31 校外实践场所

序号	校外实训基地名称	合作企业名称	实践教学形式	合作深度	专业群内共享（是/否）
1	成都文旅集团	成都文旅集团	毕业顶岗实习	教学资源共建共享、校企共建实训场所	是
2	成都中科大旗软件股份有限公司	成都中科大旗软件股份有限公司	专业认识 毕业顶岗实习	校企共建实训场所、教学资源共建共享、技术服务	是
3	国色天乡主题乐园	国色天乡主题乐园	毕业顶岗实习	校企共建实训场所、技术服务	是
4	四川省中国旅行社	四川省中国旅行社	毕业顶岗实习	校企共建实训场所	是
5	成都光大国旅	成都光大国旅	专业认识 毕业顶岗实习	校企共建实训场所	是
6	成都杜甫草堂博物馆	成都杜甫草堂博物馆	毕业顶岗实习	校企共建实训场所	是
7	成都驴妈妈国际旅行社	成都驴妈妈国际旅行社	毕业顶岗实习	校企共建实训场所	是
8	成都蓝龟科技有限责任公司	成都蓝龟科技有限责任公司	毕业顶岗实习	校企共建实训场所	是
9	成都家园国际酒店	成都家园国际酒店	毕业顶岗实习	校企共建实训场所	是
10	成都科华明宇豪雅大酒店	成都科华明宇豪雅大酒店	毕业顶岗实习	校企共建实训场所	是

（三）学习资源

本专业学习资源包括“旅行社产品设计”和“旅游市场营销”精品资源共享课程、3项国家软件著作权、课程电子教材及其配备的教学课件、实践操作流程、教学录像及技能演示录像、理实一体教学、校内仿真实训及校外顶岗实践管理制度、学生实习报告、旅行社法律法规汇编等（表 5-32、表 5-33）。

表 5-32　旅游管理专业教材一览表（参考）

序号	课程名称	教材名称	出版社	作者	出版时间	校企开发教材（是 / 否）	新形态教材（是 / 否）
1	旅游市场营销	《旅游市场营销》	东北财经大学出版社	李学芝、宋素红	2016.5	否	否
2	旅游大数据分析	《旅游大数据：理论与应用》	旅游教育出版社	邓宁、牛宇	2019.8	否	否
3	旅游创新创业实务	《大学生创新创业实务》	高等教育出版社	郭友鹏、高泽金	2017.9	否	否

表 5-33　旅游管理专业数字化资源选用表

序号	类型	数字化资源名称	资源网址
1	省级在线课程	旅行社产品设计课程平台	http://course.cdp.edu.cn/meol/index.do
2	教学系统	旅游大数据实训教学系统	http://10.1.2.18/cydc/index.do
3	教学系统	旅游计调实训教学系统	172.18.100.13：8000

（四）教学方法

结合专业培养目标、课程教学要求、课程特点和学生特点等，应用虚拟仿真等信息技术，创新信息化教学方法与手段。普及项目教学、案例教学、情境教学、模块化教学等方式，广泛运用启发式、探究式、讨论式、参与式等教学方法，推广翻转课堂、混合式教学、理实一体教学等新型教学模式。坚持学中做、做中学，以达到预期教学目标。

（五）学习评价

对学生的学业考核评价内容兼顾认知、技能、情感等方面，各门课程制定课程标准，明确评价标准、评价主体、评价方式、评价过程等。对教师采取同行、督导、企业和学生等多维度评价，以多元评价促进教师教育教学水平。加强对教学过程的质量监控，改革教学评价的标准和方法。

（六）质量管理

在学院与分院（部）两级的质量保障体系下，以保障和提高教学质量为目标，运用系统方法，依靠学院与分院（部）两级和专业教研室的组织结构，统筹考虑影响教学质量的各主要因素，结合各级教学诊断、质量年报等形式，自主保证本专业人才培养质量的工作，统筹各环节的教学质量管理活动，形成任务、职责、权限明确，相互协调、相互促进的专业质量管理机制。

十二、毕业要求

修满本专业毕业要求的最低学分：132 学分。

十三、继续专业学习深造建议

高职旅游管理专业毕业生继续深造的渠道主要有以下四种。

（1）专升本：需要参加统一的专升本考试。

（2）成人高招：需参加全国统一成人高考。

（3）自学考试：可选择的专业为旅游管理。

（4）网络教育和社会化培训：通过网络教育、社会化培训等继续教育形式学习。

（5）境外升学：通过测试，升入国际知名大学相关专业深造。

十四、其他说明

专业相关国家标准如表 5-34 所示。

表 5-34　专业相关国家标准

序号	名称
1	《国民经济行业分类》（GB/T 4754—2017）
2	《旅游资源分类、调查与评价》（GB/T 18972—2017）
3	《旅游业基础术语》（GB/T 16766—2017）
4	《电子商务交易产品信息描述　旅游服务》（GB/T 33989—2017）
5	《旅行社产品通用规范》（GB/T 32942—2016）

十五、附录（教学进程安排表－略）

第二节　文化创意与策划专业教学标准

一、专业名称及代码

专业名称:《高等职业学校专业目录》中规定的专业名称及代码。

专业代码：650401。

二、入学要求及修业年限

入学要求：普通高中毕业生、中职毕业生或同等学力人员、初中毕业生、高校毕业生。

学历：大学专科。

学制：三年。

三、所属专业群

智慧旅游专业群。

四、职业面向及职业能力要求

就业面向的行业：文化服务行业、文旅融合行业、文化艺术行业、产品制造行业等。

主要就业单位类型：文化传播创意公司、广告设计公司、传媒出版社、网络媒体公司、印刷包装公司、出版社、文化博物馆、商场超市、酒店企划部、社区文化服务站、小微企业创业公司等企事业。

主要就业部门：创意宣传类、广告设计类、出版设计类、新媒体运营类、产品与包装设计类的策划宣传与制作部门，文化博物馆、商场超市、酒店企划部、社区文化服务站的宣传策划活动组织部门，小微企业和创业公司。

可从事的岗位：文化服务专业人员（文化培训指导员、讲解员、客服员、文化经纪人），文化专业人员（文秘、文字编辑、摄影记者、美术编辑、网络编辑等），美术专业人员（插画师、平面设计师、摄影师等）、工艺美术与创意设计专业人员（视觉传达设计师、动画师、服装设计师、工艺美术专业人员、商品展示陈列师等），专业设计服务人员（工艺美术品设计师、广告设计师、产品设计师等），人力资源服务人员（社区文化服务店运营经理、创业经理、创业指导师等）。

文化创意与策划专业职业面向如表 5-35 所示。文化创意与策划专业岗位能力分析如表 5-36 所示。

表 5-35　文化创意与策划专业职业面向

所属专业大类（代码）	所属专业类（代码）	对应行业（代码）	主要职业类别（代码）	主要岗位群或技术领域举例	职业资格证书和职业技能等级证书举例
文化服务类（6504）	文化创意与策划（650401）	608	4-08 4-13 2-10	商务专业人员 工艺美术与创意设计专业人员	商务专业人员 工艺美术与创意设计专业人员

表 5-36　文化创意与策划专业岗位能力分析

序号	岗位名称	岗位类别		岗位描述	岗位能力及要求
		初始岗位	发展岗位		
1	文化专业人员	☑ 文秘、办公室文员 ☑ 文字编辑 ☑ 商务助理、公关礼仪 ☑ 摄影记者 ☑ 美术编辑 ☑ 网络与新媒体编辑	☑ 文秘、办公室文员 ☑ 文字编辑 ☑ 商务助理、公关礼仪 ☑ 摄影记者 ☑ 美术编辑 ☑ 网络与新媒体编辑	1. 项目策划统筹 2. 项目开发 3. 旅游产品设计	1. 掌握文旅行业策划规范和标准，掌握市场营销、旅游项目策划的方法及技巧 2. 能熟练开展文旅资源、文旅市场的调查与分析 3. 掌握市场调查的工作流程及方法 4. 具有一定的创意能力，策划统筹能力、创作能力 5. 具有较强的语言、文字表达能力，能熟练运用 office 办公软件，能综合运用旅游管理相关知识 6. 掌握一定的政务、商务接待礼仪及规范

续表

序号	岗位名称	岗位类别		岗位描述	岗位能力及要求
		初始岗位	发展岗位		
2	美术专业人员	☑插画师 ☑平面设计师 ☑摄影师	☑插画师 ☑平面设计师 ☑摄影师	1. 旅游产品创作设计 2. 平面设计 3. 手绘 4. 手工制作 5. 品牌推广营销	1. 熟练掌握绘图、3D 建模等软件，运用于产品设计绘图、效果图制作、推广物料制作等 2. 具有一定的创意能力、良好的绘画功底、手工制作能力、品牌推广策划能力
3	工艺美术与创意设计专业人员	☑视觉传达设计师 ☐动画师 ☐服装设计师 ☑工艺美术专业人员 ☑商品展示陈列师	☑视觉传达设计师 ☑动画师 ☑服装设计师 ☑工艺美术专业人员 ☑商品展示陈列师	1. 旅游产品创作设计 2. 平面设计 3. 手绘 4. 手工制作 5. 品牌推广营销	1. 熟练掌握：陶艺、布艺、茶艺、竹木工艺、花艺等工艺制作技术 2. 具有一定的创意能力、良好的绘画功底、手工制作能力、品牌推广策划能力
4	专业设计服务人员	☑工艺美术品设计师 ☑广告设计师 ☑产品设计师	☑工艺美术品设计师 ☑广告设计师 ☑产品设计师	1. 旅游产品创作设计 2. 平面设计 3. 手绘 4. 手工制作 5. 品牌推广营销 6. 旅游产品创作设计 7. 平面设计 8. 手绘 9. 手工制作 10. 品牌推广营销	1. 熟练掌握：绘图、3D 建模等软件，运用于产品设计绘图、效果图制作、推广物料制作等 2. 具有一定的创意能力、良好的绘画功底、手工制作能力 3. 熟练掌握：陶艺、布艺、茶艺、竹木工艺、花艺等工艺制作技术 4. 具有一定的创意能力、良好的绘画功底、手工制作能力、品牌推广策划能力
5	人力资源服务人员	☑社区文化服务店运营经理 ☑创业经理 ☐创业指导师	☐社区文化服务店运营经理 ☑创业经理 ☑创业指导师	1. 客户咨询受理 2. 旅游商品销售 3. 管理组织协调	1. 具有较强的语言、文字表达能力，能熟练运用 office 办公软件，能综合运用旅游管理相关知识 2. 懂得各种工艺流程制作方法，并能实际操作示范 3. 掌握一定的政务、商务接待礼仪及规范

五、培养目标

（一）总体目标

适应成都作为中国向西向南开发战略支点，建设世界文创名城、旅游名城对文化旅游创意产业的需求，培养具有以文载道、以文传声、以文化人，树立中华优秀文化传播和知识产权保护能力，具备文创产业策划、管理运营、推广，在商业艺术设计、传统工艺传承创新能力上运用新理念、新技术、新手段，胜任国际国内文化旅游企业创意设计师、项目经理和小微企业自主创业经理等岗位的高素质“文创赋能、技术赋值”的国际化复合型文化和旅游融合创新发展的专业技术技能人才。

本专业学生毕业五年后能够达到的职业和专业成就即专业培养目标，具体为解决实际问题的能力，团队作用的发挥，职业道德和伦理水准，终身学习能力的养成，创新意识及创新方法培养，为区域经济和社会发展做出贡献。将这六个方面作为专业人才培养目标的六个维度，按照培养目标→毕业要求→毕业要求指标点→课程矩阵图的路径落实到课程、课堂中。从而实现学生职业和专业成长，达成专业培养目标。

1. 思政目标

树立正确的政治理想和政治道德，培养对党和国家、社会主义事业忠诚可靠的建设者和接班人。

教育引导学生热爱和拥护中国共产党，立志听党话、跟党走，立志扎根人民、奉献国家。

凸显“显性思想政治教育”即思想政治理论课先行地位，在建设好思想政治理论课的前提下，在思想政治理论课教师的指导及参与下，将思政元素寓于、融入专业课、通识课，使专业课程在内的所有课程确保与思想政治理论课目标一致、同向同行，真正形成育人合力。

提升大学生群体的政治觉悟，让学生形成较高层次的理性认同，提高辨别是非能力，在大是大非面前态度鲜明、立场坚定，始终在政治立场、政治方向、政治原则、政治道路上，同以习近平同志为核心的党中央保持高度一致，强化使命担当，从而在激烈的国际竞争中，使中华民族立于不败之地。

2. 知识目标

熟悉 Office 办公软件、Photoshop、Painter、sai、Painter、illustrator、CorelDRAW、3DMAX、Maya 等。文员办公软件、图像设计制作软件、绘画类软件、平面设计类软件、3D 建模软件，精通 1~3 种。（100% 达到）具备统筹策划、运营管理、品牌推广、产品前期创意、绘画艺术表现、推广宣传物料设计制作、产品开发设计、工艺制作等方面基本知识（100% 达到了解程度，每位同学按工作室岗位自选一门深入学习）。

3. 素质结构

与甲方充分沟通时，能用文字方案、效果图展示、语言表达等形式让甲方认同。当接到项目时，懂得如何洽谈、谈判。当乙方与甲方在设计方案上发生冲突时，必须在尊重甲方的基础上，做出两种不同类型的备选方案。当甲方提出修改意见时，应认真对待，修改要细致到位。当甲方没有经验时，要帮助他们分析，提出自己对方案策划、艺术设计方面的独特见解。当出现两种及以上方案时，要有辨别和决断的能力。当进度出现问题时，要有沟通能力和互助精神。当创作遇到瓶颈时，要能坚持。当项目工期较长或不是自己喜欢的题材时，要随时保持激情活力。

4. 能力目标

能独立完成相关项目和参与团队协助共同完成相关项目。具备统筹策划、运营管理、品牌推广的能力，能熟悉与甲方、设计师、生产厂家等接触洽谈的方式方法，快速了解甲方需求、设计师意图、生产细节等；能熟悉市场调研、接单、签订合同、经费预算、付款结算、知识产权保护、售后服务等环节的操作流程；能够组织团队对项目进行策划、头脑风暴、设计制作、陈述汇报设计案等（70% 达到）；能进行文旅项目前期策划，绘制草图、概念图，把控创意的准确表达（40% 设计，60% 表达）；能独立创作设计方案，绘制、排版设计制作借助文配图等表现方式，清晰阐述创意内容，能绘制草图，能清晰地讲述设计内容。能独立完成设计图的全部绘制画面效果（50% 设计，50% 表达）；能独立完成设计图的全部后期版式设计、宣传物料设计制作、产品样品手工制作（40% 达到）；能根据客户需求，完成各类文创产品的开发设计样品制作，广告、宣传画、大型活动展示布展设计的工作（40% 达到）；能运用创新课与文创专业知识自主创业，可以胜任小微企业自主创业经理等岗位（2% 达到）。

5. **素质目标**

坚定拥护中国共产党领导和我国社会主义制度，在习近平新时代中国特色社会主义思想指引下，践行社会主义核心价值观，具有深厚的爱国情感和中华民族自豪感；崇尚宪法、遵法守纪、崇德向善、诚实守信、尊重生命、热爱劳动，履行道德准则和行为规范，具有社会责任感和社会参与意识；具有质量意识、环保意识、安全意识、信息素养、工匠精神、创新思维、全球视野和市场洞察力；勇于奋斗、乐观向上，具有自我管理能力、职业生涯规划的意识，有较强的集体意识和团队合作精神。

6. **创新创业能力目标**

具备旅游文化传承创新创意意识；懂得基本的创业方法与手段，并具有能实施落地的能力。养成终身学习能力；能为区域经济和社会发展做出贡献的意识。

（二）具体目标（表 5–37）

表 5–37　文化创意与策划专业培养目标

序号	具体内容
1	适应成都作为中国向西向南开发战略支点，建设世界文创名城、旅游名城对文化旅游创意产业的需求
2	培养具有以文载道、以文传声、以文化人，树立中华优秀文化传播和知识产权保护能力
3	具备文创产业策划、管理运营、推广，在商业艺术设计、传统工艺传承创新能力上运用新理念、新技术、新手段
4	胜任国际国内文化旅游企业创意设计师、项目经理和小微企业自主创业经理等岗位
5	高素质“文创赋能、技术赋值”的国际化复合型文化和旅游融合创新发展的专业技术技能人才

六、毕业能力要求（表 5-38、表 5-39）

表 5-38 文化创意与策划专业毕业要求

序号	毕业能力要求	对应的培养目标	对应的思政目标
1	中华优秀文化传播和知识产权保护能力	1. 文化传播能力 2. 技艺传承创新设计能力	1. 培养学生民族自豪感和自尊心 2. 传播中华优秀文化
2	文创产业策划、管理运营、推广能力	1. 文创产业策划、IP 打造能力 2. 全媒体项目管理运营能力 3. 产品推广能力 4. 公共文化服务与管理能力 5. 知识产权保护、传统文化传承能力 6. 文旅项目个人接单能力 7. 文旅项目创新创业能力	1. 厚植社会主义核心价值观 2. 结合职业厚植尊师重道、德品先行 3. 让科学与美激发创新活力
3	在商业艺术设计、传统工艺传承创新能力上运用新理念、新技术、新手段能力	1. 设计基础能力 2. 商业美术设计能力 3. 创意产品设计制作能力 4. 多媒体设计制作能力 5. 概念创意设计	1. 厚植社会主义核心价值观 2. 结合职业厚植尊师重道、德品先行 3. 工匠精神的培养 4. 将美育传统引入思政实践，让美育基因滋养校园文化
4	创新创业能力	1. 文旅项目团队、个人接单能力 2. 文旅项目创新创业能力	思政教育与创新创业教育五位一体协同联合

表 5-39 文化创意与策划专业毕业要求指标点

序号	毕业能力要求	能力要求指标点序号	对应的毕业要求指标点	思政要求指标点
1	中华优秀文化传播和知识产权保护能力	1.1 文化传播能力 1.2 技艺传承创新设计能力	中华优秀文化传播和知识产权保护能力	1.1 培养学生民族自豪感和自尊心 1.2 传播中华优秀文化

续表

序号	毕业能力要求	能力要求指标点序号	对应的毕业要求指标点	思政要求指标点
2	文创产业策划、管理运营、推广能力	2.1 文创产业策划、IP打造能力 2.2 全媒体项目管理运营能力 2.3 产品推广能力 2.4 公共文化服务与管理能力 2.5 知识产权保护、传统文化传承能力 2.6 文旅项目个人接单能力 2.7 文旅项目创新创业能力	2.1 文旅项目策划管理统筹能力 2.2 文旅项目开发能力 2.3 文旅产品创作设计能力 2.4 客户咨询受理能力 2.5 文旅项目指导示范讲解能力 2.6 文旅商品销售能力 2.7 文旅项目管理协调能力	2.1 厚植社会主义核心价值观 2.2 结合职业厚植尊师重道、德品先行 2.3 让科学与美激发创新活力
3	在商业艺术设计、传统工艺传承创新能力上运用新理念、新技术、新手段能力	3.1 设计基础能力 3.2 商业美术设计能力 3.3 创意产品设计制作能力 3.4 多媒体设计制作能力 3.5 概念创意设计	3.1 文旅产品创作设计能力 3.2 平面设计能力 3.3 手绘能力 3.4 手工制作能力 3.5 文旅品牌营销推广能力	3.1 厚植社会主义核心价值观 3.2 结合职业厚植尊师重道、德品先行 3.3 工匠精神的培养 3.4 将美育传统引入思政实践，让美育基因滋养校园文化
4	创新创业能力	4.1 文旅项目团队、个人接单能力 4.2 文旅项目创新创业能力	4.1 文旅项目团队、个人接单能力 4.2 文旅项目创新创业能力	思政教育与创新创业教育五位一体协同联合

七、专业证书与国家标准

在“1+X 证书”制度实践过程中，遴选适合本专业的试点证书。并将技能证书有机融入专业人才培养方案，即将职业技能等级标准与专业人才培养方案的课程内容相互融合，将职业技能等级考核与相关专业课程考核统筹安排。

（一）专业目前可考证书（表 5-40）

表 5-40 专业目前可考证书

序号	证书
1	文化创意设计制作专业工程师
2	商务策划师
3	工艺美术与创意设计师
4	产品设计师
5	商业美术设计师

（二）专业遴选推荐证书（表 5-41）

表 5-41 专业遴选推荐证书

证书	等级	类别	考期	发证机构	考试要求（鼓励选考 / 必考必过）
产品创意设计职业技能等级证书	初级	1+x	每年 2 次考试机会	北京洛凯特文化传播有限公司	鼓励选考

（三）课证融通方式（表 5-42）

表 5-42 专业课证融通方式

证书	融入课程	融通方式
产品创意设计职业技能等级证书	文化创意产品设计	项目制引入 课程案例研究 项目考核

八、专业课程体系

（一）专业群课程构建

本专业属于文化创意专业群，专业群课程体系按照群内专业底层共享、中层分立，高层互选的原则进行构建。底层为公共课程、专业基础课程；中层为专业方向课程，即职业能力课程；高层为专业限选课程，扩展和提升职业能力，拓宽学生职业能力范围（图 5-3）。

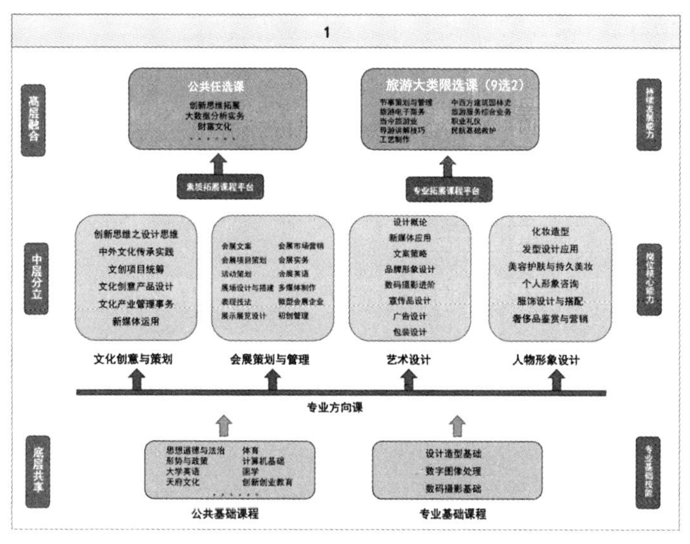

图 5-3　文创专业群课程体系

（二）专业课程与典型工作任务的对应关系

应体现所设置的课程体系与岗位典型工作任务间的关系（表 5-43）。

表 5-43　文化创意与策划专业课程体系

序号	课程名称（学习领域）	对应的典型工作任务
1	中华优秀文化传播能力 中外文化传承实践 文化产业概论	1. 文化传播者 2. 技艺传承创新设计
2	创意设计制作能力 设计造型基础 计算机辅助设计 数码摄影 文化创意产品设计 文化创意思维 时尚设计	1. 设计基础能力 2. 商业美术设计 3. 创意产品设计制作 4. 多媒体设计制作 5. 概念创意设计

续表

序号	课程名称（学习领域）	对应的典型工作任务
3	文创产业策划、管理运营、推广能力、知识产权保护能力 文创项目统筹 文化产业管理实务 全媒体运维 职业礼仪	1. 文创产业策划、IP 打造 2. 全媒体项目管理运营 3. 产品推广能力 4. 公共文化服务与管理 5. 知识产权保护、传统文化传承 6. 文旅项目个人接单 7. 文旅项目创新创业

（三）专业课程设置

专业课程设置按照成果导向（OBE）理念，将人才培养目标贯穿到每门课程中，确保课程开设的有效性，不断优化课程设置，通过课程目标的实现反向促进人才培养目标的实现。可采用课程矩阵的方式表述课程—毕业要求—指标点三者之间的对应关系，如表 5-44 所示。

表 5-44 文化创意与策划专业课程矩阵图（专业课程与毕业要求对应关系）

毕业要求	毕业要求指标点	设计造型基础	数字图像处理	数码摄影	文化创意思维	中外文化传承实践	文创项目统筹	文化创意产品设计	文化产业管理实务	全媒体运维
中华优秀文化传播和知识产权保护能力	1. 文化传播能力 2. 技艺传承创新设计能力				√	√				
文创产业策划、管理运营、推广能力	1. 文创产业策划、IP 打造能力 2. 全媒体项目管理运营能力 3. 产品推广能力 4. 公共文化服务与管理能力 5. 知识产权保护、传统文化传承能力 6. 文旅项目个人接单能力 7. 文旅项目创新创业能力						√		√	√

续表

毕业要求	毕业要求指标点	设计造型基础	数字图像处理	数码摄影	文化创意思维	中外文化传承实践	文创项目统筹	文化创意产品设计	文化产业管理实务	全媒体运维
在商业艺术设计、传统工艺传承创新能力上运用新理念、新技术、新手段能力	1. 设计基础能力 2. 商业美术设计能力 3. 创意产品设计制作能力 4. 多媒体设计制作能力 5. 概念创意设计	√	√	√	√			√		√
创新创业能力	1. 文旅项目团队、个人接单能力 2. 文旅项目创新创业能力	√	√	√	√	√	√	√	√	√
思政要求	**思政要求 指标点**	**设计造型基础**	**数字图像处理**	**数码摄影**	**文化创意思维**	**中外文化传承实践**	**文创项目统筹**	**文化创意产品设计**	**文化产业管理实务**	**全媒体运维**
习近平新时代中国特色社会主义思想	了解世情、国情、党情、民情，增强对党的创新理论的政治认同、思想认同、情感认同，坚定中国特色社会主义道路自信、理论自信、制度自信、文化自信	√	√	√	√			√	√	√
培育和践行社会主义核心价值观	把国家、社会、公民的价值要求融为一体，提高个人的爱国、敬业、诚信、友善修养，自觉把“小我”融入“大我”，不断追求国家的富强、民主、文明、和谐和社会的自由、平等、公正、法治，将社会主义核心价值观内化为精神追求、外化为自觉行动	√		√			√			√
学习中华优秀传统文化	弘扬以爱国主义为核心的民族精神和以改革创新为核心的时代精神，理解中华优秀传统文化中讲仁爱、重民本、守诚信、崇正义、尚和合、求大同的思想精华和时代价值，传承中华文脉，富有中国心、饱含中国情、充满中国味		√	√	√					

续表

思政要求	思政要求 指标点	设计造型基础	数字图像处理	数码摄影	文化创意思维	中外文化传承实践	文创项目统筹	文化创意产品设计		
宪法法治学习	学思践悟习近平全面依法治国新理念、新思想、新战略，牢固树立法治观念，坚定走中国特色社会主义法治道路的理想和信念，深化对法治理念、法治原则、重要法律概念的认知，提高运用法治思维和法治方式维护自身权利、参与社会公共事务、化解矛盾纠纷的意识和能力				√	√				√
深化职业理想和职业道德	深刻理解并自觉实践各行业的职业精神和职业规范，增强职业责任感，培养遵纪守法、爱岗敬业、无私奉献、诚实守信、公道办事、开拓创新的职业品格和行为习惯	√								√
了解会展专业和行业领域的国家战略、法律法规和相关政策	深入社会实践、关注现实问题，形成经世济民、诚信服务、德法兼修的职业素养		√		√					√

注：1. 专业课程体系应涵盖所有毕业要求，支撑所有指标点的训练和培养，可采用课程矩阵的方式表述课程—毕业要求—指标点三者之间的对应关系。

2. 指标点对应到哪一门课程可以在该门课程对应的框中打“√”。

（四）课程内容及要求

1. 劳动与素质教育活动课程

劳动和素质教育活动由劳动教育和素质教育活动培养体系共同构成，总计 4 学分，由学生处具体实施、考评。

2. 公共基础模块（表 5-45）

表 5-45　公共课程教学内容及要求

序号	课程名称	主要教学内容	主要教学方法与手段	建议学时
1	思想道德修养与法律基础	坚定理想信念，弘扬中国精神，践行社会主义核心价值观，明大德、守公德、严私德，尊法、学法、守法、用法	专题讲授法、案例教学法互动教学法、启发教学法	48
2	毛泽东思想和中国特色社会主义理论体系概论	毛泽东思想，邓小平理论“三个代表”重要思想及习近平新时代中国特色社会主义思想	专题讲授法、案例教学法互动教学法、启发教学法	64
3	形势与政策	党和国家最新的时事与政策	专题讲授法、案例教学法、互动教学法、启发教学法	48
4	军事理论	普及国防知识，增强国防意识，提高学生政治觉悟，激发爱国热情	讲授法、案例法、互动教学法、启发教学法等	36
5	就业指导	就业政策、就业信息、简历制作、求职技巧、模拟面试等方面的指导，帮助学生顺利就业、创业	翻转教学法、案例教学法、互动教学法、启发教学法等	16
6	创新创业教育	从思维创新到项目产生教学内容：创新技法、希望点与缺点列举法、奥斯本检核表法、信息交合法、六合分析法、头脑风暴法	讲授法、案例法、头脑风暴、在线卡牌模拟、角色扮演、小组讨论等	36
7	大学英语	涉外日常活动情景对话，涉外业务读、写、译	输出驱动教学法、情景教学法、交际教学法、线上线下混合式教学等	130
8	体育	大众健美操锻炼标准 2 级，24 式太极拳，舞蹈、体操类	讲授法、游戏练习法、分享讨论法、分组练习法、比赛练习法等	138

续表

序号	课程名称	主要教学内容	主要教学方法与手段	建议学时
9	国学	先秦主要哲学思想传统艺术赏析，传统节日与习俗，传统礼仪与习俗，传统科技与发明创造，汉字与传统文学，宗教常识	任务驱动、小组合作、头脑风暴、翻转课堂、混合式教学法等，云班课	30
10	天府文化	天府品格，天府历史，天府之最，天府遗存，天府名人，天府艺术，天府民俗	任务驱动、小组合作、头脑风暴、翻转课堂、混合式教学法等，云班课	18
11	成都故事	古蜀文明惊天下，秦汉成都，三国风云南朝烟雨，唐宋成都，明清成都	任务驱动、小组合作、头脑风暴、翻转课堂、混合式教学法等，云班课	18
12	大学生心理健康教育	大学生心理健康教育基础理论（健康教育），自我认知与个性完善（意识教育），亲子关系辅导（意识教育），情绪管理与压力应对（挫折教育），人际交往（社会适应性教育），恋爱与性心理（成人教育），生命的意义（生命教育）	专题讲授法、案例教学法、体验式互动教学法、角色扮演法、行为强化法、团体辅导法	36

3. 专业课程

（1）专业基础模块。

对专业基础模块课程进行逐一描述，填写表格（表 5-46）。

表 5-46 主要专业基础模块课程教学内容及要求

序号	课程名称	主要教学内容	主要教学方法与手段	建议学时
1	当今旅游业	当今旅游业	理论课程	60
2	职业礼仪	职业礼仪	理论课程	30
3	旅游市场营销	旅游市场营销	理论课程	72

（2）专业方向模块（表 5-47 ~ 表 5-53）。

表 5-47　专业方向模块教学内容及要求

序号	课程名称	主要教学内容	主要教学方法与手段	建议学时
1	设计造型基础	色彩、构成、表现技巧	理实一体课程	60
2	数字图像处理	PS、AI 等软件	理实一体课程	60
3	数码摄影	摄影、摄像、剪辑	理实一体课程	36
4	新媒体运用	ppt、摄像、剪辑	理实一体课程	72
5	创新思维之设计思维	创意思维实训、策略方案、调研开发立项、概念创意设计	理实一体课程	30
6	中外文化传承实践	中外历史文化对比传承实践、艺术鉴赏	理实一体课程	72
7	文创项目统筹	专业文案写作、文秘工作、成本核算、商务谈判、统筹营销管理	理实一体课程	100
8	文化创意产品设计	创意产品开发、材料工艺、打样制作、测试检验、评估论证、产品整体设计、包装结构设计制作	理实一体课程	244
9	文化产业管理实务	IP 品牌打造、知识产权保护、知识产权法学、公共文化服务与管理，文化馆、博物馆、图书馆等（文博基础）	理实一体课程	72
10	新媒体运用（进阶）	文化市场营销、新媒体运营、广告宣传、项目策划、个人作品集	理实一体课程	100

表 5-48　创新思维之设计思维课程教学内容及要求

课程名称		文化创意思维					
学期		1、2	学时	66	授课方式	实践 + 理论	
学分		2+2	考核方式	随堂、统一	考试类型	考查、考试	
课程目标	思政目标	了解展会项目区域经济的意义，厚植爱国热情和民族自豪感。通过专业案例的比较学习，培养学生国际视野、创新思维，树立文化自信；通过对会展项目相关法规、国家标准的学习，帮助学生树立法纪、规范意识；通过对项目场地条件、利益相关者、旅游从业人员的调研与访谈，帮助学生树立实事求是、因地制宜的意识，在实践中锤炼意志，增强劳动意识；通过项目方案的思考、创意、设计表现，培养学生树立诚实守信、绿色发展、共享理念、环保意识以及敬业、精益、专注、创新的工匠精神；培养学生自我管理、人际交往能力以及集体意识和团队合作精神					

续表

课程目标	知识目标	创意思维实训、策略方案、调研开发立项、概念创意设计
	能力目标	创意思维实训、策略方案、调研开发立项、概念创意设计
	素质目标	创意思维实训、策略方案、调研开发立项、概念创意设计
教学内容		模块分段式项目教学。主要教学内容如下： 创意思维实训、策略方案、调研开发立项、概念创意设计
教学建议		鉴于教学课时的限制，建议采用分段式项目教学； 评价方式为平时成绩（10%）+ 项目成绩（70%）+ 期末考查（20%） 课堂生活化，生活课堂化。注重实训环境、课外环境的打造，关注学生生活方式的重建，让工作室留得住学生的同时，也让学生留得住生活

表 5-49　中外文化传承实践课程教学内容及要求

课程名称		中外文化传承实践					
学期		2、3	学时	72	授课方式	实践 + 理论	
学分		2+2	考核方式	随堂、统一	考试类型	考查、考试	
课程目标	思政目标	了解展会项目区域经济的意义，厚植爱国热情和民族自豪感。通过专业案例的比较学习，培养学生国际视野、创新思维，树立文化自信；通过会展项目相关法规、国家标准的学习，帮助学生树立法纪、规范意识；通过对项目场地条件、利益相关者、旅游从业人员的调研与访谈，帮助学生树立实事求是、因地制宜的意识，在实践中锤炼意志，增强劳动意识；通过项目方案的思考、创意、设计表现，培养学生树立诚实守信、绿色发展、共享理念、环保意识以及敬业、精益、专注、创新的工匠精神；培养学生自我管理、人际交往能力以及集体意识和团队合作精神					
	知识目标	中外历史文化对比传承实践、艺术鉴赏					
	能力目标	中外历史文化对比传承实践、艺术鉴赏					
	素质目标	1. 培养学生民族自豪感和自尊心 2. 传播中华优秀文化					
教学内容		模块分段式项目教学。主要教学内容如下： 中外历史文化对比传承实践、艺术鉴赏					
教学建议		鉴于教学课时的限制，建议采用分段式项目教学 评价方式为平时成绩（10%）+ 项目成绩（70%）+ 期末考查（20%） 课堂生活化，生活课堂化。注重实训环境、课外环境的打造，关注学生生活方式的重建，让工作室留得住学生的同时，也让学生留得住生活					

表 5–50　文创项目统筹课程教学内容及要求

<table>
<tr><td colspan="2">课程名称</td><td colspan="6">文创项目统筹</td></tr>
<tr><td colspan="2">学期</td><td>2、3</td><td>学时</td><td>144</td><td>授课方式</td><td colspan="2">实践＋理论</td></tr>
<tr><td colspan="2">学分</td><td>4+4</td><td>考核方式</td><td>随堂、统一</td><td>考试类型</td><td colspan="2">考查、考试</td></tr>
<tr><td rowspan="4">课程目标</td><td>思政目标</td><td colspan="6">了解展会项目区域经济的意义，厚植爱国热情和民族自豪感。通过专业案例的比较学习，培养学生的国际视野、创新思维，树立文化自信；通过对会展项目相关法规、国家标准的学习，帮助学生树立法纪、规范意识；通过对项目场地条件、利益相关者、旅游从业人员的调研与访谈，帮助学生树立实事求是、因地制宜的意识，在实践中锤炼意志，增强劳动意识；通过项目方案的思考、创意、设计表现，培养学生树立诚实守信、绿色发展、共享理念、环保意识以及敬业、精益、专注、创新的工匠精神；培养学生自我管理、人际交往能力以及集体意识和团队合作精神</td></tr>
<tr><td>知识目标</td><td colspan="6">专业文案写作、文秘工作、成本核算、商务谈判、统筹营销管理</td></tr>
<tr><td>能力目标</td><td colspan="6">专业文案写作、文秘工作、成本核算、商务谈判、统筹营销管理</td></tr>
<tr><td>素质目标</td><td colspan="6">1. 厚植社会主义核心价值观
2. 结合职业厚植尊师重道、德品先行
3. 让科学与美激发创新活力</td></tr>
<tr><td colspan="2">教学内容</td><td colspan="6">模块分段式项目教学。主要教学内容如下：
专业文案写作、文秘工作、成本核算、商务谈判、统筹营销管理</td></tr>
<tr><td colspan="2">教学建议</td><td colspan="6">鉴于教学课时的限制，建议采用分段式项目教学
评价方式为平时成绩（10%）＋项目成绩（70%）＋期末考查（20%）
课堂生活化，生活课堂化。注重实训环境、课外环境的打造，关注学生生活方式的重建，让工作室留得住学生的同时，也让学生留得住生活</td></tr>
</table>

表 5–51　文化创意产品设计课程教学内容及要求

<table>
<tr><td colspan="2">课程名称</td><td colspan="6">文化创意产品设计</td></tr>
<tr><td colspan="2">学期</td><td>2、3、4</td><td>学时</td><td>216</td><td>授课方式</td><td colspan="2">实践＋理论</td></tr>
<tr><td colspan="2">学分</td><td>4+4+4</td><td>考核方式</td><td>随堂、统一</td><td>考试类型</td><td colspan="2">考查、考试</td></tr>
<tr><td>课程目标</td><td>思政目标</td><td colspan="6">了解展会项目区域经济的意义，厚植爱国热情和民族自豪感。通过专业案例的比较学习，培养学生国际视野、创新思维，树立文化自信；通过会展项目相关法规、国家标准的学习，帮助学生树立法纪、规范意识；通过对项目场地条件、利益相关者、旅游从业人员的调研与访谈，帮助学生树立实事求是、因地制宜的意识，在实践中锤炼意志，增强劳动意识；通过项目方案的思考、创意、设计表现，培养学生树立诚实守信、绿色发展、共享理念、环保意识以及敬业、精益、专注、创新的工匠精神；培养学生自我管理、人际交往能力以及集体意识和团队合作精神</td></tr>
</table>

续表

<table>
<tr><td rowspan="3">课程目标</td><td>知识目标</td><td>1. 学习文化旅游业内商品设计中所涉及的各类产品手绘草图的绘制、产品外观设计、内部结构设计等
2. 认识各类材质材料工艺，能制作打样开模，设计制作产品，测试检验，评估论证。基于陶艺、木艺、布艺、花艺等传统手工艺、非遗项目等学习与文创相关的内容
3. 学习创意产品整体设计、包装结构设计制作</td></tr>
<tr><td>能力目标</td><td>1. 能独立绘制草图的绘制、产品外观设计、内部结构设计等的草图、结构图
2. 能独立仿照制作和创作设计制作并出成品打样，并能够作为“导师”指导他人进行制作的导师能力
3. 能独立使用手绘、软件等方法制作创意产品整体和包装结构的设计图和效果图</td></tr>
<tr><td>素质目标</td><td>能够充分了解项目需求并独立或团队完成</td></tr>
<tr><td colspan="2">教学内容</td><td>模块分段式项目教学。主要教学内容如下：
1. 学习产品手绘草图的绘制、产品外观设计、内部结构设计等
2. 认识各类材质材料工艺、能制作打样开模、设计制作产品，测试检验、评估论证。基于陶艺、木艺、布艺、花艺等传统手工艺、非遗项目等学习与文创相关的内容
3. 学习创意产品整体设计、包装结构设计制作。独立使用手绘、软件等方法制作创意产品整体和包装结构的设计图和效果图</td></tr>
<tr><td colspan="2">教学建议</td><td>鉴于教学课时的限制，建议采用分段式项目教学
评价方式为平时成绩（10%）+ 项目成绩（70%）+ 期末考查（20%）
课堂生活化，生活课堂化。注重实训环境、课外环境的打造，关注学生生活方式的重建，让工作室留得住学生的同时，也让学生留得住生活</td></tr>
</table>

表 5–52　文化产业管理实务课程教学内容及要求

<table>
<tr><td colspan="2">课程名称</td><td colspan="6">文化产业管理实务</td></tr>
<tr><td colspan="2">学期</td><td>4、5</td><td>学时</td><td>64</td><td>授课方式</td><td colspan="2">实践 + 理论</td></tr>
<tr><td colspan="2">学分</td><td>2+4</td><td>考核方式</td><td>随堂、统一</td><td>考试类型</td><td colspan="2">考查、考试</td></tr>
<tr><td>课程目标</td><td>思政目标</td><td colspan="6">了解展会项目区域经济的意义，厚植爱国热情和民族自豪感。通过专业案例的比较学习，培养学生国际视野、创新思维，树立文化自信；通过对会展项目相关法规、国家标准的学习，帮助学生树立法纪、规范意识；通过对项目场地条件、利益相关者、旅游从业人员的调研与访谈，帮助学生树立实事求是、因地制宜的意识，在实践中锤炼意志，增强劳动意识；通过项目方案的思考、创意、设计表现，培养学生树立诚实守信、绿色发展、共享理念、环保意识以及敬业、精益、专注、创新的工匠精神；培养学生自我管理、人际交往能力以及集体意识和团队合作精神</td></tr>
</table>

续表

课程目标	知识目标	涉及文化旅游、广播影视、新闻出版、文化贸易、文物遗产、工艺美术、广告会展、文化政策、体育娱乐、手机网络、动漫音乐、文化经纪等众多文化产业领域
	能力目标	IP 品牌打造、知识产权保护、知识产权法学、公共文化服务与管理，文化馆、博物馆、图书馆等（文博基础）
	素质目标	1. 厚植社会主义核心价值观 2. 结合职业厚植尊师重道、德品先行 3. 让科学与美激发创新活力
教学内容		模块分段式项目教学。主要教学内容如下： IP 品牌打造、知识产权保护、知识产权法学、公共文化服务与管理，文化馆、博物馆、图书馆等（文博基础）
教学建议		鉴于教学课时的限制，建议采用分段式项目教学 评价方式为平时成绩（10%）+ 项目成绩（70%）+ 期末考查（20%） 课堂生活化，生活课堂化。注重实训环境、课外环境的打造，关注学生生活方式的重建，让工作室留得住学生的同时，也让学生留得住生活

表 5-53　新媒体运用（进阶）课程教学内容及要求

课程名称		全媒体运维				
学期		3、4、5	学时	172	授课方式	实践 + 理论
学分		4+4+4	考核方式	随堂、统一	考试类型	考查、考试
课程目标	思政目标	了解展会项目区域经济的意义，厚植爱国热情和民族自豪感。通过专业案例的比较学习，培养学生国际视野、创新思维，树立文化自信；通过对会展项目相关法规、国家标准的学习，帮助学生树立法纪、规范意识；通过对项目场地条件、利益相关者、旅游从业人员的调研与访谈，帮助学生树立实事求是、因地制宜的意识，在实践中锤炼意志，增强劳动意识；通过项目方案的思考、创意、设计表现，培养学生树立诚实守信、绿色发展、共享理念、环保意识以及敬业、精益、专注、创新的工匠精神；培养学生自我管理、人际交往能力以及集体意识和团队合作精神				
	知识目标	文化市场营销、新媒体运营、广告宣传、项目策划、个人作品集				
	能力目标	文化市场营销、新媒体运营、广告宣传、项目策划、个人作品集				
	素质目标	1. 厚植社会主义核心价值观 2. 结合职业厚植尊师重道、德品先行 3. 让科学与美激发创新活力				
教学内容		模块分段式项目教学。主要教学内容如下： 文化市场营销、新媒体运营、广告宣传、项目策划、个人作品集				

续表

教学建议	鉴于教学课时的限制，建议采用分段式项目教学 评价方式为平时成绩（10%）+ 项目成绩（70%）+ 期末考查（20%） 课堂生活化，生活课堂化。注重实训环境、课外环境的打造，关注学生生活方式的重建，让工作室留得住学生的同时，也让学生留得住生活

（3）专业拓展模块（表 5–54）。

对专业选修、技能竞赛和创新创业项目及课程逐一描述，填写表格。

表 5–54 专业拓展模块内容及目标要求

项目 / 课程名称	拓展内容	拓展目标	建议学时
旅游分院限选课（9 选 2）	智慧旅游专业群课程	技能赋值	64

4. 实践课程

实践课程概述（表 5–55）。

表 5–55 实践课程内容及学时学分分配

实践（实习）项目	实践（实习）目标	实践学时
入学入职教育	帮助学生认识行业发展趋势，提升学生对专业的认识水平，了解专业课程设置；明确校规校纪，自觉遵守学校各种规章制度	26
军事技能	培养学生艰苦奋斗、刻苦耐劳的坚强毅力和集体主义精神，帮助学生增强组织纪律性，养成良好的学风和生活作风	112
SYB 创新创业实践	了解创办企业的流程和方法，模拟实践创办企业，增强创业实践指导性	40
劳动与素质教育活动	培养学生的人文素养、职业道德、社会适应能力和社会责任感，养成劳动意识、竞争意识和创新创业意识等	30
顶岗实习（含毕业设计、报告）	全面系统将专业所学与实际工作结合起来，熟悉具体岗位的业务工作，提升综合分析和解决问题的能力，提升社会适应能力，实现顶岗实习和就业直通	450
合计		658

九、人才培养模式

适应成都建设世界文创名城、旅游名城对文化旅游创意产业的需求，培养学生具有以文载道、以文传声、以文化人的职业认知，具备保护并传播中华优秀传统文化的职业意识，掌握商业艺术设计、文创产业策划、管理运营推广专业知识及技术技能，并能运用新理念、新技术、新手段创新传统工艺。使其成为能胜任国际国内文化旅游企业创意设计师、项目经理和小微企业经理等岗位的高素质国际化文创复合型技术技能人才。

十、教学进程总体安排

本专业课程总学时 2701 学时、总计 140 学分。课程教学原则上 16~18 学时折算 1 学分，实践教学（校内实训、综合实践）每 20~28 学时计 1 学分。顶岗实习（含毕业设计、报告）每周 15 学时计 0.5 学分。课程学时学分分配情况如表 5-56 所示，教学进程安排详见附录。

表 5-56　课程学时学分分配

课程类型		学时分配情况		学分分配情况	
		学时	占比（%）	学分	占比（%）
公共基础模块		793	31.2	38	27.1
专业基础模块		162	6.4	10	7.1
专业方向模块		786	30.9	52	37.1
专业拓展模块		64	2.5	52	37.1
素质拓展课程平台	公共限选课	272	10.7	15	10.7
	公共任选课				
实践课程		1450	56.9		
合计		2545		140	

十一、教学实施保障（基本条件）

（一）师资队伍

为满足教学需要，确保教学质量，本专业生师比建议为 16:1。教师团队由校内专任教师和企业兼职教师构成。

专任教师原则上需要具备本科以上学历，具备课程开发能力、指导学生实践的能力。教师每5年必须累计不少于6个月到企业或生产服务一线实践。专任教师中“双师”素质教师不低于90%（表5-57）。

企业兼职教师原则上应为行业内从业多年的专业技术人员，具备较强的执教能力。专业上要为兼职教师提供教学培训机会。对技术革新较快，实践性较强的课程聘请企业兼职教师组成教学团队，共同完成课程教学和实践指导，及时将企业新标准、新技术、新工艺、新流程等融入教学（表5-58）。

表5-57 专职教师一览表

序号	姓名	职称	学历/学位	年龄	研究领域	是否双师型	骨干教师/专业带头人
1	×××	讲师	本科	35	艺术设计、手绘、商业插画、动画、手工制作	是	骨干教师
2	×××	讲师	本科	44	艺术设计、手绘、手工制作	是	骨干教师
3	×××	助教	硕士	29	艺术理论、手工制作	是	骨干教师

表5-58 兼职教师一览表

序号	姓名	职务	工龄	工作单位	承担课程	课时量
1	×××	设计总监	50	成都漆器工艺厂	漆器设计与制作	80
2	×××	副教授/总经理	30	四川用即是道陶艺文化传播有限公司	陶艺	40

（二）实训条件

1. 校内实训室

介绍校内实践教学场地与功能（场地名称、完成的实践教学内容）如表5-59所示。

表 5-59 校内实训室

序号	场地名称	完成的实践教学内容	适用课程	专业群内共享（是 / 否）
1	文化创意与策划专业实训室	设计造型基础、计算机辅助设计、多媒体策划与制作、文化项目策划	设计造型基础、计算机辅助设计、多媒体策划与制作、文化项目策划	是
2	文化创意与策划专业工坊（陶艺、木艺、布艺、花艺工坊）	产品设计表现、工艺创意设计与制作	工艺创意设计与制作	是
3	旅游文创中心	文化品牌创意传播、产品设计表现、文化项目策划	产学研综合基地	是

2. 校外实训室

介绍校外实践教学基地（企业名称、完成的实践教学内容）如表 5-60 所示。

表 5-60 校外实践场所

序号	校外实习基地名称	合作企业名称	实践教学形式	合作深度	专业群内共享（是 / 否）
1	李东陶艺大师工作室	四川用即道陶文化传播有限公司	工艺美术与创意设计专业认识、岗位实践	指课程开发、师资培养	否
2	新西南文创基地	成都新西南陶艺文创产业园	1. 工艺美术与创意设计岗位实践 2. 文化服务专业人员岗位实践、顶岗实习	指课程开发、师资培养、教学资源共建共享、校企共建实训场所、技术服务	否
3	鸿心手创文创店（陶舍）	成都鸿心手创文化传播有限公司	1. 文化服务专业人员 2. 文化专业人员 岗位实践、顶岗实习	指课程开发、技术服务	是

注：1. 实践教学形式：专业认识、XX 岗位实践、跟岗实习、顶岗实习。

2. 合作深度：指课程开发、师资培养、教学资源共建共享、校企共建实训场所、技术服务等。

（三）学习资源

专业群及本专业建设的专业群资源库、课程资源库、教材及图书、数字化（网络）资料等学习资源等（表 5-61、表 5-62）。

表 5-61　文化创意与策划专业教材一览表（参考）

序号	课程名称	教材名称	出版社	作者	出版时间	校企开发教材（是 / 否）	新形态教材（是 / 否）
1	设计造型基础	《设计构成》	人民邮电出版社	喻小飞	2017.4	否	否
2	数字图像处理	《Photoshop CC 从入门到精通 PS 教程》	水利水电出版社	唯美世界	2017.11	否	否
3	产品设计表现	《产品设计模型制作与工艺（第三版）》	清华大学出版社	兰玉琪、张莹、潘弢、张喜奎	2018.9	否	否
4	工艺制作	《陶艺设计与制作 30 例》	化学工业出版社	丁瑜欣	2018.2	否	否
5	文化品牌创意传播	《品牌传播理论与实务》	中国传媒大学出版社	杜国清、陈怡	2018.3	否	否
6	数码摄影基础	《手机摄影笔记 手机出牛片玩转 App 让照片更精彩》	人民邮电出版社	陈建强、范圣楠	2018.8	否	否

表 5-62　文化创意与策划专业数字化资源选用表

序号	数字化资源名称	资源网址
1	文化旅游创新创意教学资源库	http://121.48.29.110/yzk/index.php/index/index/index.html
2	旅游创新创意案例集	http://121.48.29.110/yzk/index.php/index/index/index.html

（四）教学方法

实施教学应采取的方法。

（五）学习评价

对学生学习评价的方式、方法提出建议。对学生的学业考核评价内容应兼顾认知、技能、情感等方面，评价应体现评价标准、评价主体、评价方式、评价过程的多元化，如观察、口试、笔试、顶岗操作、职业技能大赛、职业资格鉴定等评价、评定方式。要加强对教学过程的质量监控，改革教学评价的标准和方法。

（六）质量管理

在学院与分院（部）两级的质量保障体系下，以保障和提高教学质量为目标，运用系统方法，依靠必要的组织结构，统筹考虑影响教学质量的各主要因素，结合教学诊断与改进、质量年报等自主保证各专业人才培养质量的工作，统筹各环节的教学质量管理活动，形成任务、职责、权限明确，相互协调、相互促进的专业质量管理机制。

十二、毕业要求

修满本专业毕业要求的最低学分：140 学分。

十三、继续专业学习深造建议

参加统一的专升本考试；参加全国统一成人高考、自学考试。通过网络教育等形式参加继续教育学习；通过相关测试，赴境外留学深造

十四、其他说明

专业相关国家标准（表 5-63）。

表 5-63　专业相关国家标准

序号	名称
1	《文化服务类教学质量国家标准》
2	《文化创意产业专业规范》
3	《国家基本公共文化服务指导标准》

十五、附录（教学进程安排表－略）

第三节 酒店管理与数字化运营专业教学标准

一、专业名称及代码

专业名称：酒店管理与数字化运营。
专业代码：540106。

二、入学要求及修业年限

入学要求：普通高中毕业生、中职毕业生或同等学力人员。
学历：大学专科。
学制：三年。

三、所属专业群

智慧旅游专业群。

四、职业面向及职业能力要求

（一）职业面向

就业面向的行业：旅游饭店、民宿、精品饭店等住宿业和餐饮业企业单位（表 5-64、表 5-65）。

主要就业单位类型：企业。

主要就业部门：一线运作部门，如前厅、餐饮、客房部门。

二线支持部门：人力资源、市场销售、财务等部门。

可从事的岗位：住宿和餐厅服务岗位。

表 5-64 酒店管理与数字化运营专业职业面向

所属专业大类（代码）	所属专业类（代码）	对应行业（代码）	主要职业类别（代码）	主要岗位群或技术领域举例	职业资格证书和职业技能等级证书举例
旅游大类（54）	旅游类（5401）	住宿业（61） 餐饮业（62）	4-03（GBM 40300） 住宿和餐厅服务人员 4-03-01（GBM 40301）住宿服务人员 前厅服务员 （4-03-01-01） 客房服务员 （4-03-01-02） 旅店服务员 （4-03-01-03） 4-03-02（GBM 40302）餐饮服务人员 餐厅服务员 （4-03-02-05） 茶艺师 （4-03-02-07） 咖啡师 （4-03-02-08） 调酒师 （4-03-02-09）	前台接待 客房协调 餐厅服务 酒吧调酒 销售协调	前厅运营管理 餐饮服务管理 葡萄酒推介与侍酒服务 餐饮管理运行 现代酒店服务质量管理 酒店收益管理 酒店运营管理

表 5-65 酒店管理与数字化运营专业岗位能力分析

序号	岗位名称	岗位类别		岗位描述	岗位能力及要求
		初始岗位	发展岗位		
1	前台接待	☑	☐	负责所有与前台相关的活动，如接待、办理入住和退房手续、给客人安排客房、外汇业务以及协助处理客人的问询等	1. 具有客房管理系统和前台、大堂设备使用的能力 2. 具备前厅对客服务和双语交流技能 3. 具备客户问题咨询和投诉处理的跨文化沟通能力 4. 具有吃苦耐劳、良好的团队协作的能力 5. 优良的沟通交往能力 6. 细致的信息处理能力

续表

序号	岗位名称	岗位类别		岗位描述	岗位能力及要求
		初始岗位	发展岗位		
2	礼宾员	☑	☐	负责为客人行李存储需求提供服务，接收、标注和领取行李等礼宾服务	1. 能完成前台礼宾服务工作任务 2. 能适应倒班，有健康良好的气质 3. 基本的英文表达能力 4. 优良的沟通交往能力
3	宾客服务中心文员	☑	☐	能用专业态度接听从外部打入的电话	1. 熟练使用前台系统，适应夜班 2. 能用专业态度接听从外部打入的电话 3. 流利的中文和英文表达能力 4. 有吃苦耐劳、良好团队协作的能力
4	客房服务员	☑	☐	按照既定标准和工作程序，及时清洁客房和套房，确保宾客满意度	1. 能按照高星级酒店客房规格、房务服务流程开展客房服务工作 2. 能熟练使用房务服务的工具和设备 3. 具备客房服务双语沟通能力 4. 有吃苦耐劳、良好团队协作的能力
5	餐饮服务员	☑	☐	为客人提供快速热情的餐饮服务，根据设定的标准确保餐饮外观的质量；遵守当地的卫生和安全法规或其他适用的规定以及当地的规章制度	1. 具有开展中西餐宴会设计和服务工作的能力 2. 会使用中西餐宴会服务用具和设备 3. 具备咖啡、鸡尾酒、茶艺操作技能 4. 具备外语沟通能力 5. 具有吃苦耐劳、良好的团队协作的能力
6	前台主管	☐	☑	负责管理所有前台的运营效率和服务工作；根据设定的说明和标准提供及时和专业的入住和退房服务	1. 管理所有前台的运营效率和服务工作 2. 根据设定的说明和标准提供及时和专业的入住和退房服务 3. 拥有良好的中、英文表达能力 4. 熟练使用微软办公软件和前台系统 5. 具有解决问题能力和组织能力 6. 拥有 1 年前台或宾客服务工作经验，包括管理经验或与此相当的教育和相关工作经验结合的背景

续表

序号	岗位名称	岗位类别		岗位描述	岗位能力及要求
		初始岗位	发展岗位		
7	前台经理	□	☑	管理前台的各方面工作，包括但不限于注册客人、行李服务、礼宾服务、商务中心、电话服务、客人预订等确保客人的满意度，使酒店利润最大化	1. 拥有流利的中、英文表达能力，良好的写作技能 2. 能够熟知酒店国际客源市场消费文化心理 3. 具备成本控制意识和能力 4. 具备良好的双语客户沟通和客户管理能力 5. 熟练使用微软办公软件和前台系统 6. 具有解决问题、推理、号召、组织和培训能力 7. 良好的领导技能 8. 拥有 2 年酒店宾客服务工作经验，包括 1 年管理经验或与此相当的教育和相关工作经验结合的背景
8	值班经理	□	☑	按需要与酒店其他部门进行合作、协调和沟通；就客人的需求做出反应并解决相关问题	1. 拥有流利的中、英文表达能力 2. 具有良好写作技能 3. 熟练使用微软办公软件和前台系统 4. 具有解决问题和组织能力 5. 拥有 2 年前厅或宾客服务工作经验，包括管理经验或与此相当的教育和相关工作经验结合的背景
9	礼宾部主管	□	☑	负责提供关于酒店设施、场所和功能的准确信息并答复客人的问询；管理客人的钥匙、信件、留言、电报和包裹等。协调客人的需求，要求和问询以确保提供卓越和超值的服务	1. 能提供关于酒店设施、场所和功能的准确信息并答复客人的问询 2. 管理客人的钥匙、信件、留言、电报和包裹等 3. 协调客人的需求，要求和问询以确保提供卓越和超值的服务 4. 拥有良好的中、英文表达能力，具有良好的写作技能 5. 熟练使用微软办公软件和前台系统 6. 具有解决问题的能力，组织和培训能力 7. 拥有 1 年礼宾部工作经验或与此相当的教育和相关工作经验结合的背景

续表

序号	岗位名称	岗位类别		岗位描述	岗位能力及要求
		初始岗位	发展岗位		
10	礼宾部经理	☐	☑	监督和指导礼宾服务的各方面工作；领导协调客人的需求。确保为客人提供卓越和超值的服务	1. 监督和指导礼宾服务的各方面工作 2. 领导协调客人的需求 3. 拥有良好的中、英文表达能力 4. 具有良好的写作技能 5. 熟练使用微软办公软件和前台系统 6. 具有解决问题、推理、号召、组织和培训能力 7. 拥有 2 年酒店宾客服务工作经验，包括 6 个月的管理经验或与此相当的教育和相关工作经验结合的背景
11	宾客关系经理		☑	执行和履行酒店的本地相关政策和程序，有计划地协助前台、总机、商务中心和礼宾各个部门的正常运作；在客人入住期间，维护客户关系，个人化的重视和提供温馨的服务最大化地满足客人等	1. 具备客户问题咨询和投诉处理的跨文化沟通能力 2. 形象气质佳、亲和力强、流利的中文和英文表达能力 3. 具有吃苦耐劳、良好的团队协作的能力 4. 优良的沟通交往能力 5. 细致的信息处理能力
12	客房主管	☐	☑	监督和检查分配给客房、公共区域服务生的工作，按酒店和公司业务目标确保符合产品的质量标准，为酒店客人提供卓越的服务	1. 监督和检查分配给客房、公共区域服务生的工作 2. 拥有良好的中英文表达能力 3. 英文读写能力 4. 熟练使用微软办公软件 5. 具有组织和培训能力 6. 拥有在相似规模酒店 2 年的客房工作经验，包括管理经验或培训经验

续表

序号	岗位名称	岗位类别		岗位描述	岗位能力及要求
		初始岗位	发展岗位		
13	客房部经理	☐	☑	协助管理客房部的日常工作，按酒店和公司业务目标确保符合产品的质量标准，为酒店客人提供卓越的服务	1. 能协助管理客房部的日常工作 2. 良好的中、英文沟通、读、写能力 3. 熟练使用微软办公软件 4. 具有解决问题、推理、号召、组织和培训能力 5. 良好的领导技能 6. 能根据酒店条件和客户需求设计主题客房和夜床创意等 7. 拥有在相似规模酒店 3 年的客房工作经验，包括管理经验
14	餐饮部主管	☐	☑	负责所在餐厅的服务和菜单内容的提供情况，确保高品质和一致性；遵守当地的卫生和安全法规或其他适用的规定以及品牌规范和当地的规章制度	1. 2 年及以上同等岗位相关工作经验 2. 具备成本控制意识和能力 3. 具备良好的双语客户沟通和客户管理能力 4. 具有承接会议服务的能力 5. 具备员工管理方法 6. 吃苦耐劳，具有良好的团队协作的能力 7. 具有解决问题和培训的能力
15	餐饮部经理	☐	☑	协助监管餐厅运营工作，确保已打造的餐饮品质和宾客服务标准以及部门的收入和利润目标；遵守当地的卫生和安全法规或其他适用的规定，还有当地的规章制度	1. 能协助监管餐厅运营工作 2. 确保餐饮品质和宾客服务标准以及部门的收入和利润目标 3. 具备成本控制意识和能力 4. 具备良好的双语客户沟通和客户管理能力 5. 会进行会议、宴会等饭店主题产品策划及管理工作，具备较好的文化创意能力 6. 具备员工管理方法 7. 吃苦耐劳，具有良好的团队协作的能力 8. 具有解决问题和培训的能力 9. 良好的领导能力，3 年相关工作经历，包括管理经验或与此相当的教育和相关工作经验结合的背景

续表

序号	岗位名称	岗位类别		岗位描述	岗位能力及要求
		初始岗位	发展岗位		
16	销售主任	☐	☑	按照年度市场销售计划管理销售工作和活动，完成并超越酒店的预算和销售战略目标	1. 能够熟知酒店国际客源市场消费文化心理 2. 能策划酒店营销方案 3. 具备良好的双语客户沟通和客户管理能力 4. 吃苦耐劳，具有良好的团队协作精神； 5. 具备认真细致的工作态度 6. 具有诚实守信的工作品质
17	销售经理	☐	☑	管理所有销售工作与活动，包括直销、销售询价、销售管理、公关活动和销售团队管理等；按照年度市场销售计划管理销售工作和活动，完成并超越酒店的预算和销售战略目标；研究和确认新的市场前景，跟进为了最大化市场份额	1. 能够熟知酒店国际客源市场消费文化心理 2. 能完成酒店产品直销、销售询价、销售管理、公关活动和销售团队管理 3. 具备良好的双语客户沟通和客户管理能力 4. 吃苦耐劳，具有良好的团队协作精神 5. 具备认真细致的工作态度 6. 具有诚实守信的工作品质 7. 4 年相关工作经验或与此相当的教育和相关工作经验结合的背景
18	人力资源文员	☐	☑	协助人力资源部内部工作，鼓励员工积极参与并协助组织酒店组织的相关活动等	1. 能制订招聘计划 2. 能组织现场招聘和开展员工培训活动 3. 能组织开展员工激励活动 4. 能进行员工绩效考评工作 5. 吃苦耐劳，具有良好的团队协作的能力 6. 具有良好的沟通交往能力

续表

序号	岗位名称	岗位类别		岗位描述	岗位能力及要求
		初始岗位	发展岗位		
19	培训主任	☐	☑	围绕酒店的企业文化和品牌理念，协助培训经理营造一个高效运作的培训部门	1. 能制订培训计划 2. 能组织现场和开展员工培训活动 3. 英文听、说、读、写流利 4. 熟练运用电脑制作文档、电子表格和幻灯片 5. 吃苦耐劳，具有良好的团队协作能力 6. 具有良好的沟通交往能力 7. 至少 1 年的酒店工作经验或至少 1 年的教育经验
20	培训经理	☐	☑	围绕酒店的企业文化和品牌理念，协助培训总监营造一个高效运作的培训部门；为中层管理人员实施管理课程的培训；领导与发展培训主任顺利完成日常以及特定工作任务等	1. 能为中层管理人员实施管理课程的培训 2. 能组织现场和开展员工培训活动 3. 英文听说读写流利 4. 熟练运用电脑制作文档、电子表格和幻灯片 5. 吃苦耐劳，具有良好的团队协作的能力 6. 具有良好的沟通交往能力 7. 至少 2 年的酒店培训工作经验
21	人力资源主任	☐	☑	执行初级的人事和行政工作，支持酒店的人力资源计划和理念；提供基础的协助	1. 良好的中、英文沟通、读、写能力 2 具有本地人力和雇佣法等知识 3. 精通微软办公软件 4. 能执行初级的人事和行政工作，支持酒店的人力资源计划和理念 5. 1 年的相关工作经验或与此相当的教育与工作经验结合的背景
22	人力资源经理	☐	☑	管理酒店人力资源项目，创建积极向上的团队文化，同时确保酒店宾客获得独特的体验	1. 管理酒店人力资源项目，创建积极向上的团队文化 2. 良好的中、英文沟通、读、写能力 3. 具有本地人力和雇佣法等知识 4. 精通微软办公软件 5. 4 年的相关工作经验

（二）典型工作任务及其工作过程（表 5–66）

表 5–66　典型工作任务及工作分析过程

序号	典型工作任务	工作过程
1	前厅部主要工作	为宾客提供咨询、入住登记、结账、商务中心、总机服务、礼宾服务和宾客预订等服务，同时为宾客提供独特的体验
2	餐饮部主要工作	酒店各餐饮点安排顾客座位、点配菜点、进行宴会设计、装饰、布置等就餐服务工作；在为宾客提供独特体验的同时，确保高质量的服务和标准
3	客房部主要工作	管理客房部和洗衣房的运营，保证客房和公共区域进行符合标准的清洁工作并定期检查，确保家具、客房、设备、床上用品、公共卫生间和大堂等保持洁净、运行良好，确保达到质量标准；对宾客的投诉予以回应，确保采取相应的行动予以解决或改正，以使宾客满意
4	人力资源部主要工作	负责酒店的人力资源项目，为酒店设立酒店集团的人力资源框架（如组织结构、人力资源规章制度等）、招聘、学校关系维护等培训需求分析、制定、实施符合酒店营运策略的培训计划；创建积极向上的团队文化
5	销售部主要工作	执行市场推广策略增长收益来源（包括客房、餐饮、宴会和婚宴、会议与活动），本地知名度（酒店品牌在本地市场的声誉及知晓度）及维持良好关系（企业客户、酒店客人、商业伙伴、本地社区、政府和供应商）

五、培养目标

（一）总体目标

本专业适应成都建设世界旅游目的地中心城市对现代酒店业人才的需求，培养具有中华优秀传统文化自信和职业道德，掌握酒店业接待管理标准，具备文化创意策划和岗位英语沟通能力，能够胜任酒店部门运营工作的国际化、创新创业型的高素质技术技能人才。

1. 思政目标

具有帮助、服务宾客和组织的愿望以及满足他们要求的服务精神和责任意识；掌握“常整理、常整顿、常清扫、常安全、常维护、常修养”

的六常管理要领；具有崇尚劳动、热爱劳动、辛勤劳动、诚实劳动的劳动精神；具有执着专注、精益求精、一丝不苟、追求卓越的工匠精神；具备积极进取、勇于创造的开拓创新精神。

2. **知识目标**

掌握必备的思想政治理论、科学文化基础知识和中华优秀传统文化知识；掌握酒店专业基础知识，掌握酒店涉外及社交礼仪知识，了解相关国情和文化，掌握前厅、客房、餐饮等酒店服务与经营管理的基本原理、知识；掌握酒店主题宴会、主题客房、会议策划等产品设计方法和流程；掌握茶艺、花艺、咖啡、酒水等知识，熟悉微企的经营管理；掌握饮食文化和基础烹饪知识，熟悉厨政管理；了解信息通信技术，熟悉酒店信息化应用的基本知识；掌握酒店服务质量控制的方法，掌握酒店产品销售方法，熟悉酒店营销知识；掌握人力资源管理的一般方法；了解酒店常见一线设施设备使用方法；熟悉酒店财务、成本控制，拥有较好的市场营销和收益管理知识。

3. **能力目标**

具有探究学习、终身学习、分析问题和解决问题的能力；具有良好的语言、文字表达能力和沟通能力，能熟练与宾客进行中文沟通，较熟练地进行英文沟通；能带领组织团队成员完成酒店前厅、客房、餐饮等一线部门对口接待及督导管理能力；具备解决酒店服务、运营与管理中常见问题的能力，能处理宾客投诉及酒店一般安全事故；具备创新意识，能创造性地开展工作，满足宾客个性化要求。会进行宴会、会议、主题客房等饭店主题产品策划及管理工作，具备较好的文化创意能力；会对市场进行调研及分析，能策划和执行酒店营销活动；能管理酒店常见的设施设备，能进行饭店服务质量控制；具有酒店组织架构设计、酒店员工培训计划编制与执行、酒店员工绩效评价等酒店运营与管理能力，具备基本领导能力；能策划酒吧、咖啡厅等微型餐饮企业，具备初步的微企运营管理能力；具备创建并运营主体餐厅、民宿等中小餐饮住宿企业的创新创业能力；能把握饭店业发展趋势，能适应企业文化，具备一定的酒店品牌与文化建设、酒店经营管理标准与质量控制、酒店业宏观发展动态与趋势判断等酒店高级管理能力。

4. 素质目标

具有高雅的精神生活追求、审美能力和良好的生活习性；具有健康的体魄和良好的心理素质，不怕困难，不怕挫折，勇于承担责任，有坚强的意志品质；具有质量意识、环保意识、食品安全意识、良好的成本控制意识；具有不卑不亢、宾客至上、平等待客的服务意识，有团队合作精神；勇于奋斗、乐观向上，具有自我管理能力、职业生涯规划的意识，有较强的创新思维、集体意识和团队合作精神；掌握中华优秀传统文化，具有一定的审美和人文素养，拥有较好的艺术爱好和鉴赏能力。

5. 创新创业能力目标

岗位实践操作动手能力：能够在岗位完成各项工作，并且使自己面对问题时，具备发现问题、分析问题和解决问题的能力；创新性思维能力：能在工作实际中分析和归纳顾客需求，在酒店产品、工作流程、部门管理等方面提出创新创意想法和设计；表达交流能力：能将创新创意设计的想法以文稿、模拟设计或实际产品的形式表达出来，将新的想法或创意传递给他人；创业潜能：在使自身的实践能力和创新能力有一定高度的时候，具备能激发自身创造力来从事酒店、餐饮类及新行业的创业潜在能力。

（二）具体目标

本专业学生毕业五年后能够达到的职业和专业成就即专业培养目标如表 5-67 所示，具体为职业道德和伦理水准、解决实际问题的能力和团队作用的发挥，创新意识及创新方法培养、为区域经济和社会发展作出贡献、终身学习能力的养成。将这五个方面作为专业人才培养目标的五个维度，按照培养目标→毕业要求→毕业要求指标点→课程矩阵图的路径落实到课程、课堂中。从而实现学生职业和专业成长，达成专业培养目标。

表 5-67　酒店管理与数字化运营专业培养目标

序号	具体内容
1	解决实际问题的能力：能够完成酒店前厅、客房、餐饮、销售等部门的服务、管理与运营任务

续表

序号	具体内容
2	团队作用的发挥：能够胜任酒店部门运营工作，在运营团队中发挥良好的领导、沟通和协作作用
3	职业道德和伦理水准：具有中华优秀传统文化自信、审美能力和职业道德
4	终身学习能力的养成：能够掌握终身学习能力，有较强的就业能力和可持续发展能力
5	创新意识及创新方法培养：掌握 SYB（联合国国际劳工组织认证的创新创业实践训练）创新创业实践方法；具备文化创意策划能力，能够适应行业创新创意发展需求
6	为区域经济和社会发展做出贡献：能够适应成都建设世界旅游目的地中心城市对现代酒店业人才的需求

六、毕业能力要求

根据人才培养目标细分毕业能力要求和毕业要求指标点，如表5-68、表5-69所示。

表 5-68　酒店管理与数字化运营专业毕业要求

序号	毕业能力要求	对应的培养目标	对应的思政目标
1	能带领组织团队成员完成酒店前厅、客房、餐饮等一线部门对口接待任务	A、B、D	1.2.4
2	会对市场进行调研及分析，能策划和执行酒店营销活动	B、C、F	1.5
3	会进行会议、宴会、主题客房等饭店主题产品策划及管理工作，具备较好的文化创意能力	B、C、E	1.5
4	能策划酒吧、咖啡厅等微型餐饮企业，具备初步的微企运营管理能力	A、B、C	1.2
5	具有良好的语言、文字表达能力和沟通能力，能熟练与宾客进行中文沟通，较熟练进行英文沟通	A、D	1
6	能够承担酒店部门运营及管理	B、D	2.3
7	具备创新意识，能创造性地开展工作，满足宾客个性化要求	B、C、E	1.5
8	能够形成诚实守信、爱岗敬业、精益求精、实事求是的品德	C	3
9	能够在团队中发挥有效的领导、协作和沟通作用	B	2

续表

序号	毕业能力要求	对应的培养目标	对应的思政目标
10	具有探究学习、终身学习、分析问题和解决问题的能力	A、E	5
11	能把握饭店业发展趋势，能适应企业文化，具备酒店业宏观发展动态与趋势判断能力，为成都酒店行业发展做出贡献	A、D、F	1.5

表 5–69　酒店管理与数字化运营专业毕业要求指标点

序号	毕业能力要求	能力要求指标点序号	对应的毕业要求指标点	思政要求指标点
1	能完成酒店前厅、客房、餐饮等一线部门对口接待任务	1.1	具有客房管理系统和前台、大堂设备使用的能力，能够在前台或大堂从事客户接待和业务办理工作	具有帮助、服务宾客和组织的愿望以及满足他们的要求的服务精神和责任意识 掌握“常整理、常整顿、常清扫、常安全、常维护、常修养”的六常管理要领 具有执着专注、精益求精、一丝不苟、追求卓越的工匠精神
		1.2	能按照高星级酒店客房规格、房务服务流程开展客房服务工作	
		1.3	具有开展中西餐宴会设计和服务工作的能力	
2	会对市场进行调研及分析，能策划和执行酒店营销活动	2.1	能够熟知酒店国际客源市场消费文化心理，具备对酒店消费者市场进行调研及分析的能力	具有帮助、服务宾客和组织的愿望以及满足他们的要求的服务精神和责任意识 具备指积极进取、勇于创造的开拓创新精神
		2.2	熟知酒店常见的营销活动，掌握常用的营销活动方式	
		2.3	能够进行酒店主题活动的营销策划，完成策划方案	
3	会进行会议、宴会、主题客房等饭店主题产品策划及管理工作，具备较好的文化创意能力	3.1	具备较好的创新创意设计思维及能力	具有帮助、服务宾客和组织的愿望以及满足他们的要求的服务精神和责任意识 具备指积极进取、勇于创造的开拓创新精神
		3.2	能根据酒店条件和客户需求设计主题客房	
		3.3	会进行会议、宴会等饭店主题产品策划及管理工作	

续表

序号	毕业能力要求	能力要求指标点序号	对应的毕业要求指标点	思政要求指标点
4	能策划酒吧、咖啡厅等微型餐饮企业，具备初步的微企运营管理能力	4.1	能够完成茶艺、酒吧、咖啡、烘焙、西餐等产品的制作	具有帮助、服务宾客和组织的愿望以及满足他们的要求的服务精神和责任意识 掌握“常整理、常整顿、常清扫、常安全、常维护、常修养”的六常管理要领
		4.2	能够进行茶室、酒吧、咖啡厅、西餐简餐吧等微型餐饮企业的运营管理	
		4.3	能够参与酒吧、咖啡厅、西餐简餐吧等微型餐饮企业的策划与筹建	
5	具有良好的语言、文字表达能力和沟通能力，能熟练与宾客进行中文沟通，较熟练进行英文沟通	5.1	熟知主要客源国的服务礼仪	具有帮助、服务宾客和组织的愿望以及满足他们的要求的服务精神和责任意识
		5.2	能够使用英语提供国际化的酒店服务	
		5.3	具备客户问题咨询和投诉处理的跨文化沟通能力	
6	能够承担酒店部门运营及管理	6.1	熟知酒店各部门的组织结构、运作流程，具备酒店组织架构设计	掌握“常整理、常整顿、常清扫、常安全、常维护、常修养”的六常管理要领 具有崇尚劳动、热爱劳动、辛勤劳动、诚实劳动的劳动精神
		6.2	具备成本控制意识和能力	
		6.3	熟知酒店常见的设施设备，能进行饭店服务质量控制	
		6.4	具备酒店员工培训计划编制与执行、酒店员工绩效评价等酒店运营与管理能力	
7	具备创新意识，能创造性地开展工作，满足宾客个性化要求	7.1	具有较强的开拓发展和创新能力	具有帮助、服务宾客和组织的愿望以及满足他们的要求的服务精神和责任意识 具备积极进取、勇于创造的开拓创新精神
		7.2	具有热爱本职岗位的思想，具有个性化服务意识	
		7.3	能结合实际不断改进工作方式方法	

续表

序号	毕业能力要求	能力要求指标点序号	对应的毕业要求指标点	思政要求指标点
8	能够形成诚实守信、爱岗敬业、精益求精、实事求是的品德	8.1	能够在工作中吃苦耐劳、良好地完成团队协作	具有崇尚劳动、热爱劳动、辛勤劳动、诚实劳动的劳动精神
8	能够形成诚实守信、爱岗敬业、精益求精、实事求是的品德	8.2	具备优良的沟通交往能力，具有优质服务意识；具有热爱本职岗位的思想	具有崇尚劳动、热爱劳动、辛勤劳动、诚实劳动的劳动精神
8	能够形成诚实守信、爱岗敬业、精益求精、实事求是的品德	8.3	能够在对客服务及团队中具有诚实守信的工作品质	具有崇尚劳动、热爱劳动、辛勤劳动、诚实劳动的劳动精神
9	能够在团队中发挥有效的领导、协作和沟通作用	9.1	能够良好地完成部门的团队协作	掌握“常整理、常整顿、常清扫、常安全、常维护、常修养”的六常管理要领
9	能够在团队中发挥有效的领导、协作和沟通作用	9.2	能够在团队中发挥组织、管理等领导作用	掌握“常整理、常整顿、常清扫、常安全、常维护、常修养”的六常管理要领
10	具有探究学习、终身学习、分析问题和解决问题的能力	10.1	具备良好的人文素质教育、沟通协调能力、团队协作能力等职业素质的培养	具备积极进取、勇于创造的开拓创新精神
10	具有探究学习、终身学习、分析问题和解决问题的能力	10.2	具备职业发展空间的拓展、可持续发展能力的培养	具备积极进取、勇于创造的开拓创新精神
10	具有探究学习、终身学习、分析问题和解决问题的能力	10.3	能够根据工作需要及时更新知识，改进工作方法，提高工作效率和效益	具备积极进取、勇于创造的开拓创新精神
11	了解成都经济发展趋势，愿意为成都酒店行业发展做出贡献	11.1	能把握酒店业发展趋势，具备一定的酒店品牌与文化建设、酒店经营管理标准与质量控制能力	具有帮助、服务宾客和组织的愿望以及满足他们的要求的服务精神和责任意识 具备积极进取、勇于创造的开拓创新精神
11	了解成都经济发展趋势，愿意为成都酒店行业发展做出贡献	11.2	具备酒店业宏观发展动态与趋势判断能力，为成都酒店行业发展作出贡献	具有帮助、服务宾客和组织的愿望以及满足他们的要求的服务精神和责任意识 具备积极进取、勇于创造的开拓创新精神

七、专业证书与国家标准

结合人才培养目标和毕业能力要求，遴选适合本专业的试点证书，并将技能证书有机融入专业人才培养方案，即将职业技能等级标准与专业人才培养方案的课程内容相互融合，将职业技能等级考核与相关专业课程考核统筹安排。

（一）专业目前可考证书（表 5–70）

表 5–70　专业目前可考证书

序号	证书类别	证书名称
1	社会证书	全国计算机等级考试（NCRE）
2		国家普通话水平测试
3		全国大学英语四、六级考试（CET）
4	1+X 职业技能等级证书	餐饮服务管理 1+X 职业技能等级证书
5		前厅运营管理 1+X 职业技能等级证书
6		葡萄酒推介与侍酒服务 1+X 职业技能等级证书
7		餐饮管理运行 1+X 职业技能等级证书
8		现代酒店服务质量管理 1+X 职业技能等级证书
9		酒店收益管理 1+X 职业技能等级证书
10		酒店运营管理 1+X 职业技能等级证书
11	职业资格证书	前厅服务员
12		客房服务员
13		旅店服务员
14		中式烹调师
15		中式面点师
16		西式烹调师
17		西式面点师
18		餐厅服务员
19		营养配餐员
20		茶艺师
21		咖啡师
22		调酒师
23		调饮师（国家新职业）
24		食品安全管理师（国家新职业）
25		侍水 / 茶 / 酒师（成都市新职业）
26		民宿管家（成都市新职业）
27		民宿运营（成都市新职业）
28		试睡员（成都市新职业）
29	协会职业资格证书	国际精品咖啡师 SCA 资格证
30		CGSP 黄金服务国际职业资格认证
31		英国 WSET 品酒师

（二）专业遴选推荐证书（表 5-71）

表 5-71 专业遴选推荐证书

序号	证书	等级	类别	考期	发证机构	考试要求（鼓励选考 / 必考必过）
1	计全国计算机等级考试（NCRE）	二级	国家统考	大一	教育部考试中心	鼓励选考
2	国家普通话水平测试	二级甲等	省考	大一、大二	省语委	鼓励选考
3	全国大学英语四、六级考试（CET）	四级 / 六级	国家统考	大一、大二	教育部考试中心	鼓励选考
4	餐饮服务管理职业技能等级证书	中级	国家统考	大二	教育部认证的评价机构	鼓励选考
5	茶艺师证书	中级、高级	行业	大二	四川博茗茶产业技能培训中心	鼓励选考

（三）课证融通方式（表 5-72）

表 5-72 专业课证融通方式

序号	证书	融入课程	融通方式
1	餐饮服务管理 1+X 职业技能等级证书	餐饮服务与管理、饭店主题产品设计	开设课程、融入课程标准、师资认证、考评结合
2	前厅运营管理 1+X 职业技能等级证书	前厅服务与管理、酒店管理信息系统	开设课程、融入课程标准、考评结合
3	葡萄酒推介与侍酒服务 1+X 职业技能等级证书	葡萄酒文化及品鉴	开设课程、融入课程标准
4	茶艺师证书	茶艺	开设课程、融入课程标准

八、专业课程体系

（一）专业群课程构建

本专业属于旅游管理专业群，专业群课程体系按照群内专业底层共享、中层分立、高层互选的原则进行构建。底层为公共课程、专业基础课程；中层为专业方向课程，即职业能力课程；高层为专业限选课程，扩展和提升职业能力，拓宽学生职业能力范围（图 5-1）。

落实立德树人任务：在专业知识传授和能力培养中，深入挖掘课程中的工匠精神、职业道德、职业素养、中国传统文化等丰富广泛的内容，通过专业课程体系让学生了解中国传统文化、天府文化等丰富广泛的内容，热爱酒店行业，热爱本职岗位，具有高度行业忠诚感，能塑造自身职业形象，诚实守信，吃苦耐劳，文明服务，礼貌待客，具有继续学习，应用新技术和适应职业变化的能力。引导学生通过专业课程学习“四个正确认识”，牢固树立“四个自信”，将思想政治教育元素融合于专业课程教育内容，将教书育人的内涵建设落实在课堂教学主渠道上，让专业课程体系突出育人价值，让“立德树人”的育人理念浸润到专业教育教学全过程。

对标世界旅游组织（UNWTO）专业认证标准：酒店管理专业课程支持了对“世界旅游组织全球伦理准则”的传播，引导学生建立尊重自然生态、节能减排、绿色环保、社会责任的理念。酒店管理专业课程体系中《当今旅游业》《前厅服务与管理》《智慧客房服务与管理》《餐饮服务与管理》等课程有相应内容介绍绿色饭店、节能降耗等专业理念和知识。

文创赋值专业文化创新创意素养：同时酒店管理专业课程重视学生文化创意、创新创业能力的培养，专业课程体系中《饭店主题产品设计》《酒水知识与调酒》《茶艺》《花艺》《创意咖啡》《葡萄酒文化及品鉴》《旅游创新创业实务》等课程有相应内容文化创意设计、创新创业等理念和知识。

技术赋能专业信息技术能力：将信息技术有关知识融入专业教学和

实践中，在《计算机基础》课程中适当加入大数据、云计算、互联网安全和物联网等新一代信息技术的前沿知识，新增《Office 高级应用》《新媒体技术应用》等信息技术类课程，增强学生互联网应用、大数据分析和数字营销能力，适应酒店未来新兴岗位需求。

（二）专业课程与典型工作任务的对应关系

酒店管理专业完成三年的培养计划，第一学期新生报到后进行军训、行业认知，了解酒店业相关发展，学习前厅、客房等基层岗位的知识和技能；第二学期在校内完成酒店餐饮岗位基本知识和技能、国际化语言技能的学习，公共课程基本安排在第一、二学期；第三学期在合作企业进行教学实习，主要完成酒店基础岗位实操的实战训练课程；第四、五学期在校内进一步深入学习文化创意、创新创业技能、岗位管理课程，期间暑假学生需完成社会实践；第六学期开展毕业实习、海外实习或通过专业考试升入本科院校进行深造。酒店管理与数字化运营专业课程体系如表 5-73 所示。

表 5-73 酒店管理与数字化运营专业课程体系

序号	课程名称（学习领域）	对应的典型工作任务
1	当今旅游业	前厅部、客房部、餐饮部
2	职业礼仪	前厅部、餐饮部、客房部
3	旅游市场营销	市场销售部
4	旅游创新创业实务	前厅部、客房部、餐饮部、销售部、创业
5	前厅服务与管理	前厅部
6	智慧客房服务与管理	客房部
7	餐饮服务与管理	餐饮部
8	餐饮运营与创新	餐饮部、创业
9	酒店管理信息系统（双语）	前厅部、客房部、餐饮部

续表

序号	课程名称（学习领域）	对应的典型工作任务
10	饭店主题产品设计	客房部、餐饮部、销售部
11	酒水知识与调酒（双语）	餐饮部
12	酒店基础岗位实操（企业课堂）	前厅部、客房部、餐饮部
13	酒店实用英语	前厅部、客房部、餐饮部
14	创意咖啡设计	餐饮部
15	葡萄酒文化及品鉴	餐饮部
16	茶艺	餐饮部
17	花艺	餐饮部、客房部、前厅部
18	烹饪工艺	餐饮部
19	烘焙工艺	餐饮部
20	酒店人力资源管理	人力资源部
21	智能酒店运营	前厅部、客房部、餐饮部
22	酒店收益管理	前厅部、客房部、餐饮部
23	酒店数字化营销	市场销售部

（三）专业课程设置

专业课程设置按照成果导向（OBE）理念，将人才培养目标贯穿到每门课程中，确保课程开设的有效性，不断优化课程设置，通过课程目标的实现反向促进人才培养目标的实现。四进四出、两堂交替、工学融合的人才培养模式如图 5-4 所示，酒店管理与数字化运营专业课程矩阵图如表 5-74 所示。

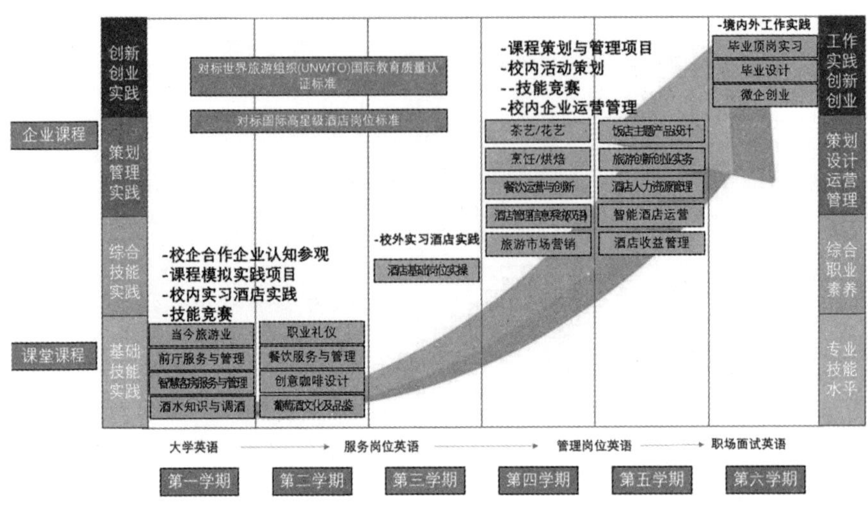

图 5-4 “四进四出、两堂交替”工学融合的人才培养模式

表 5-74 酒店管理与数字化运营专业课程矩阵图（专业课程与毕业要求对应关系）

毕业要求	毕业要求指标点	当今旅游业	服务与管理	智慧客房服务与管理	餐饮服务与管理	餐饮运营与创新	酒店管理信息系统（双语）	饭店主题产品设计	酒水知识与调酒（双语）	酒店人力资源管理	酒店收益管理	酒店实用英语	烹饪	烘焙	茶艺	创意咖啡设计	葡萄酒文化及品鉴	旅游创新创业实务	旅游市场营销
能完成酒店前厅、客房、餐饮等一线部门对口接待任务	具有客房管理系统和前台、大堂设备使用的能力，能够在前台或大堂从事客户接待和业务办理工作		√	√			√	√			√								√
	能按照高星级酒店客房规格、房务服务流程开展客房准备工作			√			√	√			√							√	√
	具有开展中西餐宴会设计和服务工作的能力				√	√		√	√						√	√	√		

续表

毕业要求	毕业要求指标点	当今旅游业	服务与管理	智慧客房服务与管理	餐饮服务与管理	餐饮运营与创新	酒店管理信息系统（双语）	饭店主题产品设计	酒水知识与调酒（双语）	酒店人力资源管理	酒店收益管理	酒店实用英语	烹饪	烘焙	茶艺	创意咖啡设计	葡萄酒文化及品鉴	旅游创新创业实务	旅游市场营销
会对市场进行调研及分析，能策划和执行酒店营销活动	能够熟知酒店国际客源市场消费文化心理，具备对酒店消费者市场进行调研及分析的能力	√				√		√			√							√	√
	熟知酒店常见的营销活动，掌握常用的营销活动方式																	√	√
	能够进行酒店主题活动的营销策划、完成策划方案																	√	√
会进行会议、宴会、主题客房等饭店主题产品策划及管理工作，具备较好的文化创意能力	具备较好的创新创意设计思维及能力	√				√		√								√		√	√
	能根据酒店条件和客户需求设计主题客房			√				√											
	会进行会议、宴会等饭店主题产品策划及管理工作				√			√										√	√

续表

毕业要求	毕业要求指标点	当今旅游业	服务与管理	智慧客房服务与管理	教饮服务与管理	餐饮运营与创新	酒店管理信息系统（双语）	饭店主题产品设计	酒水知识与调酒（双语）	酒店人力资源管理	酒店收益管理	酒店实用英语	烹饪	烘焙	茶艺	创意咖啡设计	葡萄酒文化及品鉴	旅游创新创业实务	旅游市场营销
能策划酒吧、咖啡厅等微型餐饮企业，具备初步的微企运营管理能力	能够完成茶艺、酒吧、咖啡、烘焙、西餐等产品的制作				√				√				√	√	√	√	√		
	能够进行茶室、酒吧、咖啡厅、西餐简餐吧等微型餐饮企业的运营管理					√					√		√	√	√	√	√	√	
	能够参与酒吧、咖啡厅、西餐简餐吧等微型餐饮企业的策划与筹建					√		√		√	√		√	√				√	
具有良好的语言、文字表达能力和沟通能力，能熟练与宾客进行中文沟通，较熟练进行英文沟通	熟知主要客源国的服务礼仪	√			√							√							√
	能够使用英语提供国际化的酒店服务	√							√			√							
	具备客户问题咨询和投诉处理的沟通能力	√	√									√							
能够承担酒店部门运营及管理	熟知酒店各部门的组织结构、运作流程，具备酒店组织架构设计	√								√	√								
	具备成本控制意识和能力		√	√	√	√					√		√	√	√	√	√		

续表

毕业要求	毕业要求指标点	当今旅游业	服务与管理	智慧客房服务与管理	教饮服务与管理	餐饮运营与创新	酒店管理信息系统（双语）	饭店主题产品设计	酒水知识与调酒（双语）	酒店人力资源管理	酒店收益管理	酒店实用英语	烹饪	烘焙	茶艺	创意咖啡设计	葡萄酒文化及品鉴	旅游创新创业实务	旅游市场营销
能够承担酒店部门运营及管理	熟知酒店常见的设施设备，能进行饭店服务质量控制		√	√	√	√				√			√	√	√	√	√		
	具备酒店员工招聘、培训计划编制与执行、酒店员工工资、绩效、劳动关系等酒店运营与管理能力									√									
具备创新意识，能创造性地开展工作，满足宾客个性化要求	具有较强的开拓发展和创新能力							√										√	
	具有热爱本职岗位的思想，具有个性化服务意识		√	√	√	√		√	√						√	√	√	√	√
	能结合实际不断改进工作方式方法		√	√	√	√		√	√						√	√	√	√	√
能够形成诚实守信、爱岗敬业、精益求精、实事求是的品德	能够在工作中吃苦耐劳		√	√	√	√				√					√	√	√		
	具备优良的沟通交往能力，具有优质服务意识，具有热爱本职岗位的思想	√	√	√	√		√			√	√					√			
	能够在对客服务及团队中具有诚实守信的工作品质		√	√	√	√				√									√

续表

毕业要求	毕业要求指标点	当今旅游业	服务与管理	智慧客房服务与管理	教饮服务与管理	餐饮运营与创新	酒店管理信息系统（双语）	饭店主题产品设计	酒水知识与调酒（双语）	酒店人力资源管理	酒店收益管理	酒店实用英语	烹饪	烘焙	茶艺	创意咖啡设计	葡萄酒文化及品鉴	旅游创新创业实务	旅游市场营销
能够在团队中发挥有效的领导、协作和沟通作用	能够良好地完成部门的团队协作						√			√								√	√
	能够在团队中发挥组织、管理等领导作用						√	√		√								√	√
	具备良好的人文素质教育、沟通协调能力、团队协作能力等职业素质的培养	√										√							√
能够不断自主学习，更新和丰富学识，具有终身学习的意识	具备职业发展空间的拓展、可持续发展能力的培养									√								√	
	能够根据工作需要及时更新知识，改进工作方法，提高工作效率		√	√	√	√	√		√		√							√	√
能够了解成都市经济发展趋势，愿意为成都酒店行业发展做出贡献	能把握饭店业发展趋势，具备一定的酒店品牌与文化建设、酒店经营管理标准与质量控制能力	√						√		√	√								√
	具备酒店业宏观发展动态与趋势判断能力，为成都酒店行业发展做出贡献	√						√			√							√	√

续表

思政要求	思政要求指标点	当今旅游业	服务与管理	智慧客房服务与管理	教饮服务与管理	餐饮运营与创新	酒店管理信息系统（双语）	饭店主题产品设计	酒水知识与调酒（双语）	酒店人力资源管理	酒店收益管理	酒店实用英语	烹饪	烘焙	茶艺	创意咖啡设计	葡萄酒文化及品鉴	旅游创新创业实务	旅游市场营销
服务精神和责任意识	具有帮助、服务宾客和组织的愿望以及满足他们的要求的服务精神和责任意识	√	√	√	√	√							√	√	√	√	√		
六常管理要领	掌握“常整理、常整顿、常清扫、常安全、常维护、常修养”的六常管理要领	√	√	√	√	√	√		√				√	√	√	√	√		
劳动精神	具有崇尚劳动、热爱劳动、辛勤劳动、诚实劳动的劳动精神		√	√	√	√			√				√	√	√	√	√		
工匠精神	具有执着专注、精益求精、一丝不苟、追求卓越的工匠精神		√	√	√	√	√	√	√	√			√	√	√	√	√		√
开拓创新精神	具备积极进取、勇于创造的开拓创新精神	√	√	√	√	√		√		√	√							√	√

（四）课程内容及要求

1. 劳动与素质教育活动课程

劳动和素质教育活动由劳动教育和素质教育活动培养体系共同构成，总计 4 学分，由学生处具体实施、考评。

活动课程共包含四个模块，注重人文素质教育与职业道德教育的培养，坚持课内外教学活动和校外教育活动相结合，正确处理好德育与智育、理论与实践的关系，正确处理好传授基础知识、培养职业能力、提高综合素质三者之间的关系（表5–75）。

表5–75 劳动与素质教育活动课程

模块	培养目标	培养内容
职业道德规范	爱国明礼	主题教育活动、党团培养
	遵纪守法	遵规国家法律法规、校纪校规
	诚实守信	诚实守信，无考试作弊、虚假申报、欺诈行为
	爱岗敬业	课堂与集会全勤
	奉献社会	志愿者活动、义工活动、义务劳动、见义勇为、好人好事
职业核心能力	自我提高能力	专业讲座，职业资格技能证书，专业、公共技能大赛，技能培训，学历提升，自主学习，学习效果
	与人合作能力	加入专业协会、社团，担任学生干部
	解决问题能力	参与专业实践活动
	信息处理能力	获得计算机等级证书，担任公共网络平台管理员
	外语应用能力	获得英语等级证书，参加各类英语竞赛、交换生项目、海外研习、交流项目
	沟通表达能力	大学生辩论大赛，各类交流座谈活动主持人、讲述人、发言人
	数字运用能力	数学建模大赛
	革新创新能力	大学生创新服务开发项目、创新创业大赛、发明与专利
职业素质养成	人文素质	人文素质讲座、服务型学习、写作能力、社会实践
	科学素质	科技讲座、科技展览、科技活动
	文体素质	校园活动、文体社团、集体生活、礼仪规范、礼仪服务
	心理素质	心理健康讲座学习、心理健康教育活动
职业发展规划	明确职业定位	职业生涯规划电子书、职业生涯规划大赛
	提升职业能力	创业实践活动、创业就业培训学习、校内外勤工助学、行业调研
	完成职业准备	模拟招聘、企业宣讲会、校园招聘会

2. 公共基础模块（表 5-76）

表 5-76　公共课程教学内容及要求

序号	课程名称	主要教学内容	主要教学方法与手段	建议学时
1	思想道德修养与法律基础	坚定理想信念，弘扬中国精神，践行社会主义核心价值观，明大德守公德严私德，尊法学法守法用法	专题讲授法、案例教学法、互动教学法、启发教学法	48
2	毛泽东思想和中国特色社会主义理论体系概论	毛泽东思想，邓小平理论，“三个代表”重要思想，科学发展观，习近平新时代中国特色社会主义思想	专题讲授法、案例教学法、互动教学法、启发教学法	64
3	形势与政策	党和国家最新的时事与政策	专题讲授法、案例教学法、互动教学法、启发教学法	48
4	军事理论	普及国防知识，增强国防意识，提高学生政治觉悟，激发爱国热情	讲授法、案例法、互动教学法、启发教学法等	36
5	就业指导	就业政策、就业信息、简历制作、求职技巧、模拟面试等方面的指导，帮助学生顺利就业、创业	翻转教学法、案例教学法、互动教学法、启发教学法等	16
6	创新创业教育	从思维创新到项目产生教学内容：创新技法、优点与缺点列举法、奥斯本检核表法、信息交合法、六合分析法、头脑风暴法	讲授法、案例法、头脑风暴、在线卡牌模拟、角色扮演、小组讨论等	36
7	大学英语	第一学期：涉外日常活动情景（听、说），涉外业务活动情景（读、写、译）	输出驱动教学法、情景教学法、交际教学法、线上线下混合式教学等	130
8	体育	第三套大众健美操锻炼标准 2 级，简化 24 式太极拳，职业体能和素质拓展，分项开展各展球类、舞蹈、体操类课程	讲授法、游戏练习法、分享讨论法、分组练习法、比赛练习法等	138
9	国学	先秦主要哲学思想传统艺术赏析，传统节日与习俗，传统礼仪与习俗，传统科技与发明创造，汉字与传统文学，宗教常识	任务驱动、小组合作、头脑风暴、翻转课堂、混合式教学法等，云班课	30
10	天府文化	天府品格，天府历史，天府之最，天府遗存，天府名人，天府艺术，天府民俗	任务驱动、小组合作、头脑风暴、翻转课堂、混合式教学法等，云班课	18

续表

序号	课程名称	主要教学内容	主要教学方法与手段	建议学时
11	成都故事	古蜀文明惊天下，秦汉成都，三国风云南朝烟雨，唐宋成都，明清成都	任务驱动、小组合作、头脑风暴、翻转课堂、混合式教学法等，云班课	18
12	大学生心理健康教育	大学生心理健康教育基础理论（健康教育），自我认知与个性完善（意识教育），亲子关系辅导（意识教育），情绪管理与压力应对（挫折教育），人际交往（社会适应性教育），恋爱与性心理（成人教育），生命的意义（生命教育）	专题讲授法、案例教学法、体验式互动教学法、角色扮演法、行为强化法、团体辅导法	36

3. **专业课程**

（1）专业基础模块（表 5-77）。

表 5-77　主要专业基础模块课程教学内容及要求

序号	课程名称	主要教学内容	主要教学方法与手段	建议学时
1	当今旅游业（双语）	旅游现象辨识，旅游的发展历程分析，旅游者及旅游需求分析，旅游资源开发与保护，认识旅游业，旅游市场，旅游的影响与作用	理论阐述法、协同教学法、案例分析法、课堂讨论法、专题研讨法、情景模拟法	60
2	职业礼仪	岗前形象修饰，待人接物，礼宾次序安排，谈吐沟通应对技巧，职业礼仪知识拓展，行业典型岗位操作设计	强化职业能力培养和职业素养提高，构建理论教学体系和实践教学体系	36
3	旅游市场营销	酒店市场营销原理，市场调研与分析，客源市场及其细分定位，产品设计及定价，营销渠道选择与管理，营销活动策划	理论阐述与项目实践结合，项目任务化教学	72
4	旅游创新创业实务	旅游创新创业认知，旅游餐饮创业，旅游住宿，旅游交通，旅行社，旅游产品，旅游景区与旅游新业态创新创业八大板块	理论讲授与案例分析相结合、小组讨论与角色体验相结合、经验传授与创业实践相结合	34

（2）专业方向模块（表 5-78 ~ 表 5-82）。

表 5-78　前厅服务与管理课程教学内容及要求

课程名称		前厅服务与管理				
学期		1	学时	60	授课方式	理实一体
学分		4	考核方式	试题	考试类型	考试
课程目标	思政目标	1. 品德素质：品行端正，有良好的职业道德，能始终如一地履行自己的岗位职责 2. 服务意识：注意观察，随时准备，为客人提供优质、高效的服务 3. 大局意识：自觉遵守组织纪律 4. 服务意识："宾客至上"为原则，把顾客的满意看作自己工作中最大的满足，把"对"让给客人				
课程目标	知识目标	1. 了解前厅部基础知识 2. 掌握前厅部的工作环境、主要任务、组织机构和岗位 3. 了解前厅部所销售的主要产品和服务特点 4. 掌握前厅销售的基本策略 5. 熟悉酒店客房价格的构成及类型 6. 了解酒店客房价格执行的原则，调整客户销售价格 7. 掌握前厅部的业务工作流程，了解客房预订、前厅接待、前厅职责及工作流程 8. 熟悉现代酒店新型客户关系特点，掌握前厅部客户关系专员岗位 9. 了解前厅部业务管理内容、掌握前厅日常管理的工作内容及具体的工作方法；问讯、前厅收银、礼宾部、总机与商务中心、大堂副理等班组的工作内容及工作标准 10. 掌握前厅各岗位的英文拼写及基本服务用语				
课程目标	能力目标	1. 具有酒店前厅组织机构设计及定员能力 2. 具有酒店客房销售能力 3. 具有酒店前厅突发事件处理能力 4. 具有酒店前厅成本控制能力 5. 具有酒店客房价格计算能力 6. 具有酒店前厅接待策划能力 7. 具有酒店前厅信息收集处理能力 8. 具有酒店前厅基层管理人员服务管理能力 9. 具有酒店前厅英语对话能力				
课程目标	素质目标	1. 有较强的责任感和事业心，乐于奉献，爱岗敬业 2. 具备空间、色彩、音乐的审美及鉴赏能力 3. 具备社交礼仪能力 4. 具备从事社会实践活动所需的能力				

续表

教学内容	1. 前厅部认知能力训练 2. 前厅部岗位服务能力训练 3. 宾客关系服务与管理 4. 前厅部日常运行管理 5. 前厅部人力资源管理 6. 前厅部信息管理 7. 前厅销售管理 8. 投诉处理
教学建议 （教学方法、教学组织、评价方式等）	教学建议：参观京川宾馆、洲际酒店大堂建设。教师：自我介绍、课程目标介绍、通过参观引入前厅部整体介绍。学生：分小组参观、完成参观报告 评价建议：学习项目采用自我评价、小组评价、教师评价的综合方法，自我评价重在考核学生对工作任务和知识点的掌握程度，小组评价重在考核学生团队合作、意见贡献度等，教师综合对学生对项目任务的技能掌握、任务完成过程、小组表现情况进行评价。在项目任务中将评价常规化、定量化。通过评价督促学生更好地参与课堂，促进教师改进教学方法，提高教学质量

表 5–79 智慧客房服务与管理课程教学内容及要求

课程名称		智慧客房服务与管理				
学期		1	**学时**	60	**授课方式**	理实一体
学分		4	**考核方式**	技能、试题	**考试类型**	考试
课程目标	**思政目标**	1. 具有较高的自觉性，遵守工作纪律 2. 责任心强、善与同事合作 3. 要有充沛的精力和较强的动手能力 4. 具有创新能力，适应客房发展新要求				
	知识目标	1. 了解客房产品的概念和构成 2. 掌握客房部的主要任务、组织结构、业务分工、主要职责 3. 认识客房部的业务特点，明确客房部员工的素质要求 4. 熟悉各类客房清洁的程序、标准和要领 5. 掌握清洁服务与质量控制的标准与方法 6. 了解“绿色客房”的内涵、原则和创建措施 7. 熟悉客房接待服务的环节和项目内容 8. 掌握客房服务质量的含义、构成、标准和质量控制方法 9. 明确规范化服务与灵活性、个性化服务的关系，认识优质服务的内涵和要求 10. 掌握公共区域卫生的特点、内容及质量控制方法 11. 熟悉客房设施设备及物品的种类和标准 12. 掌握客房设备用品使用、维护和控制管理的方法；了解客房安全管理的特点、原则和主要内容 13. 了解客房部人力资源管理的重要性和主要内容				

续表

<table>
<tr><td rowspan="2">课程目标</td><td>能力目标</td><td>1. 能够识别不同类型饭店客房设施的特点，并能够正确介绍客房类型及客房设施的功能布局
2. 根据客房中式铺床的程序、方法和动作要领，能在规定时间按标准完成一张中式床
3. 具有按程序和标准独立完成客房清扫的能力
4. 具有开夜床的能力
5. 能查房的操作能力
6. 具有接待 VIP 客人的能力
7. 具有地面清洁与维护保养的能力
8. 能够学会灵活而有效地应对和处理客房突发事件的能力</td></tr>
<tr><td>素质目标</td><td>1. 通过客房部经营和服务项目的实施和开展，培养学生树立牢固的职业思想，热爱工作、乐于为他人服务的意识
2. 通过客房部经营和服务项目的实施和开展，培养学生高尚的职业道德，将饭店利益和消费者权益放在首位，提供尽善尽美的服务
3. 通过客房部经营和服务项目的实施和开展，培养学生具有良好的纪律观念，自觉遵守店规和部门的各种规章制度，培养良好的组织纪律观念
4. 通过课程中对客房产品布置与设计的知识、客房知识、客房清洁卫生知识、心理学知识、客房设备用品的使用保养维修常识、文史知识、美学知识、音乐欣赏知识、习俗和法律知识的学习和运用，培养学生良好的文化素养
5. 通过智慧客房服务管理项目的实施和训练，培养学生服务礼仪素养，做到服饰整洁干净，仪容朴素优雅，仪态端庄大方、和蔼可亲，礼貌待客，不怕苦不怕累，能进行自我情绪管理，培养出快乐阳光的性格
6. 通过智慧客房服务与管理课程的学习，培养学生凡事有准备、工作有记录、做事有程序、笑迎天下客的好习惯，让学生养成事前预防、事中控制、事后检查的职业习惯</td></tr>
<tr><td colspan="2">教学内容</td><td>1. 客人入住前的准备服务与管理
2. 客人到店时的迎接服务与管理
3. 客人住店期间的服务与管理
4. 客人离店时服务与管理</td></tr>
<tr><td colspan="2">教学建议（教学方法、教学组织、评价方式等）</td><td>教学建议：参观校内酒店；利用精品资源共享课程平台、高度仿真的多媒体课件；采用任务驱动、讲授法、示范法；利用实训室、教学视频进行项目实训
评价建议：由学生自己对知识的掌握和能力的提升做出评价；由小组对知识的掌握、能力的提升和参与小组活动的态度做出评价；由教师对学生的整体情况做出评价</td></tr>
</table>

表 5-80　餐厅服务与管理课程教学内容及要求

<table>
<tr><td colspan="2">课程名称</td><td colspan="6">餐饮服务与管理</td></tr>
<tr><td colspan="2">学期</td><td>2</td><td>学时</td><td>72</td><td>授课方式</td><td colspan="2">理实一体</td></tr>
<tr><td colspan="2">学分</td><td>4</td><td>考核方式</td><td>技能、试题</td><td>考试类型</td><td colspan="2">考试</td></tr>
<tr><td rowspan="4">课程目标</td><td>思政目标</td><td colspan="6">1. 具有全面服务的意识
2. 注重礼貌礼节，发挥传统美德
3. 注意清洁卫生和食品安全，保证客人的利益</td></tr>
<tr><td>知识目标</td><td colspan="6">1. 全面了解当今餐饮业的现状和发展趋势
2. 全面掌握餐饮服务的基本技能、程序和方法
3. 全面掌握餐饮管理的基本理论知识
4. 掌握餐饮服务与管理的基本流程和方法
5. 掌握餐饮服务与管理的创新设计方法</td></tr>
<tr><td>能力目标</td><td colspan="6">1. 具有餐厅前台各工作岗位的服务的能力
2. 具有餐厅后台各工作岗位管理的能力
3. 具有处理宾客投诉的能力
4. 具有较强的观察和语言表达能力
5. 具有一定的人际交往能力和社会协作能力
6. 具有较好的应对和解决服务工作中的突发事件的能力
7. 具有较强的餐饮产品促销能力
8. 具有学习和可持续发展能力
9. 具有利用现代技术手段搜集资料的能力
10. 具有遵纪守法、诚实守信、廉洁自律、团队合作的意识
11. 具有耐心细致的工作作风和严谨认真的工作态度</td></tr>
<tr><td>素质目标</td><td colspan="6">1. 通过本课程的学习，让学生在分组共同完成项目和任务的过程中，培养他们良好的团队协作意识及爱岗敬业精神，为自己今后的职业发展打下良好基础
2. 通过餐饮经营管理相关知识的学习，有意识地培养学生对餐饮行业的兴趣，使学生树立牢固的职业意识，具有热爱工作、诚实守信、沟通协作的职业品质
3. 通过餐饮日常服务管理知识的学习，培养学生高尚的职业道德和全新的服务理念和意识
4. 通过餐饮经营管理相关知识的学习，培养学生的法律意识，自觉遵守餐厅的各项规章制度，养成良好的组织纪律性
5. 通过对餐厅设计布置、菜单设计、菜肴烹饪知识、菜品创新知识、食品营养和卫生知识、服务美学知识等的学习和运用，培养学生的创新能力和综合素养</td></tr>
</table>

续表

教学内容	1. 餐饮服务程序和技巧 2. 餐饮业基本常识 3. 餐厅筹建可行性分析 4. 餐饮组织机构设计 5. 菜单设计 6. 餐饮原料的采供管理 7. 餐饮厨房业务管理 8. 餐饮日常服务与宴会管理 9. 餐饮成本管理
教学建议 （教学方法、教学组织、评价方式等）	教学建议：利用精品资源共享课程平台、高度仿真的多媒体课件；多采用任务驱动、讲授法、示范法；利用高度仿真的实训室进行项目实训 评价建议：自我评价——通过对学习的相关知识点的理解和掌握情况评价；小组评价——通过在小组讨论和小组工作中参与合作的程度及所起到的作用来评价；教师评价——通过课堂提问、课堂作业、课后作业的完成情况来评价

表 5–81　酒店管理信息系统课程教学内容及要求

课程名称		酒店管理信息系统					
学期		4	学时	72	课程方式	理实一体
学分		4	考核方式	技能测试	考试类型	考试
课程目标	思政目标	1. 具有强烈的责任心，忠于党和国家的利益 2. 形成尊重知识、更新知识、终身学习的习惯 3. 形成勤奋、朴实、认真、自信的健全性格 4. 善于控制情绪，形成稳定、持久、乐观的工作习惯					
	知识目标	1. 了解常见的信息系统 2. 熟悉客户沟通知识 3. 掌握预订员的主要内容与工作流程 4. 理解预订与客户资料的关系 5. 理解预订价格与客户资料的关系 6. 掌握预订的建立、修改与取消操作 7. 了解接待员的主要内容与工作流程 8. 理解入住与预订的关系 9. 理解房价与预订的关系 10. 掌握入住接待的操作 11. 了解收银员的主要职责与工作流程 12. 理解房费与账目的关系 13. 了解客房服务员的主要职责与工作流程 14. 掌握房务管理和夜审操作 15. 理解房务管理和夜审与房态的关系，理解夜审与客人账目的关系 16. 了解销售员客户资料维护工作的内容与工作流程 17. 熟练掌握客户资料建立、修改与合并的操作 18. 理解客户资料与销售工作的关系					

续表

课程目标	能力目标	1. 能识别宾客需求，根据客人要求和信息，准确完成客人预订 2. 能准确地了解预抵客人情况，为客人做好抵店准备（100%） 3. 能根据客人的预订信息及客人的需求，根据酒店客房状态，快速、准确、优质地完成客人入住手续（100%） 4. 能完成在店客人办理换房、留言等相关服务（100%） 5. 能为客人完成建立账户，并根据客人需求分账、入账、劈账等收银工作（100%） 6. 能根据客户需求为客人办理离店、提前离店、延期离店等离店服务（100%） 7. 能完成夜审工作（100%） 8. 会建立客人客史资料，并进行及时的维护、更新及管理（100%）
	素质目标	1. 热爱酒店行业，热爱前厅工作 2. 以顾客需求为中心，有较好的服务意识 3. 仪表端庄，面带微笑，礼貌待客，不卑不亢；观察敏锐，体贴入微 4. 讲究质量信誉，诚信服务 5. 具有一定的应变能力，能妥善处理服务过程中出现的一般性问题 6. 具有一定的语言文字表达能力，讲话流利，能运用英语完成外宾服务
教学内容		1. 初始酒店信息系统 2. 为客人建立客史资料 3. 为客人办理、取消预订 4. 为客人办理入住 5. 为在店客人进行收银、信息处理等服务 6. 为客人办理结账离店 7. 夜审与房屋管理 8. 为多人及团队办理预订
教学建议（教学方法、教学组织、评价方式等）		教学建议：紧密结合当前酒店信息系统最新发展趋势，使学生对国内外常见系统有感性的认识，提高其适应能力；利用多媒体的优势现场演示真实系统 Opera PMS 的操作，对酒店真实数据进行操作和分析；通过上机作业形式，调动学生的积极性，锻炼他们动手能力，增强他们对酒店信息系统的真实感受 评价建议：学生互评、老师点评

表 5-82　饭店主题产品设计课程教学内容及要求

课程名称	饭店主题产品设计				
学期	5	学时	68	课程方式	理实一体
学分	4	考核方式	技能测试	考试类型	考试

续表

<table>
<tr><td rowspan="4">课程目标</td><td>思政目标</td><td>1. 学习中华优秀传统文化，弘扬以爱国主义为核心的民族精神和以改革创新为核心的时代精神
2. 培养开拓创新的职业品格和行为习惯</td></tr>
<tr><td>知识目标</td><td>1. 了解饭店历史、文化，服务技能、技巧；设计主题饭店产品
2. 掌握主题饭店文化类型
3. 饭店的业务工作流程
4. 饭店产品设计方法及原则
5. 饭店创业及经营要点</td></tr>
<tr><td>能力目标</td><td>1. 对学生的职业道德、心理素质、服务意识、经营意识、诚信意识等意识的培养，使学生树立良好的饭店职业道德风尚、团队精神、协作意识及敬业精神
2. 具备主题饭店产品设计能力；具有较强的行业服务及个性化服务的能力和较强的实际解决问题能力及创新、创业能力等该行业所需的综合职业能力</td></tr>
<tr><td>素质目标</td><td>1. 具有良好的思想品质，了解行业、创业政策
2. 有较强的责任感和事业心，乐于奉献，爱岗敬业
3. 具备空间、色彩、音乐的审美及鉴赏能力
4. 具备社交礼仪能力
5. 具备从事社会实践活动及创业所需的能力</td></tr>
<tr><td colspan="2">教学内容</td><td>1. 饭店概述及中、西文化发展对比
2. 饭店服务基本技能及中西餐服务技能对比
3. 饭店服务程序和方法及中西餐服务流程、礼仪对比
4. 旅游饭店主题文化分析及发展了解
5. 旅游饭店主题文化类型及分析
6. 饭店（主题）饭店类型分析及调研
7. 饭店产品类型分析及调研
8. 饭店产品主题文化定位分析
9. 主题饭店环境设计要素及设计方案
10. 主题餐饮产品设计及主题饭店菜品、菜单设计方案、主题饭店台面及餐具设计方案
11. 主题客房产品设计及主题饭店客房软装、物件及低耗品设计方案、主题夜床设计方案
12. 主题饭店服装设计要点及设计方案
13. 主题饭店服务形态设计要点及设计方案
14. 主题餐厅（咖啡厅）的经营与销售
15. 饭店主题产品销售门店建设</td></tr>
<tr><td colspan="2">教学建议
（教学方法、教学组织、评价方式等）</td><td>教学建议：本课程设置充分结合饭店岗位资格特点，注重基础知识、实际操作、理论研究结构组合的同时，加入“主题”“设计”“创业”元素，使受教育者具有饭店服务、设计、管理、创业的综合性能力
评价建议：自我评价——通过对学习的相关知识点的理解和掌握情况评价；小组评价——通过在小组讨论和小组工作中参与合作的程度及所起到的作用来评价；教师评价——通过课堂提问、课堂作业、课后作业的完成情况来评价</td></tr>
</table>

（3）专业拓展模块（表 5-83）。

表 5-83 专业拓展模块内容及目标要求

序号	项目 / 课程名称	拓展内容	拓展目标	建议学时
1	文旅学院限选（9 选 2）	适当加入大数据、云计算、互联网安全和物联网等新一代信息技术的前沿知识	增强学生互联网应用、大数据分析和数字营销能力	35
2	文旅学院限选（9 选 2）	增加自媒体营销教学内容	增强学生数字营销能力	35

4. **实践课程**（表 5-84）

表 5-84 实践课程内容及学时学分分配表

实践（实习）项目	实践（实习）目标	实践学时
入学入职教育	帮助学生认识行业发展趋势，提升学生对专业的认识水平，了解专业课程设置；明确校规校纪，自觉遵守学校各种规章制度	26
军事技能	培养学生艰苦奋斗、刻苦耐劳的坚强毅力和集体主义精神，帮助学生增强组织纪律性，养成良好的学风和生活作风	112
SYB 创新创业实践	了解创办企业的流程和方法，模拟实践创办企业，增强创业实践指导性	40
劳动与素质教育活动	培养学生的人文素养、职业道德、社会适应能力和社会责任感，养成劳动意识、竞争意识和创新创业意识等	30
顶岗实习（含毕业设计、报告）	全面系统将专业所学与实际工作结合起来，熟悉具体岗位的业务工作，提升综合分析和解决问题的能力，提升社会适应能力，实现顶岗实习和就业直通	300
合计		508

九、人才培养模式

在三年的人才培养周期内，按照职业能力成长的规律，设置了四个层次的能力提升模块，分层次培养学生的行业职业认知能力、酒店基层岗位接待能力、文化创意能力、管理能力和就业创业能力。

围绕人才培养目标对学生在基础知识、专业技能、工作经验、职业素质等方面的要求，围绕现代旅游业向世界标准、中国特色转型发展的新趋势，结合成都建设世界旅游目的地城市、中国西部旅游中心城市的发展新特点，遵循人才培养四个层次职业能力提升路径和规律，以国际培育质量认证标准和企业岗位标准为主线，将联合国世界旅游组织教育质量认证标准转化为人才培养标准，以职业技能培训为核心，形成了“两堂交替、四进四出”人才培养模式，如图 5-5 所示。

“两堂”指学校课堂和企业课堂，“四进四出”指学生的三年培养计划中在学校课堂和企业课堂中四次交替进行教育教学活动，注意“工作”与“学习”的进程交替，实现专业学习与真实的职业工作环境训练有机衔接，达到人才培养目标。

“两堂交替、四进四出”指适应成都建设世界旅游目的地城市、中国西部旅游中心城市的发展新特点的新常态，深化校企合作、产教融合，构建学生梯队式能力培养，融合学生综合素质养成，改变原来“淡进旺出”模式，针对学生的三年培养计划中在学校课堂和企业课堂中四次交替进行教育教学活动的时间、内容进行调整，形成了梯队式能力阶梯的出学校、进企业的“两堂交替、四进四出”人才培养模式（表 5-85）。

一进：第一学期进入企业课堂，进行行业认知教育。

一出：第一学期、第二学期安排的校内课程学习，掌握酒店基础岗位工作流程、方法，并开展课内实训和模拟。

二进：第三学期进入企业课堂，接受企业基层岗位培训，完成酒店基础岗位实习实操，积累工作经验，培养基本服务能力。

二出：第四学期在校内完成策划设计岗位标准学习，提升文化创意能力。

三进：第四学期暑假外出完成社会实践，进入小型企业进行实战管理锻炼。

三出：第五学期在校内完成一线部门管理类及创新创业课程学习，提升管理及双创能力。

四进：第六学期外出到企业开展毕业实习，期间完成毕业设计，拓展海外就业或进行升学。

四出：获取毕业证书和学位证书，进入企业成为国际高星级酒店技术能手或准职业经理人。

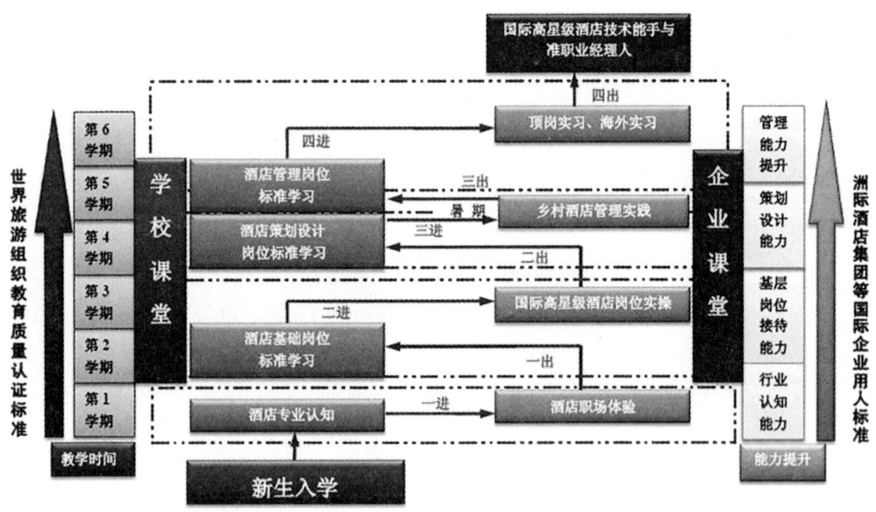

图 5–5 酒店管理专业人才培养模式

表 5–85 酒店管理专业教学组织模式

人才培养模式阶段	教学组织模式	实施地点
一进	校内专业责任人组织新生分组到校外实训基地酒店进行参观，企业外聘师资实地介绍接待，并开设行业认知讲座	校内、企业
一出	校内专任教师组织理实一体专业课程教学，独立开展课程理论学习和技能考评	校内
二进	根据各校外实训基地酒店岗位需求，学生分组到各酒店开展《酒店基层岗位实操》教学实习。专业教师分组带队跟踪指导，企业外聘指导教师对学生岗位能力进行教学和指导。校企双方共同对教学实习进行考评	企业
二出	校内专任教师、企业外聘教师对专业课程独立开展理实一体教学	校内
三进	学生自主报名参与项目，辅导员参与指导和考评	校外
三出	校内专任教师、校外兼职教师对各专业课程独立开展理实一体教学	校内
四进	辅导员、企业外聘教师、专业教师共同参与对学生的毕业设计、毕业顶岗实习、升学等开展指导管理工作，校企对学生实习共同评价	校外、企业
四出	获取毕业证书和学位证书，进入企业成为国际高星级酒店技术能手或准职业经理人	企业

十、教学进程总体安排

本专业课程总学时 2715 学时、总计 141 学分。课程教学原则上 16~18 学时折算 1 学分，实践教学（校内实训、综合实践）每 20~28 学时计 1 学分。顶岗实习（含毕业设计、报告）每周 15 学时计 0.5 学分。

十一、教学实施保障（基本条件）

（一）师资队伍

为满足教学需要，确保教学质量，本专业生师比建议 16∶1。教师团队由校内专任教师和企业兼职教师构成。

酒店管理专业现有校内专任教师和行业企业外聘教师构成的双师型教师队伍。专任教师需要具备本科以上学历，具备课程开发能力和指导学生实践的能力。教师每 5 年必须累计不少于 6 个月到企业或生产服务一线实践。专任教师中"双师"素质教师不低于 90%。企业兼职教师由行业内从业多年的专业技术人员和校企合作企业构成，具备较强的执教能力，共同完成课程教学和实践指导，及时将企业新标准、新技术、新工艺、新流程等融入教学（表 5-86）。

表 5-86　专任教师一览表

序号	姓名	职称	学历/学位	年龄	研究领域	是否双师型	骨干教师/专业带头人
1	×××	教授	博士	46	科学研究、课程开发	是	专业带头人
2	×××	副教授	硕士	46	饭店主题产品设计	是	专业带头人
3	×××	副教授	硕士	48	前厅、餐饮服务管理	是	专业带头人
4	×××	副教授	硕士	37	酒店管理信息系统	是	骨干教师
5	×××	副教授	本科	45	茶艺设计与服务	是	骨干教师
6	×××	副教授	硕士	49	餐饮服务、宴会设计	是	骨干教师
7	×××	副教授	硕士	51	智慧客房服务与管理	是	骨干教师
8	×××	讲师	博士	36	酒水与调酒、收益管理	是	
9	×××	讲师	硕士	33	酒店信息系统	是	专业负责人
10	×××	助教	硕士	31	酒店实用英语	是	
11	×××	讲师	本科	45	宾客关系	是	

现有校内专业带头人1名，骨干教师6名，双师素质教师11名，教授1名，副教授6名，讲师3名；博士2名，硕士7名，双师型教师为100%，国家职业资格证拥有率为100%以及承担专业课程和教学实习的稳定兼职教师15名（表5-87）。

表5-87 兼职教师一览表

序号	姓名	职务	工龄	工作单位	承担课程	课时量
1	×××	董事长	56	四川盛嘉饭店管理公司	专业讲座	50
2	×××	总经理	41	世纪城天堂洲际大饭店	专业讲座	100
3	×××	总经理	40	世纪城假日酒店	专业讲座	100
4	×××	人力资源总监	40	世纪城天堂洲际大饭店	专业讲座	100
5	×××	人力资源招聘经理	33	世纪城天堂洲际大饭店	专业讲座	100
6	×××	餐饮总监	44	世纪城假日酒店	专业课程、教学实习、顶岗实习	100
7	×××	人力资源部经理	39	成都锦江宾馆	专业课程、教学实习、顶岗实习	100
8	×××	人力资源部经理	36	成都京川宾馆江宾馆	教学实习、顶岗实习	100
9	×××	人力资源部经理	35	成都丽池海悦酒店	教学实习、顶岗实习	100
10	×××	人力资源部总监	41	成都首座万豪酒店	教学实习、顶岗实习	50
11	×××	人力资源部经理	37	成都空港大酒店	专业课教学	50
12	×××	人力资源部经理	36	成都科华明宇豪雅大酒店	教学实习、顶岗实习	100
13	×××	项目经理、侍酒师、高级讲师	35	成都葡萄藤文化传播有限公司	葡萄酒文化	100
14	×××	区域经理、高级咖啡师	37	微爱餐饮管理（成都）有限公司	创意咖啡设计	100
15	×××	国家二级中式烹调师	35	翻糖工作室	烘焙工艺	100

（二）实训条件

1. 校内实训室

酒店管理专业校内实训基地位于成都职业技术学院花源校区，该实训基地同时还是成都职业技术学院牵头的成都旅游职教集团共享实训基地。目前拥有实训基地总面积近 2 万平方米，其中专业实训室 11 间，覆盖酒店前厅、客房、餐饮等各个酒店一线核心部门。共享旅游虚拟教学中心、形体训练室、校内实训酒店各 1 个，同时在旅游管理、航空服务、导游、会展策划与管理、景区开发与管理、文化创意与策划六个专业内共享（表 5–88）。

表 5–88　校内酒店管理专业实训室

序号	实验室 / 实训基地（中心）的名称	实践教学内容	适用课程	专业群内共享（是 / 否）
1	旅游虚拟教学中心（国际酒店品牌文化比较学习中心）	前厅服务与管理、饭店业认知	前厅服务与管理、当今旅游业、饭店主题产品设计	是
2	酒店物流管理中心	酒店设备管理	餐饮服务与管理 饭店主题产品设计	否
3	旅行者咖啡厅	咖啡制作、咖啡厅经营管理	酒水知识与酒吧管理 创意咖啡设计	否
4	酒店信息化管理实验室	酒店管理信息系统实操	酒店管理信息系统	是
5	西餐实训室	西餐零点服务、西餐宴会摆台及服务、会议服务、西餐服务流程管理	餐饮服务与管理 饭店主题产品设计	否
6	烘焙实训室	西点制作	烘焙工艺	否
7	酒吧实训室	鸡尾酒调制、饮料及果盘制作	酒水知识与调酒	否
8	中餐实训室	中餐零点服务、中餐宴会摆台及服务、会议服务 中餐服务流程管理	餐饮服务与管理 饭店主题产品设计	否
9	客房技能实训室	中式铺床	智慧客房服务与管理	否

续表

序号	实验室 / 实训基地（中心）的名称	实践教学内容	适用课程	专业群内共享（是 / 否）
10	茶艺实训室	茶艺表演项目 茶艺设计	茶艺	否
11	智慧客房体验实训室	客房产品介绍、饭店产品认知、客房销售	智慧客房服务与管理、饭店主题产品设计	否
12	主题客房 3D 设计实训室（酒店主题文化产品研发中心）	客房产品设计、客房基层管理	智慧客房服务与管理、饭店主题产品设计	否
13	形体实训室	职业礼仪	服务礼仪	否
14	校内实习酒店	前厅服务与管理、智慧客房服务与管理、餐饮服务与管理	前厅服务与管理、智慧客房服务与管理、餐饮服务与管理	是

2. 校外实训条件

酒店管理专业现共有校外实训基地 20 家，其中 7 家实践基地在专业群内共享。其中与全球排名前十的洲际酒店集团、华住酒店集团建立了长期友好合作关系，与两家集团旗下酒店建立校外实训基地。另与本土 18 家知名酒店类企业建立校外实训基地，支持完成本专业订单班培养、专业认知、酒店基层岗位实操、毕业实习等实践教学形式（表 5-89）。

表 5-89　校外实践场所

序号	校外实习基地名称	合作企业名称	实践教学形式	合作深度	专业群内共享（是 / 否）
1	洲际英才学院	成都世纪城洲际酒店群	订单班培养、专业认知、酒店基础岗位实操、毕业实习	课程开发、师资培养、教学资源共建共享、校企共建实训场所、技术服务	否
2	华住酒店店长班人才培养基地	华住酒店集团	订单班培养、专业认知、酒店基础岗位实操、毕业实习	课程开发、师资培养、教学资源共建共享、校企共建实训场所、技术服务	否

续表

序号	校外实习基地名称	合作企业名称	实践教学形式	合作深度	专业群内共享（是/否）
3	成都职业技术学院酒店管理专业校外实践基地——成都世纪城假日酒店	成都世纪城假日酒店	订单班培养、专业认知、酒店基础岗位实操、毕业实习	课程开发、师资培养、教学资源共建共享、校企共建实训场所、技术服务	否
4	成都职业技术学院酒店管理专业校外实践基地——四川锦江宾馆	四川锦江宾馆	酒店基础岗位实操、毕业实习	校企共建实训场所、技术服务	否
5	成都职业技术学院酒店管理专业校外实践基地——成都京川宾馆	成都京川宾馆	酒店基础岗位实操、毕业实习	校企共建实训场所、技术服务	否
6	成都职业技术学院酒店管理专业校外实践基地——成都家园国际酒店	成都空港大酒店	酒店基础岗位实操、毕业实习	校企共建实训场所、技术服务	是
7	成都职业技术学院酒店管理专业校外实践基地——瑞城名人酒店	瑞城名人酒店	酒店基础岗位实操、毕业实习	校企共建实训场所、技术服务	否
8	成都职业技术学院酒店管理专业校外实践基地——城市名人酒店	城市名人酒店	酒店基础岗位实操、毕业实习	校企共建实训场所、技术服务	否
9	成都职业技术学院酒店管理专业校外实践基地——成都丽池海悦酒店	成都丽池海悦酒店	酒店基础岗位实操、毕业实习	校企共建实训场所、技术服务	否
10	成都职业技术学院酒店管理专业校外实践基地——成都首座万豪大酒店	成都首座万豪大酒店	酒店基础岗位实操、毕业实习	校企共建实训场所、技术服务	否
11	成都职业技术学院酒店管理专业校外实践基地——成都环球中心洲际天堂大饭店	成都环球中心洲际天堂大饭店	专业认知、酒店基础岗位实操、毕业实习	校企共建实训场所、技术服务	否

续表

序号	校外实习基地名称	合作企业名称	实践教学形式	合作深度	专业群内共享（是/否）
12	成都职业技术学院酒店管理专业校外实践基地——成都科华明宇豪雅大酒店	成都京川宾馆	酒店基础岗位实操、毕业实习	校企共建实训场所、技术服务	是
13	成都职业技术学院酒店管理专业校外实践基地——雅高索菲特万达大饭店	雅高索菲特万达大饭店	酒店基础岗位实操、毕业实习	校企共建实训场所、技术服务	否
14	成都职业技术学院酒店管理专业校外实践基地——比利时 VIA 餐饮管理公司	比利时 VIA 餐饮管理公司	酒店基础岗位实操、毕业实习	校企共建实训场所、技术服务	否
15	成都职业技术学院酒店管理专业校外实践基地——成都靓久橡木桶酒窖	成都靓久橡木桶酒窖	葡萄酒认知、酒窖管理	校企共建实训场所、技术服务	否
16	成都职业技术学院酒店管理专业校外实践基地——成都蓝龟科技有限责任公司	成都蓝龟科技有限责任公司	网络营销考察	校企共建实训场所	是
17	成都职业技术学院酒店管理专业校外实践基地——成都丽兹卡尔顿酒店	成都丽兹卡尔顿酒店	毕业实习	校企共建实训场所	是
18	成都职业技术学院酒店管理专业校外实践基地——成都世外桃源酒店	成都世外桃源酒店	毕业实习	校企共建实训场所	是
19	成都职业技术学院酒店管理专业“一店一大”创新创业基地——平乐古镇	平乐古镇	“一店一大”创新创业	提供三下乡暑期实践场所	是

续表

序号	校外实习基地名称	合作企业名称	实践教学形式	合作深度	专业群内共享（是/否）
20	成都职业技术学院酒店管理专业“一店一大”创新创业基地——三圣乡	三圣乡	“一店一大”创新创业	提供三下乡暑期实践场所	是

（三）学习资源

酒店管理专业建立了专业云资源信息平台、酒店虚拟仿真教学资源中心等专业特色教学资源库，包括精品资源共享课程、电子教材及其配备的教学课件、生产服务过程教学录像及技能演示录像、理实一体教学、校内仿真实训及校外顶岗实践管理制度、学生实习报告、职业资格证书考试大纲及模拟习题，创建了中西餐宴会、客房设计与管理、酒店业发展 3 个虚拟实训软件。资源情况详如表 5–90、表 5–91 所示。

表 5–90　酒店管理专业教材一览表（参考）

序号	课程名称	教材名称	出版社	作者	出版时间	校企开发教材（是/否）	新形态教材（是/否）
1	餐饮服务与管理	《餐饮服务与管理》	高等教育出版社	赵艳、雷琳	2016.3	是	否
2	前厅服务与管理	《前厅服务与管理》	高等教育出版社	黄晓菲、刘玮	2016.8	是	否
3	餐饮运营与创新	《餐饮企业经营与管理》	高等教育出版社	雷琳	2014.8	是	否
4	智慧客房服务与管理	《客房服务与管理》	高等教育出版社	文蓉	2018.8	是	否
5	茶艺	《茶艺》	高等教育出版社	文琼	2016.3	是	否
6	饭店主题产品设计	《宴会设计》	高等教育出版社	雷琳	2016.3	是	否
7	当今旅游业	《旅游学概论（双语）》	北京大学出版社	朱华	2017.4	否	是

表 5-91 酒店管理专业数字化资源选用表

序号	数字化资源名称	资源网址
1	酒店管理专业云资源信息平台	http://125、71.28、91：8020/jdjx/
2	省级精品资源课程：餐饮服务与管理	http://www.xueyinonline.com/detail/200899815
3	省级精品课程：茶艺	http://10.1.1.111：8024/
4	市级精品课程：宴会设计	http://10.1.1.111：8020/jpkc2/jpk11/yhsj/
5	院级精品资源共享课程：前厅服务与管理	http://czy.simul-tech.cn/qtfw/
6	院级精品资源共享课程：客房服务与管理	http://czy.simul-tech.cn/kfgl/
7	中西餐宴会设计教学软件	单机，安装于中餐、西餐实训室
8	主题客房设计教学软件	单机，安装于主题客房 3D 设计实训室（酒店主题文化产品研发中心）
9	“酒店地球”酒店品牌全球分布互动查询联动系统、酒店业发展实训系统、五星级酒店大堂与客房三维立体虚拟仿真漫游系统	单机，安装于酒店虚拟仿真教学资源中心（旅游与酒店虚拟教学中心、国际酒店品牌文化比较学习中心）
10	国家级精品课程网站	http://www.jingpinke.com/
11	中国大学慕课网	https://www.icourse163.org/
12	智慧职教	http://zjy.icve.com.cn/
13	爱课网	http://www.icourses.cn/home/

（四）教学方法

在人才培养过程中，专业以情境为导向，结合虚拟仿真实训软件和实训室建设，将虚拟仿真技术应用于理实一体课程，倡导采用一体化教学、案例教学、项目教学等方法和信息化教学手段，坚持学中做、做中学，以达到预期教学目标。

1. 实施“情境导向，虚实结合，比较学习”教学方式改革

以情境为导向，集成企业项目资源与专业教学资源，以工作任务为驱动，形成“情境导向”教学项目。

虚实结合，突出文化创意为引领的培养特色，构建虚拟仿真教学实训中心，形成虚实结合的专业文化创意特色旅游教学资源库和实训教学平台。

依托虚拟仿真实训平台和校内外实习酒店，实施体验式、沉浸式、比较式学习，引导学生创新创意设计。

2. 基于虚拟仿真软件开发开展信息化教学

通过对基于虚拟仿真教学课程的实践课程改革，构建体验式实践教学体系，利用蓝墨云班课等信息化教学系统开展信息化教学，提高学生的学习效率与学习兴趣，使学生在不断的“体验”中“获得知识、发展能力”。

3. 基于理实一体化实训室开展情境化教学

在“以培养学生能力为中心、以工作任务为驱动、让学生在做中学，学中做”的教学中，在酒店管理实训基地完成教学全过程，以此来实现理论与实训一体化课程教学，提高学生职业技能。

将教学模式转变为以真实工作情境为导向，由虚拟仿真软件和实训室作为承载，将技能训练、设计、素质训练融为一体的做中学、学中做的理实一体化情境式教学方式。

（五）学习评价

1. 教师教学评价

利用 CRP 教务管理系统、蓝墨云班课等教学管理平台集成，在线实时开展教学过程评价与教学效果评价体系。

2. 学生学习评价

（1）根据人才培养定位确定课程标准，从知识、技能、素质能力三方面确定学习目标和考核标准，实施学业水平考核。

（2）依据课程实施方式确定评价主体、评价方式、评价过程，评价主体涵盖校内教师、企业教师、兼职教师、学生互评；评价方式包含观察、口试、笔试、顶岗操作、职业技能大赛、职业资格鉴定等评定方式；评价过程结合平时表现、课堂测验、阶段测试、期末考核，根据课程性质与组织方式实行组合。

（六）质量管理

1. 组织保障

在学院教务处和督导室监督指导的同时，成立了来自行业协会、企业能工巧匠及专业教师组成的专业教学指导委员会，参与指导修订专业人才培养方案。成立二级督导组，加强对教学质量的监督指导；依靠分院，加强分院的教学管理等内容。

人才培养方案的实施过程中，加强教学运行过程管理及质量监控，完善各项管理制度，建立分院二级督导机制，定期召开学生座谈会，建立教学质量网络测评制度，及时掌握和监控教学运行过程。在学院教学质量监控体系的框架下，结合酒店管理专业的特点，建立相应的教学质量监控体系。

2. 制度保障

根据专业建设的要求，加强教学管理等方面的制度建设，完善学院内部管理体制、教学工作考核评价制度、学籍管理制度、实训教学管理制度、人才培养方案开发修订制度、教学质量保障体系、教师培养制度等，并严格执行落实，实现人才培养的规范科学运行和管理。

建立与院外相关行业企业的深度合作管理制度，强化校企融合、产业结合的共同育人长效机制，建立兼职教师管理制度和激励机制，建立企业参与的人才培养评价制度，建立实训基地共建、专业教学共同开展、学生就业共同促进的体制和机制，保障与行业企业在“人才共育、过程共管、成果共享、责任共担”方面人才培养途径的实现。

3. 质量保障

学院层面构建了“源头保障、外评内控、持续改进”的人才培养质量诊改体系；专业层面也呼应学院的人才培养质量保障体系的内容，对标联合国世界旅游组织教育质量认证标准（UNWTO-TedQual）的过程评价指标，做好人才培养质量的诊断、改进。

学院两级的人才培养质量监控系统，突出全员监控、过程（主要教学环节）监控。学校内部的监控主体是督导室、学生信息员、二级分院；外部监控主体为二级分院专业教学指导委员会、社会用人单位、实习单位、毕业生。

十二、毕业要求

修满本专业毕业要求的最低学分：141 学分。

十三、继续专业学习深造建议

为体现终身学习理念，高职酒店管理专业毕业生继续深造的渠道主要有以下四种。

（1）专升本：需参加统一的专升本考试。

（2）成人高考：需参加全国统一成人高考。

（3）自学考试：可选择的专业有酒店管理、旅游管理等。

（4）网络学习：通过网络教育等继续教育形式学习。

（5）境外升学：通过相关测试，赴国际知名大学相关专业留学深造。

十四、其他说明

专业相关国家标准如表 5-92 所示。

表 5-92　专业相关国家标准

国家标准		旅游行业标准	
标准号	标准名称	标准号	标准名称
（GB/T 21084—2007）	《绿色饭店》	（LB/T 066—2017）	《精品旅游饭店》
（GB/T 12455—2010）	《宾馆、饭店合理用电》	（LB/T 065—2017）	《旅游民宿基本要求与评价》
（GB/T 22800—2009）	《星级旅游饭店用纺织品》	（LB/T 064—2017）	《文化主题旅游饭店基本要求与评价》
（GB/T 14308—2010）	《旅游饭店星级的划分与评定》	（LB/T 007—2015）	《绿色旅游饭店》
（GB/T 26357—2010）	《旅游饭店管理信息系统建设规范》	（LB/T 026—2013）	《旅游企业标准化工作指南》
（GB/T 19481—2004）	《饭店业职业经理人执业资格条件》	（LB/T 027—2013）	《旅游企业标准实施评价指南》

续表

国家标准		旅游行业标准	
标准号	标准名称	标准号	标准名称
（GB/T 15566.8—2007）	《公共信息导向系统设置原则与要求第 8 部分：宾馆和饭店》	（LB/T 020—2013）	《饭店智能化建设与服务指南》
（GB/T 24453—2009）	《酒店客房用易耗塑料制品》	（LB/T 021—2013）	《旅游企业信息化服务指南》
（GB/T 37976—2019）	《物联网智慧酒店应用平台接口通用技术要求》	（LB/T 031—2014）	《旅游类专业学生饭店实习规范》
（GB/T 40042—2021）	《绿色餐饮经营与管理》	（LB/T 018—2011）	《旅游饭店节能减排指引》
（GB/T 31285—2014）	《品牌价值评价餐饮业》	（LB/T 001—1995）	《旅游饭店用公共信息图形符号》
（GB/T 33497—2017）	《餐饮企业质量管理规范》	（LB/T 003—1996）	《星级饭店客房客用品质量与配备要求》
（GB/T 39002—2020）	《餐饮分餐制服务指南》	（LB/T 006—2006）	《星级饭店访查规范》
（GB/T 13391—2009）	《餐饮企业的等级划分和评定》	/	/
（GB 37489.2—2019）	《公共场所设计卫生规范第 2 部分：住宿场所》	/	/
（GB/T 27306—2008）	《食品安全管理体系餐饮业要求》	/	/

十五、附录（教学进程安排表－略）

第四节　智慧景区开发与管理专业教学标准

一、专业名称及代码

专业名称：智慧景区开发与管理。

专业代码：540110。

二、入学要求及修业年限

入学要求：普通高中毕业生、中职毕业生或同等学力人员、初中毕业生、高校毕业生。

修业年限：3~6 年。

学历：大学专科。

学制：三年。

三、所属专业群

智慧旅游专业群。

四、职业面向及职业能力要求

（一）职业面向

根据《中华人民共和国职业分类大典》（2015 年版），景区开发与管理专业职业面向如下所示。

就业面向的行业：L 租赁及商务服务业（72）、M 科学研究和技术服务业（74）、N 水利、环境和公共设施管理业（78）、R 文化、体育和娱乐业（90）（表 5-93）。

主要就业单位类型：国有或私营的各类型景区、涉旅投资公司、管理咨询公司、旅游规划设计企业、景观园林企业等。

主要就业部门：景区运营部、景区营销策划部、旅游规划设计、产品设计等部门。

可从事的岗位：旅游景区对客服务人员、旅游景区基层管理人员、旅游景区管理咨询等岗位、制图员、助理设计师、旅游规划师、景观设计师等（表 5-94）。

表 5–93 智慧景区开发与管理专业职业面向

所属专业大类（代码）	所属专业类（代码）	对应行业（代码）	主要职业类别（代码）	主要岗位群或技术领域举例	职业资格证书和职业技能等级证书举例
旅游类（64）	旅游大类（6401）	L 租赁及商务服务业（72） –7222 商业综合体管理服务 M 科学研究和技术服务业（74） –7485 规划设计服务 N 水利、环境和公共设施管理业（78） –786 游览景区管理 R 文化、体育和娱乐业（90） –9020 游乐园 –9030 休闲观光活动	2–02–18–04 风景园林工程技术人员 L 3–01–02–07 制图员 4–07–04–04 旅游咨询员 4–07–04–05 旅游及公共游览场所服务人员 4–01–04–01 营销员	可从事景区接待服务、景区管理、活动策划、旅游规划、景观设计、产品设计等技术领域。主要岗位如下： 1. 制图员、助理设计师岗位 2. 旅游规划师、景观设计师 3. 旅游景区对客服务人员 4. 旅游景区基层管理人员 5. 旅游景区管理咨询师	职业技能等级证书举例： 1+X 旅游景区接待与管理 1+X 旅游大数据分析 发展类职业资格证书举例： 注册城乡规划师 LEED（绿色场地与建筑）BD+AP 认证 SITES（可持续规划）AP 认证

表 5–94 岗位能力分析

序号	岗位名称	岗位类别		岗位描述	岗位能力及要求
		初始岗位	发展岗位		
1	助理旅游规划师	☑	☐	1. 规划项目地块图件识读 2. 规划图纸绘制	1. 掌握行业制图规范和标准 2. 掌握旅游规划设计、景观规划设计、植物配置的原理与规范 3. 熟悉 A 级景区、全域旅游区、乡村旅游示范区、旅游度假区、工农业旅游示范区等行业规范标准 4. 能运用 AutoCAD、Photoshop、Sketch up、Lumion 等辅助设计软件完成规划设计方案现状分析图、规划布局图、节点效果图、施工图等图件的绘制

续表

序号	岗位名称	岗位类别		岗位描述	岗位能力及要求
		初始岗位	发展岗位		
2	旅游规划师	☐	☑	1. 旅游资源调查与评价 2. 旅游市场分析 3. 旅游发展战略研判 4. 规划文案编撰 5. 规划图纸识读与绘制	1. 能熟练开展旅游资源、旅游市场的调查与分析 2. 能准确研判项目地旅游发展战略 3. 能合理利用旅游规划标准与技术方法编撰区域旅游发展战略规划、景区旅游发展总体规划、景区发展专项规划 4. 熟悉A级景区、全域旅游区、乡村旅游示范区旅游度假区、工农业旅游示范区等行业规范标准 5. 掌握景观规划设计、植物配置的原理与规范 6. 掌握行业制图规范和标准，能运用AutoCAD、Photoshop、Sketch up、Lumion等辅助设计软件完成规划设计方案布局图、鸟瞰图、节点效果图、施工图等图件的绘制
3	旅游景区服务人员	☑	☐	1. 游客咨询及投诉受理 2. 票务服务 3. 景点讲解 4. 景区商品销售	1. 具备良好的人际沟通能力与礼仪规范 2. 掌握景区服务各环节的工作流程 3. 掌握景点讲解的必备技能 4. 掌握商品销售的基本技能 5. 掌握游客投诉等突发事件的处理技巧 6. 具有较强的语言、文字表达能力，能熟练运用office办公软件
4	旅游景区管理人员或管理咨询师	☐	☑	1. 旅游市场分析 2. 景区战略研判 3. 旅游景区标准化管理 4. 旅游景区项目策划与营销	1. 掌握一定的政务、商务接待礼仪 2. 具有较强的语言、文字表达能力，能熟练运用office办公软件，能综合运用旅游管理相关知识 3. 熟悉A级景区、乡村旅游示范区、旅游度假区等行业规范标准 4. 掌握市场调查、市场营销、旅游项目策划的方法及技巧

（二）典型工作任务及其工作过程（表 5–95）

表 5–95 典型工作任务及工作分析过程

序号	典型工作任务	工作过程
1	旅游景区对客服务	掌握景区服务各环节的工作流程及规范，能熟练进行景区讲解、票务、商品等的销售、能熟练进行游客投诉等突发事件的处理
2	旅游景区策划与营销	能在旅游景区岗位实操中，综合运用管理学、市场营销学的知识，解决对客服务、市场调研、活动策划与执行等工作任务
3	智慧旅游景区规划与管理	能在旅游景区岗位实操中，完成旅游资源与环境管理、游览、安全、卫生、购物、智慧景区、运营与危机管理等工作任务
4	旅游资源调查与评价	熟悉并掌握《旅游资源分类、调查与评价》（GB/T 18972—2017），掌握旅游资源踏勘的方法与技能，正确开展旅游资源调查与评价工作
5	智慧旅游景区的规划设计	能够熟练掌握旅游政策法规、旅游行业标准规范以及国际标准，掌握 A 级景区、乡村旅游示范区、旅游度假区、全域旅游区等不同类型、不同尺度景区的创建与评定标准，完成景区规划设计文本的撰写 掌握制图规范，能够熟练使用平面设计、景观设计常用的 AutoCAD、Photoshop、Sketchup、Lumion 软件绘制不同类型、尺度的景区规划设计方案（现状分析图、功能布局图、建设意向图、总体平面图、节点效果图等）
6	旅游区植物配置与造景设计	掌握旅游景观设计的程序与方法、植物配置与造景的基本原则、生态学原理、配置与造景的艺术原理等基础知识与方法 能通过手绘制图、计算机辅助制图的方式，画出平面图、节点图等

五、培养目标

（一）总体目标

本专业培养理想信念坚定，德、智、体、美、劳全面发展，具有一定的科学文化水平、良好的人文素质及职业道德和创新意识、精益求精的工匠精神、较强的就业能力和可持续发展的能力。能适应成都建成世界旅游目的地中心城市对旅游资源开发与景区专业化管理的人才需要，能熟练掌握旅游规划设计与景区管理的理论方法，熟练运用本专业计算机辅助设计软件，具有旅游规划设计能力、景区服务与管理能力，主要从事城乡旅游规划设计、景区质量管理和设计工作室创业的高素质技术技能型人才。

1. 思政目标

坚定中国特色社会主义道路自信、理论自信、制度自信、文化自信；深刻理解中华优秀传统文化，传承中华文脉；提高个人的爱国、敬业、诚信、友善修养；深化对法治理念、法治原则、重要法律概念的认知，提高运用法治思维和法治方式维护自身权利、参与社会公共事务的能力；自觉实践职业精神和职业规范，增强职业责任感，培养遵纪守法、爱岗敬业、无私奉献、诚实守信、公道办事、开拓创新的职业品格和行为习惯。

2. 知识目标

掌握必备的思想政治理论、科学文化基础知识和中华传统文化知识；熟练掌握普通话、计算机应用基础知识，掌握一门外语（英语）听、说、读、写综合知识；掌握必备的体育知识、心理健康知识和一定的军事常识、急救常识；掌握一定的历史文化、文学艺术、礼仪修养、哲学、美学等人文科学知识；掌握组织、计划、控制、决策、沟通、创新等管理学相关理论；掌握景区对客服务、营销策划、质量管理等基础知识；掌握旅游资源、旅游市场调查、分析与评价，旅游项目策划与营销的基础知识；掌握旅游行业政策法规、行业规范知识，掌握A级景区、乡村旅游区、度假区、全域旅游区等创建与评定旅游标准知识；掌握旅游景区布局分区、景观设计、植物配置的基础理论知识；掌握旅游规划识图与制图，计算机辅助设计（AutoCAD、Photoshop、Adobe Illustrator、Sketch up、Lumion、InDesign等）软件使用的基础知识。

3. 能力目标

具备较强的语言表达、文字表达、文本写作及沟通能力；具备一定的文献检索、信息技术应用能力，可独立获取知识、信息，具有自我学习与提升、终身学习的能力，分析问题和解决问题的能力；具备较强的团队沟通、协作、应变能力。具备对旅游产业、景区行业发展现状及趋势的分析、研判能力；具备分析游客的基本需求，开展景区产品设计与服务接待能力及突发事件处理能力；具备旅游资源的调查与评价能力，能参与撰写旅游资源调查报告、客观评价景区景观质量，能绘制旅游资源评价相关图件的能力；具备旅游市场的调查与研判能力，能开展相关的基础分析工作，能策划并执行景区面向各个渠道的营销活动；具备全域旅游示范区、A 级景区、乡村旅游区、旅游度假区等类型景区的分析、策划与规划能力及质量管理能力；具备旅游景区观赏植物、园林植物的配置、核算能力；具备平面设计、景观设计常用的计算机辅助软件（AutoCAD、Photoshop、Adobe Illustrator、Sketch up、Lumion、InDesign 等）的运用能力，能绘制景区宣传海报、手册、旅游专题图纸、景观节点效果图、鸟瞰图等。

4. 素质目标

坚定拥护中国共产党领导和我国社会主义制度，在习近平新时代中国特色社会主义思想指引下，践行社会主义核心价值观，具有深厚的爱国情感和中华民族自豪感；崇尚宪法、遵法守纪、崇德向善、诚实守信、尊重生命、热爱劳动，履行道德准则和行为规范，具有社会责任感和社会参与意识；具有质量意识、环保意识、安全意识、信息素养、工匠精神、创新思维、全球视野和市场洞察力；勇于奋斗、乐观向上，具有自我管理能力、职业生涯规划的意识，有较强的集体意识和团队合作精神；具有健康的体魄、心理和健全的人格，掌握基本运动知识和 1~2 项运动技能，形成良好的健身和卫生习惯以及良好的行为习惯。

5. 创新创业能力目标

具有一定的创新意识和创业精神，了解创新型人才的素质要求，掌握开展创业活动所需要的基本知识；能认知当今企业及行业环境，了解创业机会，了解创业风险，能模拟创业实践活动开展等；具有一定的批判性思维、洞察力、决策力、组织协调能力与领导力。

（二）具体目标

本专业学生毕业五年后能够达到的职业和专业成就即专业培养目标具体为解决实际问题的能力、团队作用的发挥、职业道德和伦理水准、终身学习能力的养成、创新意识及创新方法培养、为区域经济和社会发展做出贡献。将这六个方面作为专业人才培养目标的六个维度，按照培养目标→毕业要求→毕业要求指标点→课程矩阵图的路径落实到课程、课堂中，从而实现学生职业和专业成长，达成专业培养目标（表 5-96）。

表 5-96　智慧景区开发与管理专业培养目标

序号	具体内容
1	能够解决不同类型、不同尺度旅游景区开发、设计、管理运营领域的实际问题
2	能够在工作中，在跨专业、跨领域的团队协作中，发挥有效的组织、沟通和协调作用
3	能够爱岗敬业、诚实守信，工作中严格遵守各类规范要求，使自己的开发、设计、管理行为符合道德伦理的要求
4	能够通过继续教育或职业培训，不断提升自身的能力
5	具备创新意识、了解基本的创新方法，在旅游景区开发、设计、管理运营领域有所创新，满足并引领旅游消费市场的需求变化
6	立足成都，服务四川，辐射西部，能够为旅游景区开发、建设、运营管理做出贡献

六、毕业能力要求

根据人才培养目标细分毕业能力要求和毕业要求指标点，如表 5-97、表 5-98 所示。

表 5-97　智慧景区开发与管理专业毕业要求

序号	毕业能力要求	对应的培养目标	对应的思政目标
1	能够具备良好的口头和书面表达能力	A B	坚定中国特色社会主义道路自信、理论自信、制度自信、文化自信
2	能运用英语进行对话交流及简单的对客服务	A B	
3	能够熟练操作计算机、office 办公软件等	A B	

续表

序号	毕业能力要求	对应的培养目标	对应的思政目标
4	具备民族自尊心、自豪感，履行道德准则和行为规范，将公平正义、资源环境保护、质量与安全意识内化为自觉的行动行为；有较强的集体意识和团队合作精神，具有一定的沟通、协调能力	A B C	深刻理解中华优秀传统文化、传承中华文脉 提高个人的爱国、敬业、诚信、友善修养 深化对法治理念、法治原则、重要法律概念的认知，提高运用法治思维和法治方式维护自身权利、参与社会公共事务的能力 自觉实践职业精神和职业规范，增强职业责任感，培养遵纪守法、爱岗敬业、无私奉献、诚实守信、公道办事、开拓创新的职业品格和行为习惯
5	能熟练掌握文献检索，具备独立获取知识、信息能力，并能进行自我学习、终身学习与提升	A D	
6	能掌握基本的创新方法，具有创新的意识和创业的素质	A E	
7	掌握旅游产业发展现状、方向与趋势，掌握一定的历史文化、文学艺术、园林建筑、美学等人文科学知识，具有一定的审美和人文素养	A B C E	
8	具有健康的体魄，掌握旅游资源踏勘的方法与技能，熟练运用旅游资源调查与评价的方法	A B C E	
9	能够熟练掌握旅游政策法规、旅游行业标准规范以及国际标准，掌握A级景区、乡村旅游示范区、旅游度假区等创建与评定标准，能进行景区问题诊断，具备提出改进方案的能力	A B C E	
10	能综合运用管理学、市场营销学的知识，解决对客服务问题，具备旅游市场的调查与研判能力；具备旅游景区对客服务、营销策划、活动执行的能力	A B C E	
11	掌握景观设计、观赏植物的基础知识，能完成旅游区的景观设计、植物配置及造景设计	A B C E	
12	掌握制图规范，能够熟练使用平面设计、景观设计常用的AutoCAD、Photoshop、Sketchup、Lumion等软件	A B C	
13	具有自我管理能力、职业生涯规划的意识，具备终身学习的意识，了解本专业继续深造以及参加职业培训的途径	D	
14	具有创新思维、全球视野和市场洞察力，了解、熟悉国际、国内、省内、成都市旅游行业发展方向及趋势	D F	

表 5–98　智慧景区开发与管理专业毕业要求指标点

序号	毕业能力要求	能力要求指标点序号	对应的毕业要求指标点	思政要求指标点
1	能够具备良好的口头和书面表达能力	1.1	能在分组汇报、岗位实操中准确表达自己的观点	实事求是、敬业、诚信、有修养
		1.2	能流畅、规范地进行景区景点讲解	
		1.3	能规范地撰写景区提升、营销策划等方案	
2	能运用英语进行对话交流及简单的对客服务	2.1	能够进行口语和书面交流	爱国情怀、文化自信 中国文化传播与传承
		2.2	能够为境外游客提供服务	
3	能够熟练操作计算机、office 办公软件等	3.1	能熟练操作计算机及 WORD、EXCEL、PPT 等办公软件	劳动精神、工匠精神、质量意识
4	具备民族自尊心、自豪感，履行道德准则和行为规范，将公平正义、资源环境保护、质量与安全意识内化为自觉的行为；有较强的集体意识和团队合作精神，具有一定的沟通、协调能力	4.1	遵守国家的法律、法规；遵守社会公德和职业道德；遵守工作规范、爱岗敬业	深化对法治理念、法治原则、重要法律概念的认知，提高运用法治思维和法治方式维护自身权利、参与社会公共事务的能力。有较强的集体意识和团队合作精神，
		4.2	维护游客的合法权益，遵守景区开发与管理涉及的环境保护、质量与安全的制度要求	
		4.3	能完成小组课程、实训、跟岗、顶岗实习任务，能有效地与涉及景区开发与管理的政府主管部门、工程建设公司、营销广告公司等供应商、旅游消费者进行沟通、协调	
5	能熟练掌握文献检索，具备独立获取知识、信息能力，并能进行自我学习、终身学习与提升	5.1	能利用各类检索工具，进行文献等各类信息收集	勇于奋斗、乐观向上，具有自我管理能力、职业生涯规划的意识
		5.2	能利用各种现代信息技术，进行自主学习	
6	能掌握基本的创新方法，具有创新的意识和创业的素质	6.1	了解创新型人才的素质要求，掌握开展创业活动所需要的基本知识。具备一定的批判性思维、洞察力、决策力、组织协调能力与领导力	创新思维 全球视野
		6.2	完成创新创业教育、SYB 创新实践课程、旅游创新创业实务的学习	

续表

序号	毕业能力要求	能力要求指标点序号	对应的毕业要求指标点	思政要求指标点
7	掌握旅游产业发展现状、方向与趋势，掌握一定的历史文化、文学艺术、园林建筑、美学等人文科学知识，具有一定的审美和人文素养	7.1	掌握旅游产业发展现状、方向与趋势	文化自信与文化传承
		7.2	掌握中国历史文化、园林建筑、文学艺术等人文科学知识，具有一定的审美和人文素养，能正确认识旅游资源的历史价值、科学价值或艺术价值	
8	具有健康的体魄，掌握旅游资源踏勘的方法与技能，熟练运用旅游资源调查与评价的方法	8.1	具有健康的体魄，具备户外、野外工作的能力	劳动精神、工匠精神
		8.2	熟悉并掌握《旅游资源分类、调查与评价》（GB/T 18972—2017），掌握旅游资源踏勘的方法与技能，正确开展旅游资源调查与评价工作	
9	能够熟练掌握旅游政策法规、旅游行业标准规范以及国际标准，掌握A级景区、乡村旅游示范区、旅游度假区、全域旅游区等创建与评定标准，具备A级景区、乡村旅游示范区、旅游度假区等类型景区问题诊断，提出改进方案的能力	9.1	熟悉并掌握《旅游景区质量等级的划分与评定》（GB/T 17775-2003）、《旅游度假区等级划分》（GB/T26358）、《国家级旅游度假区管理办法》（2019）、《国家全域旅游示范区验收标准》（2019）等	法制与规则意识，绿色发展低碳理念
		9.2	能开展旅游景区问题调查与诊断，能用文字、图件提出改进方案	
		9.3	能在分组汇报中，熟练使用办公软件如Word、PPT，并能准确表达自己的观点	
10	能综合运用管理学、市场营销学的知识进行旅游市场的调查与分析；解决旅游景区对口服务、营销策划、活动执行的实际问题	10.1	掌握旅游景区讲解、游览服务、游客服务、资源与环境管理、安全服务与管理、运营与危机管理、智慧化服务与管理的理论知识	文化自信与文化传承、劳动精神、工匠精神
		10.2	掌握旅游供给的特点、旅游消费者行为、旅游市场细分与目标市场策略、旅游销售渠道、旅游营销计划制定、数字化直复营销的基础理论	
		10.3	能在旅游景区岗位实操中，综合运用管理学、市场营销学的知识，解决对客服务、市场调研、活动策划与执行等工作任务	

续表

序号	毕业能力要求	能力要求指标点序号	对应的毕业要求指标点	思政要求指标点
11	掌握景观设计、观赏植物的基础知识，能完成旅游区的景观设计、植物配置及造景设计	11.1	掌握景观设计、植物配置与造景的基本原则、生态学原理、配置与造景的艺术原理等基础知识与方法	法制与规则意识、劳动精神、工匠精神、质量意识、团队合作
		11.2	能通过手绘制图的方式，画出平面图、节点图等	
		11.3	能通过计算机制图的方式，绘制出平面图、节点图等	
12	掌握制图规范，能够熟练使用平面设计、景观设计常用的 AutoCAD、Photoshop、Sketchup、Lumion 软件	12.1	掌握总图制图标准（GB/T50103-2010） 掌握风景园林制图标准（CJJ/T 67-2015）	劳动精神、工匠精神、质量意识
		12.2	掌握操作命令，熟练使用 AutoCAD、Photoshop 等平面设计软件，完成相关图件绘制	
		12.3	掌握操作命令，熟练使用 Sketchup、Lumion 等景观设计软件，完成相关图件绘制	
13	具有自我管理能力、职业生涯规划的意识，具备终身学习的意识，了解本专业继续深造以及参加职业培训的途径	13.1	鼓励考取计算机基础知识和应用能力等级证书、大学英语等级证书、景观设计师、园林设计师证书、急救员证书等	勇于奋斗、乐观向上，具有自我管理能力、职业生涯规划的意识
14	具有创新思维、全球视野和市场洞察力，了解、熟悉国际、国内、省内、成都市旅游行业发展现状及趋势	14.1	积极参加校内校外实践活动、景区岗位实操、跟岗实习、顶岗实习；积极参加现代服务业、专业讲座 4~5 次，完成毕业设计	具备创新思维和创新能力、自我管理能力

七、专业证书与国家标准

（一）专业目前可考证书（表 5–99）

表 5–99　专业目前可考证书

序号	证书
1	研学旅行策划与管理（EEPM）
2	旅游大数据分析
3	研学旅行课程设计与实施
4	旅行策划

（二）专业遴选推荐证书（表 5–100）

表 5–100　专业遴选推荐证书

序号	项目	等级	类别	考期	发证机构	考试要求
1	研学旅行课程设计与实施	初级	1+X 证书	3~4	北京中凯国际研学旅行股份有限公司	鼓励选考
2	旅游大数据分析	初级	1+X 证书	3~4	上海棕榈电脑系统有限公司	鼓励选考
3	普通话水平	二级乙等及以上	国家统一	1~6	成都市语言文字工作委员会	鼓励选考
4	大学英语	四、六级	国家统一	1~6	全国大学英语四六级考试委员会	鼓励选考
5	急救员证	初级	行业协会	3~4	四川省红十字会	鼓励选考
6	景观设计师证	初级	行业协会	5~6	行业协会	鼓励选考
7	LEED 绿色建筑认证 USGBC	LEED BD + AP	行业协会	6	美国绿色建设协会	鼓励选考
8	SITES 可持续场地 GBCI	SITES AP	行业协会	6		鼓励选考

（三）专业课证融通方式（表 5-101）

表 5-101　专业课证融通方式

序号	证书	融入课程	融通方式
1	1+X 研学旅行课程设计与实施	文旅学院 9 选 1 限选课	教学内容
2	1+X 旅游大数据分析	旅游市场营销	教学内容
3	大学英语四六级证书	大学英语	教学内容
4	景观设计师证	景观设计与植物配置	教学内容

八、专业课程体系

（一）专业群课程构建

本专业属于智慧旅游管理专业群，专业群课程体系按照群内专业底层共享、中层分立、高层互选的原则进行构建。底层为公共课程、专业基础课程；中层为专业方向课程，即职业能力课程；高层为专业限选课程，扩展和提升职业能力，拓宽学生职业能力范围（图 5-1）。

（二）专业课程与典型工作任务的对应关系

智慧景区开发与管理专业课程体系如表 5-102 所示。

表 5-102　智慧景区开发与管理专业课程体系

<table>
<tr><th>序号</th><th colspan="2">课程名称（学习领域）</th><th>对应的典型工作任务</th></tr>
<tr><td>1</td><td rowspan="4">当今旅游业
职业礼仪
旅游创新创业实务
旅游英语
OFFICE 高级应用</td><td>智慧旅游景区规划与管理</td><td>旅游景区对客服务</td></tr>
<tr><td>2</td><td>智慧旅游景区规划与管理</td><td>旅游景区标准化建设</td></tr>
<tr><td>3</td><td>旅游市场营销</td><td>旅游景区项目营销与策划</td></tr>
<tr><td>4</td><td>旅游资源调查与评价</td><td>旅游资源调查与评价</td></tr>
<tr><td>5</td><td rowspan="2">设计基础
计算机辅助设计
中西方建筑园林史</td><td>旅游资源调查与评价
景观设计与植物造景
智慧景区规划与设计表现</td><td>旅游区规划设计</td></tr>
<tr><td>6</td><td>景观设计与植物造景</td><td>旅游区植物配置与造景设计</td></tr>
</table>

（三）专业课程设置

专业课程设置按照成果导向（OBE）理念，将人才培养目标贯穿到每门课程中，确保课程开设的有效性，不断优化课程设置，通过课程目标的实现反向促进人才培养目标的实现（表 5–103）。

表 5–103　智慧景区开发与管理专业课程矩阵图

毕业要求	毕业要求指标点	当今旅游业	职业礼仪	旅游市场营销	旅游创新创业实务	旅游资源调查与评价	智慧旅游景区规划与管理	设计基础	景观设计与植物配置	计算机辅助设计	智慧景区规划与设计表现	管理学基础	中西方建筑园林史	景区规划与管理岗位实操	SYB 创新实践
1. 能够具备良好的口头和书面表达能力	1.1 能在分组汇报、岗位实操中准确表达自己的观点	√					√							√	
	1.2 能流畅、规范地进行景区景点讲解		√				√							√	
	1.3 能规范地撰写景区提升、营销策划等方案			√	√		√							√	
2. 能运用英语进行对话交流及简单的对客服务	2.1 能够进行口语和书面交流		√											√	
	2.2 能够为境外游客提供服务		√											√	
3. 能够熟练操作计算机、office 办公软件等	能熟练操作计算机及 Word、Excel、PPT 等办公软件													√	

续表

毕业要求	毕业要求指标点	当今旅游业	职业礼仪	旅游市场营销	旅游创新创业实务	旅游资源调查与评价	智慧旅游景区规划与管理	设计基础	景观设计与植物配置	计算机辅助设计	智慧景区规划与设计表现	管理学基础	中西方建筑园林史	景区规划与管理岗位实操	SYB 创新实践
4. 具备民族自尊心、自豪感，履行道德准则和行为规范，将公平正义、资源环境保护、质量与安全意识内化为自觉的行为；有较强的集体意识和团队合作精神，具有一定的沟通、协调能力	4.1 遵守国家的法律、法规；遵守社会公德和职业道德；遵守工作规范，爱岗敬业	√	√											√	
	4.2 维护游客的合法权益，遵守景区开发与管理涉及的环境保护、质量与安全的制度要求					√	√							√	
	4.3 能完成小组课程、实训、跟岗、顶岗实习任务，能有效地与涉及景区开发与管理的政府主管部门、工程建设公司、营销广告公司等供应商、旅游消费者进行沟通、协调	√	√	√	√	√	√					√		√	
5. 能熟练掌握文献检索，具备独立获取知识、信息能力，并能自我学习、终身学习与提升	5.1 能利用各类检索工具，进行文献、各类信息收集	√		√	√	√	√	√	√			√	√	√	√
	5.2 能利用各种现代信息技术进行自主学习	√		√	√	√	√	√	√			√	√	√	√
6. 能掌握基本的创新方法，具有创新的意识和创业的素质	6.1 了解创新型人才的素质要求，掌握开展创业活动所需要的基本知识。具备一定的批判性思维、洞察力、决策力、组织协调能力与领导力				√										√
	6.2 完成创新创业教育、SYB 创新实践课程、旅游创新创业实务的学习				√										√

续表

毕业要求	毕业要求指标点	当今旅游业	职业礼仪	旅游市场营销	旅游创新创业实务	旅游资源调查与评价	智慧旅游景区规划与管理	设计基础	景观设计与植物配置	计算机辅助设计	智慧景区规划与设计表现	管理学基础	中西方建筑园林史	景区规划与管理岗位实操	SYB 创新实践
7. 掌握旅游产业发展现状、方向与趋势，掌握一定的历史文化、文学艺术、园林建筑、美学等人文科学知识，具有一定的审美和人文素养	7.1 掌握旅游产业发展现状、方向与趋势	√												√	
	7.2 掌握中国历史文化、园林建筑、文学艺术等人文科学知识，具有一定的审美和人文素养，能正确认识旅游资源的历史价值、科学价值、艺术价值							√					√		
8. 具有健康的体魄，掌握旅游资源踏勘的方法与技能，熟练运用旅游资源调查与评价的方法	8.1 具有健康的体魄，具备户外、野外工作的能力														
	8.2 熟悉并掌握《旅游资源分类、调查与评价》（GB/T 18972—2017），掌握旅游资源踏勘的方法与技能，正确开展旅游资源调查与评价工作					√								√	
9. 能够熟练掌握旅游政策法规、旅游行业标准规范以及国际标准，掌握A级景区、乡村旅游示范区、旅游度假区等创建与评定标准，具备A级景区、乡村旅游示范区、旅游度假区等类型景区问题诊断，提出改进方案的能力	9.1 熟悉并掌握《旅游景区质量等级的划分与评定》（GB/T 17775—2003）、全域旅游区、旅游度假区等相关标准						√							√	
	9.2 能开展旅游景区问题调查与诊断，能用文字、图件提出改进方案						√				√			√	
	9.3 能在分组汇报中，熟练使用办公软件如 Word、PPT，并能准确表达自己的观点											√		√	

续表

毕业要求	毕业要求指标点	当今旅游业	职业礼仪	旅游市场营销	旅游创新创业实务	旅游资源调查与评价	智慧旅游景区规划与管理	设计基础	景观设计与植物配置	计算机辅助设计	智慧景区规划与设计表现	管理学基础	中西方建筑园林史	景区规划与管理岗位实操	SYB 创新实践
10. 能综合运用管理学、市场营销学的知识，进行旅游市场的调查与分析；解决旅游景区对口服务、营销策划、活动执行的实际问题	10.1 掌握旅游景区讲解、游览服务、游客服务、资源与环境管理、安全服务与管理、运营与危机管理、智慧化服务与管理的理论知识						√					√		√	
	10.2 掌握旅游供给的特点、旅游消费者行为、旅游市场细分与目标市场策略、旅游销售渠道、旅游营销计划制订、数字化直复营销的基础理论			√										√	
	10.3 能在旅游景区岗位实操中，综合运用管理学、市场营销学的知识，解决对客服务、市场调研、活动策划与执行等工作任务													√	
11. 掌握景观设计、观赏植物的基础知识，能完成旅游区的景观设计、植物配置及造景设计	11.1 掌握景观设计、植物配置与造景的基本原则、生态学原理、配置与造景的艺术原理等基础知识与方法								√						
	11.2 能通过手绘制图的方式，画出平面图、节点图等							√							
	11.3 能通过计算机制图的方式，绘制出平面图、节点图等									√					

续表

毕业要求	毕业要求指标点	当今旅游业	职业礼仪	旅游市场营销	旅游创新创业实务	旅游资源调查与评价	智慧旅游景区规划与管理	设计基础	景观设计与植物配置	计算机辅助设计	智慧景区规划与设计表现	管理学基础	中西方建筑园林史	景区规划与管理岗位实操	SYB创新实践
12. 掌握制图规范，能够熟练使用平面设计、景观设计常用的 AutoCAD、Photoshop、Sketchup、Lumion 软件	12.1 掌握总图制图标准（GB/T50103—2010） 掌握风景园林制图标准（CJJ/T 67—2015）								√						
	12.2 掌握操作命令，熟练使用 AutoCAD、Photoshop 等平面设计软件，完成相关图件绘制									√					
	12.3 掌握操作命令，熟练使用 Sketchup、Lumion 等景观设计软件，完成相关图件绘制										√				
13. 具有自我管理能力、职业生涯规划的意识，具备终身学习的意识，了解本专业继续深造以及参加职业培训的途径	鼓励考取计算机基础知识和应用能力等级证书、大学英语等级证书、景观设计师、园林设计师证书、急救员证书等										√				
14. 具有创新思维、全球视野和市场洞察力，了解、熟悉国际、国内、省内、成都市旅游行业发展现状及趋势	积极参加校内、校外实践活动、景区岗位实操、跟岗实习、顶岗实习；积极参加现代服务业、专业讲座 4~5 次，完成毕业设计													√	

续表

思政要求	思政要求指标点	当今旅游业	职业礼仪	旅游市场营销	旅游创新创业实务	旅游资源调查与评价	智慧旅游景区规划与管理	设计基础	景观设计与植物配置	计算机辅助设计	智慧景区规划与设计表现	管理学基础	中西方建筑园林史	景区规划与管理岗位实操	SYB 创新实践
坚定中国特色社会主义道路自信、理论自信、制度自信、文化自信。传承中华文脉，提高个人的爱国、敬业、诚信、友善修养。深化对法治理念、原则、重要法律概念的认知，自觉实践职业精神和职业规范，增强职业责任感，培养遵纪守法、爱岗敬业、无私奉献、开拓创新的职业品格和行为习惯	爱国情怀、敬业、诚信修养	√	√	√	√	√	√	√	√	√	√	√	√	√	√
	文化自信与文化传承		√					√	√		√		√		
	法制与规则意识			√	√	√	√								
	绿色发展低碳环理念	√				√	√		√		√			√	
	劳动精神、工匠精神											√		√	√
	质量意识				√	√	√		√					√	√
	勇于奋斗、乐观向上，具有自我管理能力、职业生涯规划的意识		√											√	√
	集体意识 团队合作				√							√			√
	创新思维、国际视野				√							√			√

（四）课程内容及要求

1. 劳动与素质教育活动课程

劳动和素质教育活动由劳动教育和素质教育活动培养体系共同构成，总计 4 学分，由学生处具体实施、考评。

活动课程共包含四个模块，注重人文素质教育与职业道德教育的培养，坚持课内外教学活动和校外教育活动相结合，正确处理好德育与智育、理论与实践的关系，正确处理好传授基础知识、培养职业能力、提高综合素质三者之间的关系。

具体见表 5-75 ~ 表 5-77。

（1）专业方向模块（表 5-104 ~ 表 5-106）。

表 5-104 旅游资源调查与评价课程教学内容及要求

<table>
<tr><td colspan="2">课程名称</td><td colspan="6">旅游资源调查与评价</td></tr>
<tr><td colspan="2">学期</td><td>2</td><td>学时</td><td>36</td><td>授课方式</td><td colspan="2">讲授 + 实训</td></tr>
<tr><td colspan="2">学分</td><td>2</td><td>考核方式</td><td>考核</td><td>考试类型</td><td colspan="2">分阶段项目任务</td></tr>
<tr><td rowspan="4">课程目标</td><td>思政目标</td><td colspan="6">1. 将旅游资源的调研、评价保护与中国特色社会主义现代化建设联系起来，理解在党的领导下，把绿色发展、生态环境保护、文化传承放在首要位置
2. 旅游资源在保护中开发，在开发中保护取得的成就，充分认识中国特色社会主义的道路自信、理论自信、制度自信和文化自信。</td></tr>
<tr><td>知识目标</td><td colspan="6">1. 具备识别旅游资源的类型的能力，掌握各类旅游资源的形成、特征等
2. 掌握旅游资源调查的内容、程序、方法，国家标准（GB/T 18972—2017）关于旅游资源的评价方法与体系；旅游资源开发、产品开发条件分析等内容；能够撰写旅游资源调查报告，做出资源评价，进行区位、客源、环境容量条件及 SWOT 分析
3. 具备各类型旅游产品、旅游商品、旅游线路、旅游形象等开发与规划的基本能力</td></tr>
<tr><td>能力目标</td><td colspan="6">1. 掌握旅游资源的类型，具备识别资源类型、撰写资源调查报告、做资源评价的能力
2. 具备分析旅游资源开发条件的能力
3. 具备旅游产品、旅游商品、旅游线路、旅游形象等开发与规划的能力
4. 掌握旅游资源开发、规划流程，锻炼团队完成开发任务合作、创新能力，积累文字报告撰写能力，拓宽构思设计思路，使学生逐步具备旅游规划创新创业能力</td></tr>
<tr><td>素质目标</td><td colspan="6">1. 具有严谨的职业操作技能，符合国家标准规定
2. 具有良好的职业道德，较强的敬业精神和创新精神
3. 具有较强的沟通与协作、协调与组织能力，并有良好的团队精神</td></tr>
<tr><td colspan="2">教学内容</td><td colspan="6">按照（GB/T 18972—2017）分类标准，认识旅游资源、旅游资源调查、旅游资源评价、旅游资源单体调查表、评价表、旅游资源与旅游景观质量评价报告</td></tr>
<tr><td colspan="2">教学建议（教学方法、教学组织、评价方式等）</td><td colspan="6">采取“任务驱动”教学方法以及情境教学、案例教学、小组讨论、现场汇报、实地调研等教学方法，突出重点、解决难点。使学生积极投入学习，掌握基本技能。主要采取班级授课制形式，教学空间选择上，主要选择实训室教学，为便于学生更直观、更具体地理解、掌握旅游资源调查方法与程序，会采取现场、实地调研、参观等形式，教学空间转移至户外、校外。
本课程对学生学习效果的评价主要采取项目任务考核方法。本课程本学期需要学生掌握的知识技能主要分为三个部分，每一部分设置一项任务，到期末共完成三个任务，完成任务累积分数即考试成绩。用任务贯穿全学期全课程的测试方法，让学生在充足的时间内可以不断发现问题，不断完善任务成果，能充分调动学生的积极性与主动性，能比较有效地了解学生对知识、技能的掌握程度。
教学方式上要尽可能突出实训在课程中的主体地位，通过项目导向、任务驱动，增加学生的实际操作训练机会，重视学生在学习活动中的主体地位</td></tr>
</table>

表 5-105　智慧旅游景区规划与管理课程教学内容及要求

课程名称		智慧旅游景区规划与管理				
学期		3	学时	80	授课方式	集中授课
学分		4	考核方式	考试	考试形式	综合性作业
课程目标	思政目标	1. 了解中国景区的发展对脱贫、区域经济的意义，厚植爱国热情和民族自豪感 2. 通过专业案例的比较学习，培养学生的国际视野、创新思维，树立文化自信 3. 通过景区开发相关法规、国家标准的学习，帮助学生树立法纪、规范意识 4. 通过对项目场地条件、利益相关者、旅游从业人员的调研与访谈，帮助学生树立实事求是、因地制宜的意识，在实践中锤炼意志，增强劳动意识 5. 通过项目方案的思考、创意、设计表现，培养学生树立诚实守信、绿色发展、共享理念、环保意识以及敬业、精益、专注、创新的工匠精神 6. 培养学生自我管理、人际交往能力以及集体意识和团队合作精神				
	知识目标	1. 掌握旅游景区中基层服务与管理业务一些基本概念 2. 了解旅游景区中基层服务与管理活动的内容，掌握其基本支持理论 3. 掌握景区服务各环节的基本流程 4. 了解景区经营管理的现状及存在的问题 5. 掌握景区管理的基本方法和内容				
课程目标	能力目标	1. 能够初步运用所学知识承担旅游景区现场服务与管理 2. 能够从事大中型旅游景区的基层与中层服务和管理等实际工作 3. 具备一定的景区讲解、策划规划能力 4. 具备进行安全维护、环境布置等能力 5. 能够创新性解决实际工作中遇到的问题				
	素质目标	1. 细心、周密、热情的服务意识 2. 团结、协作、宽容的合作意识 3. 灵活、克制、诚信的职业意识				
教学内容		学习单元一　旅游景区生态停车场规划与管理 学习单元二　旅游景区生态游步道规划与管理 学习单元三　旅游景区游客服务中心规划与管理 学习单元四　旅游景区标识系统规划与管理 学习单元五　旅游厕所规划与管理 学习单元六　旅游景区垃圾分类管理				

续表

教学建议（教学方法、教学组织、评价方式等）	在教学方法上，应充分发挥“教师主导、学生主体”作用，主要采取行动导向教学模式。教师的角色从主讲位置转变为学生学习设计学习情境，准备项目或任务，并指导学生完成工作任务的导演和指导员，形成学习小组、课外实践指导、网络指导、固定时间答疑等 在教学组织上，应尽量运用多媒体课件进行教学。通过设计、制作一系列融文字、声音、图片、图像、视频为一体的多媒体教学资料，帮助学生更感性地认识作为服务人员及基层管理者所需要具备的知识素质，以提高学生对知识的认知能力。课堂采用随机分组或自行分组交替的形式，既可培养学生的团队合作能力，也可增强学生的应变能力，更能发挥学生的自主能力。 在评价方式上，公平、公正；学生在学期初形成固定的 3~4 人小组，团队协作完成课程的阶段学习和考核；坚持阶段性考核和期末考核相结合，课程考核期末成绩占 60%，平时成绩占 40%

表 5–106　景观设计与植物配置课程教学内容及要求

课程名称		景观设计与植物配置				
学期		3	学时	68 学时	授课方式	讲授 + 实训
学分		4	考核方式	考试	考试类型	项目任务考核
课程目标	思政目标	1. 通过专业案例的比较学习，培养学生的国际视野、创新思维，树立文化自信 2. 通过开发相关法规、国家标准的学习，帮助学生树立法纪、规范意识 3. 通过对项目场地条件、利益相关者、从业人员的调研与访谈，帮助学生树立实事求是、因地制宜的意识，在实践中锤炼意志，增强劳动意识 4. 通过项目方案的思考、创意、设计表现，培养学生树立诚实守信、绿色发展、共享理念、环保意识以及敬业、精益、专注、创新的工匠精神 5. 培养学生自我管理、人际交往能力以及集体意识和团队合作精神				
课程目标	知识目标	1. 掌握景观设计理论与基础知识 2. 掌握景观设计规范 3. 掌握景观设计的流程与方法				
	能力目标	1. 设计前期调研分析能力 2. 可行性方案创新与设计能力 3. 多方案比较能力 4. 手绘、计算机图纸表达能力 5. 方案汇报能力				
	素质目标	1. 沟通交流能力 2. 团队协作能力 3. 较强的职业意识、职业道德及职业责任感				

续表

教学内容	模块一：景观设计基础理论与方法 1. 景观设计概述 2. 景观设计理论基础 3. 景观设计元素构成 4. 景观设计的流程与方法 模块二：开放空间景观设计 1. 场地景观设计 2. 城市公园设计 3. 住宅区绿地设计 4. 旅游区景观设计
教学建议（教学方法、教学组织、评价方式等）	“教与学”结合：教师是学生自主学习的“指导者”“辅导者”，建立系统化的由学生参与的、师生互动式的教学形式 “做与学”结合：在教学中大力推行项目式教学方法。鼓励学生参加高层次的设计竞赛、实地参观考察优秀景观案例，邀请兼职教师举办学术讲座，指导课程设计等多种手段，开阔学生的专业视野 以学生能力培养为出发点，注重对综合素质的评价和过程考核，创新考核评价的内容、方式和标准。《景观设计》课程制定多维度的成果评价体系，从环境性、功能性、艺术性、完成度等层面对设计过程、阶段性成果和最终成果进行评价，量化评价标准，试行理论考试 + 景观设计快题的形式开展期末考核 以“工作内容”为依据组织课程内容，以学习性工作任务为载体设计教学活动。以设计项目为主线将理论与实践融为一体，在课程教学中实施“教、学、做”一体化的教学模式

（2）专业拓展模块（表 5-107）。

表 5-107　专业拓展模块内容及目标要求

序号	项目 / 课程名称	拓展内容	拓展目标	建议学时
1	旅游分院限选课	语言、文字表达、讲解与对客服务方面	习得 1+X 证书考证的相关知识和能力储备	34
2	旅游分院限选课	旅游大数据分析与应用、旅游项目策划等方面	习得 1+X 证书考证的相关知识和能力储备	34

4. 实践课程

包含公共实践环节、专业实践环节及顶岗实习（含毕业设计）（表 5-108）。

表 5-108 实践课程内容及学时学分分配

实践（实习）项目	实践（实习）目标	实践学时
入学入职教育	帮助学生认识行业发展趋势，提升学生对专业的认识水平，了解专业课程设置；明确校规校纪，自觉遵守学校各种规章制度	26
军事技能	培养学生艰苦奋斗、刻苦耐劳的坚强毅力和集体主义精神，帮助学生增强组织纪律性，养成良好的学风和生活作风	112
旅游景区规划与设计综合实训	掌握旅游资源踏勘的方法与技能，以真实旅游区为案例，熟练运用《旅游资源分类、调查与评价》（GB/T 18972—2019），正确开展旅游资源调查与评价工作 掌握景观设计与植物配置的基本知识与方法，以真实项目为案例，熟练使用手绘、计算机辅助设计等方法，完成项目地的景观设计提升方案	22
旅游景区规划与管理岗位实操	学习了景区规划与设计表现、旅游景区规划与管理等课程后，在企业承担真实的旅游景区规划设计、现场服务与管理。在岗位实操中积极了解所在景区的规划设计、实际经营的现状情况及其存在的问题，并积极探索可能的解决问题的办法，锻炼学生的分析和解决问题的能力、团队协作与社会交往能力	120
SYB 创新创业实践	了解创办企业的流程和方法，模拟实践创办企业，增强创业实践指导性	40
劳动与素质教育活动	培养学生的人文素养、职业道德、社会适应能力和社会责任感，养成劳动意识、竞争意识和创新创业意识等	30
顶岗实习（含毕业设计、报告）	全面系统地将专业所学与实际工作结合起来，熟悉具体岗位的业务工作，提升综合分析和解决问题的能力，提升社会适应能力，实现顶岗实习和就业直通	450
合计		800

九、人才培养模式

专业实行的是“双轨并行、景校轮动、分类培养”的人才培养模式。景区对客服务与管理能力、旅游规划设计能力培养并列；通过专业认知教育、实训专周、岗位实操、顶岗实习等实现“工学交替”，实现学校、企业两个教学空间的轮动；在所有学生掌握专业通用能力的基础上，在第四学期的后半学期，进行分类培养，学生进入景区进行岗位实操，同时承担“旅游规划工厂”工作室项目的形式，开展规划设计项目实操（图 5-6）。

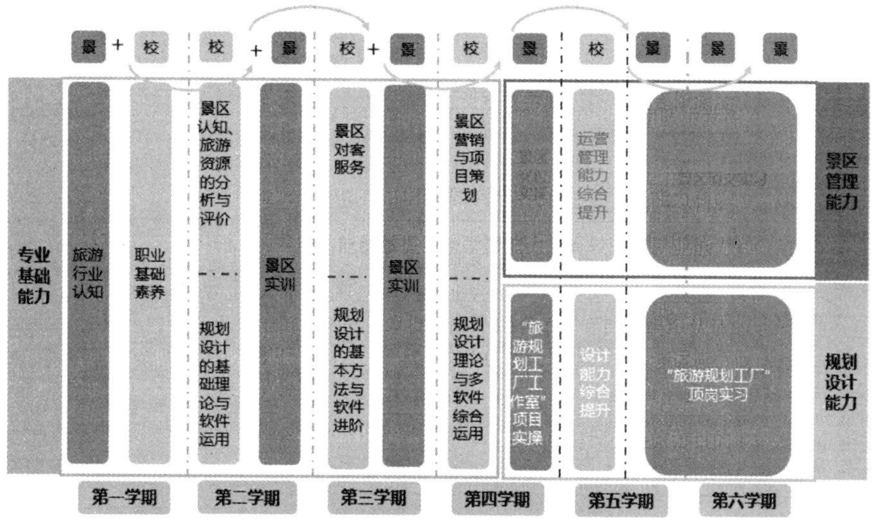

图 5-6　人才培养模式示意图

十、教学进程总体安排

本专业课程总学时 2675 学时、总计 133 学分。课程教学原则上 16~18 学时折算 1 学分，实践教学（校内实训、综合实践）每 20~28 学时计 1 学分。顶岗实习（含毕业设计、报告）每周 15 学时计 0.5 学分。

十一、教学实施保障（基本条件）

（一）师资队伍

为满足教学需要，确保教学质量，本专业生师比建议为 16∶1。教师团队由校内专任教师和企业兼职教师构成。

专任教师原则上需要具备本科以上学历，具备课程开发能力，指导学生实践的能力。教师每 5 年必须累计不少于 6 个月到企业或生产服务一线实践。专任教师中“双师”素质教师不低于 90%（表 5-109）。

企业兼职教师原则上应为行业内从业多年的专业技术人员，具备较强的执教能力。专业上要为兼职教师提供教学培训机会。对技术革新较快、实践性较强的课程聘请企业兼职教师组成教学团队，共同完成课程教学和实践指导，及时将企业新标准、新技术、新工艺、新流程等融入教学（表 5-110）。

表 5-109　专任教师一览表

序号	姓名	职称	学历 / 学位	年龄	研究领域	是否双师型	骨干教师 / 专业带头人
1	×××	副教授	硕士研究生	47 岁	景区运营与管理	是	校级骨干教师
2	×××	副教授	硕士研究生	38 岁	区域旅游规划 旅游景观设计	是	校级骨干教师
3	×××	讲师	硕士研究生	36 岁	区域旅游规划 景区运营与管理	是	
4	×××	讲师	硕士研究生	29 岁	旅游景观设计	是	
5	×××	副教授	硕士研究生	39 岁	区域旅游规划	是	
6	×××	讲师	硕士研究生	38 岁	区域旅游规划	是	
7	×××	助教	硕士研究生	29 岁	城乡规划	是	

表 5-110　兼职教师一览表

序号	姓名	职务	工龄	工作单位	承担课程	课时量
1	×××	总经理	20 年	成都意道旅游策划设计咨询有限公司	旅游景区管理、旅游市场营销	兼职采用讲座、分段授课、项目导师等形式授课
2	×××	营销部总监	10 年	成都文化旅游发展集团有限公司	旅游市场营销	
3	×××	设计所所长	12 年	四川旅游规划设计研究院	旅游资源开发与规划	
4	×××	人力总监	7 年	成都乐新投资有限公司	旅游景区管理	130 学时
5	×××	人力总监	5 年	成都乐新投资有限公司	旅游景区管理	130 学时
6	×××	项目经理	10 年	四川蓝海环境发展有限公司	旅游资源开发与规划	130 学时
7	×××	高级工程师	5 年	ACG 国际艺术教育	景观设计、植物配置	80 学时

续表

序号	姓名	职务	工龄	工作单位	承担课程	课时量
8	×××	设计师	5 年	成都意道旅游策划设计咨询有限公司	计算机辅助设计	80 学时
9	×××	设计总监	20 年	成都天源旅游策划有限公司	景观设计、计算机辅助设计	80 学时

（二）实训条件

1. 校内实训室

专业教室配备黑（白）板、多媒体计算机、投影设备、音响设备，互联网接入或 Wi-Fi 环境，并实施网络安全防护措施；安装应急照明装置并保持良好状态，符合紧急疏散要求，标志明显，保持逃生通道畅通无阻（表 5-111）。

校内实践基地能开展营销策划、旅游规划、景观设计、植物认知与造景设计、旅游规划设计图件制作、项目实操等实训活动；实训设备齐全，实训管理及实施规章制度齐全。

表 5-111　校内实训室

序号	场地名称	完成的实践教学内容	适用课程	专业群内共享（是 / 否）
1	“校景一体”的花源校区	景观写生 植物认知与配置	设计基础 景观设计与植物造景	是
2	旅游虚拟仿真实训中心	旅游资源调查与分析 旅游市场调查与分析 旅游营销策划 旅游项目策划	当今旅游业 旅游市场营销 旅游资源开发与规划	是
3	旅游文化创意中心	A 级景区诊断 项目实操 景观模型制作 手绘制图	景观设计与植物造景 智慧景区规划与设计表现 计算机辅助设计 设计基础	是
4	旅游景观设计与施工实训场	施工项目实操	景观设计与植物造景 智慧景区规划与设计表现	否

2. 校外实训条件

校外实践教学基地满足接待服务、景区管理、活动策划、旅游规划、景观设计等相关实训、实习要求，能涵盖当前旅游产业发展的主流技术，可接纳一定规模的学生实训、实习；能够配备相应数量的校外指导教师对学生进行指导和管理；校企共同制定实习生日常工作、学习、生活的规章制度，有安全、保险保障；校外实习基地的职业和实习过程管理符合《旅游类专业学生景区实习规范》（LBT-033-2014）的相关要求。经过遴选，景区专业校外实践基地如表 5-112 所示。

表 5-112　校外实践场所

<table>
<tr><th>序号</th><th>校外实习基地名称</th><th>合作企业名称</th><th>实践教学形式</th><th>合作深度</th><th>专业群内共享（是 / 否）</th></tr>
<tr><td>1</td><td>杜甫草堂博物馆</td><td>成都杜甫草堂博物馆</td><td rowspan="3">专业认知</td><td rowspan="8">课程开发、师资培养、教学资源共建共享、校企共建实训场所、技术服务等</td><td>是</td></tr>
<tr><td>2</td><td>武侯祠博物馆</td><td>成都武侯祠博物馆</td><td>是</td></tr>
<tr><td>3</td><td>宽窄巷子</td><td>成都文化旅游发展集团有限公司</td><td>是</td></tr>
<tr><td>4</td><td>旅游市场营销实训基地</td><td>成都蓝龟科技有限责任公司</td><td rowspan="5">岗位实践
跟岗实习
顶岗实习</td><td>是</td></tr>
<tr><td>5</td><td>国色天乡乐园</td><td>成都乐新投资有限公司</td><td>否</td></tr>
<tr><td rowspan="3">6</td><td rowspan="3">智慧景区规划与设计表现实训基地</td><td>成都意道旅游策划设计咨询有限公司</td><td>否</td></tr>
<tr><td>四川蓝海环境发展有限公司</td><td>否</td></tr>
<tr><td>成都天源旅游策划有限公司</td><td>否</td></tr>
</table>

（三）学习资源

建立由专业教师、行业专家等参与的教材选用团队，经过规范程序，按照国家规定择优选用优质教材；鼓励专业教师牵头联合企业开发活页式、工作手册式教材（表 5-113）。

建设、配置与本专业相关的图书文献，包括管理类、经济类、地理类、历史类等学科基础书籍以及景区规划设计、营销策划、经营管理等方面的专业书籍和文献。

建设音视频素材、教学课件、数字化教学案例库、数字教材等，鼓励学生浏览与行业发展、专业相关的网络资源（表 5-114）。

表 5-113 景区开发与管理专业教材一览表（参考）

序号	课程名称	教材名称	出版社	作者	出版时间	校企开发教材（是 / 否）	新形态教材（是 / 否）
1	旅游资源开发与规划	《旅游资源规划与开发》	清华大学出版社	魏敏	2017 年	否	否
2	旅游景区规划与管理	《旅游景区规划与开发（规划教材）》	高等教育出版社	吴忠军	2015 年	否	否
3	景观设计与植物造景	《园林景观设计与实训》	华中科技大学出版社	胡晶	2017 年	否	否

表 5-114 景区开发与管理专业数字化资源选用表

序号	数字化资源名称	资源网址
1	世界遗产中心	http://whc.unesco.org/zh/list/
2	中华人民共和国文化和旅游部	https://www.mct.gov.cn/
3	四川省文化和旅游厅	http://www.sccnt.gov.cn/
4	北京巅峰智业旅游文化创意股份有限公司	http://www.davost.com/
5	北京绿维文旅控股集团	http://www.lwcj.com/
6	北京土人城市规划设计股份有限公司	https://www.turenscape.com/
7	来也股份	http://www.venitour.com/
8	谷德设计网	https://www.gooood.cn/

（四）教学方法

鼓励授课教师结合课程特色，总结推广现代学徒制试点经验，综合运用项目教学、案例教学、情境教学、模块化教学等教学方式，广泛运用启发式、探究式、讨论式、参与式等教学方法，推广翻转课堂、混合式教学、理实一体教学等新型教学模式。

（五）学习评价

对学生学习效果的评价内容，综合学生认知、技能、情感等因素，构建评价标准、评价主体、评价方式、评价过程多元化的评价体系，鼓励运用口试、笔试、作品实践操作等多种定量、定性的评价方式。

在现代学徒制试点下，景区专业的学生不仅是“在校学生”身份，而且是“企业学徒”的双重身份，不仅要遵守学校的规章制度，还须恪守企业的文化与规章制度，同时将企业评价纳入课程、实训、实习的考核。

（六）质量管理

在学院与分院两级的质量保障体系下，以保障和提高教学质量为目标，对标联合国世界旅游组织教育质量认证标准（UNWTO-TedQual）的过程评价指标，国内高水平专业建设的结果评价指标。按照“以评促建、以评促改，以评促发展”思维，根据毕业生跟踪反馈、麦可思年度质量报告反馈，更加关注专业师资队伍、课程体系、社会服务能力等量化评价指标，在微观层面形成一个基于第三方的“专业建设质量报告”，来指导专业发展规划、人才培养方案的编制与调整。另外，在现代学徒制试点下，涉及学校、企业、学生多方的责权利关系时，应进一步完善相关制度规范建设，确保多方利益，实现多方共赢，构建人才培养评价及专业建设质量保障体系。

十二、毕业要求

修满本专业毕业要求的最低学分：133 学分。

十三、继续专业学习深造建议

本专业毕业生继续深造的渠道主要有以下几种：参加统一的专升本考试；参加全国统一成人高考、自学考试。通过网络教育等形式参加继续教育学习；通过相关测试，赴境外留学深造。

十四、其他说明

专业相关国家标准（表 5-115）。

表 5-115　专业相关国家标准

序号	名称
1	《旅游资源分类、调查与评价》（GB/T 18972—2017）
2	《旅游景区质量等级的划分与评定》（GB/T 17775—2003）
3	《旅游度假区等级划分》（GB/T 26358—2016）
4	《总图制图标准》（GB/T 50103—2010）
5	《风景园林制图标准》（CJJ/T 67—2015）

十五、附录（教学进程安排表 - 略）

第五节　会展策划与管理专业教学标准

一、专业名称及代码

专业名称：会展策划与管理。

专业代码：540112。

二、入学要求及修业年限

入学要求：普通高中毕业生、中职毕业生或同等学力人员。

修业年限：3~6 年。

学历：大学专科。

三、所属专业群

智慧旅游专业群。

四、职业面向及职业能力要求

就业面向的行业：会议展览业、会展场馆业、展示陈列业。

主要就业单位类型：展览会议企业、陈列展示企业。

主要就业部门：展览部、会议部、场馆部、商品展示陈列部。

可从事的岗位：策划岗位、项目执行岗位、设计岗位。

会展策划与管理专业职业面向如表 5-116 所示。会展策划与管理专业岗位能力分析如表 5-117 所示。

表 5-116　会展策划与管理专业职业面向

所属专业大类（代码）	所属专业类（代码）	对应行业（代码）	主要职业类别（代码）	主要岗位群或技术领域举例	职业资格证书和职业技能等级证书举例
旅游类（64）	旅游大类（6403）	640301	会展策划 会展运营管理 会展营销 展示设计与管理	会议及展览服务人员	会展职业经理人

表 5-117　会展策划与管理专业岗位能力分析

序号	岗位名称	岗位类别		岗位描述	岗位能力及要求
		初始岗位	发展岗位		
1	展会运营人员	展会销售（招展招商）、展览服务、会场和展场设计与布置	项目主管、项目策划、项目经理、会展设计主管	熟悉会展及相关活动的策划与组织管理流程；了解会展相关语言、文字表达、人际沟通技巧及运用计算机信息处理数据等相关知识	能够进行展会、展品营销；能够进行会展调研、信息处理；能够对展会、展台进行设计展示
2	展会管理人员	场馆服务、展览服务、会展设计	场馆管理、场馆经理人、会展设计主管	熟悉会展及相关活动的策划与组织管理流程；了解会展相关语言、文字表达、人际沟通技巧及运用计算机信息处理数据等相关知识	能够具备展会前期有效开展宣传推广的能力；具备招商能力；具备同搭建、广告、物流等展会第三方进行合理协调的能力；展示展览设计能力

续表

序号	岗位名称	岗位类别		岗位描述	岗位能力及要求
		初始岗位	发展岗位		
3	陈列展示师	陈列展示设计、橱窗视觉营销	商品展示陈列师	可以解决视觉营销、陈列展示问题，注重创新性和实用性。必须具备理论知识，设计手段，技术实施的手段	能够拥有设计专业的基础、较强的组织和管理能力、有效的沟通能力和良好的人际交往能力

会展策划与管理专业典型工作任务及工作分析过程如表 5-118 所示。

表 5-118　会展策划与管理专业典型工作任务及工作分析过程

序号	典型工作任务	工作过程
1	会展项目调研	数据分析、得出结论、制订宣传、招展、招商的计划、对客服务
2	会展现场服务	现场服务流程现场服务标准、突发事件处理
3	会展项目策划	可行性研究、主题定位、项目策划、特色亮点提炼、财务预算、应急预案
4	展场模型制作	CAD 底图、主体色确定、原材料选择、模型搭建、内饰完善
5	商品展示陈列	可以根据市场、产品的销售需求，用不同的形式把商品展示出不同的形态；展示设计师也可以根据卖场里空间区域的不同，用不同策略的展示组合形态来展示商品，使顾客在经过商场的不同区域时，对商品有不同视觉感受和联想
6	会展企业运营	会展公司架构、部门运营、对外宣传、项目接洽、项目执行、后期评估、人力资源管理

五、培养目标

（一）总体目标

1. 思政目标

引导学生了解世情、国情、党情、民情，增强对党的创新理论的政治认同、思想认同、情感认同，坚定中国特色社会主义道路自信、理论自信、制度自信、文化自信。教育引导学生把国家、社会、公民的价值要求融为一体，提高个人的爱国、敬业、诚信、友善、有修养，自觉把“小我”融入“大我”，不断追求国家的富强、民主、文明、和谐和社会的自由、平等、公正、法治，将社会主义核心价值观内化为精神追求、外化为自觉行动。大力弘扬以爱国主义为核心的民族精神和以改革创新为核心的时代精神，教育引导学生深刻理解中华优秀传统文化中讲仁爱、重民本、守诚信、崇正义、尚和合、求大同的思想精华和时代价值，教育引导学生传承中华文脉，富有中国心、饱含中国情、充满中国味。教育引导学生学思践悟习近平全面依法治国新理念、新思想、新战略，牢固树立法治观念，坚定走中国特色社会主义法治道路的理想和信念，深化对法治理念、法治原则、重要法律概念的认知，提高运用法治思维和法治方式维护自身权利、参与社会公共事务、化解矛盾纠纷的意识和能力。教育引导学生深刻理解并自觉实践各行业的职业精神和职业规范，增强职业责任感，培养遵纪守法、爱岗敬业、无私奉献、诚实守信、公道办事、开拓创新的职业品格和行为习惯。

2. 知识目标

掌握必备的思想政治理论、科学文化基础知识和中华传统文化知识；熟练掌握普通话、计算机应用基础知识，掌握一门外语（英语）听、说、读、写综合知识；掌握必备的体育知识、心理健康知识和一定的军事常识、急救常识；掌握一定的历史文化、文学艺术、礼仪修养、哲学、美学等人文科学知识；掌握会展专业基础知识，了解相关的国情和文化，掌握会展策划与管理的基本原理、知识和技能，认识会展专业的体系结构和前景。掌握基本社交礼仪和涉外礼仪知识，并能熟练运用。掌握会展行业政策法规、行业规范知识，掌握展场搭建、展场服务工作流程、等级标准。掌握展场设计识图与制图、计算机辅助设计（AutoCAD、Photoshop、Adobe Illustrator、Sketch up 等）软件使用的基础知识。

3. 能力目标

具备较强的语言表达、文字表达、文本写作及沟通能力；具备一定的文献检索、信息技术应用能力，能够独立获取知识、信息，具有自我学习与提升、终身学习的能力，分析问题和解决问题的能力；具备较强的团队沟通、协作、应变能力。具备会展设计、战略决策、创新策划为主的能力。掌握会展服务基本程序和管理方法；能够胜任大型会展的服务和组织策划、展场展台设计与搭建；具备会展设计与策划能力和会展营销能力；熟悉会展策划与管理的基本环节，具有相应的综合管理能力。具备会展服务管理信息收集处理能力、自学能力、语言文字表达能力、组织管理能力、合作协调能力、外语应用能力、临场应变能力、创新能力，能适应会展业、展示陈列业迅猛发展的需要。

4. 素质目标

坚定拥护中国共产党领导和我国社会主义制度，在习近平新时代中国特色社会主义思想指引下，践行社会主义核心价值观，具有深厚的爱国情感和中华民族自豪感；崇尚宪法、遵法守纪、崇德向善、诚实守信、尊重生命、热爱劳动，履行道德准则和行为规范，具有社会责任感和社会参与意识；具有质量意识、环保意识、安全意识、信息素养、工匠精神、创新思维、全球视野和市场洞察力；勇于奋斗、乐观向上，具有自我管理能力、职业生涯规划的意识，有较强的集体意识和团队合作精神。

5. 创新创业能力目标

具有一定的创新意识和创业精神，了解创新型人才的素质要求，掌握开展创业活动所需要的基本知识；能认知当今企业及行业环境，了解创业机会，了解创业风险，能模拟创业实践活动开展等；具有一定的批判性思维、洞察力、决策力、组织协调能力与领导力。

（二）具体目标

本专业学生毕业五年后能够达到的职业和专业成就即专业培养目标如表 5-119 所示，具体为解决实际问题的能力、团队作用的发挥、职业道德和伦理水准、终身学习能力的养成、创新意识及创新方法培养、为区域经济和社会发展做出贡献。将这六个方面作为专业人才培养目标的六个维度，按照培养目标→毕业要求→毕业要求指标点→课程矩阵图的路径落实到课程、课堂中。从而实现学生职业和专业成长，达成专业培养目标。

表 5-119 会展策划与管理专业培养目标

序号	具体内容
1	能完成会展项目现场执行、会展项目管理、现场突发事件能应变处理
2	能进行会展项目调研、项目宣传推广、项目赞助的运作
3	能准确判断目标群体的需求，包括内外消费者；能与目标群体建立保持信任，包括内外消费者
4	能熟练运用 CAD、PS、AI、3D 的相关软件，制订设计方案、物料准备、模型搭建
5	能团队协作进行会展项目管理、项目运营、项目策划
6	能满足消费者的视觉需求，从而达到视觉营销的目的

六、毕业能力要求

根据人才培养目标细分毕业能力要求和毕业要求指标点，如表 5-120、表 5-121 所示。

表 5-120 会展策划与管理专业毕业要求

序号	毕业能力要求	对应的培养目标	对应的思政目标
1	具备项目现场执行、现场突发事件应变处理、组织能力、沟通能力、协调能力	ABC	坚定中国特色社会主义道路自信、理论自信、制度自信、文化自信。深刻理解中华优秀传统文化，传承中华文脉，提高个人的爱国、敬业、诚信、友善修养，深化对法治理念、法治原则、重要法律概念的认知，提高运用法治思维和法治方式维护自身权利、参与社会公共事务的能力 自觉实践职业精神和职业规范，增强职业责任感，培养遵纪守法、爱岗敬业、无私奉献、诚实守信、公道办事、开拓创新的职业品格和行为习惯
2	具备会展项目市场调研、项目宣传推广、项目赞助运作能力	ABC	
3	能熟练运用 CAD、PS、AI、3D 的相关软件，进行电脑绘图、模型搭建	DE 设计	
4	具备会展项目管理能力、项目运营能力、项目策划能力	ABE	
5	可以根据市场、产品的销售需求，用不同的形式把商品展示出不同的形态；根据卖场里空间区域的不同，用不同策略的展示组合形态来展示商品，使顾客在经过商场的不同区域时，对商品有不同的视觉感受和联想	DEF	

表 5-121　会展策划与管理专业毕业要求指标点

序号	毕业能力要求	能力要求指标点序号	对应的毕业要求指标点	思政要求指标点
1	调研能力	1.1. 市场调研	客观、科学对会展市场调研数据处理	对法治理念、法治原则、重要法律概念的认知
		1.2 市场营销	对会展项目、展示陈列制定宣传、招展、招商计划制定并实施完成	运用法治思维和法治方式维护自身权利、参与社会公共事务的能力
		1.3 客户关系	客户关系管理、维系	
2	管理能力	2.1 现场执行	会展现场服务流程、突发事件应急处理	运用法治思维和法治方式维护自身权利、参与社会公共事务的能力
		2.2 项目运营	会展项目运营管理流程、技巧	增强职业责任感，培养遵纪守法、爱岗敬业、无私奉献、诚实守信、公道办事、开拓创新的职业品格和行为习惯
		2.3 展示展览设计	熟练运用 CAD\PS\AI\3D 设计软件，掌握手绘、色彩构成、表现技法在设计中的运用	
3	设计、制作能力	3.1 模型制作	依据设计方案进行物料准备、模型搭建	运用法治思维和法治方式维护自身权利、参与社会公共事务的能力
		3.2 橱窗展示	按模拟橱窗的条件设计整体展示陈列方案	
4	策划能力	4.1 会展项目策划	对一个会展项目进行活动策划，完成可行性研究报告、营销方案、项目流程、项目特色亮点	增强职业责任感，培养遵纪守法、爱岗敬业、无私奉献、诚实守信、公道办事、开拓创新的职业品格和行为习惯
		4.2 文案编制	对一个会展项目进行文案编制，主题明确、创意新颖	对法治理念、法治原则、重要法律概念的认知

七、专业证书与国家标准

在“1+X 证书”制度实践过程中，遴选适合本专业的试点证书。并将技能证书有机融入专业人才培养方案，即将职业技能等级标准与专业人才培养方案的课程内容相互融合，将职业技能等级考核与相关专业课程考核统筹安排。

（一）专业目前可考证书（表 5-122）

表 5-122　专业目前可考证书

序号	证书
1	会展职业经理人（初级）
2	国际商业美术设计师（ICADA）（D 级）
3	展示设计师（初级）
4	会展管理
5	计算机等级证书
6	普通话二级甲等
7	英语四（六）级等级证书

（二）专业遴选推荐证书（表 5-123）

表 5-123　专业遴选推荐证书

序号	证书	等级	类别	考期	发证机构	考试要求（鼓励选考 / 必考必过）
1	普通话水平	二级乙等及以上	国家统一	1~6	成都市语言文字工作委员会	鼓励选考
2	大学英语	四、六级	国家统一	1~6	教育部考试中心	鼓励选考
3	计算机等级证书	中级	省考	1~6	省财政厅	鼓励选考
4	会展职业经理人	初级	行业协会	4~5	教育部认证的评价机构	鼓励选考
5	展示设计师	初级	行业协会	4~5	教育部认证的评价机构	鼓励选考
6	会展管理	初级	1+X 证书	3~4	教育部认证的评价机构	鼓励选考
7	国际商业美术设计师（ICADA）	D 级	行业协会	4~5	教育部认证的评价机构	鼓励选考

（三）课证融通方式（表 5-124）

表 5-124　专业课证融通方式

序号	证书	融入课程	融通方式
1	大学英语四六级证书	大学英语	教学内容
2	会展职业经理人	会展项目策划、会展实务、会展市场营销	教学内容
3	国际商业美术设计师	设计基础、展示设计	教学内容

八、专业课程体系

（一）专业群课程构建

本专业属于文化创意专业群，专业群课程体系按照群内专业底层共享、中层分立，高层互选的原则进行构建。底层为公共课程、专业基础课程；中层为专业方向课程，即职业能力课程；高层为专业限选课程，扩展和提升职业能力，拓宽学生职业能力范围（图 5-3）。

（二）专业课程与典型工作任务的对应关系（表 5-125）

表 5-125　会展策划与管理专业课程体系

序号	课程名称（学习领域）	对应的典型工作任务
1	当今旅游业	大旅游行业对客服务
2	设计造型基础	展场设计规划
3	数字图像处理	展场设计规划
4	数码摄影	展场设计规划、展会项目宣传
5	会展项目策划	展会项目策划
6	会展市场营销	展会项目营销
7	会展文案	展会项目运营、宣传
8	会展实务	展会项目运营、执行
9	展示设计	展场设计规划
10	展场设计与搭建	展场设计规划、商品陈列展示
11	多媒体制作	展会项目运营、展会项目宣传
12	会展英语	展会项目执行
13	微型会展企业初创管理	会展企业管理、创新创业

（三）专业课程设置

专业课程设置按照成果导向（OBE）理念，将人才培养目标贯穿到每门课程中，确保课程开设的有效性，不断优化课程设置，通过课程目标的实现反向促进人才培养目标的实现（表 5-126）。

表 5-126　会展策划与管理专业课程矩阵图（专业课程与毕业要求对应关系）

毕业要求	毕业要求指标点	会展市场调营销	会展文案	会展项目策划	设计造型基础	展示展览设计	展场设计与搭建	多媒体制作	会展英语	微型会展企业初创管理	会展实务	数字图像处理
调研能力	数据处理	√	√	√				√		√		
	制作方案		√	√						√	√	
管理能力	现场执行			√					√	√	√	
设计制作能力	展示展览设计				√	√	√	√	√			√
	橱窗陈列制作				√	√	√					√
策划能力	项目策划	√		√						√	√	
思政要求	**思政要求指标点**	**会展市场调营销**	**会展文案**	**会展项目策划**	**设计造型基础**	**展示展览设计**	**展场设计与搭建**	**多媒体制作**	**会展英语**	**微型会展企业初创管理**	**会展实务**	**数字图像处理**
习近平新时代中国特色社会主义思想	了解世情、国情、党情、民情，增强对党的创新理论的政治认同、思想认同、情感认同，坚定中国特色社会主义道路自信、理论自信、制度自信、文化自信	√	√	√	√			√	√	√	√	

续表

思政要求	思政要求指标点	会展市场调营销	会展文案	会展项目策划	设计造型基础	展示展览设计	展场设计与搭建	多媒体制作	会展英语	微型会展企业初创管理	会展实务	数字图像处理
培育和践行社会主义核心价值观	把国家、社会、公民的价值要求融为一体，提高个人的爱国、敬业、诚信、友善修养，自觉把“小我”融入“大我”，不断追求国家的富强、民主、文明、和谐和社会的自由、平等、公正、法治，将社会主义核心价值观内化为精神追求、外化为自觉行动	√		√			√			√	√	
学习中华优秀传统文化	弘扬以爱国主义为核心的民族精神和以改革创新为核心的时代精神，理解中华优秀传统文化中讲仁爱、重民本、守诚信、崇正义、尚和合、求大同的思想精华和时代价值，传承中华文脉，富有中国心、饱含中国情、充满中国味		√	√	√							√
宪法法治学习	学思践悟习近平全面依法治国新理念新思想新战略，牢固树立法治观念，坚定走中国特色社会主义法治道路的理想和信念，深化对法治理念、法治原则、重要法律概念的认知，提高运用法治思维和法治方式维护自身权利、参与社会公共事务、化解矛盾纠纷的意识和能力				√	√				√	√	
深化职业理想和职业道德	深刻理解并自觉实践各行业的职业精神和职业规范，增强职业责任感，培养遵纪守法、爱岗敬业、无私奉献、诚实守信、公道办事、开拓创新的职业品格和行为习惯	√								√	√	

续表

思政要求	思政要求指标点	会展市场调营销	会展文案	会展项目策划	设计造型基础	展示展览设计	展场设计与搭建	多媒体制作	会展英语	微型会展企业初创管理	会展实务	数字图像处理
了解会展专业和行业领、域的国家战略、法律法规和相关政策	深入社会实践、关注现实问题，形成经世济民、诚信服务、德法兼修的职业素养		√		√					√	√	√

（四）课程内容及要求

1. 劳动与素质教育活动课程

劳动和素质教育活动由劳动教育和素质教育活动培养体系共同构成，总计 4 学分，由学生处具体实施、考评。

活动课程共包含四个模块，注重人文素质教育与职业道德教育的培养，坚持课内外教学活动和校外教育活动相结合，正确处理好德育与智育、理论与实践的关系，正确处理好传授基础知识、培养职业能力、提高综合素质三者之间的关系（表 5-127）。

表 5-127　劳动与素质教育活动课程

模块	培养目标	培养内容
职业道德规范	爱国明礼	主题教育活动、党团培养
	遵纪守法	遵规国家法律法规、校纪校规
	诚实守信	诚实守信，无考试作弊、虚假申报、欺诈行为
	爱岗敬业	课堂与集会全勤
	奉献社会	志愿者活动、义工活动、义务劳动、见义勇为、好人好事

模块	培养目标	培养内容
职业核心能力	自我提高能力	专业讲座，职业资格技能证书，专业、公共技能大赛，技能培训，学历提升，自主学习，学习效果
	与人合作能力	加入专业协会、社团，担任学生干部
	解决问题能力	参与专业实践活动
	信息处理能力	获得计算机等级证书、担任公共网络平台管理员
	外语应用能力	获得英语等级证书，参加各类英语竞赛，交换生项目，海外研习、交流项目
	沟通表达能力	大学生辩论大赛，各类交流座谈活动主持人、讲述人、发言人
	数字运用能力	数学建模大赛
	革新创新能力	大学生创新服务开发项目、创新创业大赛、发明与专利
职业素质养成	人文素质	人文素质讲座、服务型学习、写作能力、社会实践
	科学素质	科技讲座、科技展览、科技活动
	文体素质	校园活动、文体社团、集体生活、礼仪规范、礼仪服务
	心理素质	心理健康讲座学习、心理健康教育活动
职业发展规划	明确职业定位	职业生涯规划电子书、职业生涯规划大赛
	提升职业能力	创业实践活动、创业就业培训学习、校内外勤工助学、行业调研
	完成职业准备	模拟招聘、企业宣讲会、校园招聘会

2. 公共基础模块

公共课程教学内容及要求如表 5-128 所示。

表 5-128 公共课程教学内容及要求

序号	课程名称	主要教学内容	主要教学方法与手段	建议学时
1	思想道德与法治	坚定理想信念，弘扬中国精神，践行社会主义核心价值观，明大德守公德严私德，尊法学法守法用法	专题讲授法、案例教学法、互动教学法、启发教学法	48
2	毛泽东思想和中国特色社会主义理论体系概论	毛泽东思想，邓小平理论，“三个代表”重要思想，科学发展观，习近平新时代中国特色社会主义思想	专题讲授法、案例教学法、互动教学法、启发教学法	64

续表

序号	课程名称	主要教学内容	主要教学方法与手段	建议学时
3	形势与政策	党和国家最新的时事与政策	专题讲授法、案例教学法、互动教学法、启发教学法	48
4	军事理论	普及国防知识、增强国防意识、提高学生政治觉悟、激发爱国热情	讲授法、案例法、互动教学法、启发教学法等	36
5	就业指导	就业政策、就业信息、简历制作、求职技巧、模拟面试等方面的指导，帮助学生顺利就业、创业	翻转教学法、案例教学法、互动教学法、启发教学法等	16
6	创新创业教育	从思维创新到项目产生教学内容：创新技法、优点与缺点列举法、奥斯本检核表法、信息交合法、六合分析法、头脑风暴法	讲授法、案例法、头脑风暴、在线卡牌模拟、角色扮演、小组讨论等	36
7	大学英语	第一学期：涉外日常活动情景（听、说），涉外业务活动情景（读、写、译）	输出驱动教学法、情景教学法、交际教学法、线上线下混合式教学等	130
8	体育	第三套大众健美操锻炼标准 2 级，简化 24 式太极拳，职业体能和素质拓展，分项开展各展球类、舞蹈、体操类课程	讲授法、游戏练习法、分享讨论法、分组练习法、比赛练习法等	138
9	国学	先秦主要哲学思想传统艺术赏析，传统节日与习俗，传统礼仪与习俗，传统科技与发明创造，汉字与传统文学，宗教常识	任务驱动、小组合作、头脑风暴、翻转课堂、混合式教学法等，云班课	30
10	天府文化	天府品格，天府历史，天府之最，天府遗存，天府名人，天府艺术，天府民俗	任务驱动、小组合作、头脑风暴、翻转课堂、混合式教学法等，云班课	18
11	成都故事	古蜀文明惊天下，秦汉成都，三国风云南朝烟雨，唐宋成都，明清成都	任务驱动、小组合作、头脑风暴、翻转课堂、混合式教学法等，云班课	18
12	大学生心理健康教育	大学生心理健康教育基础理论（健康教育），自我认知与个性完善（意识教育），亲子关系辅导（意识教育），情绪管理与压力应对（挫折教育），人际交往（社会适应性教育），恋爱与性心理（成人教育），生命的意义（生命教育）	专题讲授法、案例教学法、体验式互动教学法、角色扮演法、行为强化法、团体辅导法	36

3. 专业课程

（1）专业基础模块（表 5-129）。

表 5-129　主要专业基础模块课程教学内容及要求

序号	课程名称	主要教学内容	主要教学方法与手段	建议学时
1	当今旅游业	旅游现象辨识，旅游的发展历程分析，旅游者及旅游需求分析，旅游资源开发与保护，认识旅游业，旅游市场，旅游的影响与作用	理论阐述法、协同教学法、案例分析法、课堂讨论法、专题研讨法、情景模拟法	60
2	职业礼仪	交往礼仪，沟通礼仪，职场通用礼仪，服务礼仪训练，商务礼仪训练，社交礼仪训练，礼仪活动策划	项目教学法、案例教学法、情景教学法、体验式互动教学法、云班课	36
3	设计基础	快速的思维表现，形成设计概念的视觉形象	手绘、电脑绘制，案例教学，混合教学，翻转课堂，云班课	60
4	数字图像处理	PS 修图调色、抠图合成、滤镜图特效，配合 AI 基础	题库式达标、案例教学、项目教学、混合教学、翻转课堂、云班课	60
5	数码摄影	数码相机选购，相机基本参数及设置，静物摄影	讲练结合、操作示范、项目教学、混合教学、翻转课堂、云班课	60

（2）专业方向模块（表 5-130 ~ 表 5-133）。

表 5-130　设计造型基础课程教学内容及要求

课程名称		设计造型基础				
学期		1	学时	60	授课方式	理论 + 实践
学分		4	考核方式	技能	考试类型	考试
课程目标	思政目标	将展会设计创意、评价保护与中国特色社会主义现代化建设联系起来，理解在党的领导下，把绿色发展、生态环境保护、文化传承放在首要位置，会展现有资源在保护中开发，在开发中保护取得的成就，充分认识中国特色社会主义的道路自信、理论自信、制度自信和文化自信				
	知识目标	通过本课程的学习，使学生了解展示空间设计的表现方法，理解构思草图的绘制技巧，掌握马克笔快速表现效果图等多种绘制技法，掌握多种道具材质的表现技巧。掌握手绘室内外效果图的基本技能，为本学科的其他相关专业课程培养表现设计方案的手绘能力				

续表

<table>
<tr><td rowspan="2">课程目标</td><td>能力目标</td><td>通过对手绘表现技法概述、透视原理与构图规律、室内空间单体陈设表现技法、室内空间综合表现、马克笔表现技法、室内空间马克笔表现技法、设计创作的学习与实践，加强学生对形体的认识。通过本课程的学习使本专业的学生了解手绘表现技法的基础原理，掌握手绘表现技法不同的表现手段及方法。通过这门课程的教学，让学生掌握其基本概念、基本理论和基本方法，使其有能力熟练运用手绘表现技法的知识为自己的设计方案做出阐释</td></tr>
<tr><td>素质目标</td><td>本课程根据专业的特点及学生的实际能力，实施的基本教学方式为手把手现场示范教学，从简单的线条开始到单体家具到空间到设计的教学过程，结合讲授优秀设计作品案例分析、展示，现场调查及课题设计。以设计基础理论为启发点，由浅入深，同时注重培养学生徒手绘图能力，使学生具有专业的职业操守，能够不变应万变以及灵活处理问题</td></tr>
<tr><td colspan="2">教学内容</td><td>一、效果图技法概述
1. 手绘表现技法简述
2. 效果图的构成要素
二、透视线稿表现
1. 透视的基本原理
2. 透视图的分类及特征
3. 透视图的绘制方法
三、绘制效果图常用的材料和工具
1. 纸、笔、颜料的介绍
2. 其他辅助绘画工具的介绍
四、分类技法介绍
1. 表现图的艺术表现形式
2. 工具分类及技法表现形式
五、室内材质、陈设及配景表现
1. 材质表现
2. 室内陈设表现
3. 配景表现，天空、树木、倒影、汽车、人物</td></tr>
<tr><td colspan="2">教学建议（教学方法、教学组织、评价方式等）</td><td>教学方法：设计专业教学中，手绘表现技法课程作为专业课的地位是举足轻重的。此课程对学生掌握基本的设计表现方法、提高整体的设计能力具有重要的作用。同时，手绘也是设计师表达设计方案最直接的手段，更是设计师用来肯定自我、表达设计构思的最快捷的方法。手绘表现技法集科学性、艺术性和可操作性于一身，其教学过程是复杂多样的，需要通过专业教师多方位的教法与学生正确的学法相互配合，才能达到更好的教学效果
教学组织：在教学中以成套室内设计方案手绘效果图为重点展开讲解和手绘练习，首先从初步的线条运用到室内各家具单体练习再到室内空间一点透视和两点透视线稿练习开始，为之后效果图上色表现打下基础。其次运用马克笔上色学习到独立完成设计一套室内空间效果图手绘方案，采取个别辅导、分组设计、分组讨论、设计方案讲述完成住宅室内空间手绘设计方案。
教学评价：作品展示评价</td></tr>
</table>

表 5-131 会展项目策划课程教学内容及要求

<table>
<tr><td>课程名称</td><td colspan="5">会展项目策划</td></tr>
<tr><td>学期</td><td>3、4</td><td>学时</td><td>144</td><td>授课方式</td><td>理论＋实践</td></tr>
<tr><td>学分</td><td>8</td><td>考核方式</td><td>技能</td><td>考试类型</td><td>考试</td></tr>
<tr><td rowspan="4">课程目标</td><td>思政目标</td><td colspan="4">了解展会项目区域经济的意义，厚植爱国热情和民族自豪感。通过专业案例的比较学习，培养学生的国际视野、创新思维，树立文化自信；通过会展项目相关法规、国家标准的学习，帮助学生树立法纪、规范意识；通过对项目场地条件、利益相关者、旅游从业人员的调研与访谈，帮助学生树立实事求是、因地制宜的意识，在实践中锤炼意志，增强劳动意识；通过项目方案的思考、创意、设计表现，培养学生树立诚实守信、绿色发展、共享理念、环保意识以及敬业、精益、专注、创新的工匠精神；培养学生的自我管理、人际交往能力以及集体意识和团队合作精神</td></tr>
<tr><td>知识目标</td><td colspan="4">1. 明确会展项目策划的基本原则和方法
2. 掌握会展策划的要素
3. 掌握会展项目市场调研的基础理论知识和方法
4. 熟悉会展的立项、招商和招展等方案的策划
5. 掌握会展项目品牌打造的基础知识</td></tr>
<tr><td>能力目标</td><td colspan="4">1. 具有会展市场调研的能力
2. 具有对会展项目进行可行性分析的能力
3. 具有会展项目招展策划能力
4. 具有会展项目招商策划能力
5. 具有会展项目品牌打造及运营的能力
创新创业能力目标：
1. 具备洞察能力和深入思考能力
2. 具备批判性思维，从多角度、多维度思考问题并解决问题的能力
3. 具备对创新创业环境的认识能力
4. 具备一定的领导力和决策力
5. 具备首创、冒险精神和独立能力</td></tr>
<tr><td>素质目标</td><td colspan="4">1. 信息获取能力——利用书籍和网络获得相关信息
2. 良好职业能力——正确做事，做正确的事
3. 团结协作精神——互相帮助、共同学习、共同达到目标
4. 语言表达能力——表述与回答问题
5. 独立策划能力——利用各要素，进行综合思考并完成完整的策划书</td></tr>
</table>

续表

教学内容	1. 会展策划 2. 会展项目管理 3. 会展项目的选择 4. 会展项目的可行性分析 5. 会展项目的立项分析 6. 会展项目组织 7. 会展项目计划管理 8. 会展品牌策划 9. 会展项目宣传与推广 10. 会展营销概述 11. 招展策划与管理 12. 招商策划与管理 13. 会展项目财务管理概述 14. 会展项目财务预算管理 15. 会展项目利润管理 16. 会展开幕现场策划与管理 17. 会展布展与现场服务 18. 参展观众类型与统计 19. 会展危机管理 20. 会展跟踪服务
教学建议（教学方法、教学组织、评价方式等）	教学方法：采用理实一体的教学方式，通过本课程的教学，使学生掌握会展项目策划的基本知识和职业技能；积累会展项目策划的工作经历和经验，增强项目策划的职业意识和职业品质，达到会展策划师应具有的从事的能力：会展（会议、展览、节事活动、场馆租赁、奖励旅游等）项目的市场调研；会展的立项、主题、招商、招展和运营管理等方案的策划；会展项目的销售；会展的现场运营管理；展会活动的全程策划协调等 教学评价：评价方式可以改革单一的由任课教师评价为主的方式，引入多元评价，如企业教师、学生评委、其他非专业学生评价等。让学生听取不同角度的意见，培养学生的批判性思维能力和评价能力。平时成绩以出勤情况、学生互评和教师评价为主 教学建议：培养社会责任感、社会主义核心价值观，落实“立德树人”的教育教学理念，以典型会展项目为蓝本，以职业能力和职业素养培养为核心，以实践性、开放性、创新性为原则，按照会展策划实际工作过程和岗位需求将课程内容进行整合，树立“在学习中实践、在实践中学习”的教育理念，将会展策划理论知识、实务操作融为一体

表 5-132　会展市场营销课程教学内容及要求

课程名称	会展市场营销				
学期	2	学时	72	授课方式	理论 + 实践
学分	4	考核方式	笔试	考试类型	考试
课程目标	思政目标	了解展会项目区域经济的意义，厚植爱国热情和民族自豪感。通过专业案例的比较学习，培养学生国际视野、创新思维，树立文化自信；通过会展项目相关法规、国家标准的学习，帮助学生树立法纪、规范意识；通过对项目场地条件、利益相关者、旅游从业人员的调研与访谈，帮助学生树立实事求是、因地制宜的意识，在实践中锤炼意志，增强劳动意识；通过项目方案的思考、创意、设计表现，培养学生树立诚实守信、绿色发展、共享理念、环保意识以及敬业、精益、专注、创新的工匠精神；培养学生自我管理、人际交往能力以及集体意识和团队合作精神			
	知识目标	了解市场调研的基本概况，掌握市场调研的基本方法 理解根据会展市场的专业性选择不同的调研方法进行调研和分析 掌握会展专业调查问卷的编制设计的方法 掌握问卷调查流程并进行问卷调查 掌握调查问卷分析方法并撰写调查报告			
	能力目标	了解市场调研的基本概况，掌握市场调研的基本方法 理解根据会展市场的专业性选择不同的调研方法进行调研和分析 掌握会展专业调查问卷的编制设计的方法 掌握问卷调查流程并进行问卷调查 掌握调查问卷分析方法并撰写调查报告 创新创业能力目标： 掌握项目活动的运营规律，能够运用市场调研与市场分析的方法理论指导实践工作的能力 具备观察调研法应具备的洞察能力和深度访谈法应具备的深入思考能力 具备设计会展专业调查问卷并完成调研的能力 具备数据收集、整理、分析能力 具备团结协作和沟通能力 具备会展专业调研报告撰写能力 具备用专业的眼光看待会展经济现象的能力			
	素质目标	掌握项目活动的运营规律，能够运用市场调研与市场分析的方法理论指导实践工作的能力 具备观察调研法应具备的洞察能力和深度访谈法应具备的深入思考能力 具备设计会展专业调查问卷并完成调研的能力 具备数据收集、整理、分析能力 具备团结协作和沟通能力 具备会展专业调研报告撰写能力 具备用专业的眼光看待会展经济现象的能力			

续表

教学内容	市场调研 市场分析 市场调研分析实训 会展市场调研与分析 具体展会的专业会展市场调研与分析实训
教学建议（教学方法、教学组织、评价方式等）	教学方法： 1. 课堂教学：课堂讲授以传授基本知识、基本方法、基本结构、基本规律、思想方法、分析方法为主，以提出问题、思想方法、内容归纳、案例应用为主要手段，尽可能多地介绍会展市场调研分析的行业知识和调研方法，结合课后习题、随堂提问和课外答疑等多种方式巩固课堂教学内容 2. 课堂讨论和课外作业相结合，配合相关内容的讲解及适当的思考题，注意学生的掌握程度和课堂的气氛，提升学生对课程内容的掌握程度 3. 课程作业：学生应按要求参加全部的课堂教学活动，按要求独立或小组完成作业 教学评价：以学生能力培养为出发点，注重对综合素质的评价和过程考核，创新考核评价的内容、方式和标准。从评价内容的多样性：深度访谈提纲、校园调研问卷设计、会展专业问卷调研报告撰写等方面进行。考核方式以平时的问卷设计、调研报告撰写与期末笔试结合，实现考核方式的全方位。会展专业调查分析报告等考核标准的职业性等真实反映和促进学生多方面能力的形成。结合蓝墨云信息化教学手段的使用，采集相应数据形成过程评价资料 教学建议：本课程是实践性很强的课程，理论联系实践、“先学后做”是课程设计的核心理念。该设计以工作任务为主要载体，分别包括观察调研法和访谈调研法工作任务练习、学生自行设计会展专业调查问卷，并执行调查流程。根据调查数据进行分析，最后撰写调研报告的全过程调研分析方法学习。引导学生在做中学中完成“糖酒会现场服务满意度调研分析”完整训练项目，在此基础上鼓励学生创造性地设计自己会展专业调研分析工作任务

表 5-133　展场设计与搭建课程教学内容及要求

课程名称		展场设计与搭建					
学期		3、4	学时	144	授课方式	理论 + 实践	
学分		8	考核方式	实操	考试类型	考试	
课程目标	思政目标	1. 通过专业案例的比较学习，培养学生的国际视野、创新思维，树立文化自信 2. 通过展品陈列相关法规、国家标准的学习，帮助学生树立法纪、规范意识 3. 通过对项目场地条件、利益相关者、从业人员的调研与访谈，帮助学生树立实事求是、因地制宜的意识，在实践中锤炼意志，增强劳动意识 4. 通过项目方案的思考、创意、设计表现，培养学生树立诚实守信、绿色发展、共享理念、环保意识以及敬业、精益、专注、创新的工匠精神 5. 培养学生的自我管理、人际交往能力以及集体意识和团队合作精神					

续表

课程目标	知识目标	掌握空间结构、色彩构成、道具、灯光照明的原理 标准展位搭建构建 运用 CAD 设计绘画底图 模型制作
	能力目标	掌握展示展览四大要素的技巧 认识展位搭建的构建、了解他们的功能、用途、组装技巧 熟练掌握 CAD 画图流程 对应底图、恰当选择原材料进行模型制作，掌握模型制作工作流程、工作要领
	素质目标	合理运用展示展览四大元素 服务意识、展会项目管理意识、团队协助 良好的设计习惯、制作习惯 团队协作、敬业精神
教学内容		空间结构、色彩构成、道具、灯光照明的原理技巧 标准展位搭建流程、技巧 CAD 绘图 展台模型制作原理、技术标准、工作流程
教学建议（教学方法、教学组织、评价方式等）		教学方法：根据学情与教学内容特征，选择项目化教学、案例教学法、情景教学法、现场教学法，采取网络教学平台实现混合式教学，引进行业、企业专家参与教学。按照会展专业的行业惯例和标准，突出实际、实用、实践等高职教学特点，妥善处理好能力、知识、素质等方面全面协调发展的关系。着重加强职业能力、职业素养和创新创意能力的培养。同时，运用蓝慕云班课网络教学技术手段，加强教学互动。在课程结束时，可以让各班组织教学汇报展 教学评价：通过学生对理论知识和实际案例的学习和对已学设计软件的综合运用，结合企业的实际情况，以目前新兴会展展场展台的发展趋势，为某企业创意设计展台，并撰写设计方案，搭建展台 教学建议：通过本课程的学习，使学生了解展示空间设计的表现方法，理解构思草图的绘制技巧，掌握模型搭建多种技法，掌握多种道具材质的表现技巧。掌握手绘室内外效果图的基本技能，学会标准展位搭建技巧，为本学科的其他相关专业课程培养表现设计方案的动手能力、综合运用能力

（3）专业拓展模块（表 5-134）。

表 5-134　专业拓展模块内容及目标要求

序号	项目 / 课程名称	拓展内容	拓展目标	建议学时
1	文化旅游学院限选课	语言、文字表达、讲解与对客服务方面	习得 1+X 证书考证的相关知识和能力储备	34
2	文化旅游学院限选课	旅游大数据分析与应用、旅游项目策划等方面	习得 1+X 证书考证的相关知识和能力储备	34

4. 实践课程（表 5-135）

表 5-135 实践课程内容及学时学分分配

实践（实习）项目	实践（实习）目标	实践学时
入学入职教育	帮助学生认识行业发展趋势，提升学生对专业的认识水平，了解专业课程设置；明确校规校纪，自觉遵守学校各种规章制度	26
军事技能	培养学生艰苦奋斗、刻苦耐劳的坚强毅力和集体主义精神，帮助学生增强组织纪律性，养成良好的学风和生活作风	26
会展现场服务与管理综合实训	掌握展会项目现场服务流程、现场服务工作技巧、现场服务突发事件处理能力	26
展会项目执行综合实训	承担真实的展会项目，现场服务与管理。在岗位实操中积极了解展会项目的规划设计、实际经营的现状及其存在的问题，并积极探索可能的解决问题的办法，锻炼学生的分析和解决问题的能力、团队协作与社会交往能力	52
展台设计、搭建综合实训	承担真实的展会项目，现场服务与管理。在岗位实操中积极了解展会项目的规划设计、实际经营的现状及其存在的问题，并积极探索可能的解决问题的办法，锻炼学生的分析和解决问题的能力、团队协作与社会交往能力	26
SYB 创新创业实践	了解创办企业的流程和方法，模拟实践创办企业，增强创业实践指导性	40
劳动与素质教育活动	培养学生的人文素养、职业道德、社会适应能力和社会责任感，养成劳动意识、竞争意识和创新创业意识等	30
顶岗实习（含毕业设计、报告）	全面系统将专业所学与实际工作结合起来，熟悉具体岗位的业务工作，提升综合分析和解决问题的能力，提升社会适应能力，实现顶岗实习和就业直通	450
合计		629

九、人才培养模式

建成“一平台、双主线、三交替”文创赋能、技术赋值的复合型旅游人才培养培训模式，校内以各类会议及活动项目为生产性实践项目，校外以成都三大知名展会为技能提升实践项目，以文化旅游学院毕业生创新项目——成都技走人生文化传播有限公司为补充，真正实现生产性实训，服务地方经济。我们以岗位轮动的模式，让学生在校期间都能多岗位实训实践，重视学生绿色展会、节能环保的意识培养。

十、教学进程总体安排

本专业课程总学时 2647 学时、总计 139 学分。课程教学原则上每 16~18 学时算 1 学分，实践教学（校内实训、综合实践）每 20~28 学时计 1 学分。顶岗实习（含毕业设计、报告）每周 15 学时计 0.5 学分。

十一、教学实施保障（基本条件）

（一）师资队伍

为满足教学需要，确保教学质量，本专业生师比建议为 16∶1。教师团队由校内专任教师和企业兼职教师构成。

会展策划与管理专业现有校内专任教师和行业企业外聘教师构成的双师型教师队伍。专任教师需要具备本科以上学历，具备课程开发能力，指导学生实践的能力。教师每 5 年必须累计不少于 6 个月到企业或生产服务一线实践。专任教师中“双师”素质教师不低于 90%（表 5–136）。企业兼职教师由行业内从业多年的专业技术人员和校企合作企业构成，具备较强的执教能力，共同完成课程教学和实践指导，及时将企业新标准、新技术、新工艺、新流程等融入教学（表 5–137）。

表 5–136　专任教师一览表

序号	姓名	职称	学历 / 学位	年龄	研究领域	是否双师型	骨干教师 / 专业带头人
1	×××	副教授	本科 / 硕士	40	旅游管理、会展策划与管理	是	专业带头人
2	×××	讲师	本科 / 硕士	46	旅游管理、会展策划与管理	是	骨干教师
3	×××	讲师	研究生 / 硕士	39	会展策划与管理	是	专职教师
4	×××	讲师	本科 / 学士	41	计算机应用基础	是	专职教师
5	×××	助教	研究生 / 硕士	38	艺术设计	是	专职教师

表 5-137 兼职教师一览表

序号	姓名	职务	工龄	工作单位	承担课程	课时量
1	×××	执行总监	22	成都今博广告有限公司	会展项目策划	72
2	×××	理事长	20	成都市社区建设与文化发展促进中心	微型会展企业初创管理	56
3	×××	项目经理	15	四川会展集团展览公司	实践项目——展会项目执行	26

（二）实训条件

1. 校内实训室（表 5-138）

表 5-138 校内实训室

序号	实验室 / 实训基地（中心）的名称	实践教学内容	适用课程	专业群内共享（是 / 否）
1	展场搭建实训室	标准展位搭建、展台模型搭建、橱窗陈列展示	展场设计与搭建	是
2	会展设计实训室	展区、展台设计	设计基础 展示展览设计 CAD\PS\AI\3D	是

2. 校外实训条件（表 5-139）

表 5-139 校外实践场所

序号	校外实习基地名称	合作企业名称	实践教学形式	合作深度	专业群内共享（是 / 否）
1	西博会展会现场	四川国际会展有限公司	展台设计、搭建岗位实践	技术服务、教学资源共建共享	是
2	糖酒会展会现场	中唐新世纪国际会展（北京）有限公司	专业认知	技术服务、教学资源共建共享	是
3	成都国际车展展会现场	成都世纪城新国际会展中心有限公司	项目现场执行岗位实践	技术服务、教学资源共建共享	是
4	成都文旅集团	成都文化旅游投资集团	项目现场执行岗位实践	技术服务、教学资源共建共享	是

（三）学习资源

在专业经过10年的发展中，专业教师致力于本专业教材的开发，现已正式出版教材2部，建设精品课程3门，其中《节事策划与管理》课程为校级精品课程（表5-140、表5-141）。

表5-140　会展策划与管略专业教材一览表（参考）

序号	课程名称	教材名称	出版社	作者	出版时间	校企开发教材（是/否）	新形态教材（是/否）
1	展示展览设计	《Photoshop实战应用微课视频教程》（第一版）	人民邮电出版社	张侨，耿晓武，刘惠民	2017.4	否	否
2	色彩构成	《色彩力创意配色速查图鉴》	中国水利水电出版社	樱井辉子著，方宓译	2018.9	否	否
3	会展项目策划	《会展项目策划》	中国旅游出版社	李炼　何祥	2017.2	是	否
4	会展市场调研分析	《市场调研实务》	北京大学出版社	殷智红	2016.4	否	否
5	展示展览设计	《3ds Max 2014＋VRay效果图制作入门与实战经典》（配光盘）	清华大学出版社	唯美映像编	2014.11	否	否
6	展场设计与搭建	《会展道具设计与搭建技术》	上海交通大学出版社	胡杰明	2011.10	否	否
7	会展文案	《会展文案》	浙江大学出版社	方玲玲，洪长辉	2015.5	否	否
8	会展实务	《会展实务》	高等教育出版社	丁萍萍	2018.9	否	否

表5-141　会展策划与管理专业数字化资源选用表

序号	类型	数字化资源名称	资源网址
1	精品课程	会展项目策划课程	http://czy.simul-tech.cn/hzch/
2	精品课程	会展现场服务与管理课程	http://czy.simul-tech.cn/hzgl/index.html
3	资源库	“第46届世界技能大赛——商品陈列展示”技术文件	www.worldskillschina.net

（四）教学方法

鼓励授课教师结合课程特色，总结推广现代学徒制试点经验，综合运用项目教学、案例教学、情境教学、模块化教学等教学方式，广泛运用启发式、探究式、讨论式、参与式等教学方法，推广翻转课堂、混合式教学、理实一体教学等新型教学模式。

（五）学习评价

对学生学习评价的方式方法提出建议。对学生的学业考核评价内容应兼顾认知、技能、情感、素养等方面，体现评价方式的多维度，如观察、口试、笔试、顶岗操作、职业技能大赛、职业资格鉴定等。体现评价主体的多元化，吸纳行业企业和社会参与学生的考核评价。通过多维度形式和多元化考核，结合学习过程建构起立体化的学习评价机制。

（六）质量管理

在学院与分院两级的质量保障体系下，以保障和提高教学质量为目标，对标联合国世界旅游组织教育质量认证标准（UNWTO-TedQual）的过程评价指标，国内高水平专业建设的结果评价指标。按照"以评促建、以评促改，以评促发展"思维，根据毕业生跟踪反馈、麦可思年度质量报告反馈，更加关注专业师资队伍、课程体系、社会服务能力等量化评价指标，在微观层面形成一个基于第三方的"专业建设质量报告"，来指导专业发展规划、人才培养方案的编制与调整。另外，在市级重点专业建设试点下，涉及学校、企业、学生多方的责权利关系，进一步完善相关制度规范建设，确保多方利益，实现多方共赢，构建人才培养评价及专业建设质量保障体系。

十二、毕业要求

修满本专业毕业要求的最低学分：139 学分。

十三、继续专业学习深造建议

本专业毕业生继续深造的渠道主要有以下几种：参加统一的专升本考试；参加全国统一成人高考、自学考试；通过网络教育等形式开展继续教育学习；通过雅思、托福考试，境外升学、留学。

十四、其他说明

专业相关国家标准（表 5-142）。

表 5-142　专业相关国家标准

序号	名称
1	《会议分类及术语》（GB/T 30520—2014）
2	《展览会数据审核规则》（GB/T 31082—2014）
3	《大型活动可持续性管理体系、需求及使用指南》（GB/T 31598—2015）
4	《展览展示工程服务基本要求》（GB/T 33490—2017）
5	《展览场馆功能性设计指南》（GB/T 34395—2017）
6	《展览场馆服务管理规范》（GB/T 36681—2018）
7	《展览物流服务基本要求》（GB/T 36682—2018）
8	《展览展示工程企业能力评价导则》（GB/T 37073—2018）

十五、附录（教学进程安排表 - 略）

第六节　导游专业教学标准

一、专业名称及代码

专业名称：导游。

专业代码：540102。

二、入学要求及修业年限

入学要求：普通高中毕业生、中职毕业生或同等学力人员。

学历：大学专科。
学制：三年。

三、所属专业群

智慧旅游专业群。

四、职业面向及职业能力要求

（一）职业面向

就业面向的行业：旅行社及相关服务。
主要就业单位类型：旅游及公共游览场所。
主要就业部门：旅游及公共游览场所服务人员。
可从事的岗位如表 5-143、表 5-144 所示。

表 5-143 导游专业职业面向

所属专业大类（代码）	所属专业类（代码）	对应行业（代码）	主要职业类别（代码）	主要岗位群或技术领域举例	职业资格证书和职业技能等级证书举例
旅游大类（54）	旅游类（5401）	旅行社及相关服务（7291）	旅游及公共游览场所服务人员	导游（4-04-02-01）	全国导游资格证 研学旅行课程设计与实施职业技能中级

表 5-144 岗位能力分析

序号	岗位名称	岗位类别		岗位描述	岗位能力及要求
		初始岗位	发展岗位		
1	地陪导游	☑	☐	取得导游证，接受旅行社委派，为旅游者提供向导、讲解及相关旅游服务	能熟练使用中文或外语对游客进行讲解服务，能掌握带团基本技能、处理带团过程中常见问题事故，能为游客提供良好的旅游服务

续表

序号	岗位名称	岗位类别		岗位描述	岗位能力及要求
		初始岗位	发展岗位		
2	全陪导游	☑	☐	监督各地接待社的履约情况和接待质量，负责旅游活动过程中与旅行社的联络，做好各站衔交接工作，协调处理旅游活动中的问题，保障旅游团（者）的安全	能有效组织、协调和沟通团队运行中的各项工作，协调处理旅游活动中的问题
3	出境领队	☐	☑	为出境旅游团提供旅途全程陪同和有关服务，协同境外接待旅行社，完成旅游计划安排以及协调处理旅游过程中相关事务等活动	能熟悉旅游目的地国家概况和线路，有效执行旅游计划，掌握进出海关基本知识，能正常运作出境团队
4	景区讲解员	☑	☐	在博物馆或重要景区为游客提供导游讲解服务	能熟练运用中文或外语对博物馆或景区进行导游讲解服务
5	研学旅行指导师	☐	☑	根据中小学生研学任务进行研学课程设计及实施	能运用中小学研学课程基本理论进行课程开发与设计，能运用基本教学方法进行研学课程实施
6	计调人员	☐	☑	为旅行团、散客的运行走向安排接待计划，统计与之相关的信息，并承担与接待相关的旅游服务采购和有关业务调度工作	能进行接待计划制订，统计相关的接待信息，并为接待相关的旅游服务进行采购和相关业务调度

（二）典型工作任务及其工作过程（表 5–145）

表 5–145　典型工作任务及工作分析过程

序号	典型工作任务	工作过程
1	服务准备	熟悉接团计划 落实接待事宜 物质准备 知识准备 形象准备 心理准备 出境文件准备 召开行前说明会

续表

序号	典型工作任务	工作过程
2	首站工作	迎接准备 提前到达接站地点 核实团队信息 清点人数，集合登车 致欢迎辞 介绍行程 首次讲解
3	接站工作	接站准备 提前到达接站点 迎候客人 核实团队 清点行李，集合登车 致欢迎辞 介绍本地概况
4	入住酒店	办理住店手续 介绍酒店设施 引导游客入住 照顾行李进房 带领团队用好第一餐 安排叫早服务
5	参观游览	出发前准备 途中导游 抵达景点后的导游服务 返程途中导游服务
6	餐饮、购物和其他活动	订餐前准备服务 不同用餐类型的导游服务 购物环节服务 文娱活动中的导游服务 户外活动中的导游服务 出入境导游服务
7	送团服务	送团前准备工作 离店服务 送行服务 后续工作

五、培养目标

（一）总体目标

导游专业人才培养方案按照总体培养目标，进一步明确本专业的具体培养目标为：培养适应世界旅游目的地中心城市的文化旅游国际交往需求，熟练掌握一门工作外语，具备跨文化沟通能力和计调业务技能的国际导游。

1. 思政目标

坚定拥护中国共产党领导和我国社会主义制度，在习近平新时代中国特色社会主义思想指引下，践行社会主义核心价值观，具有深厚的爱国情感和中华民族自豪感，树立文化自信；崇尚宪法、遵法守纪、崇德向善、诚实守信、尊重生命、热爱劳动，履行道德准则和行为规范，具有社会责任感和社会参与意识；具有质量意识、环保意识、安全意识、信息素养、工匠精神、创新思维、全球视野和市场洞察力；勇于奋斗、乐观向上，具有自我管理能力、职业生涯规划的意识，具有较强的集体意识和团队合作精神。

2. 知识目标

具备广泛的文化知识，具有一定的自然、社会科学基础知识，培养一定的人文素养；熟练掌握普通话的听说基本功，达到国家二级甲等普通话水平；熟练掌握一门外语，具有听、说、读、写基本功，达到能顺畅交流的外语水平；具有本专业所需的导游实务、领队实务、旅行社计调业务等专业基础知识；掌握导游讲解技能和旅游生活服务技能及培养灵活的团队运作应变能力；掌握一定的公关礼仪知识，懂得基本的中西方礼仪习惯，具有良好公众形象意识；掌握科学的学习方法，具备进一步学习和发展的知识和方法。

3. 能力目标

具有扎实、系统的汉语语言基础和较强的口头和书面表达、沟通能力，掌握主要的汉语应用文写作技巧，普通话流利、标准；具有英语听、说、读、写、译能力，能熟练运用英语进行日常生活和工作环境下的沟通与交流，能运用语言进行信息检索、查询、获取信息；具有用中英文介绍本土旅游资源和相关旅游景点的能力；通过掌握的旅行社、宾馆总台服务、餐饮客房等知识，能分析和处理工作中发生的实际问题；熟悉专业相关的基本法律、法规，具有运用法律维护合法权利和规避风险的意识和能力；具有良好的信息意识，熟悉主要的信息获取途径，具有一定的信息分析、归纳、整理资料和撰写结论报告的能力；具有较强的计算机、其他办公设备使用和维护的能力，熟悉 Internet 以及基础的电子商务操作；具有进一步学习专业和其他语言的能力；具有较强的思维能力、交际能力和危机处理能力；具有较强的社会适应能力，一定的独立工作和合作交往的能力。

4. 素质目标

具有跨文化交往的基本素质；具有较强的职业相关能力拓展基本素质；坚持终身学习和主动培养的目标；具有快速领悟新技术、新概念的能力；具有旅游团队策划与运作的能力；具有研学课程开发的能力。具有运用英语和普通话进行导游讲解的素质；具有导游服务的基本素质；具有处理突发事件的灵活应变的基本素质；具有旅行社计调业务操作的基本素质；具有研学旅游指导教师的基本素质；具有应对灾害事故的基本素质。

（二）具体目标

本专业学生毕业五年后能够达到的职业和专业成就即专业培养目标，具体为解决实际问题的能力、团队作用的发挥、职业道德和伦理水准、终身学习能力的养成、创新意识及创新方法培养、为区域经济和社会发展做出贡献。将这六个方面作为专业人才培养目标的六个维度，按照培养目标→毕业要求→毕业要求指标点→课程矩阵图的路径落实到课程、课堂中。从而实现学生职业和专业成长，达成专业培养目标。

导游专业培养目标如表 5-146 所示。

表 5-146 导游专业培养目标

序号	具体内容
1	能够运用常用基本知识进行导游带团讲解工作
2	能够在带团工作中表现出有效的组织、沟通和协调作用
3	能够熟悉常见旅游线路，并具备线路团队运作能力
4	具有处理在旅游团队运作过程中出现的突发问题的能力
5	符合导游职业道德伦理要求
6	具备在旅游新形势下的创新意识和思维，了解基本的创新方法

六、毕业能力要求

根据人才培养目标细分毕业能力要求和毕业要求指标点，如表 5-147、表 5-148 所示。

表 5-147 导游专业毕业要求

序号	毕业能力要求	对应的培养目标	对应的思政目标
1	能够掌握导游带团需要的基础知识	A	树立文化自信，增强家国情怀
2	能够运用清晰的语言进行导游讲解	A	具有工匠精神和创新思维
3	能够熟悉导游带团工作流程	B	具有较强的集体意识和团队合作精神
4	能够与游客及旅游服务人员进行有效沟通	B	崇德向善、尊重生命、诚实守信、履行道德准则和行为规范
5	能够熟悉常见旅游线路	C	热爱劳动、具有精益求精的工匠精神
6	具备设计和运行旅游线路产品的能力，开发和实施研学课程的能力	C	具有质量意识、信息素养和市场洞察力
7	能够处理导游带团工作中常见问题和事故	D	崇尚宪法、遵法守纪，具有社会责任感和法律意识
8	具备提供跨境导游服务的能力	D	具备全球视野，熟悉全球伦理道德准则
9	具有良好的职业道德和责任感	E	坚定拥护中国共产党领导和我国社会主义制度，在习近平新时代中国特色社会主义思想指引下，践行社会主义核心价值观
10	具备终身学习的意识和方法	E	勇于奋斗、乐观向上，具有自我管理能力、职业生涯规划的意识
11	能掌握基本的创新方法，具备创新意识	F	具备创新思维和创新能力

表 5-148 导游专业毕业要求指标点

序号	毕业能力要求	能力要求指标点序号	对应的毕业要求指标点	思政要求指标点
1	能够掌握导游带团需要的基础知识	1.1	能够掌握历史、宗教、建筑、园林、民俗、饮食等基本知识	树立文化自信，增强家国情怀 具有工匠精神和创新思维
		1.2	能够掌握海关、金融、医疗、避灾等导游服务的常用知识	
		1.3	能够将知识进行融会贯通，并具备终身学习的延展性	
2	能够运用清晰的语言进行导游讲解	2.1	能够运用较为标准的普通话及一门外语进行表达	具有工匠精神和创新思维
		2.2	能够撰写具有一定吸引力的导游词	
		2.3	能够根据不同的游客对象进行针对性讲解	
3	能够熟悉导游带团工作流程	3.1	熟悉地方陪同导游人员的带团流程	具有较强的集体意识和团队合作精神
		3.2	熟悉全程陪同导游人员的带团流程	
		3.3	熟悉景区讲解员的服务流程	
		3.4	熟悉出境领队的带团服务流程	
4	能够与游客及旅游服务人员进行有效沟通	4.1	能够与游客进行有效沟通，解决游客提出的要求	崇德向善、尊重生命、诚实守信、履行道德准则和行为规范
		4.2	能够与其他旅游服务人员进行有效沟通和交流	
5	能够熟悉常见旅游线路	5.1	熟悉国内外常见旅游线路	热爱劳动、具有精益求精的工匠精神
		5.2	能够在导游带团中进行合理的时间和日程安排	
		5.3	对旅游线路出现的新变化能快速捕捉	
6	具备设计和运行旅游线路产品的能力	6.1	能够设计出有一定特色的旅游线路产品	具有质量意识、信息素养和市场洞察力
		6.2	熟悉旅行社计调业务基本流程	
		6.3	具有运行旅游线路产品的能力	
7	能够处理导游带团工作中常见问题和事故	7.1	具有在带团过程中对问题出现预判的能力	崇尚宪法、遵法守纪，具有社会责任感和法律意识
		7.2	能够合理处理常见的问题和事故	
		7.3	具有处理人力不可抗拒的突发灾害的能力	
8	具备提供跨境导游服务的能力	8.1	能够运用至少一门工作外语	具备全球视野，熟悉全球伦理道德准则
		8.2	能够熟悉出入境流程和要求	
		8.3	具备跨文化沟通的能力	

续表

序号	毕业能力要求	能力要求指标点序号	对应的毕业要求指标点	思政要求指标点
9	具有良好的职业道德和责任感	9.1	能够遵守《旅游法》及行业规则	坚定拥护中国共产党领导和我国社会主义制度，在习近平新时代中国特色社会主义思想指引下，践行社会主义核心价值观
		9.2	具备良好的职业道德和素养	
		9.3	能够将维护国家形象放在工作的首位	
10	具备终身学习的意识和方法	10.1	能够把握导游职业的发展趋势	勇于奋斗、乐观向上，具有自我管理能力、职业生涯规划的意识
		10.2	能够关注旅游行业的新业态	
		10.3	具有通过继续教育或职业培训提升专业技能的意识	
11	能掌握基本的创新方法，具备创新意识	11.1	能够在旅游线路产品设计中挖掘特色	具备创新思维和创新能力
		11.2	能够创新旅游服务形式	
		11.3	能够将传统文化进行创造性开发设计，优化文创产品	
		11.4	能够创新开发旅游资源，进行研学课程开发	

七、专业证书与国家标准

专业贯彻“1+X”证书制度，严格遴选适合本专业的试点证书。将人社部国家职业资格导游资格证书融入人才培养方案，并将课程融入教学进程。

（一）专业目前可考证书（表 5-149）

表 5-149　导游专业目前可考证书

序号	证书
1	全国导游资格证
2	普通话水平测试证书
3	研学旅行策划与管理（初、中、高级）

续表

序号	证书
4	研学旅行课程设计与实施（中级）
5	旅游大数据分析（中级）
6	急救员证书
7	教师资格证书

（二）专业遴选推荐证书（表 5-150）

表 5-150　导游专业遴选推荐证书

序号	证书	等级	类别	考试周期	发证机构	考试要求（鼓励选考 / 必考必过）
1	全国导游资格证书	初级	资格证	1 年	文化和旅游部	必考选过
2	普通话水平测试证书	二级甲等	等级证	1 年	成都市语言文字工作委员会	鼓励选考
3	研学旅行策划与管理	初级	等级证	1 年	亲子猫（北京）国际教育科技有限公司	鼓励选考
4	研学旅行课程设计与实施	中级	等级证	1 年	北京中凯国际研学旅行股份有限公司	鼓励选考
5	旅游大数据分析	中级	等级证	1 年	上海棕榈电脑系统有限公司	鼓励选考
6	急救员证书	无	资格证	1 年	四川省红十字会	鼓励选考

（三）专业课证融通方式（表 5-151）

表 5-151　导游专业课证融通方式

序号	证书	融入课程	融通方式
1	全国导游资格证书	汉语言文学知识 全国导游基础知识 旅游政策与法规 导游实务	专业方向课程

续表

序号	证书	融入课程	融通方式
2	普通话水平测试证书	讲解技巧	专业拓展 9 选 2 课程
3	研学旅行策划与管理	研学旅行指导教师实务	专业方向课程
4	研学旅行课程设计与实施	研学旅行指导教师实务	专业方向课程
5	旅游大数据分析	旅游市场营销	专业基础课程
6	急救员证书	旅游安全实务	专业方向课程

八、专业课程体系

（一）专业群课程构建

本专业属于智慧旅游专业群，专业群课程体系按照群内专业底层共享、中层分立，高层互选的原则进行构建。底层为公共基础课程和专业基础课程，中层为专业方向课程，高层为专业限选课程（图 5-1）。

（二）专业课程与典型工作任务的对应关系

导游专业课程体系如表 5-152 所示。

表 5-152 导游专业课程体系

序号	课程名称（学习领域）	对应的典型工作任务
1	导游实务 世界旅游地理 导游词创作与表达 旅游政策与法规 四川精品线路导游 天府文化 成都故事	地陪接团准备工作 团队迎接服务 入店服务 参观游览服务 其他服务 送站及后续工作

续表

序号	课程名称（学习领域）	对应的典型工作任务
2	旅行社计调业务 导游实务 旅游政策与法规 中外名俗	全赔服务准备 首站接团服务 区间服务 入店服务 监督及联络工作 离站服务 末站及后续工作
3	思想道德修养与法律基础 毛泽东思想和中国特色社会主义理论体系概论 形势与政策 旅行社计调业务 旅游英语、旅游日语、旅游法语、旅游韩语、旅游泰语、旅游德语、旅游俄语	外事礼仪规范 外事接待计划制订 政务接待要点 展览讲解 英语咨询讲解 讲解词编写 宣教活动组织
4	旅行社计调业务 旅游市场营销 世界旅游地理	报价 计划登录 编制团队动态表 计划发送 编制概算、下达计划及编制结算 报账及登账
5	旅游政策与法规 旅游英语 “一带一路”文化旅游资源 旅行社计调业务	研究旅游线路和课程开发 介绍旅游目的地国家概况 联络工作 执行旅游计划 团结工作

（三）专业课程设置

专业课程设置按照成果导向（OBE）理念，将人才培养目标贯穿到每门课程中，确保课程开设的有效性，不断优化课程设置，通过课程目标的实现反向促进人才培养目标的实现。

导游专业课程矩阵图如表 5-153 所示。

表 5-153 导游专业课程矩阵图（专业课程与毕业要求对应关系）

毕业要求	毕业要求指标点	导游实务	导游词创作与表达	四川精品线路导游	当今旅游业	导游基础知识	旅游英语 旅游日语 旅游泰语 旅游韩语 旅游法语 旅游德语 旅游俄语	旅行社计调业务	“一带一路”文化旅游资源	旅游政策法规	汉语言文学知识
能够掌握导游带团需要的基础知识	能够掌握历史、宗教、建筑、园林、民俗、饮食等基本知识					✓			✓		
	能够掌握海关、金融、医疗、避灾等导游服务的常用知识	✓			✓						
	能够将知识进行融会贯通，并具备终身学习的延展性	✓	✓	✓	✓	✓	✓	✓	✓	✓	✓
能够运用清晰的语言进行导游讲解	能够运用较为标准的普通话及一门外语进行表达	✓	✓	✓			✓				
	能够撰写具有一定吸引力的导游词	✓	✓								
	能够根据不同的游客对象进行针对性讲解		✓	✓							
能够熟悉导游带团工作流程	熟悉地方陪同导游人员的带团流程	✓		✓							✓
	熟悉全程陪同导游人员的带团流程	✓									✓
	熟悉景区讲解员的服务流程	✓		✓							✓
	熟悉出境领队的带团服务流程				✓						✓

续表

毕业要求	毕业要求指标点	导游实务	导游词创作与表达	四川精品线路导游	当今旅游业	导游基础知识	旅游英语 旅游日语 旅游泰语 旅游韩语 旅游法语 旅游德语 旅游俄语	旅行社计调业务	"一带一路"文化旅游资源	旅游政策法规	汉语言文学知识
能够与游客及旅游服务人员进行有效沟通	能够与游客进行有效沟通，解决游客提出的要求	✓		✓	✓						✓
	能够与其他旅游服务人员进行有效沟通和交流	✓		✓	✓						✓
能够熟悉常见旅游线路	熟悉国内外常见旅游线路			✓					✓		
	能够在导游带团中进行合理的时间和日程安排			✓							
	对旅游线路出现的新变化能快速捕捉			✓					✓		
具备设计和运行旅游线路产品的能力	能够设计有一定特色的旅游线路产品			✓				✓			
	熟悉旅行社计调业务基本流程							✓			
	具有运行旅游线路产品的能力							✓			
能够处理导游带团工作中常见问题和事故	具有在带团过程中对问题出现预判的能力	✓		✓	✓						
	能够合理处理常见的问题和事故	✓		✓	✓						
	具有处理人力不可抗拒的突发灾害的能力	✓		✓	✓						

续表

思政要求	思政要求指标点	导游实务	导游词创作与表达	四川精品线路导游	当今旅游业	导游基础知识	旅游英语 旅游日语 旅游泰语 旅游韩语 旅游法语 旅游德语 旅游俄语	旅行社计调业务	“一带一路”文化旅游资源	旅游政策法规	汉语言文学知识
具备提供跨境导游服务的能力	能够运用至少一门工作外语						✓				
	能够熟悉出入境流程和要求				✓						
	具备跨文化沟通的能力				✓				✓		
具有良好的职业道德和责任感	能够遵守《旅游法》及行业规则	✓		✓						✓	
	具备良好的职业道德和素养	✓	✓	✓	✓	✓	✓	✓	✓	✓	✓
	能够将维护国家形象放在工作的首位	✓	✓	✓	✓	✓	✓	✓	✓	✓	✓
具备终身学习的意识和方法	能够把握导游职业的发展趋势	✓			✓		✓		✓	✓	
	能够关注旅游行业的新业态	✓			✓			✓		✓	
	具有通过继续教育或职业培训提升专业技能的意识	✓	✓	✓	✓	✓	✓	✓	✓	✓	✓
能掌握基本的创新方法，具备创新意识	能够在旅游线路产品设计中挖掘特色							✓			
	能够创新旅游服务形式	✓			✓						
	能够将传统文化进行创造性开发设计，优化文创产品	✓		✓				✓		✓	

（四）课程内容及要求

1. 劳动与素质教育活动课程

劳动和素质教育活动由劳动教育和素质教育活动培养体系共同构成，总计 4 学分，由学生处具体实施、考评（表 5-154）。

活动课程共包含四个模块，注重人文素质教育与职业道德教育的培养，坚持课内外教学活动和校外教育活动相结合，正确处理好德育与智育、理论与实践的关系，正确处理好传授基础知识、培养职业能力、提高综合素质三者之间的关系。

综合素质测评由学生综合素质培养管理中心认定，在学生综合素质培养管理平台上获得相应学分，共 20 学时，6 学期内完成，每学年 1 个学分，共 3 个学分。

表 5-154 劳动与素质教育活动课程

模块	培养目标	培养内容
职业道德规范	爱国明礼	主题教育活动、党团培养
	遵纪守法	遵守国家法律法规、校纪校规
	诚实守信	诚实守信，无考试作弊、虚假申报、欺诈行为
	爱岗敬业	课堂与集会全勤
	奉献社会	志愿者活动、义工活动、义务劳动、见义勇为、好人好事
职业核心能力	自我提高能力	专业讲座，职业资格技能证书，专业、公共技能大赛，技能培训，学历提升，自主学习，学习效果
	与人合作能力	加入专业协会、社团，担任学生干部
	解决问题能力	参与专业实践活动
	信息处理能力	获得计算机等级证书、担任公共网络平台管理员
	外语应用能力	获得英语等级证书，参加各类英语竞赛，交换生项目，海外研习、交流项目
	沟通表达能力	大学生辩论大赛，各类交流座谈活动主持人、讲述人、发言人
	数字运用能力	数学建模大赛
	革新创新能力	大学生创新服务开发项目、创新创业大赛、发明与专利

续表

模块	培养目标	培养内容
职业素质养成	人文素质	人文素质讲座、服务型学习、写作能力、社会实践
	科学素质	科技讲座、科技展览、科技活动
	文体素质	校园活动、文体社团、集体生活、礼仪规范、礼仪服务
	心理素质	心理健康讲座学习、心理健康教育活动
职业发展规划	明确职业定位	职业生涯规划电子书、职业生涯规划大赛
	提升职业能力	创业实践活动、创业就业培训学习、校内外勤工助学、行业调研
	完成职业准备	模拟招聘、企业宣讲会、校园招聘会

2. 公共基础模块（表 5–155）

表 5–155　公共课程教学内容及要求

序号	课程名称	主要教学内容	主要教学方法与手段	建议学时
1	思想道德修养与法律基础	坚定理想信念；弘扬中国精神；践行社会主义核心价值观；明大德、守公德、严私德；尊法、学法、守法、用法	专题讲授法、案例教学法、互动教学法、启发教学法	48
2	毛泽东思想和中国特色社会主义理论体系概论	毛泽东思想；邓小平理论；“三个代表”重要思想；科学发展观； 习近平新时代中国特色社会主义思想	专题讲授法、案例教学法、互动教学法、启发教学法	64
3	形势与政策	党和国家最新的时事与政策	专题讲授法、案例教学法、互动教学法、启发教学法	48
4	军事理论	普及国防知识，增强国防意识，提高学生政治觉悟，激发爱国热情	讲授法、案例法、互动教学法、启发教学法等	36
5	就业指导	就业政策、就业信息、简历制作、求职技巧、模拟面试等方面的指导，帮助学生顺利就业、创业	翻转教学法、案例教学法、互动教学法、启发教学法等	16
6	创新创业教育	从思维创新到项目产生教学内容：创新技法、优点与缺点列举法、奥斯本检核表法、信息交合法、六合分析法、头脑风暴法	讲授法、案例法、头脑风暴、在线卡牌模拟、角色扮演、小组讨论等	36

续表

序号	课程名称	主要教学内容	主要教学方法与手段	建议学时
7	大学英语	第一学期：涉外日常活动情景（听、说），涉外业务活动情景（读、写、译）	输出驱动教学法、情景教学法、交际教学法、线上线下混合式教学等	130
8	体育	第三套大众健美操锻炼标准2级，简化24式太极拳，职业体能和素质拓展，分项开展各展球类、舞蹈、体操类课程	讲授法、游戏练习法、分享讨论法、分组练习法、比赛练习法等	138
9	国学	先秦主要哲学思想传统艺术赏析，传统节日与习俗，传统礼仪与习俗，传统科技与发明创造，汉字与传统文学，宗教常识	任务驱动、小组合作、头脑风暴、翻转课堂、混合式教学法等，云班课	30
10	天府文化	天府品格，天府历史，天府之最，天府遗存，天府名人，天府艺术，天府民俗	任务驱动、小组合作、头脑风暴、翻转课堂、混合式教学法等，云班课	18
11	成都故事	古蜀文明惊天下，秦汉成都，三国风云南朝烟雨，唐宋成都，明清成都	任务驱动、小组合作、头脑风暴、翻转课堂、混合式教学法等，云班课	18
12	大学生心理健康教育	大学生心理健康教育基础理论（健康教育），自我认知与个性完善（意识教育），亲子关系辅导（意识教育），情绪管理与压力应对（挫折教育），人际交往（社会适应性教育），恋爱与性心理（成人教育），生命的意义（生命教育）	专题讲授法、案例教学法、体验式互动教学法、角色扮演法、行为强化法、团体辅导法	36

3. 专业课程

（1）专业基础模块（表5-156）。

根据专业毕业能力要求指标点在课程矩阵图中的落实，汇总形成每门课程的总目标。再依据总目标确定每门课程的达标准，确定教学内容、教学方法和手段。

表 5-156 主要专业基础模块课程教学内容及要求

序号	课程名称	主要教学内容	主要教学方法与手段	建议学时
1	当今旅游业	当今旅游业旅游现象辨识，旅游的发展历程分析，旅游者及旅游需求分析，旅游资源开发与保护，认识旅游业，旅游市场	旅游的影响与作用理论阐述法、协同教学法、案例分析法、课堂讨论法、专题研讨法、情景模拟法	60
2	职业礼仪	交往礼仪，沟通礼仪，职场通用礼仪，服务礼仪训练，商务礼仪训练，社交礼仪训练，礼仪活动策划	项目教学法、案例教学法、情景教学法、体验式互动教学法、云班课	34
3	旅游市场营销	旅游市场营销基本理论，旅游市场调查与预测，旅游市场营销组合策略等	任务驱动、小组合作、头脑风暴、翻转课堂、混合式教学法等，网络学习平台等	72
4	旅游创新创业实务	旅游创新创业认知，旅游餐饮，旅游住宿，旅游交通，旅行社，旅游产品，旅游景区与旅游新业态创新创业八大版块	理论讲授与案例分析相结合，小组讨论与角色体验相结合，经验传授与创业实践相结合	28

（2）专业方向模块（表 5-157 ~ 表 5-162）。

表 5-157 导游基础知识课程教学内容及要求

课程名称		导游基础知识				
学期		2	学时	68	授课方式	理实一体
学分		4	考核方式	笔试	考试类型	考试
课程目标	思政目标	1. 坚定拥护中国共产党领导和我国社会主义制度，在习近平新时代中国特色社会主义思想指引下，践行社会主义核心价值观，具有深厚的爱国情感和中华民族自豪感，树立文化自信 2. 崇尚宪法、遵法守纪、崇德向善、诚实守信、尊重生命、热爱劳动，履行道德准则和行为规范，具有社会责任感和社会参与意识 3. 具有质量意识、环保意识、安全意识、信息素养、工匠精神、创新思维、全球视野和市场洞察力 4. 勇于奋斗、乐观向上，具有自我管理能力、职业生涯规划的意识，有较强的集体意识和团队合作精神				

续表

<table>
<tr><td rowspan="3">课程目标</td><td>知识目标</td><td>1. 掌握旅游与旅游业基础知识
2. 掌握中国历史文化与哲学、古代科学技术、古代历史文化常识，掌握中国共产党的发展历程、重大事件和成功经验
3. 掌握中国包括汉族在内的 56 个民族的主要民俗和特征
4. 掌握中国常见的地貌类型及其特点和典型代表，主要的水体、天气、气候、动物、植物景观及其观赏地，掌握截止到目前中国的世界遗产数量及类型
5. 掌握中国四大宗教的产生、发展、传播及主要教义、宗教建筑布局及特点
6. 掌握古代建筑基本类型的特点，所包含的文化内涵及鉴赏
7. 掌握中国古典园林产生、发展、类型及组成要素和构景手法，熟悉中国著名古典园林名称及特色
8. 掌握中国饮食文化主要流派及特点和代表菜肴，同时熟悉地方名点小吃类型，掌握茶及酒的主要分类及各自著名品种代表
9. 掌握中国风物特产的地理分布及名称
10. 掌握中国港、澳、台地区和主要客源国概况</td></tr>
<tr><td>能力目标</td><td>1. 能灵活运用导游基础知识为游客提供讲解、生活和其他服务
2. 能运用旅游景观、宗教文化、建筑园林、饮食风物等基础知识解决导游带团过程中对各项自然地理、人文事物的正确解读，传播正确的信息
3. 能正确解读古诗词、楹联及游记名篇，并能运用本门知识进行熟练讲解
4. 能熟悉中国港、澳、台地区及主要客源国概况，并在带团实践中熟练运用
5. 能运用本学科知识进行导游词创作
6. 能通过本学科的学习考取全国导游资格证</td></tr>
<tr><td>素质目标</td><td>1. 培养学生具有立体化知识结构的职业素养
2. 培养学生具有独立、坚强、冷静的心理素质
3. 培养学生具有耐心、细心、热心、真心的服务意识
4. 培养学生具有吃苦耐劳的精神和环境保护与安全的意识
5. 培养学生具有良好的职业道德和职业品性</td></tr>
<tr><td colspan="2">教学内容</td><td>1. 旅游及旅游业基本知识了解
2. 中国旅游业发展概况
3. 中国历史概述及中国共产党的发展历程、重大事件和成功经验
4. 中国古代文化和历史文化常识
5. 中国民族民俗
6. 中国旅游景观
7. 中国古代建筑
8. 中国古典园林
9. 中国饮食文化
10. 中国风物特产
11. 中国港、澳、台地区和主要客源国概况</td></tr>
</table>

续表

教学建议（教学方法、教学组织、评价方式等）	（一）教学方法 1. 在虚拟现实实训室进行教学 2. 设置导游带团情景，学生在教师引导下进行情景表演 3. 辩论教学：有争议的问题通过辩论比赛让学生自主厘清思路，加强对学生自主学习能力的锻炼 4. 课堂讲授：教师精讲本课程的重点和难点 5. 实地教学：有组织地带领学生到旅游景点进行实地教学和考察，使理论与实践紧密结合，提高学生实际操作能力 6. 讲练结合：培养学生讲解能力，提高学生导游词创作技能 7. 自学：学生按教师要求阅读教材和指定参考资料，并做简要笔记，教师可用课堂提问、课堂测验、抽查笔记等方式检查自学情况 8. 专题讲座：行业专家举行讲座，与学生进行交流、讨论，引导学生具有正确的职业能力 （二）教学组织 1. 运用网络资源进行教学：为了帮助学生更好地理解所学的知识、更灵活地运用所学知识，增大学生信息量，特安排在计算机房使用我们建立的信息化教学资源“看四川”和其他旅游信息网站进行辅助教学，培养学生运用网络资源进行学习的能力 2. 利用多媒体进行教学：让平面教学转为具有生活化、实用化的立体教学，使学生更好地掌握所学知识 3. 利用虚拟现实实训室进行教学：让学生在设置的虚拟情景中进行模拟训练，培养学生实践能力和创业能力 （三）评价方式 通过考试，激励考生拥有与导游工作相关的基础知识，其中主要是掌握旅游与旅游业基础知识、中国历史文化与哲学、古代科学技术、古代历史文化常识；中国共产党的发展历程、重大事件和成功经验；中国包括汉族在内的56个民族的主要民俗和特征；中国常见的地貌类型及其特点和典型代表，主要的水体、天气、气候、动物、植物景观及其观赏地，截止到目前中国的世界遗产数量及类型；中国四大宗教的产生、发展、传播及主要教义、宗教建筑布局及特点；古代建筑基本类型的特点，所包含的文化内涵及鉴赏；中国古典园林产生、发展、类型及组成要素和构景手法，熟悉中国著名古典园林名称及特色；中国饮食文化主要流派及特点和代表菜肴，同时熟悉地方名点小吃类型，掌握茶及酒的主要分类及各自著名品种代表；中国风物特产的地理分布及名称；中国主要旅游诗词、楹联、游记赏读，中国港、澳、台地区和主要客源国概况。使导游员能在导游工作中较为熟练地加以运用，以达到丰富导游讲解的文化内涵，增强导游语言表达的形象性、艺术性，提高导游工作的文化品位和服务档次

表 5–158 导游词创作与表达课程教学内容及要求

<table>
<tr><td>课程名称</td><td colspan="5">导游词创作与表达</td></tr>
<tr><td>学期</td><td>3</td><td>学时</td><td>68</td><td>授课方式</td><td>理实一体</td></tr>
<tr><td>学分</td><td>4</td><td>考核方式</td><td>口试＋笔试</td><td>考试类型</td><td>考试</td></tr>
<tr><td rowspan="4">课程目标</td><td>思政目标</td><td colspan="4">1. 坚定拥护中国共产党领导和我国社会主义制度，在习近平新时代中国特色社会主义思想指引下，践行社会主义核心价值观，具有深厚的爱国情感和中华民族自豪感，树立文化自信
2. 崇尚宪法、遵法守纪、崇德向善、诚实守信、尊重生命、热爱劳动，履行道德准则和行为规范，具有社会责任感和社会参与意识
3. 具有质量意识、环保意识、安全意识、信息素养、工匠精神、创新思维、全球视野和市场洞察力
4. 勇于奋斗、乐观向上，具有自我管理能力、职业生涯规划的意识，有较强的集体意识和团队合作精神</td></tr>
<tr><td>知识目标</td><td colspan="4">1. 掌握丰富的史地文化知识。熟练掌握导游讲解过程中涉及的历史、地理、宗教、民族、风情特产、建筑园林等方面的基本知识
2. 熟悉政策法规知识。牢记国家现行方针政策，把握有关政策法规，明确旅游者权利及义务
3. 具备丰厚的语言知识。具有扎实的汉语功底，具备一定的地方语言和外语知识
4. 熟悉旅行生活常识。具备全面的旅行生活常识，如交通、通讯、急救等知识，掌握丰富的生活常识，如卫生防疫、选购商品等常识
5. 了解旅游客源地与目的地知识。具备旅游客源地和目的地的基本知识，包括客源地和目的地的民居文化传统、风俗禁忌、经济文化等方面的基本知识
6. 了解心理学、美学知识。了解游客心理规律，具备一定的个体心理学、社会心理学常识，掌握一定的美学知识和审美基本方法</td></tr>
<tr><td>能力目标</td><td colspan="4">1. 能够以生动形象的语言收集、整理、撰写、修订导游讲解词
能够根据预设地陪身份、景区景点服务员身份，根据服务对象需求进行导游词创作
2. 按照接待计划，运用导游讲解的方法与技巧，综合运用书面、口头、体态等语言，为游客提供实地讲解服务</td></tr>
<tr><td>素质目标</td><td colspan="4">本课程培养学生合作、沟通、细心、周密、热情、灵活、克制、诚信等方面的综合素质</td></tr>
</table>

续表

教学内容	1. 中文导游词的含义、分类及编撰路径 2. 旅游景区概况类导游词的编撰 3. 山地类导游词的编撰 4. 水体类导游词的编撰 5. 动植物类导游词的编撰 6. 古代园林类导游词的编撰 7. 古代建筑类导游词的编撰 8. 宗教景观导游词的编撰 9. 主题公园导游词的编撰
教学建议（教学方法、教学组织、评价方式等）	（一）教学方法 “话题式”教学法，以景点为话题载体的教学方法，让学生围绕已有生活体验的话题，自由地、无拘无束地参与其中 （二）教学组织 互联网技术与教学结合，线上与线下的课堂教学 随着学习途径及工具多元化现象的产生，结合互联网技术，改善单一的教学形式，使课上、课下均可实现教学。这种移动教学可以采用多种技术来实现。利用即时交流平台，随时随地把各种课件类型实时推送到每位学生的手机上。缩短教学时间，提高学生的课堂注意力，提升教学质量 （三）评价方式 教学评价采取过程评价与结果评价相结合的方式，评价标准参照全国导游资格考试，注重基础知识与职业技能的双重考核，旨在提升学生的综合素质和职业能力

表 5-159　四川精品线路导游课程教学内容及要求

课程名称		四川精品线路导游				
学期		3	学时	68	授课方式	理实一体
学分		4	考核方式	笔试	考试类型	考试
课程目标	思政目标	1. 坚定拥护中国共产党领导和我国社会主义制度，在习近平新时代中国特色社会主义思想指引下，践行社会主义核心价值观，具有深厚的爱国情感和中华民族自豪感，树立文化自信 2. 崇尚宪法、遵法守纪、崇德向善、诚实守信、尊重生命、热爱劳动，履行道德准则和行为规范，具有社会责任感和社会参与意识 3. 具有质量意识、环保意识、安全意识、信息素养、工匠精神、创新思维、全球视野和市场洞察力 4. 勇于奋斗、乐观向上，具有自我管理能力、职业生涯规划的意识，有较强的集体意识和团队合作精神				

续表

课程目标	知识目标	1. 复述四川精品线路的分布 2. 总结四川精品线路的交通情况 3. 归纳四川精品线路的旅游资源分布情况及自身特色 4. 推导四川精品线路的旅游供给配套情况 5. 撰写导游词创作的基本要点 6. 总结地接业务、组团安排的基本程序 7. 总结团队质量控制的基本方法 8. 总结突发事件处理流程 9. 总结旅游线路设计的基本方法 10. 概述旅游产品推销的基本技巧
	能力目标	1. 能按旅行社的要求完成每条线路的导游带团工作 2. 能与饭店、车队、餐饮、景区、定点商店进行工作沟通 3. 能为游客提供较好的讲解服务 4. 能高效处理线路带团中的常见问题 5. 能有效处理线路带团中的突发问题 6. 能配合旅行社计调完成团队计划修订后的带团工作 7. 能根据游客的要求设计旅游线路 8. 能按法律规定和旅行社要求顺利完成带团中的各种推销活动 9. 能预判带团过程中可能出现的相关问题并提前采取相关预防处理措施 10. 能全面总结带团当中出现的所有问题，并进行深入的带团反思
	素质目标	1. 形成立体化知识结构的职业素养 2. 形成独立、坚强、冷静的心理素质 3. 具有积极主动的服务意识 4. 具有有效沟通的职业能力 5. 具有团队领导的职业气质
教学内容		1. 四川精品线路认知 2. 川西北精品线路导游 3. 川西南精品线路导游 4. 川南精品线路导游 5. 川北精品线路导游
教学建议（教学方法、教学组织、评价方式等）		（一）教学方法 在教学方法上，应充分发挥“教师主导、学生主体”作用，主要采取行动导向教学模式。在教授的过程中，课堂的主体从老师转向学生，教师的角色从主讲位置转变为学生学习设计学习情境，准备项目或任务，并指导学生完成工作任务的导演和指导员，学生的角色从主听、主看位置转变为做中学、学中做的真正学习的主人，从而激发学生的创作精神

教学建议（教学方法、教学组织、评价方式等）	（二）教学组织 1. 运用网络资源进行教学：为了帮助学生更好理解所学的知识、更灵活地运用所学知识，增大学生信息量，特安排在计算机房使用我们建立的信息化教学资源“看四川”和其它旅游信息网站进行辅助教学，培养学生运用网络资源进行学习的能力 2. 利用多媒体进行教学：让平面教学转为具有生活化、实用化的立体教学，使学生更好掌握所学知识 3. 利用虚拟现实实训室进行教学：让学生在设置的虚拟情景中进行模拟训练，培养学生实践能力和创业能力 （三）评价方式 由于本门课程在本期的授课过程中采用了任务驱动和项目教学法来完成，从学期初就布置了明确的工作任务，即要求学生搜集至少一个省内片区的旅游行程并以专业地陪导游的要求掌握该线路行程的各个方面知识点及掌握地陪导游带团的工作程序。为综合考核每个学生在本期的学习能力和学习效果，将期末考试方式设置为地陪导游带团线路行程策划及省内带团相关问题口试答辩两个部分。通过书面策划和口头讲解相结合的考评方式，促进学生综合能力的形成

表 5-160　导游实务课程教学内容及要求

课程名称		导游实务				
学期		3	学时	68	授课方式	理实一体
学分		4	考核方式	口试 + 笔试	考试类型	考试
课程目标	思政目标	1. 坚定拥护中国共产党领导和我国社会主义制度，在习近平新时代中国特色社会主义思想指引下，践行社会主义核心价值观，具有深厚的爱国情感和中华民族自豪感，树立文化自信 2. 崇尚宪法、遵法守纪、崇德向善、诚实守信、尊重生命、热爱劳动，履行道德准则和行为规范，具有社会责任感和社会参与意识 3. 具有质量意识、环保意识、安全意识、信息素养、工匠精神、创新思维、全球视野和市场洞察力 4. 勇于奋斗、乐观向上，具有自我管理能力、职业生涯规划的意识，有较强的集体意识和团队合作精神				

续表

课程目标	知识目标	1. 掌握地陪导游服务的标准化流程 2. 掌握全陪导游服务的标准化流程 3. 掌握领队导游服务的标准化流程 4. 掌握景点讲解员导游服务的标准化流程 5. 掌握带团过程中各种突发事件以及游客提出的各种要求的处理方法 6. 掌握撰写导游词的方法 7. 掌握导游讲解的方法和技巧以及导游带团的技巧
	能力目标	1. 能根据导游服务规范的国家标准，独立地为游客提供地陪导游服务 2. 能根据导游服务规范的国家标准，独立地为游客提供全陪导游服务 3. 能根据导游服务规范的国家标准，独立地为游客提供领队导游服务 4. 能根据导游服务规范的国家标准，独立地为游客提供景点讲解服务 5. 能冷静、圆满地解决旅游途中的各种突发事件以及游客提出的各种要求 6. 能原创导游词
	素质目标	1. 培养学生具有立体化知识结构的职业素养 2. 培养学生具有独立、坚强、冷静的心理素质 3. 培养学生具有耐心、细心、热心、真心的服务意识 4. 培养学生具有吃苦耐劳的精神和环境保护与安全的意识 5. 培养学生具有良好的职业道德和职业品性
教学内容		1. 认识导游 2. 导游入职流程 3. 导游职业道德 4. 导游服务性质、地位、作用 5. 导游服务原则 6. 地陪导游带团技能程序 7. 地陪导游带团常见问题事故处理 8. 全陪导游带团技能程序 9. 全陪导游带团常见问题事故处理 10. 领队导游带团技能程序 11. 领队导游带团常见问题事故处理 12. 景区导游带团技能程序 13. 景区导游带团常见问题事故处理 14. 导游语言艺术 15. 导游词创作 16. 游客个人需求处理 17. 导游带团案例分析 18. 导游带团常规知识

续表

教学建议（教学方法、教学组织、评价方式等）	（一）教学方法 1. 在导游模拟室进行教学 2. 设置导游带团情景，学生在教师引导下进行情景表演 3. 案例教学：师生收集导游带团的真实案例，然后在课堂上进行案例分析，培养学生发现问题、分析问题、解决问题的能力 4. 课堂讲授：教师精讲本课程的重点和难点 5. 实地教学：有组织地带领学生到旅游景点进行实地教学和考察，使理论与实践紧密结合，提高学生的实际操作能力 6. 讲练结合：培养学生的讲解能力，提高学生的导游技能 7. 自学：学生按教师要求阅读教材和指定参考资料，并做简要笔记，教师可用课堂提问、课堂测验、抽查笔记等方式检查自学情况 8. 专题讲座：行业专家举办讲座，与学生进行交流、讨论，引导学生具有正确的职业能力 （二）教学组织 1. 运用网络资源进行教学：为了帮助学生更好地理解所学的知识、更灵活地运用所学知识，增大学生信息量，特安排在计算机房使用我们建立的信息化教学资源《导游实务》精品资源课及精品在线开放课程，利用其他旅游信息网站进行辅助教学，培养学生运用网络资源进行学习的能力 2. 利用多媒体进行教学：让平面教学转为具有生活化、实用化的立体教学，使学生更好地掌握所学知识 3. 利用虚拟现实实训室进行教学：让学生在设置的虚拟情景中进行模拟训练，培养学生的实践能力和创业能力 （三）评价方式 以学生能力培养为出发点，注重对综合素质的评价和过程考核，创新考核评价的内容、方式和标准。从评价内容的多样性、考核方式的多元性，考核标准的职业性等真实反映和促进学生多方面能力的形成

表 5–161　汉语言文学知识课程教学内容及要求

课程名称		汉语言文学知识				
学期		1	学时	60	授课方式	理实一体
学分		4	考核方式	口试 + 笔试	考试类型	考试
课程目标	思政目标	1. 坚定拥护中国共产党领导和我国社会主义制度，在习近平新时代中国特色社会主义思想指引下，践行社会主义核心价值观，具有深厚的爱国情感和中华民族自豪感，树立文化自信 2. 崇尚宪法、遵法守纪、崇德向善、诚实守信、尊重生命、热爱劳动，履行道德准则和行为规范，具有社会责任感和社会参与意识 3. 具有质量意识、环保意识、安全意识、信息素养、工匠精神、创新思维、全球视野和市场洞察力 4. 勇于奋斗、乐观向上，具有自我管理能力、职业生涯规划的意识，有较强的集体意识和团队合作精神				

续表

<table>
<tr><td rowspan="3">课程目标</td><td>知识目标</td><td>1. 通过本课程学习识记重点旅游景点讲解中常见生僻字词的读音
2. 规范导游普通话的发音
3. 了解汉字发展的历史
4. 掌握汉字识繁用简的原则，正确书写常用汉语字词
5. 熟悉汉字文化知识在旅游景观中的内容和作用
6. 理解旅游行业中常用汉语字词的含义
7. 通过分析讲解旅游景点优秀导游讲解词，熟悉导游词的表达规律和特点
8. 理解汉语表达艺术与导游实践的融合性
9. 熟悉汉语书面语与口语表达的不同方式
10. 掌握汉语导游工作中的口语表达技巧
11. 通过学习中国古代旅游文学作品了解我国旅游景点的分布情况
12. 在分析文学作品中熟悉旅游景点的内容
13. 加深理解文学作品反映的旅游场景形象和文化特征
14. 学会用文学语言讲解、描述旅游景观
15. 提高对旅游景点文化的理解力和表达能力</td></tr>
<tr><td>能力目标</td><td>1. 了解旅游文学的含义、范畴、作用
2. 掌握旅游诗词的语言艺术特色、人文内涵、欣赏方法
3. 掌握楹联的独特结构、修辞技巧、欣赏方法
4. 掌握游记的独特篇章结构、欣赏方法
5. 能够理解和欣赏一些重要的代表性作品
6. 能将作品中展示的旅游景观的特点、观赏时机、角度、距离、方法等内容融入景点讲解、线路设计、旅游资源开发等工作中
7. 能为作品撰写融旅游观赏方法与趣味性为一体的赏析性短文</td></tr>
<tr><td>素质目标</td><td>1. 导游员应有优秀的道德品质和高尚的情操，讲文明，遵守社会公德，尽职敬业，为旅游者提供热情周到的服务，完成旅游接待计划所规定的各项任务，按照旅游合同的约定兑现旅游服务
2. 导游员应心胸开阔、善解人意、耐心细致，并具有良好的观察能力和感知能力、调整旅游者情绪的能力、自我心理平衡能力、承受能力和沉着冷静与有条不紊的处事能力</td></tr>
<tr><td colspan="2">教学内容</td><td>1. 汉字与旅游的关系
2. 现代汉语词汇、词语的运用，句子的组织与句式的选择
3. 口头语言表达
4. 书面语言表达
5. 旅游与旅游文学概述
6. 对联
7. 山水名胜诗词选赏析</td></tr>
</table>

教学建议（教学方法、教学组织、评价方式等）	（一）教学方法 全面采用“项目驱动”的模块化教学，课堂采用讲授、讨论、总结等多种教学方法，力求引发学生的学习兴趣 以学生为主体的教学形式：教材本身定位于课堂教学与课后自学教材之间的现实为转变教学主体提供了方便，教学的过程中要充分发挥教材方便自学与提高学生自学能力的特点。每节课均布置学生预习和自学的任务，每节课也首先检查学生预习的情况，提出本课的一些难点，其次教师将其有计划地分布到整个课堂教学中，在教学中突出重点和难点，让学生必须掌握的东西一定弄懂、记住。变换教学主体，让学生集体唱主角，让学生多讲，多回答。老师尽量不去讲学生能讲的内容，尽量以“点拨”代替满堂灌，尽量发挥学生的主观能动性。老师讲得少了、精了，难度反而大了 （二）教学手段 互联网技术与教学结合 适度采用多媒体教学：其不仅可以激发学生学习的兴趣、调动学生学习的主动性和积极性，而且有利于培养学生进行创造性思维。多媒体课件丰富了课程的教学内容，将相关的知识点有机联系在一起，使学生能在短时间内对知识点有一个总体了解，大大地提高了学习效率。但不可喧宾夺主，不可因此把课堂变成热热闹闹、嘻嘻哈哈可以不动脑筋的娱乐场。多媒体只是教学的辅助手段，它不能代替教师个性化的讲解，不能代替师生的直接交流，也不能代替老师具有人格魅力的熏陶 （三）评价方式 以学生能力培养为出发点，注重对综合素质的评价和过程考核，创新考核评价的内容、方式和标准。从评价内容的多样性、考核方式的多元性、考核标准的职业性等真实反映和促进学生多方面能力的形成

表 5–162　旅游政策与法规课程教学内容及要求

课程名称		旅游政策与法规				
学期		2	**学时**	68	**授课方式**	理实一体
学分		4	**考核方式**	笔试	**考试类型**	考试
课程目标	**思政目标**	1. 坚定拥护中国共产党领导和我国社会主义制度，在习近平新时代中国特色社会主义思想指引下，践行社会主义核心价值观，具有深厚的爱国情感和中华民族自豪感，树立文化自信 2. 崇尚宪法、遵法守纪、崇德向善、诚实守信、尊重生命、热爱劳动，履行道德准则和行为规范，具有社会责任感和社会参与意识 3. 具有质量意识、环保意识、安全意识、信息素养、工匠精神、创新思维、全球视野和市场洞察力 4. 勇于奋斗、乐观向上，具有自我管理能力、职业生涯规划的意识，有较强的集体意识和团队合作精神				

续表

<table>
<tr><td rowspan="3">课程目标</td><td>知识目标</td><td>1. 了解旅游政策法规的基本理论、基本规范
2. 熟悉各类检索工具和信息收集方法
3. 了解创新型人才的素质要求，掌握开展创业活动所需要的基本知识
4. 掌握导游人员管理、旅行社管理、合同法等相关的法律制度知识
5. 掌握旅游纠纷和旅游投诉的处理方法</td></tr>
<tr><td>能力目标</td><td>1. 能运用所学法律知识辩证、全面地看待和分析问题
2. 具有运用主要的检索工具进行信息收集、加工的能力
3. 具备一定的批判性思维、洞察力、决策力、组织协调能力与领导力
4. 具备运用旅游法律法规知识解决旅游接待过程中所遇问题的能力</td></tr>
<tr><td>素质目标</td><td>1. 拥护党的基本路线，树立正确的世界观、人生观、价值观，有强烈的社会责任感和法律意识
2. 具备良好的心理素质，能适应旅游行业的工作强度
3. 具有一定的创新思维，具备较强的团队合作精神和人际沟通能力
4. 敬业爱岗，具有现代服务意识</td></tr>
<tr><td colspan="2">教学内容</td><td>1. 我国法律法规基本知识
2. 掌握法律责任相关知识
3. 旅游法出台背景及影响
4. 旅游法主要内容及特点
5. 了解旅行社及行业特点
6. 掌握旅行社设立条件及程序
7. 熟悉旅行社经营管理相关法律制度
8. 旅游合同的特征
9. 合同订立的程序
10. 合同效力的相关法律规定
11. 合同履行的规则
12. 合同法律责任
13. 成为一名合法导游的途径和程序
14. 导游人员的权利和义务
15. 旅游饭店的权利和义务
16. 旅游饭店星级评定制度
17. 旅游交通相关法律制度
18. 旅游资源相关法律制度
19. 出入境管理法律制度
20. 消费者权益保护法相关知识
21. 旅游投诉处理办法</td></tr>
</table>

续表

教学建议（教学方法、教学组织、评价方式等）	（一）教学方法 根据课程内容特征和学生学习现状特点，选择案例教学法、讨论法、情景教学法等多种教学方法，引导学生积极思考、乐于实践，提高教学效果 在教学过程中，要重视旅游业的发展趋势，贴近行业现状，积极引导学生提升自身职业法律素养和职业道德水平 （二）教学手段 充分利用现代化教学技术，利用多媒体进行教学，利用虚拟现实实训室进行教学，培养学生的实践能力和创业能力 （三）评价方式 本课程评价方式主要包括过程评价和期末考核。其中过程评价以任课教师评价为主、学生评价为辅的方式进行，着重培养和考查学生查阅文献资料、处理问题、团队协作等能力；期末考核以闭卷考试方式进行，着重考查学生对我国法律及旅游相关法律法规知识的掌握程度，题型包括单项选择、多项选择、判断、综合应用等，以检验学生对旅游法律法规知识的学习成效

（3）专业拓展模块（表 5-163）。

表 5-163　专业拓展模块内容及目标要求

序号	项目 / 课程名称	拓展内容	拓展目标	建议学时
1	旅行社业务方向、旅行社计调业务	旅行社产品设计及定价能力，旅行社产品销售能力，计划调度、接待管理能力，协议签署能力及统计能力，客户服务能力	通过对旅行社团队运行流程的掌握和应用，使学生对计调的工作有全面的认识和了解	72
2	研学旅游方向、研学旅行导师	研学旅行线路设计能力，研学旅行产品开发能力，研学课程设计能力，研学团队运作能力	本课程为“1+X”证书课程，学生可考取“研学旅行策划与管理”初、中、高级证书	68
3	文创赋能、摄影艺术	手机摄影技巧，摄影构图技巧，摄影拍照用光技巧，团体照拍摄技巧	通过学习提升学生拍照技术，从而提升导游带团综合能力	36
4	文创赋能、表演艺术	舞台表演艺术，语言表达表演艺术，主持技巧	通过学习提升学生语言表达能力，从而提升导游带团综合能力	36
5	技术赋能、9 选 2	掌握中国传统文化中非物质遗产类的旅游资源概况，熟悉陶艺、剪纸、刺绣等传统手工艺的技艺	通过学习提升非物质遗产类资源的讲解能力，从而提升导游带团综合能力	64

4. 实践课程（表 5–164）

表 5–164 实践课程内容及学时学分分配

实践（实习）项目	实践（实习）目标	实践学时
入学入职教育	帮助学生认识行业发展趋势，提升学生对专业的认识水平，了解专业课程设置；明确校规校纪，自觉遵守学校各种规章制度	26
军事技能	培养学生艰苦奋斗、刻苦耐劳的坚强毅力和集体主义精神，帮助学生增强组织纪律性，养成良好的学风和生活作风	112
景点讲解实训	加深学生的景点知识掌握程度，提高普通话语言运用能力，培养学生良好的导游讲解习惯，提升学生导游讲解能力	26
旅游线路实训	了解四川省常规旅游线路基本情况，熟悉常规景点分布情况，了解旅行社常见旅游产品及带团要点，掌握常规线路带团流程	26
SYB 创新创业实践	了解创办企业的流程和方法，模拟实践创办企业，增强创业实践指导性	40
素质教育活动	培养学生的人文素养、职业道德、社会适应能力和社会责任感，养成劳动意识、竞争意识和创新创业意识等	30
顶岗实习（含毕业设计、报告）	全面系统将专业所学与实际工作结合起来，熟悉具体岗位的业务工作，提升综合分析和解决问题的能力，提升社会适应能力，实现顶岗实习和就业直通	450
合计		710

九、人才培养模式

导游专业建立了一平台、双主线、三阶段人才培养模式，以成都旅游职教集团为平台，导游岗位标准和 UNWTO 标准双标贯通一条主线，三统三带中高职衔接一条主线，将学生能力培养分导游讲解、带团能力、创意策划三阶段培养，实现跨界融通国际导游人才培养目标（图 5–7）。

一平台、双主线、三阶段 —— 跨界融通，国际导游

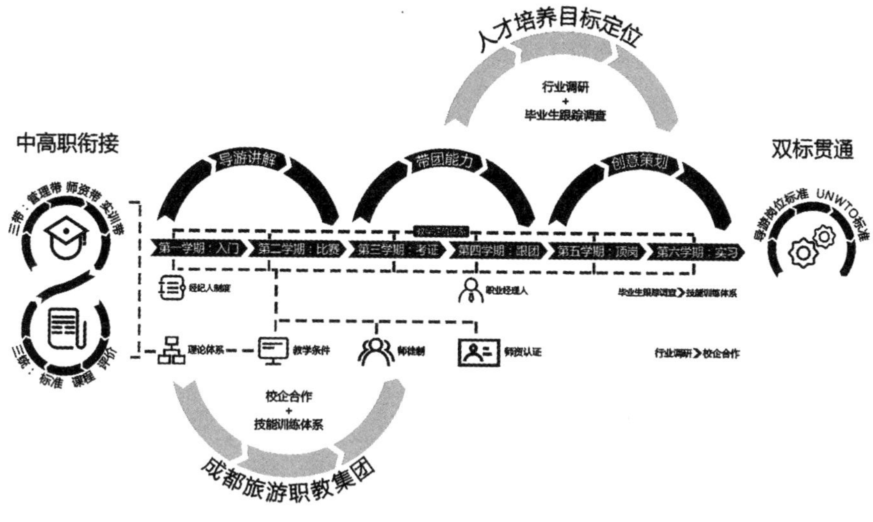

图 5-7 人才培养模式

十、教学进程总体安排

本专业课程总学时 2775 学时、总计 142 学分。课程教学原则上 16~18 学时折算 1 学分，实践教学（校内实训、综合实践）每 20~28 学时计 1 学分。顶岗实习（含毕业设计、报告）每周 15 学时计 0.5 学分。

十一、教学实施保障（基本条件）

（一）师资队伍

为满足教学需要，确保教学质量，本专业生师比建议为 16∶1。教师团队由校内专任教师和企业兼职教师构成。

专任教师原则上需要具备本科以上学历，具备课程开发能力，指导学生实践的能力。教师每 5 年必须累计不少于 6 个月到企业或生产服务一线实践。专任教师中“双师”素质教师不低于 100%（表 5-165）。

企业兼职教师原则上应为行业内从业多年的专业技术人员，具备较强的执教能力。专业上要为兼职教师提供教学培训机会。对技术革新较

快、实践性较强的课程聘请企业兼职教师组成教学团队，共同完成课程教学和实践指导，及时将企业新标准、新技术、新工艺、新流程等融入教学（表 5–166）。

表 5–165 专任教师一览表

序号	姓名	职称	学历 / 学位	年龄	研究领域	是否双师型	骨干教师 / 专业带头人
1	×××	教授	大学本科 / 硕士	47	旅游地理	是	专业带头人
2	×××	副教授	大学本科 / 硕士	41	旅游文学	是	骨干教师
3	×××	副教授	大学本科 / 硕士	41	旅游管理	是	骨干教师
4	×××	讲师	研究生 / 硕士	39	旅游管理	是	
5	×××	讲师	大学本科	50	旅游地理	是	

表 5–166 兼职教师一览表

序号	姓名	职务	工龄	工作单位	承担课程	课时量
1	×××	高级导游	30	四川省中国国际旅行社	旅游日语	8
2	×××	高级导游	30	成都海外旅游公司	旅游英语	8
3	×××	高级导游	28	四川省中国青年旅行社	旅游法语	4
4	×××	中级导游	30	四川省中国青年旅行社	旅游泰语	4
5	×××	中级导游	18	云享联创企业管理有限责任公司	旅游市场营销	4
6	×××	中级导游	16	四川旅游职业学校	旅游韩语	4
7	×××	高级导游	18	成都光大国际旅行社	领队实务	4
8	×××	国家二级演员	10	四川群众艺术馆	表演艺术	2
9	×××	原创设计师	10	成都乐兮装饰设计有限公司	摄影艺术	2
10	×××	初级导游	30	四川省中国国际旅行社	旅游德语	4

本专业具有正高职称的专业带头人 1 名，并形成旅游创意策划型导游师资队伍，形成更加优化的教师队伍结构和成长梯队，通过“双进工程”的实施，60% 以上的专职教师进入成都文旅集团等旅游创意策划型企业挂职锻炼，旅游创意策划和旅游咨询岗位职业能力较强。本专业具有适应成都现代旅游业发展需求的双语师资队伍，在外语应用能力和国际化水平方面有明显提升，双语教学师资达 50%。

深化兼职教师队伍建设机制，引进旅游创意策划类行业企业专家进入课堂；同时，通过引入教研活动提升兼职教师授课水平，从根本上解决兼职教师不精通教学规律及完善教学常规的问题。兼职教师参与到教育教学改革、教研活动、合作育人的意识和行动力较高。

（二）实训条件

1. 校内实训室

面向成都旅游职教集团成员学校及企业的共享需求，建立集团导游专业校内外创意策划型实训基地共建共享机制，开发创意策划型实训基地多元功能提升利用率。校内实训室有两间（表 5-167）。

表 5-167　校内实训室

序号	场地名称	完成的实践教学内容	适用课程	专业群内共享（是 / 否）
1	虚拟现实实训室	景点模拟讲解	导游实务	是
2	途中导游实训室	途中导游讲解	四川精品线路导游	是

2. 校外实训条件

运用现代信息技术科学管理校内外实训基地，与企业共同开发旅游创意策划型类教学软件，丰富教学方法和手段，创新教学形态。校外实训基地有 7 家（表 5-168）。

表 5-168　校外实践场所

序号	校外实习基地名称	合作企业名称	实践教学形式	合作深度	专业群内共享（是 / 否）
1	宽窄巷子导游工作站	成都文旅集团	讲解岗位实践	教学资源共建共享	是
2	师徒制跟团实习基地	成都光大国际旅行社	跟团实习	教学资源共建共享	是
3	实地比赛基地	四川省中国青年旅行社	跟团实习	教学资源共建共享	是
4	实地比赛基地	四川省旅行社协会	跟团实习	教学资源共建共享	是

续表

序号	校外实习基地名称	合作企业名称	实践教学形式	合作深度	专业群内共享（是/否）
5	景点讲解实训基地	成都杜甫草堂博物馆	讲解岗位实践	教学资源共建共享	是
6	景点讲解实训基地	成都武侯祠博物馆	讲解岗位实践	教学资源共建共享	是
7	旅行社计调实训基地	成都康辉国际旅行社	旅行社计调岗位实践	教学资源共建共享	是

（三）学习资源

进行信息化共享平台建设，注重在成都旅游职教集团内部搭建创意策划型导游专业优质教育资源共创共享的物质平台和软件内容支撑。

加大有利于学生英语应用能力提高的设施设备建设，提升学生适应国际化需求的英语沟通能力。

导游专业教材一览表、导游专业数字化资源选用表如表 5-169、表 5-170 所示。

表 5-169　导游专业教材一览表（参考）

序号	课程名称	教材名称	出版社	作者	出版时间	校企开发教材（是/否）	新形态教材（是/否）
1	导游实务	《导游实务》	旅游教育出版社	何佳	2016.4	是	否
2	乡村古镇旅游	《乡村古镇旅游》	中国旅游出版社	江舸、张雯洁	2017.4	是	否

表 5-170　导游专业数字化资源选用表

序号	类型	数字化资源名称	资源网址
1	网络课程	导游实务精品在线开放课程	http://dysw.simul-tech.cn
2	网络课程	导游实务超星慕课	http://mooc1.chaoxing.com/course/2427243.html
3	网络课程	导游实务省级精品资源共享课程	http://vszapp.com/daoyou/welcome.html

（四）教学方法

总结推广现代学徒制试点经验，普及项目教学、案例教学、情境教学、模块化教学等教学方式，广泛运用启发式、探究式、讨论式、参与式等教学方法，推广翻转课堂、混合式教学、理实一体教学等新型教学模式。

（五）学习评价

导游专业教学评价的方式主要有过程评价、结果评价、顶岗操作、职业技能大赛、职业资格鉴定等。在课堂教学过程中，专业教师注重过程评价和学生综合素质养成培养，通过项目完成考核、比赛、辩论等方式来促进学生专业知识掌握。结果评价主要通过每学期期末考核来完成。本专业通过校企合作运行师徒制"跟团实习"，建立师徒制评价体系，考核评价学生带团综合能力。全国导游资格考试和导游服务技能大赛是本专业考核评价学生的两大主要依据，导游证考取难度高、含金量大，是衡量学生专业基础知识和基本能力的标准，也是本专业学生从业的基本条件和保障。本专业创新运行"比赛经纪人"制度，通过技能大赛全面提升学生专业技能。

（六）质量管理

在学院与分院（部）两级的质量保障体系下，以保障和提高教学质量为目标，运用系统方法，依靠必要的组织结构，统筹考虑影响教学质量的各主要因素，结合教学诊断与改进、质量年报等自主保证各专业人才培养质量的工作，统筹各环节的教学质量管理活动，形成任务、职责、权限明确，相互协调、相互促进的专业质量管理机制。

本专业教学管理主要通过企业评价、督导评价、三方评价、学生自评来实现。

十二、毕业要求

修满本专业毕业要求的最低学分：142 学分。

十三、继续专业学习深造建议

本专业学生课程通过专升本考试进入本科层面继续学习，同时也有海外游学和留学的机会，完成三年学习后，通过测试升入国内外应用型大学旅游类专业获取本科层次学历学位。

十四、其他说明

本专业学生毕业应获取职业技能（资格）证书及专业相关国家标准（表 5-171）。考试要求为鼓励选考或必考必过。

表 5-171 导游专业相关国家标准

序号	标准名称
1	《导游服务规范》（GB/T 15971—2010）
2	《导游领队引导文明旅游规范》（LB/T 039—2015）

十五、附录（教学进程安排表 - 略）

第七节 空中乘务专业教学标准

一、专业名称及代码

专业名称：空中乘务。

专业代码：500405。

二、入学要求及修业年限

入学要求：普通高中毕业生、中职毕业生或同等学力人员。

学历：大学专科。

学制：三年。

修业年限：三年制空中乘务专业学生的最长修业年限为五年。

三、所属专业群

旅游管理专业群。

四、职业面向及职业能力要求

（一）职业面向

就业面向的行业：交通运输业、现代服务业等。

主要就业单位类型：大型国企，国有控股企业、外资企业、私营企业等。

主要就业部门：对客服务部门、人力资源部等。

可从事的岗位如表 5-172、表 5-173 所示。

表 5-172　空中乘务专业职业面向

所属专业大类（代码）	所属专业类（代码）	对应行业（代码）	主要职业类别（代码）	主要岗位群或技术领域举例	职业资格证书和职业技能等级证书举例
交通运输大类（50）	航空运输类（5004）	航空运输业（56）	航空运输服务人员（GBM40204） 民航乘务员（4-02-04-01）	民航乘务员 航空公司和机场贵宾室服务人员 公务机服务保障工作人员 机场旅客服务人员 机场安检员	《空中乘务职业技能等级证书》 《中国民航空勤登机证》 《中国民用航空器客舱乘务员训练合格证》 《航空人员体检合格证》 《民航乘务员英语中级证书》 《民航安全检查员证》 《红十字救护员证》

表 5–173　岗位能力分析

<table>
<tr><th rowspan="2">序号</th><th rowspan="2">岗位名称</th><th colspan="2">岗位类别</th><th rowspan="2">岗位描述</th><th rowspan="2">岗位能力及要求</th></tr>
<tr><th>初始岗位</th><th>发展岗位</th></tr>
<tr><td>1</td><td>五级民航乘务员</td><td>☑</td><td>☐</td><td>主要从事民用航空器客舱安全管理和客舱服务工作的人员，承担保卫民航客舱安全职责，包括处置恐怖袭击、客舱失火、空中颠簸、旅客机上突发疾病等典型不安全事件和紧急事件</td><td>1.1 安全保障
1.1.1 应急设备检查与使用
1.1.1.1 能识别应急设备标识及中英文名称
1.1.1.2 能检查和使用应急设备
1.1.1.3 能在应急情况下操作应急出口
1.1.2 安全介绍
1.1.2.1 能进行穿戴氧气面罩、救生衣等安全演示
1.1.2.2 能对出口座位旅客进行资格评估
1.1.2.3 能向老人、孕妇等特殊旅客做安全简介
1.1.3 安全检查
1.1.3.1 能对经济舱旅客安全带、行李架等进行客舱安全检查
1.1.3.2 能对经济舱客舱、厨房、卫生间设备进行安全检查
1.1.4 空防安全管理
1.1.4.1 能进行客舱指定区域日常航前、航后清舱检查
1.1.4.2 能按照要求参加机上机组准备会
1.1.5 特殊情况处理
1.1.5.1 能处理旅客违规使用电子设备的情况
1.1.5.2 能处理飞机滑行期间旅客站立、开启行李架等情况
1.2 客舱服务
1.2.1 旅客登机前准备
1.2.1.1 能检查经济舱客舱、厨房、卫生间等服务设施状况
1.2.1.2 能检查经济舱食品、酒水等服务用品配备状况
1.2.1.3 能检查经济舱卫生状况
1.2.2 起飞前准备
1.2.2.1 能为经济舱旅客提供迎宾服务
1.2.2.2 能指导经济舱旅客安排行李
1.2.2.3 能向经济舱旅客提供报纸、杂志
1.2.2.4 能在正常情况下操作舱门
1.2.3 空中服务
1.2.3.1 能在正常情况下进行广播
1.2.3.2 能指导经济舱旅客使用客舱服务设施
1.2.3.3 能保持经济舱客舱、厨房、卫生间清洁
1.2.3.4 能为老人、孕妇等旅客提供服务</td></tr>
</table>

续表

序号	岗位名称	岗位类别		岗位描述	岗位能力及要求
		初始岗位	发展岗位		
1	五级民航乘务员	☑	☐	主要从事民用航空器客舱安全管理和客舱服务工作的人员，承担保卫民航客舱安全职责，包括处置恐怖袭击、客舱失火、空中颠簸、旅客机上突发疾病等典型不安全事件和紧急事件。	1.2.3.5 能回答关于国内航班时刻、飞行距离等航线知识的问询 1.2.4 餐饮服务 1.2.4.1 能识别橙汁、可乐、啤酒等常见酒水的中英文名称 1.2.4.2 能为经济舱旅客提供热饮服务 1.2.4.3 能为经济舱旅客提供饮料、啤酒等酒水服务 1.2.4.4 能识别特殊餐食的代码 1.2.4.5 能烘烤经济舱餐食 1.2.4.6 能为经济舱旅客提供餐食服务 1.2.5 落地后工作 1.2.5.1 能完成落地后的服务工作 1.2.5.2 能捡拾旅客遗留物品并完成与乘务长的交接 1.3 应急处置 1.3.1 失火处置 1.3.1.1 能按照程序实施灭烟灭火 1.3.1.2 能处置烧水杯失火 1.3.1.3 能处置烤箱失火 1.3.1.4 能处置卫生间失火 1.3.2 释压处置 1.3.2.1 能判断座舱释压现象 1.3.2.2 能指导、帮助旅客应对座舱释压 1.3.2.3 能在释压后巡视客舱并救助旅客 1.3.3 应急撤离 1.3.3.1 能实施应急撤离基础工作 1.3.3.2 能进行陆地有准备的应急撤离 1.3.3.3 能进行水上有准备的应急撤离 1.3.3.4 能进行无准备的应急撤离 1.3.4 客舱救护 1.3.4.1 掌握客舱常见急症救护知识 1.3.4.2 能准确拿取和使用客舱医疗设备和防疫设备 1.3.4.3 能判断和处理晕机、压耳、过度通气、呕吐等航空不适应症

续表

序号	岗位名称	岗位类别		岗位描述	岗位能力及要求
		初始岗位	发展岗位		
2	四级民航乘务员	□	☑	主要从事民用航空器客舱安全管理和客舱服务工作的人员，承担保卫民航客舱安全职责，包括处置恐怖袭击、客舱失火、空中颠簸、旅客机上突发疾病等典型不安全事件和紧急事件	2.1 安全保障 2.1.1 应急设备检查及使用 2.1.1.1 能检查和使用头等舱和公务舱应急设备 2.1.1.2 能检查和使用卫生防疫包、急救药箱等应急医疗设备 2.1.2 安全检查 2.1.2.1 能对头等舱和公务舱客舱进行安全检查 2.1.2.2 能对头等舱和公务舱厨房、卫生间设备等进行安全检查 2.1.3 空防安全管理 2.1.3.1 能执行进出驾驶舱的规定 2.1.3.2 能处置抢占座位、酗酒滋事等扰乱航空器内秩序的行为 2.1.4 特殊情况处置 2.1.4.1 能判断颠簸等级 2.1.4.2 能处理颠簸情况 2.2. 客舱服务 2.2.1 旅客登机前准备 2.2.1.1 能检查头等舱和公务舱客舱、厨房、卫生间等服务设施状况 2.2.1.2 能检查头等舱和公务舱食品、酒水等服务用品配备状况 2.2.1.3 能检查头等舱和公务舱卫生间状况及物品摆放 2.2.2 起飞前准备 2.2.2.1 能为头等舱和公务舱旅客提供拖鞋、饮品等服务 2.2.2.2 能为头等舱和公务舱旅客提供物品保管的服务 2.2.3 空中服务 2.2.3.1 能在航班延误、清点旅客等特殊情况下进行广播 2.2.3.2 能为重要旅客人士、无成人陪伴儿童等特殊旅客提供服务 2.2.3.3 能为肢体残疾、盲人等残障旅客提供服务 2.2.3.4 能处理座位更换、药品冷藏等问题 2.2.3.5 能填写乘务组的交接单 2.2.3.6 能按要求对飞机喷洒药物 2.2.3.7 能指导旅客填写海关、边防、检疫申报表 2.2.3.8 能回答国际航班时刻、飞行距离等航线知识的问询 2.2.3.9 能为驾驶舱内机组提供服务

续表

<table>
<tr><th rowspan="2">序号</th><th rowspan="2">岗位名称</th><th colspan="2">岗位类别</th><th rowspan="2">岗位描述</th><th rowspan="2">岗位能力及要求</th></tr>
<tr><th>初始岗位</th><th>发展岗位</th></tr>
<tr><td>2</td><td>四级民航乘务员</td><td>☐</td><td>☑</td><td>主要从事民用航空器客舱安全管理和客舱服务工作的人员，承担保卫民航客舱安全职责，包括处置恐怖袭击、客舱失火、空中颠簸、旅客机上突发疾病等典型不安全事件和紧急事件。</td><td>2.2.4 餐饮服务
2.2.4.1 能提供头等舱和公务舱酒饮服务
2.2.4.2 能提供头等舱和公务舱热饮服务
2.2.4.3 能识别头等舱和公务舱餐食的中英文名称
2.2.4.4 能识别各种面包的中英文名称
2.2.4.5 能提供国内头等舱和公务舱、国际近程头等舱餐食服务
2.2.4.6 能提供国际公务舱餐食服务
2.2.4.7 能提供犹太餐、儿童餐等特殊餐食服务
2.2.4.8 能烘烤头等舱和公务舱餐食
2.2.5 下降前管理
2.2.5.1 能在下降前完成回收机供品、整理厨房等工作
2.2.5.2 能在下降前完成归还旅客衣物、整理客舱等工作
2.3 应急处置
2.3.1 失火处置
2.3.1.1 能处置衣帽间失火
2.3.1.2 能处置娱乐系统失火
2.3.1.3 能处置隐蔽区域失火
2.3.1.4 能处置灯光整流器失火
2.3.1.5 能处置行李箱失火
2.3.2 客舱救护
2.3.2.1 掌握五级民航乘务员必备的客舱救护知识和技能
2.3.2.2 能处理癫痫、晕厥和昏迷等急症
2.3.2.3 能判断心搏骤停并正确实施心肺复苏
2.3.2.4 能进行创伤外伤处理</td></tr>
<tr><td>3</td><td>三级民航乘务员</td><td>☐</td><td>☑</td><td>主要从事民用航空器客舱安全管理和客舱服务工作的人员，承担保卫民航客舱安全职责，包括处置恐怖袭击、客舱失火、空中颠簸、旅客机上突发疾病等典型不安全事件和紧急事件</td><td>3.1 安全保障
3.1.1 空防安全管理
3.1.1.1 能处置遣返旅客、无签证过境旅客等特殊情况
3.1.1.2 能组织特殊情况清舱
3.1.2 特殊情况处置
3.1.2.1 能使用自动体外除颤器等极地运行设备
3.1.2.2 能进行中度以上颠簸事件的后续处理
3.2 客舱服务
3.2.1 旅客登机前准备
3.2.1.1 能检查、操作娱乐系统
3.2.1.2 能操作乘务员控制面板
3.2.1.3 能调控客舱灯光
3.2.1.4 能核对机上免税品配备状况</td></tr>
</table>

续表

序号	岗位名称	岗位类别		岗位描述	岗位能力及要求
		初始岗位	发展岗位		
3	三级民航乘务员	☐	☑	主要从事民用航空器客舱安全管理和客舱服务工作的人员，承担保卫民航客舱安全职责，包括处置恐怖袭击、客舱失火、空中颠簸、旅客机上突发疾病等典型不安全事件和紧急事件	3.2.2 空中服务 3.2.2.1 能进行免税品销售及管理 3.2.2.2 能回答旅客有关中转、定座、改签和行李托运等方面的问题 3.2.3 餐饮服务 3.2.3.1 能提供国际远程头等舱餐食 3.2.3.2 能调制血玛丽、金汤力等鸡尾酒 3.2.3.3 能识别各种色拉汁的名称及产地 3.2.3.4 能识别各种奶酪的名称及产地 3.2.4 落地后工作 3.2.4.1 能进行旅客遗失物品交接 3.2.4.2 能与相应部门完成交接工作 3.3 应急处置 3.3.1 应急撤离 3.3.1.1 能在应急情况下进行广播 3.3.1.2 能使用手电筒、反光镜等救生包内求救设备 3.3.2 组织处置 3.3.2.1 能组织乘务员进行座舱释压处置 3.3.2.2 能组织乘务员进行机上灭火 3.3.2.3 能进行锂电池机上应急处置 3.3.3 客舱救护 3.3.3.1 掌握四级民航乘务员必备的客舱救护知识和技能 3.3.3.2 能处理常见传染病，会穿脱防护服 3.3.3.3 能判断气道堵塞并实施海姆立克急救法

注：

1. 上表岗位名称以《中华人民共和国职业大典》（2015）为依据，岗位描述和岗位能力要求以《民航乘务员国家职业技能标准》（人社厅发〔2019〕110 号）为依据，分别结合《空中乘务职业技能等级标准》（教育部职成司 2021 年版）进行描述。

2. 上表关于于岗位能力描述对五级 / 初级工、四级 / 中级工、三级 / 高级工的岗位能力要求依次递进，高级别涵盖低级别的要求。

（二）典型工作任务及其工作过程（表 5–174）

表 5–174　典型工作任务及工作过程

序号	典型工作任务	工作过程
1	航前预先准备	1.1 预先准备 1.1.1 预先准备应在航班起飞前 48 小时至起飞前 12 小时完成 1.1.2 接受任务，明确任务性质、直接准备时间和起飞时间，通过公司运行手册管理网对执飞飞机应急设备进行了解，掌握公司要求的通知通告，完成公司要求的报告 1.1.3 检查飞行包、必须携带的证件、业务资料等，确保齐全有效 1.1.4 准备好个人携带用品（走时准确的手表、围裙、笔、针线包、化妆品、丝袜等） 1.2 直接准备 1.2.1 确认身体状况符合所持体检合格证的相应医学标准，因身体发生变化可能不符合所持体检合格证的相应医学标准时，应向所在单位报告停止履行职责 1.2.2 签到前应携带齐全必需的证件、资料和个人用品。如需要佩戴矫正视力眼镜才飞行合格的乘务员，应佩戴矫正视力眼镜，并携带备份镜 1.2.3 着装、仪容仪表符合公司要求 1.2.4 准时签到，参加直接准备会 1.2.5 表示愿意听从客舱经理、乘务长的指令，按程序工作 1.2.6 明白工作位置和安全责任
2	航前直接准备	2.1 上机后 2.1.1 在可封闭空间内，存放好乘务员行李、工作包 2.1.2 按规定完成设备检查，一旦发现设备有故障或短缺，及时通报客舱经理、乘务长和地面机务处理（检查设备的有效性、可操作性并易于取用） 2.1.3 确认厨房用具、机供品充足，所有餐车、用具箱等均能够固定 2.1.4 清点餐食，并通知客舱经理、乘务长，签食品单 2.1.5 确认客舱、厕所整洁情况 2.1.6 参加机组协同准备会，向飞行机组介绍自自己，并了解相关信息 2.1.7 全部准备工作需在旅客登机前完 2.2 旅客登机前 2.2.1 为方便旅客，在登机前可打开行李架 2.2.2 确认飞机廊桥、客梯车处于安全状态（客梯车扶手拉到位，廊桥、客梯车的高度适当，冬季没有覆盖冰雪霜，必要时要求地面人员进行处理） 2.2.3 对各自区域进行清舱检查，清舱工作完成后报告客舱经理、乘务长

续表

序号	典型工作任务	工作过程
3	飞行实施工作	3.1 旅客登机时 3.1.1 确认旅客登机时的乘务员站位 3.1.2 适时为登机旅客提供帮助 3.1.3 帮助并向需特殊照顾的旅客做个别安全简介 3.1.4 确认出口座位旅客，根据要求向旅客介绍出口操作方法及操作前后注意事项，提醒旅客阅读应急出口座位乘客须知和安全须知卡，并报告客舱经理、乘务长 3.1.5 注意旅客登机情况，非托运行李按要求摆放，符合载重限制 3.1.6 检查非托运行李，确保恰当存放好，关上行李架舱门，并锁定 3.1.7 如非托运行李过大过重，通知地面工作人员进行处理 3.1.8 确认客舱中带婴儿旅客座位上方有充足的氧气面罩分布 3.1.9 为头等舱、公务舱旅客提供饮料、毛巾、挂衣服等服务 3.1.10 如时间允许，对所有舱位的旅客提供杂志、枕头、毛毯服务 3.2 关闭舱门前 3.2.1 确认所有非托运行李合理存放，行李架关好，确认出口畅通，并报告客舱经理、乘务长 3.2.2 安排、确认应急出口座位旅客，完成应急出口旅客评估并报告客舱经理、乘务长 3.2.3 数客的乘务员将数得的旅客人数报告客舱经理、乘务长 3.2.4 完成禁用电子设备、锂电池及锂电池移动设备（充电宝）的广播 3.2.5 关门前收藏好门上的安全保护带（如有），确认舱门地板及四周没有杂物（如小毛巾、果壳等），确认廊桥、客梯车等地面勤务车辆处于安全位置，确保不会擦碰机门后方可关闭机门 3.2.6 关闭机门后，如需重新开启舱门，确认滑梯解除待命后，在重新停靠廊桥或客梯车的情况下，责任乘务员在得到外部人员给出可以开门的提示后，按“两人制”的要求开启舱门；在不需要重新停靠廊桥或客梯车的情况下，责任乘务员需通过观察窗，看到地面机务给出机外已安全的提示后，按“两人制”的要求开启机门；如舱门需由机务人员从外部打开，客舱乘务员应给出“大拇指向上”的手势，表明所有舱门已解除待命，可以打开舱门 3.3 飞机滑出、推出前 3.3.1 关门后确认机门已在锁定位，根据指令按“两人制”要求操作滑梯待命，并和客舱经理及乘务长进行确认 3.3.2 确认旅客均按规定坐好，空座位上的安全带已扣上 3.3.3 飞机滑、推出前，存放好所有服务用具、供餐物品，包括所有的餐车、用具箱等均在位并固定，扣好所有固定搭扣 3.3.4 对旅客做安全简介 3.3.5 将空座位上的肩带、安全带固定好，使其不妨碍机组成员执行任务或应急情况下人员的迅速撤离

续表

序号	典型工作任务	工作过程
3	飞行实施工作	3.4 飞机滑行 3.4.1 进入飞行关键阶段，避免打扰飞行机组，但发生危及机上人员和飞机安全的情况，仍需及时通报机长 3.4.2 每个航段须及时做好安全简介或播放安全简介录像，如需要，对旅客个别简介，包括视野受限制座位上的旅客 3.4.3 尽快完成客舱安全检查 3.4.4 及时收回旅客座椅周围的塑料包装纸 3.4.5 再次确认固定好厨房用品，检查锁定装置和刹车装置，并固定乘务员座位附近的装置 3.4.6 关闭除照明以外的所有厨房电源 3.4.7 此阶段停止一切与安全无关的客舱服务 3.4.8 除执行有关的安全工作外，坐在指定的位置，系紧安全带、肩带 3.5 起飞前 3.5.1 换上机上用鞋 3.5.2 调节客舱灯光（关闭侧灯） 3.5.3 在滑行、起飞阶段，保持坐姿，做静默 30 秒复查 3.6 飞行中 3.6.1 起飞 20 分钟或平飞后，按规定的服务程序，以合适的方式提供航班餐食、饮料服务 3.6.2 提供机上录像、娱乐、免税品出售服务 3.6.3 遇飞机颠簸，当安全带信号灯亮后，广播通知旅客系紧安全带或进行客舱安全检查，严格执行颠簸时的指导方针 3.6.4 定时检查客舱，包括出口、厨房及厕所的安全状况 3.6.5 始终保持对客舱的监控，适时巡视客舱，提醒在座的旅客系好安全带，全程禁止使用锂电池（充电宝）给电子设备充电，锂电池（充电宝）始终处于关闭状态 3.6.6 为驾驶舱机组供餐饮时，应绕过中央操作台，从两侧提送，避免餐饮的溢出和倾翻 3.6.7 服务中乘务组协调配合 3.6.8 确保合适的客舱灯光和舒适的客舱温度 3.6.9 在每次检查厕所卫生，补充厕所用品的同时，检查烟雾探测器的完好状况及废物箱的安全状况 3.6.10 餐车在客舱内应始终有人看管 3.6.11 做好出口座位的动态评估 3.7 着陆前 3.7.1 预计着陆前 30 分钟完成所有旅客服务程序 3.7.2 当下降的“系好安全带”信号灯亮出，接到飞行组 PA：“客舱请完成下降准备；Cabin be ready for descent”指令后，应及时进行客舱下降广播，停止为旅客提供餐食服务，尽快完成客舱安全检查，并及时入座 3.7.3 完成要填写的表格，及时上交

续表

序号	典型工作任务	工作过程
3	飞行实施工作	3.7.4 为特殊旅客提供帮助，归还为旅客保管的衣物（禁运物品除外） 3.7.5 再次确认出口座位的符合性 3.7.6 固定好厨房设备，关闭厨房电源，检查锁定装置和刹车装置，合理处理好废弃物，固定乘务员座椅周围的装置 3.7.7 着陆前、到达前，如有旅客未按规定坐好，乘务员应及时提醒，按要求入座并系好安全带，对乘务员的提醒不予理睬的应及时通知机长 3.7.8 当飞机下降到低于 10，000 英尺（3000 米），遵守“飞行关键阶段”的原则，但如发生应急情况，仍需及时通报机长 3.7.9 调节客舱灯光（关闭侧窗灯光） 3.7.10 除执行有关的安全工作外，坐在指定的位置，系紧安全带、肩带，在整个下降、滑行阶段，保持坐姿，做静默 30 秒复查 3.8 着陆后 3.8.1 坐在乘务员座位上并系紧安全带（执行安全检查任务的乘务员除外） 3.8.2 在“系好安全带”灯熄灭前，旅客不得离开座位 3.8.3 根据指令按“两人制”要求解除滑梯待命，并报告客舱经理 / 乘务长“OK” 3.8.4 如需开启机门，必须得到“所有机门已解除待命，可以开门”指令后，请示客舱经理、乘务长，并得到允许后方可开门 3.8.5 开门前，责任乘务员必须待廊桥或客梯车（包括所有地面勤务车辆）完全停靠后，且得到机外人员给出可以开门的指令后，按“两人制”要求开启机门 3.8.6 按要求进行清舱检查，清舱工作完成后报告客舱经理、乘务长 3.9 经停、到达离机前 3.9.1 经停时如需交接，与接班的乘务组做好交接，互通信息；如有旅客在机上的交接，乘务员必须面对面交代清楚 3.9.2 离机前按需关闭除客舱照明以外的其他电源 3.9.3 换回高跟鞋
4	航后讲评工作	4.1 参加航后讲评会 4.2 对航班中的问题进行讲评总结

注：上表典型工作任务和工作过程参考《客舱乘务员的资格和训练》（AC-121-FS-2019-27R2），同时结合国内主要航司乘务员手册进行描述。

五、培养目标

（一）总体目标

本专业人才培养目标首先符合《教育部高等职业学校空中乘务专业

教学标准（2019）》规定：培养理想信念坚定，德、智、体、美、劳全面发展，具有一定的科学文化水平，良好的人文素养，职业道德和创新意识，精益求精的工匠精神，较强的就业能力和可持续发展的能力，掌握空中乘务专业知识和技术技能，面向航空运输业的民航乘务员等职业群，能够从事航空公司民航乘务员，航空公司和机场贵宾室服务人员，公务机服务保障人员，机场旅客服务人员工作；同时立足适应成都建设西部交通枢纽及世界旅游目的地中心城市对航空旅游复合型人才的需求，培养具有较强国际化服务意识和双语沟通能力，掌握民航安全标准和专业技能，具备旅游服务和文化创意特色能力，主要从事航空运输业民航乘务员及涉航旅游业的高素质技能人才。

1. 思政目标

具备当代民航精神，敬畏生命、敬畏规章、敬畏职责。具备爱岗敬业、争创一流、艰苦奋斗、勇于创新、淡泊名利、甘于奉献的劳模精神；具备崇尚劳动、热爱劳动、辛勤劳动、诚实劳动的劳动精神；具备执着专注、精益求精、一丝不苟、追求卓越的工匠精神；具备积极进取、勇于创造的开拓创新精神。

2. 知识目标

掌握必备的思想政治理论、课程文化基础知识和中华优秀传统文化知识。熟悉《中华人民共和国民用航空法》《国际公约民用航空》《大型飞机公共航空运输承运人运行合格审定规则》等与本专业相关的法律法规知识。掌握航空安全知识、客舱安全管理、紧急事件处理 SOP（标准操作程序）。掌握民航客舱急救基础知识，了解常见急症救护知识，能按照规范进行急救处理。掌握客舱服务规范、乘务工作流程和客舱设备的使用方法。掌握民航危险品运输规则，掌握民航安全检查岗位任务和操作规范。掌握民航相关词汇、设备中英文名称、中英文广播词以及乘务工作用语、服务流程用语，熟悉口语交际技巧和旅客沟通技巧。熟悉除英语以外的另一门外语的基本日常交往词汇。掌握航线及地理知识，熟悉航空运输常识和旅客运输常识，了解国内外民航行业发展新动态、新技术、新趋势。掌握旅客服务心理知识和乘务员个人情绪管理方法。熟悉野外生存基本知识、环境保护、安全消防等知识，熟悉客源国概况及风俗、服务礼仪等知识。熟悉职业形象塑造知识，掌握符合民航职业标准的化妆技巧和仪态塑造方法。

3. 能力目标

具备探究学习、终身学习、分析问题和解决问题的能力。具有良好的语言、文字表达能力和沟通能力，具备独立客舱播音能力、语言形象经营能力和特殊情况下客舱控制能力。具备英语三级或者乘务员英语中级相应水平，综合运用民航常用词汇、规范用语及涉外交际技巧，能识别客舱设备英文名称，能进行简单的客舱英语对话；具备除英语以外的另一门外语的基本沟通能力；具备较强的国际化服务意识和能力。掌握民航业基本信息化操作系统，具备信息技术应用能力，掌握基本的办公软件。具备客舱服务能力，能操作舱门、客用设备设施和服务设备设施等，能根据乘务飞行知识和乘务岗位技能标准，完成一次模拟飞行服务任务。具备团队协作能力。具备特殊旅客服务能力。具备处置客舱紧急状况的能力，能够引导旅客进行陆地和水上紧急撤离，具备管理客舱安全的能力。

具备客舱常见急症处理、外伤处理、心肺复苏和气道堵塞处理等应急救护的能力，能以第一救护人的身份在客舱环境下实施规范的急救处理。具备危险品、违禁品识别和处置能力以及在安全技术检查中的应急情况处置能力。具备运用化妆技巧和仪态塑造方法打造符合民航职业标准的专业化形象的能力，具有创新创意能力。具备运用民航相关法律法规的知识，分析和解决问题的能力。

4. 素质目标

坚定拥护中国共产党领导和我国社会主义制度，在习近平新时代中国特色社会主义思想指引下，践行社会主义核心价值观，具有深厚的爱国情感和中华民族自豪感。崇尚宪法、遵法守纪、崇德向善、诚实守信、尊重生命、热爱劳动，履行道德准则和行为规范，具有社会责任感和社会参与意识。具有质量意识、环保意识、安全意识、信息素养、工匠精神、创新思维、全球视野和市场洞察力；热爱民航事业，践行“忠诚担当的政治品格，严谨科学的专业精神，团结协作的工作作风，敬业奉献的职业操守”的当代民航精神；具备较强的安全意识和良好的服务意识。勇于奋斗、乐观向上，具有自我管理能力、职业生涯规划的意识，有较强的集体意识和团队合作精神；能适应飞行压力环境。具有健康的体魄、心理和健全的人格，掌握基本运动知识和1~2项运动技能，养成良好的健身与卫生习惯，确保个人身体素质符合飞行运行要求。具有一定的审美和人文素养，能够形成1~2项艺术特长和爱好。

5. 创新创业能力目标

具备文化创新创意意识。懂得基本的创业方法与手段，并具有能实施落地的能力。养成终身学习能力，具有知识技能的更新能力，能够不断学习，不断提高。

（二）具体目标

本专业学生毕业五年后能够达到的职业和专业成就（即专业培养目标）如表5-175所示，具体为解决实际问题的能力、团队作用的发挥、职业道德和伦理水准、终身学习能力的养成、创新意识及创新方法培养、为区域经济和社会发展做出贡献。将这六个方面作为专业人才培养目标的六个维度，按照培养目标→毕业要求→毕业要求指标点→课程矩阵图的路径落实到课程、课堂中。从而实现学生职业和专业成长，达成本专业人才培养目标。

表5-175 空中乘务专业培养目标

序号	具体内容
1	解决实际问题的能力：具备民用航空器客舱安全管理和客舱服务能力，能承担保卫民航客舱安全职责，包括处置恐怖袭击、客舱失火、空中颠簸、旅客机上突发疾病等典型不安全事件和紧急事件
2	团队作用的发挥：具备组织、指挥、协调、管理乘务组人员在航班任务中严格执行安全、服务规范和程序，为旅客提供优质的机上服务；具备和相关单位、部门的有效沟通协调能力
3	职业道德和伦理水准：具有社会主义职业道德修养，爱岗敬业、诚实守信、办事公道、服务群众、奉献社会；具有执着专注、作风严谨、精益求精、敬业守信、推陈出新的大国工匠精神；符合UNWTO（联合国世界旅游组织）伦理道德准则，符合IATA（国际航空运输协会）职业道德准则；具有全球化视野下的低碳、环保、绿色、节约、可持续意识
4	终身学习能力的养成：具备终身学习思想，具有主动的、不断探索的、自我更新的、学以致用和优化知识的能力及习惯；具备信息素养，了解、搜集、评估和利用信息的能力；具有健康的体魄、心理和健全的人格

续表

序号	具体内容
5	创新意识及创新方法培养：掌握 SYB（联合国国际劳工组织认证的创新创业实践训练）创新创业实践方法；具备文化创意能力；具有创造动机、创造兴趣、创造情感、创造意志等创新意识
6	为区域经济和社会发展做出贡献：具备服务区域经济社会发展的意识和能力，为成都建设中国“航空第四城”、国家区域中心城市、“一带一路”内陆开放型经济高地、国际门户枢纽城市做贡献；具备服务中国民航产业发展能力，为中国发展成为全球最大的航空运输市场做贡献

六、毕业能力要求

根据人才培养目标细分毕业能力要求和毕业要求指标点，如表5-176、表5-177所示。

表 5-176　空中乘务专业毕业能力要求

序号	毕业能力要求	对应的培养目标
1	具有质量意识、环保意识、安全意识、信息素养、工匠精神、全球视野和市场洞察力；热爱民航事业，践行当代民航精神	B、C、E、F
2	具备良好的中文表达、沟通、广播能力	A、B、C、D、E、F
3	具备英语三级或者乘务员英语中级相应水平，能比较熟练地使用英语与旅客沟通。具备除英语以外的另一门外语的基本沟通能力	A、B、C、D、E、F
4	具备客舱安全保障能力和初级安全技术检查能力	A、B、C、F
5	具备客舱服务能力，完成一次模拟飞行服务任务，具备团队协作能力	A、B、C、E、F
6	具备客舱应急处置能力和客舱救护能力	A、B、C、F
7	具备打造符合民航职业标准的专业化形象的能力	A、C、E、F
8	掌握东西方礼仪知识，具备跨文化交往能力，具有一定的审美和人文素养	A、C、E、F
9	掌握民航运输基础知识，具备信息系统操作能力和信息技术应用能力	A、C、D、E、F
10	掌握民航服务心理学知识；具有健康的体魄、心理和健全的人格	A、C、D、E、F
11	具备探究学习和终生学习的能力，分析问题和解决问题的能力，创新思维和创意能力	A、C、D、E、F

表 5-177　空中乘务专业毕业要求指标点

序号	毕业能力要求	能力要求指标点序号	对应的毕业要求指标点
1	具有质量意识、环保意识、安全意识、信息素养、工匠精神、全球视野和市场洞察力；热爱民航事业，践行当代民航精神	1.1	具有质量意识、环保意识、安全意识、信息素养、工匠精神、全球视野和市场洞察力
		1.2	践行“忠诚担当的政治品格，严谨科学的专业精神，团结协作的工作作风，敬业奉献的职业操守”的当代民航精神
		1.3	具备较强的安全意识和良好的服务意识
2	具备良好的中文表达、沟通、广播能力	2.1	具备普通话二级甲等或同等水平的中文口语表达能力
		2.2	能根据客舱安全管理和旅客服务需求进行对客服务沟通交流；具备语言形象经营能力
		2.3	能根据广播器的使用方法及规定，独立且熟练使用广播器进行常见客舱中文广播
		2.4	能自行组织语言应对客舱突发应急情况进行广播
3	具备英语三级或者乘务员英语中级相应水平，能比较熟练地使用英语与旅客沟通。具备除英语以外的另一门外语的基本沟通能力	3.1	具备较强的国际化服务意识和能力
		3.2	具备英语三级或者乘务员英语中级相应水平
		3.3	能识别客舱设备和餐食英文名称、特殊餐食代码
		3.4	能根据广播词进行常规客舱英文广播
		3.5	能根据客舱安全管理和旅客服务需求，综合运用客舱英语语言知识（词汇、语法、语音）和语言技能（听、说、读、写、看）完成旅客沟通和服务
		3.6	具备除英语以外的另一门外语的基本沟通能力
4	具备客舱安全保障能力和初级安全技术检查能力	4.1	会检查和使用机上应急设备，会在应急情况下操作应急出口
		4.2	会进行（B737/A320）舱门操作，包括会在正常情况下进行舱门的开启与关闭；会根据不同机型（B737/A320）分离器操作的规定与要求，正确操作分离器，按规范使用舱门操作口令；能根据机组指令及飞机内外环境，评估舱门是否可以正常开启
		4.3	会根据客舱安全介绍的要求及动作规范，进行穿戴氧气面罩、救生衣、安全带等客舱安全演示；能进行出口座位评估；能向特殊旅客做安全简介

续表

序号	毕业能力要求	能力要求指标点序号	对应的毕业要求指标点
4	具备客舱安全保障能力和初级安全技术检查能力	4.4	会对旅客安全带、行李架，客舱厨房、卫生间设备等进行客舱安全检查
		4.5	能进行空防安全管理，包括会进行客舱指定区域日常航前、航后清舱检查；能执行进出驾驶舱的规定；会处置抢占座位、酗酒滋事等旅客扰乱航空器内秩序的行为；能识别非法干扰行为并协助安全员处理；能处置遣返旅客、无签证过境旅客等特殊情况
		4.6	能处理常见特殊情况处理，包括能处理飞机滑行期间旅客站立、开启行李架等情况；了解极地运行设备
		4.7	具备危险品、违禁品识别和处置能力；掌握及初级安全技术检查能力，独立且正确完成验证检查、三分钟人身检查和一次四分钟开箱包检查
5	具备客舱服务能力，完成一次模拟飞行服务任务，具备团队协作能力	5.1	掌握乘务飞行知识和岗位技能标准
		5.2	能完成旅客登机前准备工作，包括会检查客舱、厨房、卫生间等服务设施状况；会检查食品、酒水等服务用品配备状况；会检查卫生间状况及物品摆放；会检查、操作娱乐系统；会操作乘务员控制面板，会调控客舱灯光
		5.3	能完成起飞前准备工作，包括能提供迎宾服务；能指导经济舱旅客安排行李；能向经济舱旅客提供报纸、杂志，掌握端、拿、倒、放等服务技巧和规范；能为头等舱、公务舱旅客提供拖鞋、饮品、物品保管等服务；会在正常情况下操作舱门
		5.4	能完成空中服务工作，包括能指导旅客使用客舱服务设施；能保持客舱、厨房、卫生间清洁；能为特殊旅客提供服务；能回答关于国内航班时刻、飞行距离等航线知识的问询；能处理座位更换、药品冷藏等问题；会填写乘务组的交接单；能指导旅客填写海关、边防、检疫申报表；能为驾驶舱内机组提供服务；能回答旅客有关中转、定座、改签和行李托运等方面的问题
		5.5	能完成餐饮服务工作，包括会识别餐食、特殊餐食、酒水、饮料、面包中英文名称；会热饮服务、酒饮服务、餐食烤制服务；会调制血玛丽、金汤力等鸡尾酒；能识别各种色拉汁的名称及产地，能识别各种奶酪的名称及产地

续表

序号	毕业能力要求	能力要求指标点序号	对应的毕业要求指标点
5	具备客舱服务能力，完成一次模拟飞行服务任务，具备团队协作能力	5.6	能完成下降前管理工作和落地后工作，包括能在下降前完成回收机供品、整理厨房等工作；能在下降前完成归还旅客衣物、整理客舱等工作；能在落地后完成服务工作；能捡拾旅客遗留物品并完成与乘务长的交接
		5.7	能根据安全第一、旅客至上的原则，正确处理旅客抱怨及投诉问题
		5.8	能完成一次窄体机（B737/A320）模拟飞行服务任务，具备团队协作能力
6	具备客舱应急处置能力和客舱救护能力。	6.1	能够处置客舱颠簸，包括能根据飞机姿态及客舱现象，辨别轻度、中度、重度颠簸；能根据相应颠簸等级、处置流程，在客舱发生颠簸时组织乘务员进行颠簸处置
		6.2	能够处置客舱释压，包括能判断座舱释压现象；能准确说出客舱供氧系统的启动方式及注意事项；能指导、帮助旅客应对座舱释压；能在释压后巡视客舱并救助旅客
		6.3	能够处置客舱失火，包括能根据烟雾、火灾的基础理论知识，正确判断火灾种类；能按照程序实施灭烟灭火；会处置烧水杯、烤箱、卫生间、衣帽间、行李箱、娱乐系统、隐蔽区域、灯光整流器失火；能进行锂电池机上应急处置
		6.4	能够完成客舱应急撤离，包括能实施应急撤离基础工作；能进行陆地有准备的应急撤离；了解水上有准备的应急撤离和无准备的应急撤离；能在应急情况下进行广播；会使用手电筒、反光镜等救生包内求救设备
		6.5	能以第一救护人的身份在客舱环境下实施规范的急救处理，并根据客舱发生的应急救护情况，合理地分配任务，组织乘务员进行救护，包括掌握客舱常见急症救护知识；能准确拿取和使用客舱医疗设备和防疫设备；能判断和处理晕机、压耳、过度通气、呕吐等航空不适应症；能处理癫痫、晕厥和昏迷等急症；会止血、包扎、固定、搬运等创伤外伤处理；能判断心搏骤停并正确实施心肺复苏、体外除颤；能处理常见传染病，会穿脱防护服；会签收、使用旅客医用氧气设备；能判断气道堵塞并实施海姆立克急救法

续表

序号	毕业能力要求	能力要求指标点序号	对应的毕业要求指标点
7	具备打造符合民航职业标准的专业化形象的能力	7.1	具备个人形象塑造能力。能运用化妆技巧和仪态塑造方法打造符合民航职业标准的专业化形象
		7.2	能独立完成一种符合民航职业标准的妆容和发型造型（女生30分钟内，男生15分钟内）
		7.3	女生能在15分钟内独立完成三种常见丝巾系法；男生能在10分钟内独立完成两种常见领带系法
		7.4	掌握基本形体塑造方法和姿态体态标准，能通过团队配合完成一次3~5分钟的仪态展示
8	掌握东西方礼仪知识，具备跨文化交往能力，具有一定的审美和人文素养	8.1	掌握东西方礼仪知识，具备跨文化交往能力
		8.2	掌握各地礼俗，包括中国少数民族的风俗习惯；主要通航国家的风俗习惯、饮食习惯、重要节日、国花、国鸟、国树等
		8.3	掌握宗教常识，包括基督教、佛教、伊斯兰教、犹太教、印度教基本知识
		8.4	掌握民航服务礼仪知识和技能
		8.5	具有一定的审美和人文素养，形成1~2项艺术特长与爱好
9	掌握民航运输基础知识，具备信息系统操作能力和信息技术应用能力	9.1	掌握民用航空及主要航空公司概况，包括中国民用航空概况、中国主要航空公司（集团）概况、国际民航组织概况、国际航空运输概况、世界主要航空联盟和航空公司概况
		9.2	掌握相关法律、法规知识，包括了解《中华人民共和国劳动法》《中华人民共和国劳动合同法》相关知识；熟悉《中华人民共和国民用航空法》《中华人民共和国民用航空安全保卫条例》《大型飞机公共航空运输承运人运行合格审定规则》（CCAR–121–R5）相关知识
		9.3	掌握航空知识，包括航空术语、飞行基础知识、航空气象基础知识、航空地理基础知识
		9.4	掌握机组资源管理常识、包括人为因素、机组资源管理、差错管理及预防对策

续表

序号	毕业能力要求	能力要求指标点序号	对应的毕业要求指标点
9	掌握民航运输基础知识，具备信息系统操作能力和信息技术应用能力	9.5	掌握航空运输相关规定，包括《航班正常管理规定》《民用航空危险品运输管理规定》《中国民用航空旅客、行李运输规则》《中国民用航空旅客、行李国际运输规则》
		9.6	了解民航业基本信息化系统
		9.7	能使用诸如百度、知网等信息检索工具，进行有效信息搜集
		9.8	掌握基本的办公设备使用方法，具备信息技术应用能力，会进行 Office 办公软件基本操作
10	掌握民航服务心理学知识，具有健康的体魄、心理和健全的人格	10.1	掌握民航服务过程中旅客和服务人员心理规律及行为，具备个人情绪管理能力，具有健康的心理和健全的人格
		10.2	具有健康的体魄，掌握基本运动知识和 1~2 项运动技能
		10.3	养成良好的健身与卫生习惯，确保个人身体素质符合飞行运行要求，达到大学生体质测试达标水平要求
11	具备探究学习和终生学习的能力，分析问题和解决问题的能力，创新思维和创意能力	11.1	掌握 SYB 创新创业实践方法，具备文化创意能力；具有创造动机、创造兴趣、创造情感、创造意志等创新意识

七、专业证书与国家标准

（一）专业目前可考证书（表 5-178）

表 5-178　专业目前可考证书

序号	证书
1	空中乘务职业技能等级证书
2	普通话二级甲等证书
3	公共英语三级证书
4	大学英语等级证书

续表

序号	证书
5	大学英语等级证书
6	民航乘务英语中级
7	民航安全检查员证
8	红十字救护员证
9	AHA 国际救护员证

（二）专业遴选推荐证书（表 5–179）

表 5–179 专业遴选推荐证书

序号	证书	等级	类别	考期	发证机构	考试要求
1	普通话二级甲等	二级甲等	省考	1	四川省语委	选考
2	公共英语三级	三级	省考	2/3	四川省高等教育学会高校外语专业委员会	选考
3	大学英语等级证书	CET–4	国家统考	3/4	教育部考试中心	选考
4	大学英语等级证书	CET–6	国家统考	4/5	教育部考试中心	选考
5	民航乘务英语中级	中级	行业证书	3/4/5	中国民航总局	选考
6	民航安全检查员证	五级	行业证书	3	中国民航总局	选考
7	红十字救护员证	无	全国统考	1	红十字会	选考
8	AHA 国际救护员证	无	国际证书	2/3	美国心脏协会	选考
9	空中乘务职业技能等级证书	初、中、高	全国统考	3/4	教育部 1+X 证书授权机构	选考

（三）专业课证融通方式（表 5–180）

表 5–180 专业课证融通方式

序号	证书	融入课程	融通方式
1	空中乘务职业技能等级证书	全部专业核心课程	融入法
2	普通话二级甲等	民航服务沟通技巧	融入法

续表

序号	证书	融入课程	融通方式
3	公共英语三级	民航乘务英语	接口法
4	民航乘务英语中级	民航乘务英语	融入法
5	民航安全检查员证	民航危险品运输与安全管理	单列法
6	红十字救护员证	民航客舱救护	单列法
7	AHA 国际救护员证	民航客舱救护	单列法

八、专业课程体系

（一）专业群课程构建

本专业属于旅游管理专业群，专业群课程体系按照群内专业底层共享、中层分立，高层互选的原则进行构建。底层为公共课程、专业基础课程；中层为专业方向课程，即职业能力课程；高层为专业限选课程，扩展和提升职业能力，拓宽学生职业能力范围（图 5-8）。

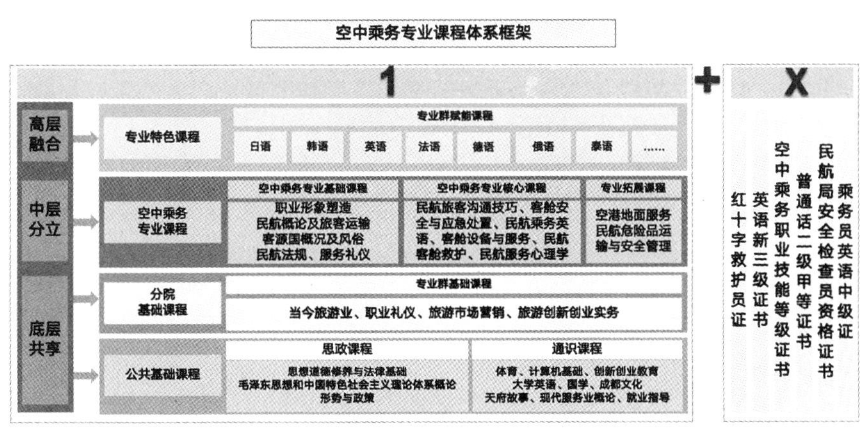

图 5-8 旅游管理专业群课程体系

（二）专业课程与典型工作任务的对应关系

应体现所设置的课程体系与岗位典型工作任务间的关系（表 5-181）。

表 5-181 空中乘务专业课程体系

序号	课程名称（学习领域）	对应的典型工作任务
1	职业形象塑造	1. 航前预先准备 2. 航前直接准备 3. 飞行实施工作
2	民航服务沟通技巧	1. 航前预先准备 2. 航前直接准备 3. 飞行实施工作 4. 航后讲评工作
3	民航概论及旅客运输 （IATA 双语课程）	1. 航前预先准备 2. 航前直接准备 3. 飞行实施工作 4. 航后讲评工作
4	客舱安全与应急处置	1. 航前预先准备 2. 航前直接准备 3. 飞行实施工作
5	服务礼仪	1. 航前直接准备 2. 飞行实施工作
6	客源国概况及风俗	1. 航前预先准备 2. 航前直接准备 3. 飞行实施工作
7	民航乘务英语	1. 航前预先准备 2. 航前直接准备 3. 飞行实施工作 4. 航后讲评工作
8	客舱设备与服务	1. 航前直接准备 2. 飞行实施工作
9	空港地面服务 （IATA 双语课程）	1. 航前预先准备 2. 航后讲评工作
10	民航危险品运输和安全管理	1. 航前预先准备 2. 航前直接准备 3. 飞行实施工作
11	民航法规	1. 航前预先准备 2. 航前直接准备 3. 飞行实施工作 4. 航后讲评工作
12	民航客舱救护	1. 航前预先准备 2. 航前直接准备 3. 飞行实施工作

续表

序号	课程名称（学习领域）	对应的典型工作任务
13	民航服务心理学	1. 航前预先准备 2. 航前直接准备 3. 飞行实施工作 4. 航后讲评工作

（三）专业课程设置

专业课程设置按照成果导向（OBE）理念，将人才培养目标贯穿到每门课程中，确保课程开设的有效性，不断优化课程设置，通过课程目标的实现反向促进人才培养目标的实现。采用课程矩阵的方式表述课程、毕业要求、指标点三者之间的对应关系，参照表 5-182 描述。

表 5-182　空中乘务专业课程矩阵图（专业课程与毕业要求对应关系）

毕业能力要求		毕业要求指标点		职业形象塑造	民航服务沟通技巧	民航概论及旅客运输	客舱安全与应急处置	服务礼仪	客源国概况及风俗	民航乘务英语	客舱设备与服务	空港地面服务	民航危险品运输和安全管理	民航法规	民航客舱救护	民航服务心理学	SYB创新创业实践	二外	客舱餐饮服务	安检业务综合实训	计算机基础
1	具有质量意识、环保意识、安全意识、信息素养、工匠精神、全球视野和市场洞察力；热爱民航事业，践行“当代民航精神	1-1	具有质量意识、环保意识、安全意识、信息素养、工匠精神、全球视野和市场洞察力	√	√	√	√	√	√	√	√	√	√	√	√	√	√	√	√	√	√
		1-2	践行“忠诚担当的政治品格，严谨科学的专业精神，团结协作的工作作风，敬业奉献的职业操守”的当代民航精神	√	√	√	√	√	√	√	√	√	√	√	√	√	√	√	√	√	√
		1-3	具备较强的安全意识和良好的服务意识	√	√	√	√	√	√	√	√	√	√	√	√	√			√	√	

续表

毕业能力要求		毕业要求指标点		职业形象塑造	民航服务沟通技巧	民航概论及旅客运输	客舱安全与应急处置	服务礼仪	客源国概况及风俗	民航乘务英语	客舱设备与服务	空港地面服务	民航危险品运输和安全管理	民航法规	民航客舱救护	民航服务心理学	SYB创新创业实践	二外	客舱餐饮服务	安检业务综合实训	计算机基础
2	具备良好的中文表达、沟通、广播能力	2-1	具备普通话二级甲等或同等水平的中文口语表达能力		√																
		2-2	能根据客舱安全管理和旅客服务需求进行对客服务沟通交流；具备语言形象经营能力		√																
		2-3	能根据广播器的使用方法及规定，独立且熟练使用广播器进行常见客舱中文广播		√																
		2-4	会自行组织语言应对客舱突发应急情况进行广播		√		√														
3	具备英语三级或者乘务员英语中级相应水平，能比较熟练使用英语进行旅客沟通。具备除英语以外的另一门外语的基本沟通能力	3-1	具备较强的国际化服务意识和能力			√			√	√		√						√			
		3-2	具备英语三级或者乘务员英语中级相应水平							√											
		3-3	能识别客舱设备和餐食英文名称、特殊餐食代码							√											
		3-4	能根据广播词进行常规客舱英文广播							√											

续表

毕业能力要求		毕业要求指标点		职业形象塑造	民航服务沟通技巧	民航概论及旅客运输	客舱安全与应急处置	服务礼仪	客源国概况及风俗	民航乘务英语	客舱设备与服务	空港地面服务	民航危险品运输和安全管理	民航法规	民航客舱救护	民航服务心理学	SYB创新创业实践	二外	客舱餐饮服务	安检业务综合实训	计算机基础
3	具备英语三级或者乘务员英语中级相应水平，能比较熟练使用英语进行旅客沟通。具备除英语以外的另一门外语的基本沟通能力	3–5	能根据客舱安全管理和旅客服务需求，综合运用客舱英语语言知识（词汇、语法、语音）和语言技能（听、说、读、写、看）完成旅客沟通和服务							√											
		3–6	具备除英语以外的另一门外语的基本沟通能力															√			
4	具备客舱安全保障能力和初级安全技术检查能力	4–1	会检查和使用机上应急设备、会在应急情况下操作应急出口										√								
		4–2	会进行（B737/A320）舱门操作。包括：会在正常情况下进行舱门的开启与关闭；会根据不同机型（B737/A320）分离器操作的规定与要求，正确操作分离器，按规范使用舱门操作口令；能根据机组指令及飞机内外环境，评估舱门是否可以正常开启										√								

续表

毕业能力要求		毕业要求指标点		职业形象塑造	民航服务沟通技巧	民航概论及旅客运输	客舱安全与应急处置	服务礼仪	客源国概况及风俗	民航乘务英语	客舱设备与服务	空港地面服务	民航危险品运输和安全管理	民航法规	民航客舱救护	民航服务心理学	SYB创新创业实践	二外	客舱餐饮服务	安检业务综合实训	计算机基础
4	具备客舱安全保障能力和初级安全技术检查能力	4–3	会根据客舱安全介绍的要求及动作规范，进行穿戴氧气面罩、救生衣、安全带等客舱安全演示；能进行出口座位评估；能向特殊旅客做安全简介										√								
		4–4	会对旅客安全带、行李架，客舱厨房、卫生间设备等进行客舱安全检查										√								
		4–5	能进行空防安全管理。包括：会进行客舱指定区域日常航前、航后清舱检查；能执行进出驾驶舱的规定；会处置抢占座位、酗酒滋事等旅客扰乱航空器内秩序的行为；能识别非法干扰行为并协助安全员处理；能处置遣返旅客、无签证过境旅客等特殊情况										√								
		4–6	能处理常见特殊情况处理。包括：能处理飞机滑行期间旅客站立、开启行李架等情况；了解极地运行设备										√								

续表

毕业能力要求		毕业要求指标点		职业形象塑造	民航服务沟通技巧	民航概论及旅客运输	客舱安全与应急处置	服务礼仪	客源国概况及风俗	民航乘务英语	客舱设备与服务	空港地面服务	民航危险品运输和安全管理	民航法规	民航客舱救护	民航服务心理学	SYB创新创业实践	二外	客舱餐饮服务	安检业务综合实训	计算机基础
4	具备客舱安全保障能力和初级安全技术检查能力	4–7	具备危险品、违禁品识别和处置能力；掌握及初级安全技术检查能力，独立且正确完成验证检查、三分钟人身检查和一次四分钟开箱包检查																	√	
5	具备客舱服务能力，完成一次模拟飞行服务任务，具备团队协作能力	5–1	掌握乘务飞行知识和岗位技能标准								√										
		5–2	能完成旅客登机前准备工作。包括：会检查客舱、厨房、卫生间等服务设施状况；会检查食品、酒水等服务用品配备状况；会检查卫生间状况及物品摆放；会检查、操作娱乐系统；会操作乘务员控制面板，会调控客舱灯光								√										
		5–3	能完成起飞前准备工作。包括：能提供迎宾服务；能指导经济舱旅客安排行李；能向经济舱旅客提供报纸、杂志，掌握端、拿、倒、放等服务技巧和规范；能为头等舱 / 公务舱旅客提供拖鞋、饮品、物品保管等服务；会在正常情况下操作舱门								√										

续表

毕业能力要求		毕业要求指标点		职业形象塑造	民航服务沟通技巧	民航概论及旅客运输	客舱安全与应急处置	服务礼仪	客源国概况及风俗	民航乘务英语	客舱设备与服务	空港地面服务	民航危险品运输和安全管理	民航法规	民航客舱救护	民航服务心理学	SYB创新创业实践	二外	客舱餐饮服务	安检业务综合实训	计算机基础
5	具备客舱服务能力，完成一次模拟飞行服务任务，具备团队协作能力	5–4	能完成空中服务工作。包括：能指导旅客使用客舱服务设施；能保持客舱、厨房、卫生间清洁；能为特殊旅客提供服务；能回答关于国内航班时刻、飞行距离等航线知识的问询；能处理座位更换、药品冷藏等问题；会填写乘务组的交接单；能指导旅客填写海关、边防、检疫申报表；能为驾驶舱内机组提供服务；能回答旅客有关中转、定座、改签和行李托运等方面的问题								√										
		5–5	能完成餐饮服务工作。包括：会识别餐食、特殊餐食、酒水、饮料、面包中英文名称；会热饮服务、酒饮服务、餐食烤制服务；会调制血玛丽、金汤力等鸡尾酒；能识别各种色拉汁的名称及产地，能识别各种奶酪的名称及产地																√		

续表

毕业能力要求		毕业要求指标点		职业形象塑造	民航服务沟通技巧	民航概论及旅客运输	客舱安全与应急处置	服务礼仪	客源国概况及风俗	民航乘务英语	客舱设备与服务	空港地面服务	民航危险品运输和安全管理	民航法规	民航客舱救护	民航服务心理学	SYB创新创业实践	二外	客舱餐饮服务	安检业务综合实训	计算机基础
5	具备客舱服务能力，完成一次模拟飞行服务任务，具备团队协作能力	5-6	能完成下降前管理工作和落地后工作。包括：能在下降前完成回收机供品、整理厨房等工作；能在下降前完成归还旅客衣物、整理客舱等工作；能在落地后完成服务工作；能捡拾旅客遗留物品并完成与乘务长的交接								√										
		5-7	能根据安全第一、旅客至上的原则，正确处理旅客抱怨及投诉问题								√										
		5-8	能完成一次窄体机（B737/A320）模拟飞行服务任务，具备团队协作能力								√										
6	具备客舱应急处置能力和客舱救护能力	6-1	能够处置客舱颠簸。包括：能根据飞机姿态及客舱现象，辨别轻度、中度、重度颠簸；能根据相应颠簸等级、处置流程，在客舱发生颠簸时组织乘务员进行颠簸处置				√														

续表

毕业能力要求		毕业要求指标点		职业形象塑造	民航服务沟通技巧	民航概论及旅客运输	客舱安全与应急处置	服务礼仪	客源国概况及风俗	民航乘务英语	客舱设备与服务	空港地面服务	民航危险品运输和安全管理	民航法规	民航客舱救护	民航服务心理学	SYB创新创业实践	二外	客舱餐饮服务	安检业务综合实训	计算机基础
6	具备客舱应急处置能力和客舱救护能力	6–2	能够处置客舱释压。包括：能判断座舱释压现象；能准确说出客舱供氧系统的启动方式及注意事项；能指导、帮助旅客应对座舱释压；能在释压后巡视客舱并救助旅客				√														
		6–3	能够处置客舱失火。包括：能根据烟雾、火灾的基础理论知识，正确判断火灾种类；能按照程序实施灭烟灭火；会处置烧水杯、烤箱、卫生间、衣帽间、行李箱、娱乐系统、隐蔽区域、灯光整流器失火；能进行锂电池机上应急处置				√														
		6–4	能够完成客舱应急撤离。包括：能实施应急撤离基础工作；能进行陆地有准备的应急撤离；了解水上有准备的应急撤离和无准备的应急撤离；能在应急情况下进行广播；会使用手电筒、反光镜等救生包内求救设备				√														

续表

毕业能力要求		毕业要求指标点		职业形象塑造	民航服务沟通技巧	民航概论及旅客运输	客舱安全与应急处置	服务礼仪	客源国概况及风俗	民航乘务英语	客舱设备与服务	空港地面服务	民航危险品运输和安全管理	民航法规	民航客舱救护	民航服务心理学	SYB创新创业实践	二外	客舱餐饮服务	安检业务综合实训	计算机基础
6	具备客舱应急处置能力和客舱救护能力	6-5	能以第一救护人的身份在客舱环境下实施规范的急救处理，并根据客舱发生的应急救护情况，合理地分配任务，组织乘务员进行救护。包括：掌握客舱常见急症救护知识；能准确拿取和使用客舱医疗设备和防疫设备；能判断和处理晕机、压耳、过度通气、呕吐等航空不适应症；能处理癫痫、晕厥和昏迷等急症；会止血、包扎、固定、搬运等创伤外伤处理；能判断心搏骤停并正确实施心肺复苏、体外除颤；能处理常见传染病，会穿脱防护服；会签收、使用旅客医用氧气设备；能判断气道堵塞并实施海姆立克急救法												√						
7	具备打造符合民航职业标准的专业化形象的能力	7-1	具备个人形象塑造能力。能运用化妆技巧和仪态塑造方法打造符合民航职业标准的专业化形象	√																	

续表

毕业能力要求		毕业要求指标点		职业形象塑造	民航服务沟通技巧	民航概论及旅客运输	客舱安全与应急处置	服务礼仪	客源国概况及风俗	民航乘务英语	客舱设备与服务	空港地面服务	民航危险品运输和安全管理	民航法规	民航客舱救护	民航服务心理学	SYB创新创业实践	二外	客舱餐饮服务	安检业务综合实训	计算机基础
7	具备打造符合民航职业标准的专业化形象的能力	7–2	能独立完成一种符合民航职业标准的妆容和发型造型（女生30分钟内，男生15分钟内）	√																	
		7–3	女生能在15分钟内独立完成三种常见丝巾系法；男生能在10分钟内独立完成两种常见领带系法	√																	
		7–4	掌握基本形体塑造方法和姿态体态标准，能通过团队配合完成一次3–5分钟的仪态展示	√																	
8	掌握东西方礼仪知识，具备跨文化交往能力，具有一定的审美和人文素养	8–1	掌握东西方礼仪知识，具备跨文化交往能力					√													
		8–2	掌握各地礼俗。包括中国少数民族的风俗习惯；主要通航国家的风俗习惯、饮食习惯、重要节日、国花、国鸟、国树等					√													
		8–3	掌握宗教常识。包括：基督教、佛教、伊斯兰教、犹太教、印度教基本知识					√													
		8–4	掌握民航服务礼仪知识和技能					√													

续表

毕业能力要求		毕业要求指标点		职业形象塑造	民航服务沟通技巧	民航概论及旅客运输	客舱安全与应急处置	服务礼仪	客源国概况及风俗	民航乘务英语	客舱设备与服务	空港地面服务	民航危险品运输和安全管理	民航法规	民航客舱救护	民航服务心理学	SYB创新创业实践	二外	客舱餐饮服务	安检业务综合实训	计算机基础
8	掌握东西方礼仪知识，具备跨文化交往能力，具有一定的审美和人文素养	8–5	具有一定的审美和人文素养，形成1~2项艺术特长与爱好					√													
9	掌握民航运输基础知识，具备信息系统操作能力和信息技术应用能力	9–1	掌握民用航空及主要航空公司概况。包括：中国民用航空概况；中国主要航空公司（集团）概况；国际民航组织概况；国际航空运输概况；世界主要航空联盟和航空公司概况			√															
		9–2	掌握相关法律、法规知识。包括：了解《中华人民共和国劳动法》《中华人民共和国劳动合同法》相关知识；熟悉《中华人民共和国民用航空法》《中华人民共和国民用航空安全保卫条例》《大型飞机公共航空运输承运人运行合格审定规则》（CCAR–121–R5）相关知识											√							

续表

毕业能力要求		毕业要求指标点		职业形象塑造	民航服务沟通技巧	民航概论及旅客运输	客舱安全与应急处置	服务礼仪	客源国概况及风俗	民航乘务英语	客舱设备与服务	空港地面服务	民航危险品运输和安全管理	民航法规	民航客舱救护	民航服务心理学	SYB创新创业实践	二外	客舱餐饮服务	安检业务综合实训	计算机基础
9	掌握民航运输基础知识，具备信息系统操作能力和信息技术应用能力	9-3	掌握航空知识。包括：航空术语；飞行基础知识；航空气象基础知识；航空地理基础知识			√															
		9-4	掌握机组资源管理常识。包括：人为因素；机组资源管理；差错管理及预防对策			√															
		9-5	掌握航空运输相关规定。包括:《航班正常管理规定》、《民用航空危险品运输管理规定》、《中国民用航空旅客、行李运输规则》、《中国民用航空旅客、行李国际运输规则》									√	√								
		9-6	了解民航业基本信息化系统									√									
		9-7	能使用诸如百度、知网等信息检索工具，进行有效信息搜集																		√
		9-8	掌握基本的办公设备使用方法；具备信息技术应用能力，会进行 office 办公软件基本操作																		√

续表

毕业能力要求		毕业要求指标点		职业形象塑造	民航服务沟通技巧	民航概论及旅客运输	客舱安全与应急处置	服务礼仪	客源国概况及风俗	民航乘务英语	客舱设备与服务	空港地面服务	民航危险品运输和安全管理	民航法规	民航客舱救护	民航服务心理学	SYB创新创业实践	二外	客舱餐饮服务	安检业务综合实训	计算机基础
10	掌握民航服务心理学知识；具有健康的体魄、心理和健全的人格	10-1	掌握民航服务过程中旅客和服务人员心理规律及行为，具备个人情绪管理能力。具有健康的心理和健全的人格													√					
		10-2	具有健康的体魄，掌握基本运动知识和1~2项运动技能	√																	
10	掌握民航服务心理学知识；具有健康的体魄、心理和健全的人格	10-3	养成良好的健身与卫生习惯，确保个人身体素质符合飞行运行要求。达到大学生体质测试达标水平要求	√																	
11	具备探究学习和终生学习的能力，分析问题和解决问题的能力，创新思维和创意能力	11-1	掌握SYB创新创业实践方法，具备文化创意能力；具有创造动机、创造兴趣、创造情感、创造意志等创新意识														√				

（四）课程内容及要求

1. 劳动与素质教育活动课程

劳动和素质教育活动由劳动教育和素质教育活动培养体系共同构成，总计 4 学分，由学生处具体实施、考评。

活动课程共包含四个模块，注重人文素质教育与职业道德教育的培养，坚持课内外教学活动和校外教育活动相结合，正确处理好德育与智育、理论与实践的关系，正确处理好传授基础知识、培养职业能力、提高综合素质三者之间的关系（表 5-183）。

表 5-183　劳动与素质教育活动课程

模块	培养目标	培养内容
职业道德规范	爱国明礼	主题教育活动、党团培养
	遵纪守法	遵规国家法律法规、校纪校规
	诚实守信	诚实守信，无考试作弊、虚假申报、欺诈行为
	爱岗敬业	课堂与集会全勤
	奉献社会	志愿者活动、义工活动、义务劳动、见义勇为、好人好事
职业核心能力	自我提高能力	专业讲座，职业资格技能证书，专业、公共技能大赛，技能培训，学历提升，自主学习，学习效果
	与人合作能力	加入专业协会、社团，担任学生干部
	解决问题能力	参与专业实践活动
	信息处理能力	获得计算机等级证书、担任公共网络平台管理员
	外语应用能力	获得英语等级证书，参加各类英语竞赛，交换生项目，海外研习、交流项目
	沟通表达能力	大学生辩论大赛，各类交流座谈活动主持人、讲述人、发言人
	数字运用能力	数学建模大赛
	革新创新能力	大学生创新服务开发项目、创新创业大赛、发明与专利
职业素质养成	人文素质	人文素质讲座、服务型学习、写作能力、社会实践
	科学素质	科技讲座、科技展览、科技活动
	文体素质	校园活动、文体社团、集体生活、礼仪规范、礼仪服务
	心理素质	心理健康讲座学习、心理健康教育活动
职业发展规划	明确职业定位	职业生涯规划电子书、职业生涯规划大赛
	提升职业能力	创业实践活动、创业就业培训学习、校内外勤工助学、行业调研
	完成职业准备	模拟招聘、企业宣讲会、校园招聘会

2. 公共基础模块（表 5-184）

表 5-184　公共课程教学内容及要求

序号	课程名称	主要教学内容	主要教学方法与手段	建议学时
1	思想道德修养与法律基础	坚定理想信念、弘扬中国精神、践行社会主义核心价值观、明大德、守公德、严私德、尊法学法守法用法	专题讲授法、案例教学法、互动教学法、启发教学法	48
2	毛泽东思想和中国特色社会主义理论体系概论	毛泽东思想、邓小平理论、“三个代表”重要思想、科学发展观、习近平新时代中国特色社会主义思想	专题讲授法、案例教学法、互动教学法、启发教学法	64
3	形势与政策	党和国家最新的时事与政策	专题讲授法、案例教学法、互动教学法、启发教学法	48
4	军事理论	普及国防知识，增强国防意识，提高学生政治觉悟，激发爱国热情	讲授法、案例法、互动教学法、启发教学法等	36
5	就业指导	就业政策、就业信息、简历制作、求职技巧、模拟面试等方面的指导，帮助学生顺利就业、创业	翻转教学法、案例教学法、互动教学法、启发教学法等	16
6	创新创业教育	从思维创新到项目产生教学内容：创新技法、希望点与缺点列举法、奥斯本检核表法、信息交合法、六合分析法、头脑风暴法	讲授法、案例法、头脑风暴、在线卡牌模拟、角色扮演、小组讨论等	36
7	大学英语	第一学期：涉外日常活动情景（听、说），涉外业务活动情景（读、写、译）	输出驱动教学法、情景教学法、交际教学法、线上线下混合式教学等	130
8	体育	第三套大众健美操锻炼标准 2 级、简化 24 式太极拳、职业体能和素质拓展、分项开展各展球类、舞蹈、体操类课程	讲授法、游戏练习法、分享讨论法、分组练习法、比赛练习法等	138
9	国学	先秦主要哲学思想传统艺术赏析、传统节日与习俗、传统礼仪与习俗、传统科技与发明创造、汉字与传统文学、宗教常识	任务驱动、小组合作、头脑风暴、翻转课堂、混合式教学法等，云班课	30
10	天府文化	天府品格、天府历史、天府之最、天府遗存、天府名人、天府艺术、天府民俗	任务驱动、小组合作、头脑风暴、翻转课堂、混合式教学法等，云班课	18
11	成都故事	古蜀文明惊天下、秦汉成都、三国风云南朝烟雨、唐宋成都、明清成都	任务驱动、小组合作、头脑风暴、翻转课堂、混合式教学法等，云班课	18

续表

序号	课程名称	主要教学内容	主要教学方法与手段	建议学时
12	大学生心理健康教育	大学生心理健康教育基础理论（健康教育）、自我认知与个性完善（意识教育）、亲子关系辅导（意识教育）、情绪管理与压力应对（挫折教育）、人际交往（社会适应性教育）、恋爱与性心理（成人教育）、生命的意义（生命教育）	专题讲授法、案例教学法、体验式互动教学法、角色扮演法、行为强化法、团体辅导法	36

3. 专业课程

（1）专业基础模块（表5-185）。

表5-185　主要专业基础模块课程教学内容及要求

序号	课程名称	主要教学内容	主要教学方法与手段	建议学时
1	职业形象塑造	化妆技巧、形体表达、姿态纠偏、职业着装规范	任务驱动、小组合作、项目教学法、案例教学法、角色扮演法、情景教学法、体验式互动教学法，云班课	36
2	民航概论及旅客运输（IATA双语课程）	民用航空形成与发展、中国民航组织管理机构、民用航空器的适航标准、飞机的结构与系统、航空气象与民航地理、民航旅客运输知识、空中交通管制	任务导向、头脑风暴、案例分析、云班课	72
3	客源国概况及风俗	中国民航主要目的地国家（地区）概况与当地风俗礼仪、民俗禁忌	任务驱动、小组合作、项目教学法、案例教学法、角色扮演法、情景教学法、体验式互动教学法，云班课	18
4	民航法规	《中华人民共和国民用航空法》、《国际公约民用航空》《大型飞机公共航空运输承运人运行合格审定规则》等与本专业相关的法律法规知识及其案例分析运用	项目教学法、案例教学法、情景教学法、体验式互动教学法，云班课	36
5	服务礼仪	交往礼仪、沟通礼仪、职场通用礼仪、服务礼仪训练、商务礼仪训练、社交礼仪训练、礼仪活动策划	项目教学法、案例教学法、情景教学法、体验式互动教学法，云班课	36

（2）专业方向模块（表 5-186 ~ 表 5-191）。

表 5-186　民航服务沟通技巧课程教学内容及要求

<table>
<tr><td colspan="2">课程名称</td><td colspan="5">民航服务沟通技巧</td></tr>
<tr><td colspan="2">学期</td><td>1</td><td>学时</td><td>72</td><td>授课方式</td><td>理实一体</td></tr>
<tr><td colspan="2">学分</td><td>4</td><td>考核方式</td><td>口试</td><td>考试类型</td><td>考查</td></tr>
<tr><td rowspan="3">课程目标</td><td>知识目标</td><td colspan="5">1. 掌握普通话声母、韵母、声调发音、语流音变知识
2. 掌握客舱广播和内话设备使用方法
3. 掌握客舱中英文广播词内容
4. 掌握客舱播音停顿、关键词、重音、升降调技巧
5. 掌握客舱沟通中观察、倾听、赞美、说服、拒绝的技巧
6. 客舱服务沟通中的实际案例的分析</td></tr>
<tr><td>能力目标</td><td colspan="5">1. 普通话交流沟通能力
2. 熟练使用客舱播音和内话设备的能力
3. 独立客舱播音能力
4. 客舱乘务员整体语言形象和个性语言形象经营能力
5. 通过语言构建客舱服务状态的能力
6. 客舱服务突发情况下场面娱乐、物件运用、语体风格、语境选择、节奏掌控、态势语言、空间处理等要素进行全面把握的能力
7. 客舱情况处置中团队的综合演练能力，基本的客舱组织和控场能力</td></tr>
<tr><td>素质目标</td><td colspan="5">1. 树立空乘专业职业道德、敬业精神
2. 培养科学的工作态度和严谨的工作作风
3. 具备换位思考的意识，沟通和交流的意愿强烈
4. 具备良好的团队合作精神
5. 具备良好的服务态度
6. 具备强烈的安全管理意识
7. 具备职业压力调节能力</td></tr>
<tr><td colspan="2">教学内容</td><td colspan="5">普通话语言训练（声母、韵母、声调发音、语流音变）；客舱播音专项训练（客舱广播和内话设备的使用，播音技巧训练，基于 URC 平台的广播词学习）；民航服务语言专项训练（观察与倾听，赞美，说服与拒绝）；客舱服务特殊情景处置</td></tr>
<tr><td colspan="2">教学方法及教学手段</td><td colspan="5">教学方法：任务驱动、小组合作、情景教学法、案例教学法、角色扮演法，云班课
教学手段：本课程教学主要选择采取网络教学平台实现混合式教学，通过虚拟乘务小组情境模拟与演练的方式展开，从普通话语音训练入手，以获得普通话等级证书作为基础，层层推进，将理论知识融入现实运用中来进行讲授，最终使学生能完成复杂客舱环境中的情境处置任务。以学生为学习主体，使学生在各种学习情境中掌握知识，在情境中学会工作方法，并通过信息化教学，引导学生通过网络 App 把握知识点，自主自助进行学习，做到“做中学，学中做”</td></tr>
</table>

续表

教学评价	1. 平时过程考核（20%）：针对每一个不同的项目，通过云班课进行有针对性的考核，内容为平时出勤、学习态度、课堂表现、课后作业等过程质量评价 2. 证书评价（20%）：取得四川省语委普通话二级甲等证书 3. 期末考查（60%）：客舱播音口试，模拟乘务组服务类情景处置考试
教学建议	熟悉民航运输领域的相关的标准和要求，能运用多种教学方法，使用信息化多媒体教学手段进行教学，能熟练地进行各种客舱服务流程，给予学生有效的技能指导

表 5–187　客舱安全与应急处置课程教学内容及要求

课程名称		客舱安全与应急处置					
学期		4	学时	72	授课方式	理实一体
学分		4	考核方式	理论 + 实操	考试类型	闭卷考试
课程目标	知识目标	1. 了解客舱乘务员执勤期间安全职责 2. 掌握证件、装具管理办法 3. 掌握非正常旅客的处理方法 4. 掌握客舱安全运行规则 5. 掌握应急设备的管理和使用的知识 6. 掌握应急撤离的程序和职责 7. 掌握客舱释压、灭火的种类及流程 8. 了解野外求生技能					
	能力目标	1. 具备乘务员自我管理能力 2. 具有在沉着冷静的状态下处理旅客不当行为的能力 3. 客舱安全隐患的排查能力 4. 具备飞行四阶段的客舱安全管理的能力 5. 具备各类飞机上应急设备的管理及操作能力 6. 具有判断客舱突发安全事故以及迅速反应处置的能力					
	素质目标	1. 树立强烈的安全意识 2. 培养较强的服务意识 3. 培养团队合作意识 4. 培养较强的人际沟通能力和危机公关能力 5. 特殊情况的应变能力和较强的心理素质					
教学内容		安全习惯的养成；乘务员安全管理；旅客扰乱行为和非法干扰行为的管理；应急设备的种类和使用方法；应急撤离；释压、灭火的特情处置；野外求生技能					

续表

教学方法及教学手段	教学方法：任务驱动、小组合作、项目教学法、案例教学法、角色扮演法、情景教学法、体验式互动教学法，云班课 教学手段：项目学习都以模拟航班流程为载体，设计相应教学活动，以工作任务为中心整合理论与实践，实现做学一体化。教学过程中，通过校内实训、模拟场景等多种途径，采取模拟客舱实训与课堂教学交替等形式，充分开发学习资源，给学生提供丰富的实践机会，培养学生的安全意识和应急情况下的操作能力
教学评价	1. 平时过程考核（20%）：针对每一个不同的项目，通过蓝云班课进行有针对性的考核，可考核内容为平时出勤、学习态度、课堂表现、课堂技能操作等过程质量评价 2. 技能考试（40%）：考核内容为舱门操作（个人得分考察个人技能）、有充分准备时间的陆上撤离（模拟乘务组得分考察团队组织能力） 3. 期末考试（40%）：理论考试
教学建议	根据国家五级空中乘务员职业标准中对客舱安全管理的要求，以空中乘务服务岗位技能培养为导向，以培养学生客舱安全管理能力为核心，采用示范教学、角色模拟等操作性强的教学方式，创建以过程考核与终结考试相结合的评价体系，把过程考核“嵌入”到整个教学过程，建立过程与终结相结合的评价体系

表 5–188 民航乘务英语课程教学内容及要求

课程名称		民航乘务英语					
学期		3、4	学时	144	授课方式	理实一体	
学分		8	考核方式	口试 + 理论	考试类型	闭卷考试	
课程目标	知识目标	1. 掌握空中乘务的常用英文词汇、客舱服务设备和应急设备英文名称、英文广播词 2. 掌握空中乘务工作用语、服务流程用语 3. 熟悉听力和口语交际技巧					
	能力目标	具备英语三级或者乘务员英语中级相应水平的英语听、说、读、写能力 1. 能识别客舱服务设备和应急设备英文名称 2. 能进行简单的客舱英语对话 3. 能利用内话系统独立完成基本客舱英文广播 4. 具备较强的国际化服务意识和能力					
	素质目标	1. 培养精益求精的服务意识 2. 培养健康自信的人格，提升英语自信心 3. 良好的自我表现、自我学习、与人沟通能力 4. 树立空乘专业职业认同感 5. 理解各种文化特征并能适应不同的文化氛围的能力					

续表

教学内容	本课程在“课岗对接”的理念指导下，对接民航乘务员岗位，通过实用情境设置，全过程地学习民航乘务员的各工作环节的英语应用。学习内容包括地道专业英语表达、空乘专业知识、空中服务中应具备的服务常识和英语应用能力的提升 并探索“课证融合”，将课程与“民航乘务英语（中级）”考试要求对标，从听、说、读、写、译的维度提升专业英语能力，并指导学生准备证书备考
教学方法及教学手段	1. 教学方法上，通过“任务驱动”，每部分采用情境教学、沉浸式教学、角色扮演、案例教学、小组讨论、模拟教学、现场汇报等多种形式教学方法 2. 教学手段上： 课堂讲授，采用教学课件，视频、音频资料进行现场教学 信息化手段上，通过蓝墨云班课和网络资源平台进行资源共享、任务下达、小组作业和测试检验 课堂外，通过 App（英语流利说、百词斩、英语趣配音等）等应用程序指导学生科学学习英语，提升学习兴趣，养成长期学习英语的习惯 课堂外，针对个别基础差的学生进行一对一入门指导，教授自然拼读方法；针对中等水平同学，进行三级考试指导，争取考取三级证书；针对基础优秀的同学，进行大学英语四级考试备考指导
教学评价	建立课程教学全过程的跟踪考核评价体系，在教学评价中注重知识、能力、素质并重，强化过程考核评价 将定量评价与定性评价相结合；理论评价和实践评价相结合；过程评价和结果评价相结合；平时考核与期末综合考核相结合 学期总成绩 100 分，其中：课堂平时成绩 10% + 云班课成绩 20%+ 小组作业 10%+ 期末考试成绩 60% （1）平时成绩 10%。 平时成绩得分 =App 打卡 50%+ 课堂内外综合表现 50% （2）蓝墨云班课成绩 20%。 蓝墨云班课得分 = 根据学习经验值折算百分制计算 （3）小组作业 10%。 小组得分 = 小组作业展示 （4）期末考试 60%。 期末考试得分 = 口试 50%+ 闭卷卷面成绩 50%
教学建议	针对本课程特点和课程的目标要求，教学方式上，突出空中乘务情境教学，以民航乘务员工作岗位的全任务驱动，将课前、课中、课后三个环节连接起来，将英语语言教学和空乘实务情境相结合，采用多种教学方法将知识、能力、素质目标融为一体，融“教、学、做”为一体。为保证内容充分吸收，每一情境下设置了细分任务，每一项任务通过多模块进行任务分解

表 5–189　客舱设备与服务课程教学内容及要求

<table>
<tr><td colspan="2">课程名称</td><td colspan="6">客舱设备与服务</td></tr>
<tr><td colspan="2">学期</td><td>3</td><td>学时</td><td>72</td><td>授课方式</td><td colspan="2">理实一体</td></tr>
<tr><td colspan="2">学分</td><td>4</td><td>考核方式</td><td>理论 + 实操</td><td>考试类型</td><td colspan="2">闭卷考试</td></tr>
<tr><td rowspan="3">课程目标</td><td>知识目标</td><td colspan="6">通过学习，学生能知道飞行服务的流程、应急医疗的实施，了解客舱服务规范和安全规章及管理规定，才便于执行和操作；理解安全规章及管理的执行。学生需要全面掌握空中餐饮服务的典型任务和程序，这是正常飞行情况下客舱服务部分的核心内容</td></tr>
<tr><td>能力目标</td><td colspan="6">通过完成课程中所设计的模块和任务，学生能运用课程中的知识和技能，根据乘务飞行知识以及乘务岗位技能标准，学生能完成一次完整的飞行服务。主要包含了乘务服务的实现、安全规章及管理的执行、机上应急设备的使用、应急情况的处置、应急医疗的实施以及相应的乘务员行政工作能力等内容，培养学生具备较强的规范操作能力、实践能力和个性化服务的能力以及该行业所需要的综合能力</td></tr>
<tr><td>素质目标</td><td colspan="6">1. 政治素质
热爱社会主义祖国，拥护党的基本路线，了解中国特色社会主义理论体系的基本原理，具有集体主义、爱国主义、社会主义思想和良好的思想品德，具有创业精神、良好的职业道德
2. 人文素质
有较好的文化、艺术、体育和美学修养，有高雅的精神生活追求和良好的生活习性，德、智、体、美全面发展
3. 身心素质
具有健康的体魄和良好的心理素质，不怕困难，不怕挫折，勇于承担责任，有坚强的意志品质
4. 知识素质
掌握必需的航空服务专业基础理论知识和空乘专业知识。具备从事航空服务行业（领域）实际工作的服务能力和基本技能。具有一定的创造能力和创业能力</td></tr>
<tr><td colspan="2">教学内容</td><td colspan="6">通过本课程的学习，使学生具有民航安全第一的意识，能熟练完成迎送旅客、客舱广播词、飞行前安全检查、出口座位确认、安全演示、空中餐饮服务以及特情处置等技能，期末考核最终达到初级客舱乘务员岗位能力要求。学生能运用课程中的知识和技能，根据乘务飞行知识以及乘务岗位技能标准，完成一次完整的飞行服务。主要包含了乘务服务的实现、安全规章及管理的执行、机上应急设备的使用、应急情况的处置、应急医疗的实施以及相应的乘务员行政工作能力等内容，培养学生具备较强的规范操作能力、实践能力和个性化服务的能力以及该行业所需要的综合能力
在课程改革的过程中，用项目能力训练为主线，课程逻辑更清楚，学生能从做中学，从学中做。教学内容确定的依据是《中国民用航空客舱乘务员培训标准》，理论来自实践，又用反复实践来检验理论。学生的学习积极性会大幅度增加，要我学变为我要学，有利于专业能力和职业素养的培养</td></tr>
</table>

续表

教学方法及教学手段	针对本课程特点和课程的目标要求，教学方式上，要突出客舱实训在课程中的主体地位，通过项目导向、任务驱动，采用多种教学方法将客舱服务技能与知识融为一体，突出重点、解决难点；重视课程内容与实际工作的一致性，融“教、学、做”为一体 （一）教学组织 在教学组织形式上，力求做到理论与实践相结合，将知识传授、职业能力培养有机结合起来 1. 采用分组教学和集中教学相结合 2. 教师主导教学和学生自主学习相结合 3. 规定项目（任务）训练和自选项目（任务）训练相结合的教学组织形式 （二）教学方法和手段 1. 教学方法上，采取“任务驱动”教学方法、情境教学、角色扮演、案例教学、小组讨论、模拟教学和现场汇报等教学方法。本着任务提出（案例分析或工作情境）—任务讨论（启发诱导、小组讨论或学生分析）—任务解决（扮演角色）—形成能力的顺序开展教学活动 2. 教学手段上，校内采用全套教学课件，视频、音频资料，网络资源平台，多媒体模拟舱等信息化教学；校内利用 B737 模拟舱进行仿真实训，校外利用实训基地进行岗位认知、工学结合、顶岗实习等手段，以实现其教学目标
教学评价	1. 考核评价理念 以学生能力培养为出发点，注重对综合素质的评价和过程考核，创新考核评价的内容、方式和标准。从评价内容的多样性、考核方式的多元性，考核标准的职业性等真实反映和促进学生多方面能力的形成 2. 考核评价内容及方式 （1）考核评价内容。 本课程为空中乘务专业学生的专业必修课（考试科目），也是一门实践性、经验性比较强的课程，通过本课程的学习，使学生具有民航安全第一的意识，能熟练完成迎送旅客、客舱广播词、飞行前安全检查、出口座位确认、安全演示、空中餐饮服务以及特情处置等技能，期末考核最终达到初级客舱乘务员岗位能力要求 （2）考核评价方式。 课程考核将客舱乘务工作实操与闭卷考试相结合，加大技能考查力度，充分发挥学生主体的教学效果，为学生探究问题提供条件，并最终真正做到“学以致用”。其中，平时成绩占 40%，期末技能考核占 60%
教学建议	学生分组实训效率还有待提高 改进措施：教师应根据实训目标做好实训准备，在课堂做好实训安排，将探究和解决问题的主动权交给学生，实现学生分组层次化、差异化，乘务组号位分工交替轮换制

表 5-190　民航客舱救护课程教学内容及要求

<table>
<tr><td colspan="2">课程名称</td><td colspan="6">民航客舱救护</td></tr>
<tr><td colspan="2">学期</td><td>4</td><td>学时</td><td>72</td><td>授课方式</td><td>理实一体</td></tr>
<tr><td colspan="2">学分</td><td>4</td><td>考核方式</td><td>实操</td><td>考试类型</td><td>考查</td></tr>
<tr><td rowspan="3">课程目标</td><td>知识目标</td><td colspan="5">1. 了解航空环境及其对人体的影响
2. 掌握客舱急救及机载应急医疗设备
3. 掌握心肺复苏的实施
4. 掌握创伤现场救护
5. 掌握机上常见病症及处理
6. 掌握高原机场运行航空医学知识及高原救护
7. 了解常见传染病的防治基本方法
8. 了解客舱空勤人员的卫生保健基本方法</td></tr>
<tr><td>能力目标</td><td colspan="5">1. 具备常见病处理、外伤处理、心肺复苏和常见传染病防治等客舱救护能力
2. 具备客舱空勤人员的卫生保健基本能力
3. 满足民航乘务员国家职业标准中有关应急医疗处置的各级乘务员技能要求</td></tr>
<tr><td>素质目标</td><td colspan="5">1. 树立科学的卫生保健观念
2. 培养勇于担当的工作作风
3. 具备救死扶伤的意识
4. 具备良好的团队合作精神
5. 具备良好的服务态度
6. 具备强烈的安全管理意识</td></tr>
<tr><td colspan="2">教学内容</td><td colspan="5">航空环境及其对人体的影响；客舱急救及机载应急医疗设备；心肺复苏的实施；创伤现场救护；机上常见病症及处理；高原机场运行航空医学知识及高原救护；常见传染病的防治基本方法；客舱空勤人员的卫生保健基本方法</td></tr>
<tr><td colspan="2">教学方法及教学手段</td><td colspan="5">教学方法：任务驱动、小组合作、情景教学法、案例教学法，角色扮演法，云班课
教学手段：本课程教学主要选择采取网络教学平台实现混合式教学，通过虚拟乘务小组情境模拟与演练的方式展开，从基本医疗急救知识入手，以获得红十字会救护员证书作为基础，层层推进，将理论知识融入现实运用中来进行讲授，最终使学生能完成复杂客舱环境中的救护任务。学生以小组为学习主体，使学生在各种学习情境中掌握知识，在情境中学会工作方法，并通过信息化教学，引导学生通过网络 App 把握知识点，自主自助进行学习，做到“做中学，学中做”</td></tr>
<tr><td colspan="2">教学评价</td><td colspan="5">1. 平时过程考核（20%）：针对每一个不同的项目，通过云班课进行有针对性的考核，内容为平时出勤、学习态度、课堂表现、课后作业等过程质量评价
2. 证书评价（20%）：取得红十字会救护员证书
3. 期末考试（60%）：民航客舱救护实训，模拟乘务组救护类情景处置考试</td></tr>
</table>

续表

教学建议	熟悉民航运输领域的相关标准和要求，能运用多种教学方法，使用信息化多媒体教学手段进行教学，能熟练地进行各种客舱救护流程，给予学生有效的技能指导

表 5–191　民航服务心理学课程教学内容及要求

<table>
<tr><td>课程名称</td><td colspan="6">民航服务心理学</td></tr>
<tr><td>学期</td><td>3</td><td>学时</td><td>36</td><td>授课方式</td><td>理实一体</td></tr>
<tr><td>学分</td><td>2</td><td>考核方式</td><td>理论 + 实操</td><td>考试类型</td><td>闭卷考试</td></tr>
<tr><td rowspan="3">课程目标</td><td>知识目标</td><td colspan="5">1. 民航旅客的需要
2. 民航旅客的知觉
3. 民航服务中的个性心理
4. 民航旅客的情绪
5. 民航旅客的态度
6. 民航服务过程中的旅客群体心理
7. 民航旅客投诉心理
8. 民航服务人员情绪智力提升和工作压力调节</td></tr>
<tr><td>能力目标</td><td colspan="5">1. 具备对旅客心理规律和行为的感知力
2. 具备对旅客需要、情绪的回应能力
3. 能够有效运用所学知识应对冲突及投诉
4. 能够进行有效的自身心理健康管理
5. 能够积极应对挫折、缓解工作压力</td></tr>
<tr><td>素质目标</td><td colspan="5">1. 树立科学的情绪认知观念
2. 培养乐观向上的工作作风
3. 具备个人情绪管理和抗压的意识
4. 具备良好的团队合作精神
5. 具备良好的服务态度</td></tr>
<tr><td>教学内容</td><td colspan="6">民航旅客的需要；民航旅客的知觉；民航服务中的个性心理；民航旅客的情绪；民航旅客的态度；民航服务过程中的旅客群体心理及应对措施；民航旅客投诉心理及应对措施；民航服务人员情绪智力提升和工作压力调节</td></tr>
<tr><td>教学方法及教学手段</td><td colspan="6">教学方法：任务驱动、小组合作、情景教学法、案例教学法，角色扮演法，云班课
教学手段：本课程教学主要选择采取网络教学平台实现混合式教学，通过虚拟乘务小组情境模拟与演练的方式展开，将理论知识融入现实运用中来进行讲授，最终使学生能完成复杂客舱环境中的情景处置任务。以学生小组为学习主体，使学生在各种学习情境中掌握知识，在情境中学会工作方法，并通过信息化教学，引导学生通过网络 App 把握知识点，自主自助进行学习，做到“做中学，学中做”</td></tr>
</table>

续表

教学评价	1. 平时过程考核（40%）：针对每一个不同的项目，通过云班课进行有针对性的考核，内容为平时出勤、学习态度、课堂表现、课后作业等过程质量评价 2. 期末考试（60%）：采用闭卷考试的形式，考核学生对理论知识的掌握程度
教学建议	熟悉民航运输领域的相关标准和要求，能运用多种教学方法，使用信息化多媒体教学手段进行教学，能熟练地进行各种客舱情景处置，给予学生有效的技能指导

（3）专业拓展模块（表 5-192）。

表 5-192　专业拓展模块内容及目标要求

序号	项目 / 课程名称	拓展内容	拓展目标	建议学时
1	二外	旅游英语、旅游韩语、旅游泰语、旅游日语、旅游法语、旅游德语、旅游俄语	具备除英语以外的另一门外语的基本沟通能力	268
2	茶艺	掌握六大茶类的基本知识和基本冲泡方法，对传统美学有基础的了解，培养客舱特色餐饮服务工作的基础能力	能完成客舱特色餐饮服务工作	36

4. 实践课程（表 5-193）

表 5-193　实践课程内容及学时学分分配表

实践（实习）项目	实践（实习）目标	实践学时
入学入职教育	帮助学生认识行业发展趋势，提升学生对专业的认识水平，了解专业课程设置；明确校规校纪，自觉遵守学校各种规章制度	26
军事技能	培养学生艰苦奋斗、刻苦耐劳的坚强毅力和集体主义精神，帮助学生增强组织纪律性，养成良好的学风和生活作风	112
空乘业务综合实训	全面系统将空中乘务五大核心技能串联，培训综合实操能力	26
SYB 创新创业实践	了解创办企业的流程和方法，模拟实践创办企业，增强创业实践指导性	40
劳动与素质教育活动	培养学生的人文素养、职业道德、社会适应能力和社会责任感，养成劳动意识、竞争意识和创新创业意识等	30

续表

实践（实习）项目	实践（实习）目标	实践学时
顶岗实习（含毕业设计、报告）	全面系统将专业所学与实际工作结合起来，熟悉具体岗位的业务工作，提升综合分析和解决问题的能力，提升社会适应能力，实现顶岗实习和就业直通	450
合计		684

九、人才培养模式

空中乘务专业人才培养按照“课内＋课外、学业＋职业、学校＋企业”的构建原则，通过“行业标准指导教学课程标准”的课内知识技能学习与“企业导师走进职业规划”的课外综合素质养成，将职业能力训练贯穿其中，根据民航乘务员职业能力形成过程，进行课程优化（图5-9）。

在课内知识技能学习中，以学生专业知识体系完善为主线，以学校教师＋企业教师双考核模式为保障，培养符合行业要求、满足岗位需求的空中乘务专业学生。第一学期新生报到后进行军训、行业认知，了解民航业相关发展，学习形象塑造和中文表达的知识和技能；第二学期完成民航职业礼仪学习并初步接触第二外语，公共课程基本安排在第一、二学期；第三和第四学期，通过深入学习安全类、服务类课程，培养民航乘务员岗位必备的专业知识和技能，同时通过民航乘务英语和第二外语，强化学生国际化意识和能力；第五学期在校内进一步深入学习文化创意、创新创业技能、就业指导课程；第六学期开展毕业实习、海外实习或通过专业考试升入本科院校进行深造。

在课外综合素质养成中，以学生专业综合能力进阶为主线，以学校教师＋企业教师双指导模式为保障，在学生日常行为规范养成、学生技能提升、无限C课堂、社会实践等形式多样的环节中融入职业标准和行业要求，通过企业教师参与到学生综合素质养成的环节中，完善课内＋课外、学业＋职业的综合培养体系。

在职业能力训练中，通过职业技能提升与就业技能提升双元并行，让企业走进学校、让学生接轨岗位，通过1+X证书探索，最终形成学生综合职业能力，使学生完成从学生到职业人的转变。

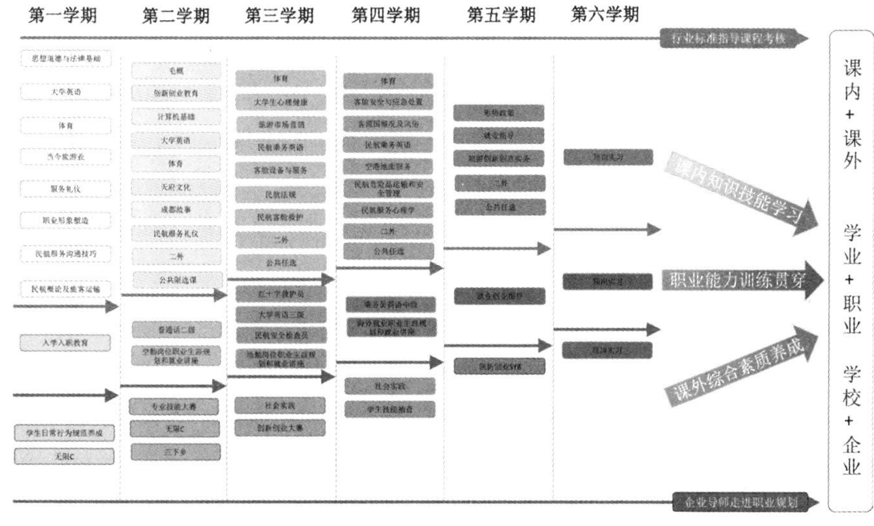

图 5-9　空中乘务专业人才培养模式

十、教学进程总体安排

本专业课程总学时 2791 学时、总计 132 学分。课程教学原则上 16~18 学时折算 1 学分，实践教学（校内实训、综合实践）每 20~28 学时计 1 学分。顶岗实习（含毕业设计、报告）每周 15 学时计 0.5 学分。

十一、教学实施保障（基本条件）

（一）师资队伍

为满足教学需要，确保教学质量，本专业生师比建议为 15∶1。教师团队由校内专任教师和企业兼职教师构成。

专任教师原则上需要具备本科以上学历，具备课程开发能力，指导学生实践的能力。教师每 5 年必须累计不少于 6 个月到企业或生产服务一线实践。专任教师中“双师”素质教师不低于 90%（表 5-194）。

企业兼职教师原则上应为行业内从业多年的专业技术人员，具备较强的执教能力。专业上要为兼职教师提供教学培训机会。对技术革新较快、实践性较强的课程聘请企业兼职教师组成教学团队，共同完成课程教学和实践指导，及时将企业新标准、新技术、新工艺、新流程等融入教学（表 5-195）。

表 5-194 专任教师一览表

序号	姓名	职称	学历 / 学位	年龄	研究领域	是否双师型	骨干教师 / 专业带头人
1	×××	副教授	本科 / 硕士	49	职业礼仪	是	是
2	×××	副教授	本科 / 硕士	39	客舱服务、民航安检	是	是
3	×××	讲师	本科 / 硕士	40	民航沟通、民航安全	是	是
4	×××	讲师	研究生 / 硕士	39	民航概论	是	是
5	×××	讲师	研究生 / 硕士	39	机场地勤、民航乘务英语	是	是
6	×××	助教	研究生 / 硕士	33	职业形象塑造、民航客舱救护	是	是

表 5-195 兼职教师一览表

序号	姓名	职务	工龄	工作单位	承担课程	课时量
1	×××	营业部国际室经理	31	中国国际航空	危险品运输	36
2	×××	客舱部乘务员	15	四川航空	客舱安全	72
3	×××	培训中心教员	26	中国国际航空	客舱安全	36
4	×××	客舱部乘务员	31	中国国际航空	民航概论	36
5	×××	乘务长	19	中国东方航空	客舱服务 / 礼仪	144
6	×××	客舱部乘务员	9	卡塔尔航空	乘务英语	36
7	×××	客舱部乘务员	9	西藏航空	礼仪	72
8	×××	空保大队空保	9	西藏航空	空勤体能	72
9	×××	人资部经理	29	朝东航空	空港地面服务	8
10	×××	客舱部乘务员	9	中国东方航空	客舱服务	36
11	×××	企业培训师	17	南方叶嘉茶叶	茶艺	144
12	×××	安检教员	9	成都双流机场	安检综合实训	26

续表

序号	姓名	职务	工龄	工作单位	承担课程	课时量
13	×××	高级安检员	9	深圳宝安机场	安检综合实训	26
14	×××	高级安检员	9	厦门高崎机场	安检综合实训	26

（二）实训条件

1. 校内实训室（表 5–196）

表 5–196　校内实训室

序号	实验室 / 实训基地（中心）的名称	实践教学内容	适用课程	专业群内共享（是 / 否）
1	空客 A320 模拟舱	客舱服务 客舱安全 客舱救护	客舱设备与服务 客舱安全与应急处置 民航客舱救护	是
2	客舱救护实训室	机上内科急症救护 机上创伤急症救护 机上心肺复苏	民航客舱救护	是
3	地勤实训室	票务、值机、安检	空港地面服务 民航危险品运输和安全管理	是
4	形体房	形体训练	服务礼仪 化妆及形象塑造	是
5	空客 A320 安全训练室	客舱服务 客舱安全 客舱救护	客舱设备与服务 客舱安全与应急处置 民航客舱救护	是

2. 校外实训条件（表 5–197）

表 5–197　校外实践场所

序号	校外实习基地名称	合作企业名称	实践教学形式	合作深度	专业群内共享（是 / 否）
1	双流机场	双流机场	专业认识	岗位实践	是
2	中拉航空珠海基地	中拉航空	课程开发、师资培养	顶岗实习	是
3	多哈机场	卡塔尔航空	顶岗实习	课程开发	是

（三）学习资源

1. 课程包

力求以学习者为中心，结合空中乘务专业教学实际，建设专业教学资源库，完善并使用“客舱安全与应急处置”“民航客舱救护”“民航乘务英语”课程教学包，在校内外共享开放，以满足学生自主学习的需要。

2. 专业素材资源

通过民航服务业行业资讯、行业标准、人才质量要求、政策法规等资料的收集，让学生全面了解行业现状及发展动态，获取最新行业信息，做好职业定位。以图片、录像、机型资料、模型的放映或展示等方式，为学生提供生动、直观的专业学习平台。

3. 空乘工作案例

通过收集、整理和再现空乘工作中的真实案例，使学生了解和掌握有关客舱服务流程、设备管理、安全管理、适航标准等方面的知识（表5-198、表5-199）。

表 5-198　空中乘务专业教材一览表

序号	课程名称	教材名称	出版社	作者	出版时间	校企开发教材（是 / 否）	新形态教材（是 / 否）
1	民航服务沟通技巧（72 课时）	《民航播音训练》	清华大学出版社	杨静 李广春	2017.11	否	否
2	客舱安全与应急处置（72 课时）	《客舱安全管理与应急处置》	清华大学出版社	陈卓、兰琳	2017.11	否	否
3	民航乘务英语（144 课时）	《空中乘务情境英语》	清华大学出版社	范晔 邹海鸥	2018.1	否	否
4	客舱设备与服务（72 课时）	《四川航空乘务员培训大纲及手册》	四川航空	四川航空	2018	是	是
5	民航服务心理学（36 课时）	《民航服务心理学》	中国人民大学出版社	杨丽明	2019.3	是	否
6	民航课舱救护（72 课时）	《民航客舱救护》	中国民航出版社	王利艳	2015.2	是	否

表 5-199　空中乘务专业数字化资源选用表

序号	类型	数字化资源名称	资源网址
1	系统	航空 CBT 在线学习系统	http://elearning.aiks.cn：8088/index
2	系统	急救虚拟教学实训系统	http://222.210.27.181：8000/virlab/console/?urlto=%2e%2e%2fcourse%2fcourse%5flearning%2ejsp%3fcourse%5fid%3d157
3	网站	民航资源网	http://www.carnoc.com
4	网站	国家精品课程在线平台	https://www.icourse163.org

（四）教学方法

总结推广现代学徒制试点经验，普及项目教学、案例教学、情境教学、模块化教学等教学方式，广泛运用启发式、探究式、讨论式、参与式等教学方法，推广翻转课堂、混合式教学、理实一体教学等新型教学模式。

（五）学习评价

对学生的学业考核评价内容兼顾认知、技能、情感、素养等方面，体现评价方式的多维度，如口试、笔试、顶岗操作、职业技能大赛、职业资格鉴定等；体现评价主体的多元化，吸纳行业企业和社会参与学生的考核评价。通过多维度形式和多元化考核，结合学习过程建构起立体化的学习评价机制。

（六）质量管理

在学院与分院两级的质量保障体系下，以保障和提高教学质量为目标，运用系统方法，依靠必要的组织结构，统筹考虑影响教学质量的各主要因素，结合教学诊断与改进、质量年报等自主保证各专业人才培养质量的工作，统筹各环节的教学质量管理活动，形成任务、职责、权限明确，相互协调、相互促进的专业质量管理机制。

十二、毕业要求

修满本专业毕业要求的最低学分：132 学分。

十三、继续专业学习深造建议

学生获得更高学历和学位的渠道有以下三种：a. 在校进行专升本（自考本科考试）；b. 完成三年学习后，通过测试升入国内外应用型大学旅游类专业获取本科层次学历学位。

十四、其他说明（表 5-200）

表 5-200　专业相关国家标准

序号	名称
1	《高等职业学校空中乘务专业教学标准》（教育部・2019 年版）
2	《客舱乘务员的资格和训练》（中国民航局・AC-121-FS-2019-27R2）
3	《民航乘务员国家职业技能标准》（人社厅・〔2019〕110 号）
4	《空中乘务员职业技能等级标准》（教育部职成司・2021 年版）

十五、附录（教学进程安排表 - 略）

第六章　成果总结与实践成效

第一节　成果总结

一、本成果的主要工作

数字经济推动旅游产业转型升级，信息技术与旅游产业的融合促进智慧旅游新业态、新技术、新岗位不断涌现。以虚拟旅游、无接触式旅游为代表的智慧旅游新模式、新经济迅速培育壮大，职业岗位从“一技之长”向“一职多岗”和“一岗多能”的复合型特征转变。面对产业数字化转型的深刻变革，高职旅游类专业人才培养跟不上产业新变化，专业技能和信息技术融合不够，实践教学场景单一，校企协同推进新技术、新工艺、新规范等动态纳入教学标准和教学内容不及时、不充分、不适用等问题日益凸显。基于此，本成果依托“国家高等职业教育创新发展行动计划”骨干专业建设、省级重点专业建设（优秀级结题）和省级人才培养与教学改革重点项目等，主动对接四川和重庆建设国家数字经济创新发展试验区、成都建设践行新发展理念公园城市示范区新型智慧城市的发展机遇，基于职业教育人才供需适应论，明确了“校企协同、跨界融合、赋能增值”育人理念，探索了“两路径、四载体”智慧旅游人才培养模式。为新时代贯彻落实数字经济强国和成渝地区双城经济圈国家战略，弘扬工匠精神、立德树人，深化“三教改革”提供了新思路、新举措。

一是推行了“三匹配、三融合”课程建设路径。适应数字化转型对职业能力的新要求，匹配业务跨界化特征，专业融合构建“四模块”课程体系；匹配产品呈现和营销方式数字化特征，数旅融合更新教学内容；匹配商业模式场景化特征，三区融合优化“场景叠加、四实联动”实践教学体系。

二是创建了“双驱动、三交替”教学组织实施路径。以职业教育集团化办学驱动，激发校地企多元投入的育人动力；以“五维四度多法一环”评价机制驱动，激发人才增值的学习动力；以工学结合“三交替”确保学生能力进阶，强化数字安全等思政素养。

三是打造了“研、创、赛、训”资源建设四载体。通过“两服务”打造技术研发载体和创业企业载体，将创新成果和客户订单转化为课程资源；通过“两对接”，打造竞赛基地载体和虚拟仿真实训载体，将赛标、行标转化为实训资源。有效带动了高水平“双师型”教师队伍建设、教材开发和教法改革。

通过近 7 年的探索，形成教改专著 4 本等理论成果，直接受益学生 5600 余人，涌现了全国青年岗位能手、四川省五一劳动奖章获得者等优秀毕业生，建成 2 个国家级专业，获联合国世界旅游组织教育质量认证、国家级职业教育教师教学创新团队、全国教材建设奖、全国党建工作“样板支部”、全国示范性职业教育集团、“互联网 +”大学生创新创业大赛全国银奖、全国职业院校技能大赛一等奖等标志性成果，对口支援三峡职院旅游管理专业学生因新冠疫情返乡就业，助力学校入选国家级职业教育示范性虚拟仿真实训基地和“双高”专业群建设项目，吸引华为、腾讯云等龙头企业合作，入选全国典型案例 4 篇，被媒体报道 36 次。

二、解决的教学问题

一是产业数字化转型催生岗位新变化，教学内容与职业能力要求不适应。

二是复合型人才培养涉及要素多，校企协同推进过程共管不紧密。

三是技术技能迭代速度快，教学资源动态更新不满足。

三、解决教学问题的方法

（一）三匹配、三融合，推进课程建设

适应产业数字化变革，以人才价值提升为中心，提出“校企协同、跨界融合、赋能增值”育人理念。人才培养目标确定为培养理想信念坚定、热爱社会主义祖国，具有工匠精神、互联网思维、数字安全、创新创业意识和国际化素养，具备旅游场景信息技术应用、旅游大数据营销和数字创意设计能力，德、智、体、美、劳全面发展的智慧旅游复合型技术技能人才。围绕人才培养目标定位，以“三匹配、三融合”推进课程建设。

1. 匹配业务跨界化特征，专业融合构建课程体系

平台经济、共享经济、线上线下融合等新消费模式下，旅游产业边界越来越模糊，应对多样化、个性化市场需求，跨部门、跨企业、跨行业整合资源、联合攻关，已成为智慧旅游基本业务组织方式，基于此，应打破信息技术类、文化旅游类的专业壁垒，跨专业组群发展。其中，旅游管理专业培养智慧营销和服务管理能力，文化创意与策划专业培养创意思维和数字设计能力，根据业态方向，酒店管理与数字化运营、智慧景区开发与管理、会展策划与管理等专业分方向培养学生的就业创业能力。依据国家标准和职业要求，构建灵活开放的“专业群平台 + 专业方向 + 技术赋能 + 职业认证”四模块课程体系。夯实公共基础课程和专业通识课程，建设专业群平台模块课程；分专业建设专业方向模块课程；按数据分析、数字设计等分类建设技术赋能模块课程；以 1+X 证书集成学生岗位职业能力，依据职业技能等级标准建设职业认证模块课程。根据高职学生认知规律和心理特点序化课程，深入推进“课程思政”和“思政课程”同向同行（图 6-1）。

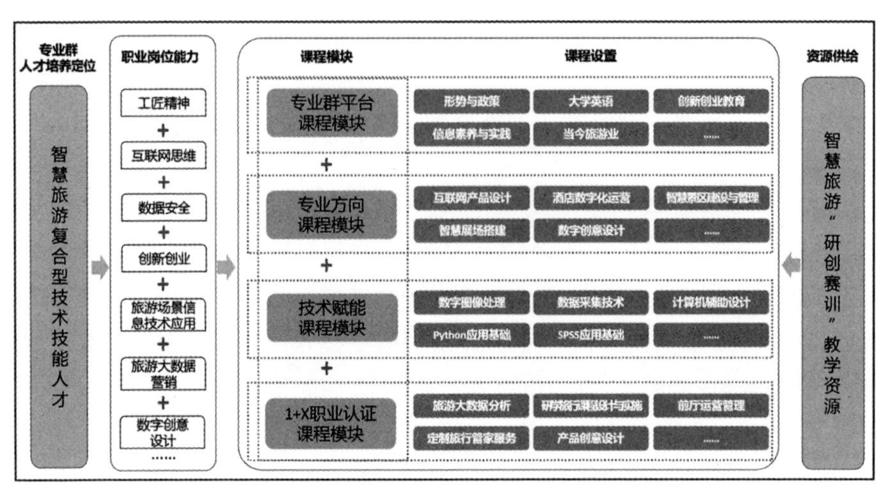

图 6-1　智慧旅游复合型技术技能人才培养课程体系

2. 匹配产品呈现和营销方式数字化特征，数旅融合优化课程内容

旅游产品线上线下消费和数字化营销特征，强调灵活应对、快速响应市场需求，需要丰富学生数字化条件下的技术手段，增强旅游场景技术应用能力。与之适应，采取集成的思路融合数字技术和旅游专业技能，在旅游技能课程中融入智慧旅游应用技术，引入 1+X 证书考核标准，强化互联网思维、数字安全等思政内容，按照项目模块实施课程教学设计，更新课程标准。以专业群对接岗位群，按照资源共享、交叉融合、专业协同原则，专兼结合推行模块化课程教学，创设教师分工协同的课堂教学形态。

3. 匹配商业模式场景化特征，三区融合优化实践教学体系

场景创新已经成为旅游产业新兴消费的核心驱动力，旅游场景化的商业模式变革是适应数字化消费需求的必然选择。为促进学生适应智慧旅游场景工作特征，通过校地企“三区融合”，自创校区虚拟场景、融入社区生活场景和共享旅游区生产场景，“场景叠加”提升了学生的创新创意能力，实训、实验、实习、实践“四实联动”提升学生技术应用能力。实训包括创设校内虚拟仿真实训中心沉浸式场景开展轮训，模拟世界技能大赛和全国职业技能大赛场景开展集训，营建 1+X 证书考核场景实施专训。实验主要依托校企共建技能大师工作室和技术中心等研发场

景，开展验证性和探究性实验。实习是利用成渝地区巴蜀文化旅游走廊的智慧景区、智慧客房等生产场景，组织学生按能力养成规律开展识岗、跟岗、顶岗实习。实践是利用第二课堂和寒暑假，组织学生参与到数字化校园管理、智慧社区治理、微创业等服务性场景中，开展社团活动、社区服务和创业实践。

（二）双驱动、三交替，实施教学组织

1. 驱动校企共育人才，共建成都旅游职业教育集团育人平台

校企“双主体”共建旅游职业教育集团育人平台，利用地方政府赋予集团化办学的税收减免、资金奖补等政策，为人才培养提供中高职衔接生源、产教融合政策和成渝合作资源保障。实施智慧旅游复合型人才贯通培养，建成统一标准、统一课程、统一评价和师资带、实训带、管理带的“三统三带”中高职衔接一体化人才培养机制，试点职教本科人才培养。整合成渝地区产教资源，与重庆文化和旅游信息中心等企事业单位开展数据信息互通、师资队伍互聘、人才供需对接、实训基地共建、创新成果共享等。

2. 驱动学生自主学习，共构“五维四度多法一环”评价机制

充分激发学生积极性，开展“五维”评价，即由企业承担岗位能力评价、教师和同学承担课程评价、专家承担竞赛评价、1+X 证书机构承担认证评价、辅导员承担社会实践等素质评价。分别按照“四度”开展测评，即职业态度、技能程度、执行速度、产值效度。依托云班课等信息化教学工具，线上线下相结合，创新对标式、积分式、闯关式、流量式等多种评价方法。过程上构建“计划—执行—检查—处理”PDCA 质量控制环，即在“五维”的评价指标中，按照“四度”设置学业预警机制，依托质量监测信息系统和移动终端，及时开展教学诊改、学生自改和家长督改（图 6-2）。

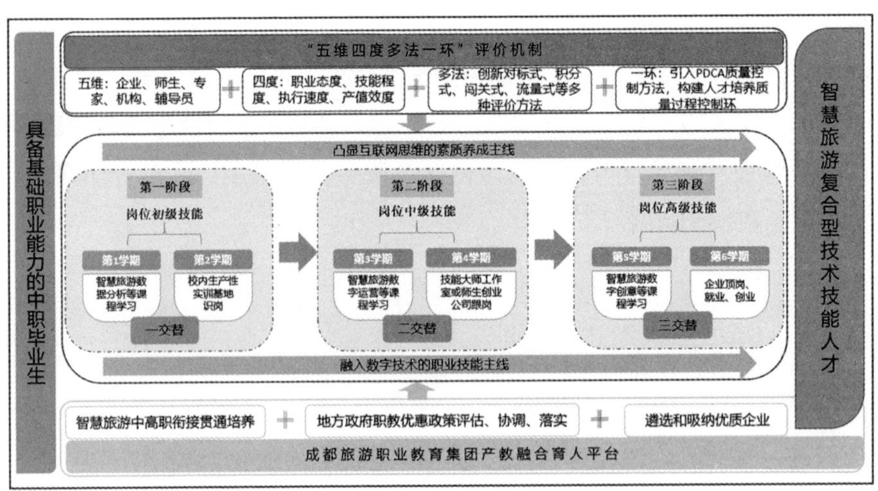

图 6-2 智慧旅游复合型技术技能人才培养教学实施路径

3. 贯通能力进阶主线，共推“三交替”工学结合运行机制

调研生源学情，校企定制复合型能力培养两条主线，即凸显互联网思维、数字安全的素质养成主线和融入数字技术的职业技能主线。分学年实施“三阶段”工学交替，围绕数据分析、数字运营、数字创意等能力进阶，针对岗位初级技能，在校内生产性实训基地做见习员工，企业师傅进课堂，完成第一阶段工学交替；针对岗位中级技能，在技能大师工作室或师生创业公司做实习员工，企业项目进实训，完成第二阶段工学交替；针对岗位高级技能，在企业顶岗实习、就业、创业，真实生产进教学，完成第三阶段工学交替。

（三）研、创、赛、训，打造资源载体

1. 服务小微企业需求的智慧旅游技术研发载体

通过校企共建“工程研究中心 + 技能大师工作室 + 文旅行指委”技术研发载体，组建由专任教师、企业经理、技术工程师等构成的结构化教师教学创新团队，瞄准成渝地区智慧旅游小微企业对场景策划、数据加工、标准制定、内容生产等技术需求，由旅游大数据省级工程研究中心承接研发，技能大师工作室承接试制，行指委组织专兼职教师将科研

成果转化为教材、教案等。

2. 服务社区需求的创业企业载体

教师牵头、学生轮换、学校支持，师生共建5个创业企业载体，把客户方案、订单迅速转化为创业案例等。对接乡村民宿改造、文创街巷打造等社区“微需求”，培养学生在共享经济下的创业就业能力。教师指导学生孵化专利，创业企业实施转化，开发了线上“金牌导游”、社区电商咖啡等创业项目，线上有流量、线下有销量。

3. 对接职业技能赛标的竞赛载体

建成“职业技能创新中心+集训基地”竞赛载体，将赛事资源转化为实训项目等，推动“以赛带训、以训促练、以练促学”。四川职业技能创新中心承担竞赛标准研究以及全省职业院校技能大赛组织；省级职业技能竞赛集训基地对标世界技能大赛标准，开展技术承训和示范推广。

4. 对接数字技术应用行业规范的虚拟仿真实训载体

按照“虚实结合、育训结合、系统集成”的思路，建成虚拟仿真实训中心，建立相关制度15项，配置多通道环幕立体投影、虚拟现实头盔、三维数据采集仪等装备，采用多视角虚拟体验、人机交互等方式，验证智慧旅游技术规范，校企合作研发教学系统25个，集成28家旅游企业真实项目，将旅游场景转化为虚拟教学情境，建成专业群教学资源库，包含中英双语的教学素材2万余个。校企合作开发工作手册式、案例式、活页式教材和云教材等，规范教材选用管理制度。推进探究式、沉浸式和任务驱动式等教法改革，引导学生从数据分析、方案创意、数字呈现到创新创业的知行合一，校地企三方对实训室的利用率达95%以上（图6-3）。

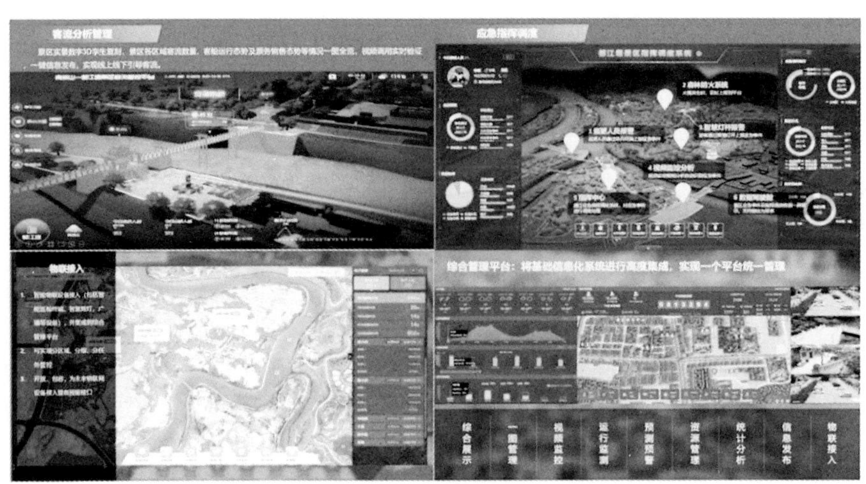

图 6–3　智慧旅游虚拟仿真实训中心项目示意图

第二节　实践成效

一、成果创新

（一）“三匹配、三融合”课程建设路径创新

根据职业教育人才供需适应论，聚焦产教融合，着眼智慧旅游人才需求和未来技术创新，瞄准旅游大数据分析师、定制旅行策划师、宴会设计师等新职业、新岗位，以学生提质赋能为中心，创建了“校企协同、跨界融合、赋能增值”育人理念，提出以“三匹配、三融合”推进课程建设，实现人才链对接产业链协同升级的职教观点。“三匹配”抓住产业数字化转型的新特征，“三融合”赋能增值人才培养，改变了传统旅游类专业技术服务科技含量低、就业岗位层次低、职业价值认同低的办学困境，凸显出育人目标的精准性、育人模式的职业性、育人主体的多元性、育人载体的功能性、育人效果的实践性，丰富和发展了“三教改革”教育实践。

（二）"五维四度多法一环"评价机制创新

本成果牵住评价这个质量保障的"牛鼻子"，由学生从不同模块自主选择课程，分层分类定制化生成人才培养方案，细化教学质量标准，力推因材施教、立体评价、以评促改，改变了以往评价标准的单一性、评价维度的平面性、评价应用的滞后性。职业教育集团化办学充分调动了企业共同评价的育人动力，"五维四度多法一环"评价机制有效调动了学生自主学习的主动性、积极性。横向上"五维"解决了评什么、谁来评，纵向上"四度"解决了怎么评。执行上用"多法"创新评价手段，过程上构建"计划—执行—检查—处理"PDCA 质量控制环，建立学业预警机制，保障了学生职业能力进阶。

（三）"两服务、两对接"资源建设载体创新

"两服务、两对接"本质上是教学资源建设"从跟到创"的方式转变，是以技术技能创新引领优质教学资源可得、可用、可更新的持续保障。服务小微企业需求和社区消费需求，对接职业技能赛标和数字技术应用行业规范，打造"研、创、赛、训"四载体，打通了研发资源、创业资源、竞赛资源、场景资源与教学资源之间的转化壁垒，培育了科创型、创业型、竞技型、教学型教师队伍，推进了新形态教材建设和信息化教法改革，形成了技术技能积累机制。

二、推广应用成效

（一）人才培养质量稳步提升

根据学校教育质量年度报告，学生对教学满意度达 98%，就业率保持在 98% 以上，用人单位对毕业生质量满意度达 95%。就业岗位持续优化，起薪高于全国同类专业平均水平 10% 以上，比改革前提升了 33%。办学影响力不断提高，录取分数居省内前列，学生获得国家、省级职业技能大赛奖励 62 项，位居省内高职旅游类专业首位。

（二）“三教改革”成效显著

课程建设与教学组织。人才培养方案、课程标准、实训指导书等转化为职教专著 4 本、教改论文 46 篇。建成 2 个国家级重点专业，群内专业全部通过联合国世界旅游组织教育质量认证。入选国家“万人计划”教学名师、国家级职业教育教师教学创新团队、省级“课程思政”教学团队、成都市模范集体，获全国和省级教师教学能力大赛一等奖等 17 项、四川省脱贫攻坚先进个人等荣誉 16 人次。校企合作开发省级课程 5 门，出版职业教育国家级规划教材 3 本，获首届全国教材建设优秀教材奖 1 项。

教学资源载体建设。建成全国旅游职业教育校企合作示范基地、四川省高职旅游类虚拟仿真实训中心、旅游类 1+X 职业技能等级证书联盟牵头单位、对口招生职业技能考试主考院校、“三全育人”综合改革试点院系、职业院校“双师型”名师工作室，国家职业技能竞赛四川省集训基地、省级技能大师工作室等。数字化资源和实训设备利用率达 95% 以上。

（三）示范辐射效果突出

服务产业转型。承担技术服务项目 49 项，社会培训 1400 余人次，进账资金 360 万元。研发省级地方标准 12 项，获专利 28 项，省部级科技奖励 13 项，出版学术专著 4 本，发表核心期刊论文 31 篇。助力地方建成“TOD+5G”公园城市社区，带动消费年均增长 10% 以上，政府投入 800 亩土地打造数字经济“三区融合”示范样板。校企共建旅游大数据四川省工程研究中心，开发“智游天府”公共服务平台，被省政府推广应用。

推广与社会影响。成果被校内 7 个专业群应用，辐射旅游职教集团中高职院校 18 所，承担文化和旅游部技术培训、成渝地区双师型教师国培、省级中职示范专业指导，受益师生上万人次。吸引国内 80 余所高校来访学习交流，被国内 24 所院校借鉴应用。相关做法受到 27 家行业组织、企业的书面肯定，被《人民日报》等权威媒体报道 36 次，在全国性职教会议和国际学术会议上分享 31 次，入选全国典型案例 4 篇。培养留学生近百人次，培训尼泊尔等国文旅从业人员 300 人次，建成省内职业院校首家中外合作办学机构，开展数字化创意人才培养。

参考文献

［1］董刚．新时代高职教育高质量发展的思考［J］．中国职业技术教育，2019（7）：49-51．

［2］谢芷欣，江洧，晏成明．“双高”背景下工科高职院校高质量发展策略［J］．广东轻工职业技术学院学报，2019（3）：36-40．

［3］刘金玉．高等教育二元结构与高等职业教育类型特征［J］．中国职业技术教育，2021（15）：69-75．

［4］毛尚华，方小斌．社会化：黄炎培职业教育思想的核心理念［J］．教育与职业，2009（6）：17-19．

［5］汪治，刘红燕．职业教育类型的时代特性与特征探究及其启示［J］．职教论坛，2021（4）：26-32．

［6］黄蕾．高等职业教育基本属性“四论”［J］．武汉商业服务学院学报，2010（4）：63-65．

［7］孙立会，刘思远．职业教育的职业性与教育性：偏差与融合［J］．当代职业教育，2019（2）：49-54．

［8］俞涛，邹龙飞，曾令奇．职业导向的高等教育：内涵与特征［J］．教育与职业，2014（2）：5-8．

［9］魏琼．旅游产业数字化转型的发展路径［J］．当代旅游，2021（20）：61-63．

［10］李志刚，靳畅，吴健芳，郈子君．数字技术持续赋能旅游复苏更加稳健［N］．中国旅游报，2021（7）．

［11］谢芳亭，基于网络文本分析的环青海湖地区旅游感知形象研究［J］．内蒙古科技与经济，2017（1）．

［12］钱坤，杨莉萍，吴云鹏，胡宗华．旅游产业数字化转型发展路

径研究［J］. 绿色科技，2020（8）：191-198.

［13］刘毅 . 内容分析法在网络舆情信息分析中的应用［J］：天津大学学报（社会科学版），2006（8）：307-310.

［14］王红艳 . 智慧旅游背景下高职旅游人才需求现状分析［J］：现代教育管理，2020（2）：214-215.

［15］陈劲，杨文池，于飞 . 数字化转型中的生态协同创新战略——基于华为企业业务集团（EBG）中国区的战略研讨［J］. 清华管理评论，2019（6）：22-26.

［16］张德强 . 高校杰出人才培养体系构建的原则［J］. 光明日报，2010（7）.

［17］江舸 . 基于旅游资源评价的导游词创作研究［M］. 北京：中国旅游出版社，2018，11-12.

［18］史雯婷，王中奎 . 构建现代化人才培养质量保障体系［J］. 中国教育报，2017.

［19］教育部 . 教育部关于职业院校专业人才培养方案制订与实施工作的指导意见，教职成〔2019〕13 号［Z］.2019.

［20］段磊，周叶中 . 旅游复合型人才培养体系的构建［J］. 旅游理论研究，2019（2）.

［21］张政文 . 构建新时代旅游复合型创新人才培养体系［J］. 人民政协报教育在线周刊，2020.

［22］李志义 . 理念、模式与机制：开启人才培养供给侧结构性改革的三把钥匙 . http://www.moe.gov.cn/jyb_xwfb/moe_2082/zl_2017n/2017_zl76/201804/t20180419_333573.html.

［23］董泽芳《高校人才培养模式的概念界定与要素解析》［J］. 大学教育科学，2012（3）.

［24］杨东平 . 关于“钱学森之问”的遐思［J］. 大学（学术版），2010（1）：90-93.

［25］魏所康 . 培养模式论［M］. 南京：东南大学出版社，2004：241.

［26］朱宏 . 高校创新人才培养模式的探索与实践［J］. 高校教育管

理，2008（3）：6-11.

［27］翟安英，石防震，成建平．对高等教育创新型人才培养及模式的再思考［J］．盐城工学院学报（社会科学版），2008（2）：64-68.

［28］教育部．教育部、财政部关于实施国家示范性高等职业院校建设计划加快高等职业教育改革与发展的意见，教高〔2006〕14号［Z］．2006.

［29］张新民，杨文涛．论高职院校专业群建设的组群逻辑［J］．职教论坛，2021（7），6-12.

［30］杨灿，郑正喜．国家标准行业分类应否设立“国际组织”门类——关于完善《国民经济行业分类（GB/T 4754）》的研讨［J］．厦门大学学报（哲学社会科学版），2014（6）：37-43.

［31］袁洪志．高职学校专业群建设探析［J］．中国高教研究，2007（4）．

［32］刘晓．高职学校高水平专业群建设：组群逻辑与行动方略［J］．中国高教研究，2020（6）：104-108.

［33］罗三桂，高职院校特色专业群建设路径选择［J］，中国职业技术教育，2018（28）：71-75.

［34］张铮，刘法虎，陈慧．高职专业群建设的演进动因与发展机理［J］．高等工程教育研究，2021（4）：158-163.

［35］王晋光．从当前大学生就业难看人才培养模式的创新［J］．中国电力教育，2010（25）：10-12.

［36］龚怡祖．略论大学人才培养模式［J］.高等教育研究，1998（1）：43-46.

［37］教育部．关于深化教学改革，培养适应21世纪需要的高质量人才的意见（教高［1998］2号文件）［Z］.1998.

［38］马国军．构建创新人才培养模式的研究［J］．高等农业教育，2001（4）：19-21.

［39］刘智运．改革人才培养模式，培养创新型人才［J］．教学研究，2010（6）：1-6.

［40］刘红梅，张晓松.21世纪初高教人才培养模式基本原则探

析［J］. 齐齐哈尔医学院学报，2002（5）：589-590.

［41］邬大光. 关于人才培养模式的若干思考——在“应用型本科院校人才培养模式改革与创新论坛”上的报告［J］. 白云学院学报，2010（1）：5-8.

［42］陈新忠，董泽芳. 高等教育规律“三分法”探析［J］. 江苏高教，2008（2）：20-22.

［43］龚怡祖. 大学专业设置模式探析［J］. 教育发展研究，2001（11）：72-73.

［44］孙宁玲《高职院校师资队伍建设方案研究》［J］. 教育与职业·理论版，2007（22）.

［45］潘志芳. 高职师资建设的现状与改革［J］. 辽宁高职学报，2003（1）：141-143.

［46］孙秀霞，吴素芹. 论加强高职院校师资队伍建设［J］. 中国成人教育，2005（10）：72-73.

［47］朱祥贤，杜文捷. 关于高职师资队伍建设的思考［J］. 现代技能开发，2002（1）：15-17.

［48］卢光，姜家龙. 高职师资队伍建设之我见［J］. 辽宁教育行政学院学报，2001（12）：50-51.

［49］王建初. 美国社区学院的师资队伍建设研究［J］. 比较教育研究，2003（3）.

［50］张铁岩，吴兴伟，刘铁雷. 高职高专教育师资队伍结构的研究［J］. 高等工程教育，2002（2）.

［51］张国梁，朱泓，郝云忱，张晓军，王宝民. 高校内部教学质量评价体系的构建与实践科学总结［J］. 百度文库，2012（2）.

［52］曹诗图，试论旅游学科的构建［J］. 旅游论坛，2008（8）.

项目策划：段向民
责任编辑：武　洋
责任印制：谢　雨
封面设计：武爱听

图书在版编目（CIP）数据
面向产业数字化转型的智慧旅游复合型人才培养体系研究与实践 / 赖斌等著. -- 北京 : 中国旅游出版社, 2022.6
中国特色高水平高职学校和专业建设计划项目成果
国家级职业教育教师教学创新团队建设项目成果
ISBN 978-7-5032-6820-5

Ⅰ. ①面… Ⅱ. ①赖… Ⅲ. ①高等职业教育－旅游业－人才培养－研究－中国 Ⅳ. ①F590

中国版本图书馆CIP数据核字(2022)第014270号

书　　名：面向产业数字化转型的智慧旅游复合型人才培养体系研究与实践

作　　者：赖斌　洪光英　黄晓菲　江　舸　等　著
出版发行：中国旅游出版社
（北京静安东里 6 号　邮编：100028）
http://www.cttp.net.cn　E-mail:cttp@mct.gov.cn
营销中心电话：010-57377108，010-57377109
读者服务部电话：010-57377151
排　　版：北京旅教文化传播有限公司
经　　销：全国各地新华书店
印　　刷：北京盛华达印刷科技有限公司
版　　次：2022 年 6 月第 1 版　2022 年 6 月第 1 次印刷
开　　本：720 毫米 × 970 毫米　1/16
印　　张：26
字　　数：415 千
定　　价：59.80 元
ISBN　978-7-5032-6820-5